SOESTER BEITRÄGE

Band 40

im Auftrage des Vereins für Geschichte und Heimatpflege Soest

herausgegeben von

Gerhard Köhn

WIRTSCHAFTLICHE UND SOZIALE ENTWICKLUNG DES SOESTER RAUMES IM 19. JAHRHUNDERT

und ihre Berücksichtigung
in den Lokalzeitungen der Stadt

von

Johannes Josef Joest

Westfälische Verlagsbuchhandlung Mocker & Jahn
Soest 1978

CIP-Kurztitelaufnahme der Deutschen Bibliothek

Joest, Johannes Josef
Wirtschaftliche und soziale Entwicklung des Soester Raumes im 19. [neunzehnten] Jahrhundert und ihre Berücksichtigung in den Lokalzeitungen der Stadt. — 1. Aufl. — Soest: Westfälische Verlagsbuchhandlung Mocker und Jahn, 1978.
  (Soester Beiträge, Bd. 40)
  ISBN 3-87902-028-0

© 1978 Westfälische Verlagsbuchhandlung Mocker & Jahn, Soest
Alle Rechte vorbehalten
Printed in Germany
ISBN 3-87902-028-0
Der Druck wurde finanziert von der Stadt Soest, vom Kreis Soest und vom Verein für Geschichte und Heimatpflege Soest

Vorwort

Bei der vorliegenden Studie handelt es sich um meine geringfügig überarbeitete Dissertation vom Mai 1976. Die Anregung zur Bearbeitung dieses Themas erhielt ich vom Bochumer Wirtschafts- und Technikwissenschaftler Prof. Dr. Albrecht Timm. Ihm gilt in erster Linie mein Dank für seine vielfältige Unterstützung, besonders aber für die menschliche Wärme, mit der er Denkanstöße, Hinweise und - wenn nötig - moralische Rückenstärkung anzubringen wußte. Konstruktive Kritik fand ich bei Prof. Dr. Wolfhard Weber.

Stadtarchivar Dr. Gerhard Köhn bot mir bei der Quellensammlung in Soest alle erforderlichen Hilfestellungen. Als Herausgeber der Reihe "Soester Beiträge" organisierte er anschließend dankenswerterweise die Drucklegung.

Im Staatsarchiv Münster, dem Westfälischen Wirtschaftsarchiv und dem Zeitungsforschungsinstitut in Dortmund fand ich jederzeit sachgerechte Betreuung.

Der Soester Verleger Walter Jahn erleichterte mir die Quellenarbeit erheblich, indem er mir sein privates Zeitungsarchiv zur Verfügung stellte. Detaillierte Kritik am Manuskript und eine Vielzahl von regionalhistorischen Anregungen verdanke ich der Soester Konrektorin i.R. Marga Koske.

Großzügige finanzielle Zuweisungen der Stadt Soest, des Kreises Soest und des Vereins für Geschichte und Heimatpflege Soest halfen, diese Studie insbesondere auch einem regionalgeschichtlich interessierten Leserkreis zugänglich zu machen.

Mancher Beteiligte am Entstehen dieser Arbeit mag unerwähnt bleiben. Die Hilfe meiner Schwester Marita darf ich nicht verschweigen. Ihr Verzicht auf Freizeit für die aufwendige Textabfassung dieser Studie ermöglichte mir die parallel zur Promotion verlaufende journalistische Tätigkeit.

Meinen Eltern möchte ich diese Arbeit widmen.

Sie stellten nach meinem Realschulbesuch mit nicht unerheblichem finanziellen Aufwand die Weichen für die Hochschulausbildung in einer Zeit, als der zweite Bildungsweg noch eine holprige Nebenstrecke war.

Soest, im Mai 1978   Hans - Josef Joest

Inhaltsverzeichnis

	Seite
A. Einleitung	1
I. Aufgabe der Arbeit	1
II. Räumliche, zeitliche und sachliche Abgrenzung des Themas	4
III. Quellen- und Literaturlage	10
B. Soest zu Beginn des 19. Jahrhunderts	11
I. Tiefpunkt der Stadtentwicklung	11
II. Ackerbürgerstadt mit Lokal- und Nahhandel	14
III. Gründung des Soester Wochenblatts	18
C. Methodische Zwischenbemerkung: Lokale Presse als Geschichtsquelle	23
D. Soest im Vormärz	40
I. Die Stadt als Handelsplatz	40
a. Stabeisenmarkt	40
b. Kornhandel	41
c. Wollmarkt	44
d. Lokale Märkte	47
II. Förderung der Ersparnisbildung sozial schwächerer Schichten	51
a. Gründung der ältesten Sparkasse Westfalens 1824 in Soest	51
b. Oberpräsident von Vincke begünstigt 1824 die Einrichtung der Lippstädter Sparkasse	61
c. Werl erhält 1844 eine Sparkasse	63
III. Landwirtschaft im Aufbruch	66
a. Initiator neuer Anstrengungen: der Landwirtschaftliche Kreisverein	66
b. Versuche mit dem Anbau von Tabak	87

Seite

      c. Intensivierung der Viehzucht   94
      d. Anbauversuche mit Rüben   101
      e. Weiterverarbeitung landwirtschaftlicher Rohstoffe   105

IV. Auswirkungen der Gewerbefreiheit   109

      a. Handwerkliche Kleinbetriebe   109
      b. Einrichtung der ersten Sonntagsschule im Regierungsbezirk Arnsberg 1830 in Soest   118

V. Verbesserung der Verkehrswege   126

      a. Bau von Chausseen und Kommunalwegen   126
      b. Entwicklung der Lippeschiffahrt   129
      c. Projekte zum Eisenbahnbau   132

VI. Soziale Situation   140

      a. Organisation des Armenwesens   140
      b. Auswanderung nach Übersee   146
      c. Die Hungerwinter 1845 bis 1847   149

E. Soest in der Revolution   154

I. Unruhen als Auswirkungen der Hungerwinter   154

II. Die Soester Presse bezieht Partei   157

III. Handwerker und Kaufleute nutzen ihre Chance: Gründung eines Gewerbevereins   162

F. Soest sucht Anschluß an die Industrialisierung   166

I. Das Handwerk behauptet sich   166

      a. Bildung eines Gewerberates   166
      b. Herausgabe des Central-Blatts für Handel und Gewerbe   173
      c. Neuorganisation der Fortbildungsschulen   176
      d. Gründung von Innungen   184
      e. Soziale Sicherung bei Krankheit und Tod: Hilfskassen   189
          1. Zusammenschlüsse der Meister   189

Seite

	2. Gesellen-Unterstützungskassen	192
	3. Hilfskassen der Fabrikarbeiter	197
f.	Gesellenverbindungen	198
g.	Kapitalbeschaffung für das Handwerk: Kreditverein	200

II. Information für die Bürger: Zwei Zeitungen etablieren sich — 206

    a. Soester Kreisblatt — 206
    b. Soester Anzeiger — 209

III. Ausdehnung des Sparkassenwesens — 211

    a. Bedeutungszuwachs für die Soester Sparkasse — 211
    b. Einrichtung von Sparkassen für die Bördegemeinden und Ämter des Kreises Soest — 214

IV. Initiativen in der Landwirtschaft — 218

    a. Landwirtschaftliche Informationen — 218
    b. Verbesserung der Bewirtschaftungsmethoden und Anbaustruktur — 224
    c. Verstärkung der Viehzucht — 230
    d. Anstrengungen zur Anlage einer Zuckerfabrik — 235
    e. Landwirtschaftliches Genossenschaftswesen — 242
    f. Verbesserte Berufsausbildung und Weiterbildung für landwirtschaftlich Beschäftigte — 244
    g. Bedeutung der Landwirtschaft im Soester Raum für die Versorgung des angrenzenden Ruhrgebiets — 251

V. Entwicklung des Verkehrssektors — 254

    a. Das Straßennetz verdichtet sich — 254
        1. Bau der Niederbergheimer Straße — 254
        2. Anlage eines Kreisstraßennetzes — 265
    b. Ein Kanalbauprojekt durch den Soester Raum — 269
    c. Soest – ein Schienenverkehrs-Knotenpunkt — 273
        1. Einrichtung der Dortmund-Soester Eisenbahn — 273

Seite

    2. Bedeutung des Soester Bahnhofs   278
    3. Erweiterung des Schienennetzes   281
    4. Von der Pferdeeisenbahn zur Kleinbahn   286

VI. Erste Fabriken im Soester Raum   292

    a. Frühe industrielle Zentren   292
    b. Gabriel & Bergenthal verlegt sein Werk zum Soester Bahnhof   296
    c. Tabakfabriken und weitere industrielle Ansiedlungen   300
    d. Einrichtung einer Gasanstalt und eines Elektrizitätswerkes   306

VII. Über die Wälle hinaus: Bevölkerungs- und Stadtwachstum   312

VIII. Soziale Lage   318

    a. Beschäftigungssituation und Wohnverhältnisse   318
    b. Jugendliche Arbeiter in Fabriken und der Landwirtschaft   322
    c. Gründung des SPD-Ortsvereins Soest 1873   325
    d. Billiger einkaufen: Konsum-Verein   329
    e. Veterinärmedizinische und hygienische Verbesserungen   331

IX. Entwicklung des Handels   336

    a. Märkte und Magazine   336
    b. Anschluß des Kreises Soest an eine Handelskammer   340

G. Zusammenfassung: Wirtschaftliche und soziale Entwicklung des Soester Raumes und ihre Berücksichtigung in der lokalen Presse   345

H. Anhang   352

I. Quellenverzeichnis   352

    a. Verzeichnis der ungedruckten Quellen   352

			Seite
		1. Staatsarchiv Münster	352
		2. Westfälisches Wirtschaftsarchiv Dortmund	353
		3. Stadtarchiv Soest	354
	b.	Verzeichnis der gedruckten Quellen	359
	c.	Verzeichnis der Zeitungen und Bekanntmachungsorgane	361
		1. Stadtarchiv Soest	361
		2. Institut für Zeitungsforschung Dortmund	362
II.	Literaturverzeichnis		362
	a.	Bibliographien	362
	b.	Darstellungen	362
III.	Namenregister		377
IV.	Sachregister		381

Verzeichnis der Tabellen

Tabelle		Seite
1	Entwicklung der Spareinlagen bei der Soester Sparkasse zwischen 1825 und 1849	55
2	Anteil der Soester Spareinlagen an der Entwicklung des Sparkassenwesens in der Provinz Westfalen zwischen 1836 und 1843	57
3	Viehhaltung in der Soester Börde 1756 – 1822	95
4	Gewerbetreibende in der Stadt Soest und der Soester Börde 1825	109
5	Entwicklung des Gewerbes in der Stadt Soest zwischen 1840 und 1849	115
6	Schülerzahlen der Sonntagsschulen in der Stadt Soest von 1830 bis 1851	122
7	Spinn-Unterricht im Kreis Soest zwischen 1838 und 1840	143
8	Schülerzahlen der Fortbildungsschulen im Kreis Soest 1853 – 1868	183
9	Sterbekassen der Meister in der Stadt Soest 1852	191
10	Unterstützungskassen der Gesellen in der Stadt Soest 1852	196
11	Darlehnsvergabe im Soester Kreditverein 1854 – 1869	205
12	Entwicklung des Einlagenbestandes und Reservefonds der Soester Sparkasse zwischen 1850 und 1880	213
13	Entwicklung der Spareinlagen bei der Ländlichen Sparkasse zwischen 1868 und 1878	216
14	Übersicht der zwischen 1853 und 1878 im Landwirtschaftlichen Kreisverein ausgestellten, benutzten und versteigerten landwirtschaftlichen Geräte	227
15	Landwirtschaftliche Betriebsstruktur im Kreis Soest 1880 im Vergleich zum Regierungsbezirk Arnsberg und dem preußischen Gesamtstaat	230

Tabelle		Seite
16	Viehhaltung im Kreis Soest 1818 - 1883	234
17	Aktivitäten der landwirtschaftlichen Wanderversammlung im Kreis Soest 1867/68	246
18	Industrielle Betriebe entlang des Wästerlaufs zwischen Belecke und Warstein 1844	256
19	Gesellschafter der Soest-Niederbergheimer Straßenbau-Gesellschaft und ihre Finanzbeteiligung 1853	260
20	Aktienzeichnungen für die Dortmund-Soester Bahn im November 1853	277
21	Bevölkerung und Erwerbspersonen im Kreis Soest 1867 und 1882 nach Wirtschaftsabteilungen	305
22	Bevölkerungsentwicklung im Kreis Soest 1818 - 1875	313
23	Bevölkerungsdichte im Kreis Soest 1818 - 1905	314
24	Bevölkerungsvermehrung im Kreis Soest 1818 - 1885	315
25	Wachstum der Stadt Soest 1818 - 1905	316
26	Wohnhäuser der Stadt Soest außerhalb der Ringmauern 1838 - 1879	317
27	Jugendliche Arbeiter zwischen 12 und 16 Jahren in Soester Fabriken 1872 - 1880	324
28	Stimmen für die Sozialdemokraten bei Reichstagswahlen 1890 - 1907 im Wahlkreis Hamm-Soest	328
29	Viehtransport der Bergisch-Märkischen Eisenbahn aus Soest und Werl 1870 - 1879	336
30	Jahrmärkte im Kreis Soest 1880	337

Abkürzungsverzeichnis

ADB	Allgemeine Deutsche Biographie
-hjj-	Kürzel für den Autor
HKS	Heimatkalender des Kreises Soest
HZ	Historische Zeitschrift
JNSt	Jahrbücher für Nationalökonomie und Statistik
NDB	Neue Deutsche Biographie
o.S.	ohne Seitenangabe
Sgr.	Silbergroschen
StaAM	Staatarchiv Münster
StAS	Stadtarchiv Soest
SZ	Soester Zeitschrift
Thlr.	Reichsthaler (Rthl.)
VSWG	Vierteljahrschrift für Sozial- und Wirtschaftsgeschichte
WF	Westfälische Forschungen
WWA	Westfälisches Wirtschaftsarchiv Dortmund
Ztr.	Zentner

A. Einleitung

I. Aufgabe der Arbeit

Seit dem 12. Jahrhundert vertrieben Soester Kaufleute Salz, Korn und andere landwirtschaftliche Produkte, Tuche und die Metalle des Sauerlandes bis Haithabu und Gotland [1]. Die Fixierung kaufmännischer Gewohnheitsrechte legte den Grundstein zum Soester Recht, das in seiner abschließenden Zusammenfassung als "Soester Schrae" von der Mitte des 14. Jahrhunderts bis zur Mitte des 18. Jahrhunderts Gültigkeit behielt. Vom 12. bis 14. Jahrhundert verbreitete sich Soester Recht über ganz Südwestfalen und nach Lippe. Privilegien in nordischen Gewässern förderten den Handel der Soester Fernkaufleute. Damit nahm die Stadt eine bedeutsame Stellung im Hansebund ein.

Durch die Soester Fehde zwischen 1444 und 1449 löste sich Soest aus der Landesherrschaft des Kölner Erzbischofs und unterstellte sich der weltlichen Herrschaft des Herzogs von Cleve. Die fast völlige Isolierung der Stadt vom Herzogtum Westfalen und Engern versuchte der Rat gegen Ende des 15. Jahrhunderts aufzubrechen: Eine Schiffahrtsverbindung über den Soestbach, die Ahse und die Lippe sollte mit dem Anschluß an den Rhein als Großschiffahrtsweg den Handel neu beleben [2]. Doch der Plan scheiterte am Widerspruch des Erzbischofs von Köln und des Bischofs von Münster, deren Territorien berührt worden wären [3]. Das Emporkommen Lübecks im Ostseehandel und ein Erlahmen der wohlhabend gewordenen Soester Fernhandelsschicht in kaufmännischen Unternehmungen ließ seit dem 15. Jahrhundert die Bedeutung der Stadt im Hansebund sinken.

Soest in der Hansezeit: Dies war die Epoche in der Geschichte der Stadt, die neben der Erarbeitung kirchengeschichtlicher Zusammenhänge die Historiker und Heimatforscher bisher besonders interessierte. Die Themenkreise

---

1) Schwartz, Hubertus: Kurze Geschichte der ehemals freien Hansestadt Soest, Münster 1949 (zitiert: Schwartz, Geschichte Hansestadt) S. 13 f.
2) ebda. S. 52
3) ebda. S. 53

Mittelalter und Hanse prägen einen Großteil der Veröffentlichungen über Soest.

Das 19. Jahrhundert dagegen fand nur wenig Beachtung: Soest hatte allen Glanz wirtschaftlicher Bedeutung verloren. Der Königlich Preußische Regierungsrat Ludwig Herrmann Wilhelm Jacobi schrieb 1857 über die Stadt: Soest "sank bei dem allgemeinen Niedergange des deutschen Städtewesens zu dem 'größten Dorfe Westfalens' von 3800 Einwohnern (um das Jahr 1763) hinab. Der Ackerbau trat, wie zu Urzeiten, an die Stelle der bürgerlichen Handthierung" [4]. Auch in der ersten Hälfte des 19. Jahrhunderts glaubte Jacobi keine entscheidende Veränderung im Wirtschaftsleben Soests festzustellen: "Auch heute ist die stille Stadt noch nicht aus ihrem Halbschlummer erwacht und läßt sich an Handwerk und bescheidener Kaufmannschaft genügen" [5].

Ackerbau in der fruchtbaren Börde und Viehzucht auf den fetten Weiden der Ruhr- und Lippeniederungen fanden ihre Berücksichtigung in agrargeschichtlichen Abhandlungen über den westfälischen Raum. Ansonsten aber erlangten Probleme des 19. Jahrhunderts nur wenig Interesse. So liegen bislang größere Aufsätze und Abhandlungen nur über die Soester Presse, die Sparkasse, Eisenbahnprojekte und die Gründung des SPD-Ortsvereins vor. Insbesondere Marga Koske zeigte sich in ihren Studien über die Soester Sparkasse und den sozialdemokratischen Ortsverein bemüht, zugleich die Wirtschaftssituation des Soester Raumes zu charakterisieren. Eine Untersuchung, die einzelne Wirtschaftssektoren in ihrer Entwicklung und im Zusammenspiel mit anderen Wirtschaftsbeteiligten darstellt und gleichzeitig die Rolle des Soester Raumes in der Industrialisierungsphase zu charakterisieren versucht, fehlte bislang.

Ziel dieser Arbeit soll es sein, die Entwicklung des weitgehend agrarisch strukturierten Soester Raumes vom Aufbruch der Landwirtschaft nach der Napoleonischen Zeit über die Existenzsicherungsmaßnahmen des Handwerks zur Etablierung einer bescheidenen Industrie im Zuge einer wesent-

---

[4] Jacobi, Ludwig Herrmann Wilhelm: Das Berg-, Hütten- und Gewerbe-Wesen des Regierungs-Bezirks Arnsberg in statistischer Darstellung, Iserlohn 1857 (zitiert: Jacobi, Gewerbewesen) S. 53
[5] ebda. S. 54

lichen Verbesserung und Ausdehnung der Verkehrsstruktur
zu beschreiben und mit den sozialen Folgeerscheinungen
zu konfrontieren. Neben der Auswertung von Verwaltungsakten soll im folgenden außerdem die Fülle von Nachrichten,
Bekanntmachungen und Meinungen zur wirtschaftlichen und
sozialen Situation in der Soester Presse für die Auswertung
mit herangezogen und analysiert werden.

II. Räumliche, zeitliche und sachliche Abgrenzung
des Themas

Bevor das Ruhrgebiet im Zuge der Industrialisierung eine
überragende Bedeutung in der westfälischen Wirtschaftslandschaft erlangte, ließen sich in Westfalen drei Wirtschaftsräume deutlich voneinander scheiden: das eisenverarbeitende märkische Sauerland, das textilverarbeitende
Gebiet Minden-Ravensberg und Lippe sowie die agrarisch
ausgerichtete münstersche Ebene und die Hellwegbörden.

Für die Abgrenzung des Untersuchungsraumes ist bei der
dominierenden Rolle der Landwirtschaft in und um Soest die
Ausdehnung der Börde grundlegend. Die engen Verflechtungen
zur fruchtbaren Hellwegregion finden - soweit sie bis zur
Nachbarstadt Werl reichen - ebenfalls Beachtung.
Die Entwicklung der Eisenindustrie um Warstein und Wickede
verdient aufgrund einer wechselseitigen Verflechtung der
zunehmend verkehrlich besser erschlossenen Orte mit den
frühen industriellen Zentren an den Flußläufen von Wäster,
Möhne und Ruhr Interesse. Solange die Ausnutzung der Wasserkraft als Energiequelle zum Antrieb von Mühlen, Hämmern
und Walzen wichtig blieb, hatten die Ansiedlungen entlang
des Wäster-, Möhne- und Ruhrlaufs entscheidende Standortvorteile. Im Warsteiner und Wickeder Raum siedelten sich
in der ersten Hälfte des 19. Jahrhunderts eisenverarbeitende Betriebe an, die mit der wachsenden Bedeutung der Steinkohle als Antriebsenergie für Dampfmaschinen und Heizmaterial beim Schmelzprozeß zunehmend unter ihrer ungenügenden verkehrlichen Verbindung zu dem Steinkohle fördernden Raum litten. Mit der Anbindung von Soest, Lippstadt und Werl an das Schienennetz gewannen diese Orte
eine große Bedeutung für die eisenverarbeitenden Betriebe
an Wäster, Möhne und Ruhr. Günstige Bedingungen für den
Steinkohle- und Warentransport per Schiene bewirkten Verlagerungen dieser Betriebe in die Nähe der Bahnhöfe oder
besiegelten ihren wirtschaftlichen Ruin im aussichtslosen
Kampf mit standortbegünstigten Bewerbern. Aus den Bemühun-

gen der Städte Soest, Werl und Lippstadt um Anschluß an
das Eisenbahnnetz ergaben sich auch Konkurrenzsituationen
untereinander, die hier soweit Berücksichtigung finden,
wie sie auf die Entwicklung des Soester Raumes rückwirken.

Da die Soester Sparkasse eine überragende Rolle im west-
fälischen Sparkassenwesen einnahm, scheint es interessant,
die Auswirkungen ihrer Entwicklung auf ähnliche Initiativen in den Nachbarstädten Werl und Lippstadt zu beobachten.
Dieser Vergleich dürfte ebenfalls verdeutlichen, welche
Kreise in den jeweiligen Städten Initiativen zur wirtschaftlichen und sozialen Entwicklung ergriffen.
Entscheidende Bedeutung für die Abgrenzung des untersuchten
Raumes erlangen also wirtschaftliche Aspekte. Politische
Grenzen sind - falls erforderlich - wirtschaftlichen Verflechtungen in der Betrachtung nachgeordnet, obwohl sich
der Kreis Soest - mit Ausnahme von Lippstadt und Warstein -
mit dem wirtschaftlichen Kerngebiet dieser Untersuchung
deckt.

Die politischen Grenzen kamen folgendermaßen zustande: Die
Wiener Schlußakte vom 9. Juni 1815 schlug Westfalen zu
Preußen. 1817 umfaßte der Kreis Soest die Städte Soest
und Werl und die Ämter Lohne, Borgeln, Schwefe, Oesting-
hausen und Belecke [6]. Aber schon zwei Jahre später wurde
das Amt Belecke mit Allagen, Belecke, Hirschberg, Mülheim
und Warstein abgesehen vom Kirchspiel Körbecke vom Kreis
Soest abgetrennt und dem Kreis Arnsberg angegliedert. Das
Kirchspiel Mellrich fiel an den Kreis Lippstadt. Aus dem
Kreis Arnsberg kam dafür das Amt Werl mit den Pfarreien
Werl, Bremen, Scheidingen und Westönnen zum Kreis Soest [7].
1826 wurden die zuvor dem Kreis Hamm angehörenden Gemeinden
Wickede und Wiehagen zum Kreis Soest geschlagen [8]. Die
Loslösung des Kirchspiels Bremen vom Amt Körbecke und
seine Verselbständigung als Amtsbezirk 1887 blieb dann die
einzige weitere Veränderung der Struktur des Kreises Soest
im weiteren Verlauf des 19. Jahrhunderts [9].

---

6) Hilse, Klaus: Werden und wachsen. In: HKS 40 (1967)
S. 34 - 54 (zitiert: Hilse, Werden) S. 36
7) ebda. S. 36
8) ebda.
9) ebda.

Die Auswertung der Verwaltungsakten der Arnsberger Regierung und des Landratsamtes ergeben durchweg eine Gültigkeit der Aussagen für das Kreisgebiet. Demgegenüber umfassen die in erster Linie ausgewerteten Akten der Stadt Soest den Bereich dieser Stadt. Es erscheint deshalb gerechtfertigt, für das Untersuchungsgebiet die Bezeichnung "Soester Raum" zu verwenden, dessen Kerngebiet Soest und die Börde darstellen mit Ausweitungen auf das Kreisgebiet und unter speziellen thematischen Gesichtspunkten nach Lippstadt und Warstein hin.

Da Soest und Dortmund zu Beginn des 19. Jahrhunderts als agrarisch ausgerichtete Orte mit Lokal- und Nahhandel eine ähnliche Struktur und Größe aufweisen, allerdings sehr unterschiedliche Entwicklungen nehmen, erscheinen Vergleiche im Zusammenhang einiger Themenaspekte aufschlußreich.

Den Untersuchungszeitraum umfassen etwa die Jahre von 1820 bis 1880. Die Landwirtschaft mühte sich nach den Erschwernissen der Napoleonischen Zeit und den Schwierigkeiten der Hungerwinter gegen Ende des zweiten Jahrzehnts des 19. Jahrhunderts, die Anbaumethoden und den Viehstand qualitativ und quantitativ zu verbessern. Das Handwerk versuchte sich gleichzeitig mit den Bedingungen der Gewerbefreiheit auseinanderzusetzen, bis es in der Revolution 1848/49 seine Interessen besser absichern konnte. Die Anbindung des Soester Raumes an das Schienennetz der Eisenbahn begünstigte die Verlagerung und Neuansiedlung von Industriebetrieben nach und in Soest. Etwa 1880 fand diese erste Industrialisierungsphase in Soest ihren Abschluß. Mit der Gründung der schon Jahrzehnte vorher geforderten Zuckerfabrik und von Molkereien etablierte sich hier in den folgenden Jahren auch eine landwirtschaftliche Industrie. Zum gleichen Zeitraum erhielten soziale Bedingungen damit eine neue Grundlage: Die genossenschaftlichen Zusammenschlüsse in Krankenunterstützungskassen etwa machten 1883 einer reichsgesetzlich geregelten Krankenversicherung Platz.

Da sich diese Untersuchung auf die Darstellung der wirtschaftlichen und sozialen Entwicklung beschränkt, bleibt im folgenden anzudeuten, wieweit diese Ergebnisse Aussagekraft für die Gesamtentwicklung des Soester Raumes beanspruchen können. Koselleck vertrat 1967 die These, daß der preußische Staat zwischen 1820 und 1840 seine Untertanen bewußt auf das wirtschaftliche Gebiet lenkte, "um sie politisch stillzulegen" [10]. Seit 1810 erwarb jeder, der eine entsprechende Steuer zahlte, damit "das Eintrittsbillet in die freie Wirtschaft" [11] und kam in den Genuß der Gewerbefreiheit. Dabei zog die Regierung eine konsequente Trennungslinie zwischen Staat und freier Wirtschaft. Während die Bürger an den sozialen Auftrag des Staates appellierten, machte dieser die Städte für die sozialen Folgen aus der neuen Gewerbeverfassung verantwortlich. Ohne ein Aufsichtsrecht über die Gewerbe auszuüben, mußten die Städte aus ihrer Armenkasse beschäftigungslose Gesellen und Tagelöhner unterstützen [12]. Auf wirtschaftlichem Gebiet machte also der preußische Staat ernst mit der "Selbständigkeit" seiner Untertanen. Entsprechend wirksam waren demnach Initiativen, die Unternehmerpersönlichkeiten und weitblickende Intellektuelle für die Entwicklung des jeweiligen Raumes gaben. Im Wettbewerb mit anderen Städten galt es - etwa beim Eisenbahnbau - durch möglichst breite (finanzielle) Mitwirkung der Bürger die günstigsten Verwirklichungschancen anzubieten. Der Staat griff erst ein, wenn er seine machtpolitischen - etwa strategischen - Interessen gefährdet sah. Auch im sozialen Bereich schuf der Staat beispielsweise in der Krankenversorgung nur einen gesetzlichen Rahmen, den Arbeiter und Unternehmer genossenschaftlich ausfüllen mußten.

Die Städteordnung von 1808 beließ das Bürgerrecht in seiner Bindung an Grundbesitz und Gewerbebetrieb: Der niedrigste Einkommenssatz, der Stimmfähigkeit und Wählbarkeit bewirkte, lag in mittleren und kleineren Städten

---

[10] Koselleck, Reinhart: Preußen zwischen Reform und Revolution, Stuttgart 1967 (zitiert: Koselleck, Preußen) S. 354
[11] ebda. S. 588
[12] ebda. S. 591 und 595

bei 150 Talern [13]. Damit übten die Besitzbürger in der Magistratsverfassung die Selbstverwaltung aus. Während die politische Bürgergemeinde also mit der Verknüpfung an Besitz und Einkommen eingeschnürt wurde, dehnte die Gewerbefreiheit im gleichen Zug die Möglichkeiten des Einzelnen aus. Da wirtschaftliche Bemessungsmaßstäbe über politischen Einfluß entschieden, die wirtschaftliche Betätigung dagegen jedem freigestellt war, erlangen wirtschaftliche Bedingungen im Soester Raum entsprechend einen hohen Stellenwert für die Beurteilung der Gesamtsituation.

Während die Revolution von 1848 zunächst unter politischen Aspekten Interesse fand, rückte insbesondere die Suche nach den Ursachen soziale und wirtschaftliche Begründungszusammenhänge in den Mittelpunkt. In der Paulskirche agierten zwar bekannte Einzelpersönlichkeiten, aber nach W. Mommsen stellten der kleine Mittelstand, Tagelöhner, entwurzelte Intellektuelle und besonders Handwerksgesellen die soziale Schicht, die 1848 ihre Eigeninteressen durchzusetzen versuchte[14]: "Jede kleine wirtschaftliche Gruppe wollte Freiheit für sich dadurch erreichen, daß der Staat dem Konkurrenten das Handwerk legen sollte" [15].
Stadelmann sieht in den durch die Gewerbefreiheit entwurzelten Gesellen das unruhige Element der Gesellschaft: "Als selbständige Meister konnten sie nicht mehr ihr Brot finden und doch sträubten sie sich dagegen, mit den Fabrikarbeitern zu verschmelzen" [16].
Den Handwerksmeistern dagegen brachte die Revolution mit der Verordnung vom 9. Februar 1849 einen vorübergehenden Erfolg: Eine Anzahl alter Ausschließlichkeitsrechte erhielt erneut Gültigkeit [17]. Damit nimmt auch die Revolution in der Darstellung der wirtschaftlichen sozialen Entwicklung einen bedeutsamen Platz ein.

---

13) ebda. S. 571
14) Mommsen, Wilhelm: Größe und Versagen des deutschen Bürgertums, Stuttgart 1949 (zitiert: Mommsen, Größe) S. 156
15) ebda. S. 157
16) Stadelmann, Rudolf: Soziale und politische Geschichte der Revolution von 1848, München 1948 (zitiert: Stadelmann, Revolution) S. 13
17) Koselleck, Preußen, S. 598

Zwischen 1850 und 1880 verdienen Vergleiche der Entwicklungsbestrebungen im Soester Raum mit der Industrialisierung des Ruhrgebiets Beachtung. Standortnachteile des Soester Raumes wirken sich aus, andererseits erfüllt die Börde eine wichtige Rolle als Versorgungsregion für das wachsende Industriegebiet.

III. Quellen- und Literaturlage

Die Verwaltungsakten der Stadt Soest im Stadtarchiv Soest und die den Kreis Soest betreffenden Akten des Landratsamtes und der Regierung Arnsberg im Staatsarchiv Münster waren für das 19. Jahrhundert vor Inangriffnahme dieser Untersuchung in der überwiegenden Mehrzahl noch nicht oder nur unter eng begrenzten thematischen Gesichtspunkten ausgewertet. Sie konnten im Rahmen dieser Arbeit zum ersten Mal in einem großen thematischen Zusammenhang als Quellengrundlage dienen. Dabei zeigte sich, daß Sachverhalte - etwa über den landwirtschaftlichen Kreisverein oder die Handwerkerfortbildungsschule - in die Soest betreffende Literatur bisher noch keinen Eingang fanden.

Soweit wirtschaftliche und soziale Maßnahmen überregionalen - den Regierungsbezirk oder die Provinz umfassenden - Charakter besaßen, fanden sie zum Teil in der Literatur Niederschlag und konnten zur Beurteilung der Soester Situation herangezogen werden. Marga Koskes Aufsätze über die Sparkasse Soest, die Gründung des SPD-Ortsvereins oder über erste Eisenbahnprojekte sowie Gerhard Köhns Untersuchung über die Anfänge der Soester Presse ausgenommen, lagen zu Sachverhalten, die Soest im 19. Jahrhundert betreffen, nur thematisch und umfangmäßig sehr begrenzte Aufsätze vor.

Während es wirtschaftliche Zusammenhänge aus Verwaltungsakten, teilweise auch aus Festschriften und Privatkorrespondenzen - im Wirtschaftsarchiv Dortmund einsehbar - zu erschließen galt, ergaben sich bei der Beschreibung der sozialen Situation Quellenprobleme. Aufgrund behördlicher Initiativen und Aufsichtfunktionen liegt, etwa zur Kinder- und Jugendlichenarbeit in Fabriken oder der Organisierung von Meistern, Gesellen und Arbeitern in Unterstützungskassen, Material vor. Um jedoch detaillierte Schlüsse über Arbeitsbedingungen, Einkommenssituation oder Wohnverhältnisse zu machen, fehlen entsprechende Quellen.

B. Soest zu Beginn des 19. Jahrhunderts

I. Tiefpunkt der Stadtentwicklung

Die Wirren des Siebenjährigen Krieges trieben Soest und die Börde an den Rand des wirtschaftlichen Ruins. Etwa ab 1758 durchzogen ständig Soldatentrupps beider kriegführenden Parteien den Soester Raum und plünderten schonungslos. Hubertus Schwartz nannte 1949 in seiner "Kurzen Geschichte der ehemals freien Hansestadt Soest" [1] die Summe von 1 714 713 Reichstalern, die der Siebenjährige Krieg Soest und die Börde an bar bezahlten Kriegskontributionen, Frouragegeldern und gelieferten Lebensmitteln für die Truppen kostete [2]. Daraus schloß Schwartz, daß diese erheblichen Geldleistungen in die private Lebenshaltung der Bürger weit mehr eingriffen als je in einem Krieg vorher [3].

Zählte die Stadt 1756 bei Kriegsbeginn noch 5 438 Einwohner, sank diese Zahl bis 1763 auf 3 894 ab, in der Börde lebten nicht ganz 8 000 Menschen. Erst 1793 erreichte Soest annähernd wieder den Vorkriegsstand an Einwohnern: 5 172 [4]. Ungemessene Spanndienste ließen den Bauern keine Gelegenheit zur Feldbestellung. So nahmen die Erträge von Jahr zu Jahr ab und reichten bei Kriegsende nicht einmal mehr aus, die in Soest und der Börde selbst lebenden Menschen zu ernähren. Damit verlor auch der Kornhandel seine Grundlage [5].

Um ihrer Stadt nach den verheerenden Folgen der Kriegswirren einen neuen Aufschwung zu ermöglichen, wandte sich die Soester Bürgerschaft 1787 in zwei Eingaben an den preußischen König Friedrich Wilhelm II. und bat um steuerliche

---

1) Schwartz, Hubertus: Kurze Geschichte der ehemals freien Hansestadt Soest, Münster 1949 (zitiert: Schwartz, Geschichte Hansestadt)
2) ebda. S. 72
3) ebda.
4) Bussmann, Heinz: Die wirtschaftliche und soziale Lage der Stadt Soest im 18. Jahrhundert, Examensarbeit 1959 (Masch.) (zitiert: Bussmann, 18. Jahrhundert) S. 35
5) ebda. S. 70 f.

Erleichterungen, Schuldenerlaß und Handelsprivilegien für ihr Gemeinwesen [6].

Vorerst allerdings änderte sich die ungünstige wirtschaftliche Situation der Stadt nicht. Noch 1797 trug sie an einer Schuldenlast von 19 380 Talern; 13 711 Taler davon gingen allein auf das Konto des Siebenjährigen Krieges [7]. Einer Zahl von 574 Gewerbetreibenden standen 1796 in Soest 325 Tagelöhner gegenüber. Mit nur 111 Handwerkern je tausend Einwohnern rangierte die Stadt am Ende einer Reihe von 16 Städten der Grafschaft Mark [8].

Aus der ehemals blühenden Hansestadt war das größte Dorf Westfalens geworden. Die bissige Schilderung des Zeitgenossen Friedrich Christop Müller, der 1773 als Hauslehrer in Soest arbeitete, gibt einen charakteristischen Einblick in die Situation der Stadt: "Soest gehört in die Zahl derer Städte, deren äußeres Ansehen mit ihrer inneren Beschaffenheit gar nicht übereinstimmt. Wegen der vielen Kirchen, Klöster, Tore und Mauertürme hat diese Stadt eine fürtreffliche Avenue. Kommt man aber hinein, so erblickt man mechantesten Ort des heiligen römischen Reiches, sehr irregulaire, kothige Straßen, eine Menge Winkel und Gäßchen, wüste Plätze, schlechte und deren Einsturz drohende Häuser. Allenthalben ist es tot und stille; man sieht nichts auf den Straßen als etwa Kühe, Schweine und Esel" [9]. Es waren die enttäuschten Eindrücke eines das Leben

---

6) Vogeler: Zwei Eingaben der Soester Bürgerschaft an König Friedr. Wilhelm II. betreffend den traurigen Zustand der Stadt nach dem siebenjährigen Kriege. In: SZ 27 (1909/10) S. 123 - 129 (zitiert: Vogeler: Eingaben) S. 124 f.
7) Doornkaat Koolmann, ten: Historisch-statistisch-cameralistische Nachrichten von Soest und der Soester Börde. Zusammengetragen im Jahre 1797. In: SZ 40 (1924/25) S. 3 - 33 (zitiert: Doornkaat, Nachrichten) S. 18
8) Reekers, Stephanie: Beiträge zur statistischen Darstellung der gewerblichen Wirtschaft Westfalens um 1800. Teil 5: Grafschaft Mark. In: WF 21 (1968) S. 98 - 161 (zitiert: Reekers, Wirtschaft 1800 Grafschaft Mark) S. 110
9) Deus, Wolf-Herbert: Ein "fatales Nest". In: SZ 86 (1974) S. 99 f. (zitiert: Deus, Nest) S. 99

in Universitätsstädten gewöhnten 22jährigen, aber sie werfen dennoch ein Schlaglicht auf die Stadt, deren Bauten und Anlagen in keinem Verhältnis mehr zu ihrer Nutzung und Bedeutung standen. "In diesem fatalen Nest, dessen bloßer innerer Anblick schon Melancholie einflößt," habe er - schreibt Müller - "eine der traurigsten Perioden" seines Lebens [10] verbracht.

Die Stadt erholte sich nur langsam von den Kriegsfolgen. Um die Jahrhundertwende bildete die Landwirtschaft den überhaupt dominierenden Erwerbszweig nördlich der Ruhr. Ihre ehemalige Bedeutung als Mittelpunkte eines ausgedehnten Handels hatten Soest und Dortmund indessen längst verloren, von den übrigen Ackerstädten entlang des Hellwegs unterschieden sie sich nur durch eine etwas größere Einwohnerzahl [11]. Im Jahr 1819 etwa bildete Soest mit 6 800 Einwohnern die größte Stadt des Regierungsbezirks Arnsberg, 4 800 Menschen [12] lebten im gleichen Jahr in Dortmund. Der ehemals blühende Handel Soester Kaufleute beschränkte sich um die Jahrhundertwende - weitgehend desorganisiert - auf den Verkauf von Getreide. Aber der unbekannte Autor der kameralistischen Nachrichten von 1797, möglicherweise der Verfasser der Beschreibung Soests von 1825, Arnold Geck, bemängelte schon das Fehlen eines zentralen Kornmarktes auf einem Platz der Stadt und den - ohne wettbewerbsgerechten Preisvergleich - bevorzugten Verkauf aus der Scheune des einzelnen Bauern [13].

---

10) ebda. S. 99 f.
11) Wiebe, G.: Industrie und Handel in der nördlichen Mark während des 19. Jahrhunderts. In: Die Grafschaft Mark, Dortmund 1909, S. 535 - 645 (zitiert: Wiebe, Industrie) S. 535
12) Koske, Marga: Aus der Geschichte der Stadtsparkasse Soest, Soest 1959 (zitiert: Koske, Stadtsparkasse) S. 11
13) Doornkaat, Nachrichten S. 16

II. Ackerbürgerstadt mit Lokal- und Nahhandel

Mit der "Topographisch-historisch-statistischen Beschreibung der Stadt Soest und der Soester Börde" [14] des Land- und Stadtgerichtsassessors Arnold Geck liegt uns eine ausgezeichnete Situationsanalyse der Wirtschaft um 1825 vor. Darüber hinaus gibt der fortschrittlich gesinnte Autor richtungweisende Anregungen für die Verbesserung der wirtschaftlichen Verhältnisse. Mit der Gründung des Landwirtschaftlichen Kreisvereins und seiner Initiativen fanden sie später zum Teil ihre Verwirklichung.

In der Schilderung Gecks erscheint Soest "ganz regellos gebaut", ohne schöne Gärten, weil alles "auf die Hauswirtschaft berechnet" ist. "Große Baulust und Prachtliebe an den Gebäuden sucht man vergebens". Als öffentliche Gebäude gelten neben dem Rathaus das Stadt- und Landgerichtsgebäude, das Gymnasium, das Seminargebäude und das Landwehrzeughaus, zwei Elementarschulen und das Waisenhaus [15]. Geck konstatiert in seiner Abhandlung, daß der Wohlstand "in den letzten Jahren merklich abgenommen" habe, Armut scheine sich "mit schnellen Schritten einzustellen" [16]. Mitverantwortlich für den Niedergang der Stadt macht der Stadt- und Landgerichtsassessor die mangelnde Unternehmerinitiative der Bürger und die schwierige Absatzlage ihrer einseitig agrarisch ausgerichteten Produktion. Dem völligen Fehlen von Handel und Industrie, dem Geldmangel als Folge niedriger Kornpreise und "der wenigen Betriebsamkeit und dem geringen Fleiße der niedern Bürgerklassen" [17], schreibt Geck die Zunahme der Armut innerhalb der Stadt zu. Allerdings verfehlt Geck auch nicht, die ihm zu biedere und gemächliche Mentalität seiner Mitbürger zu geißeln, ihre "Liebe zum Bestehenden und Vorhandenen, und Abneigung gegen alle Neuerungen, und eine gewisse sorglose Ruhe". Diese Charakterzüge schafften einiges Gute, seien aber auch dafür verantwortlich, daß "manches Wünschenswerthe

---

14) Geck, Arnold: Topographisch-historisch-statistische Beschreibung der Stadt Soest und der Soester Börde, Soest 1825 (zitiert: Geck, Soest 1825)
15) ebda. S. 9 ff. und 19 ff.
16) ebda. S. 53
17) ebda. S. 347

und Nützliche späten Eingang" fände oder gar unterbliebe [18]. So herrsche in den höheren und mittleren Ständen zwar "durchgängig Wohlhabenheit": "Großer Reichthum ist indessen nicht vorhanden; Ackerwirthschaft als die einzige Erwerbs-Quelle kann ihn nicht hervorbringen" [19]. Der großenteils armen städtischen Unterschicht wünscht Geck mehr Fleiß. Wenn die Arbeitskräfte anhaltende "körperliche, besonders sitzende Arbeit, eine auf einen Fabrikort eingeschränkte stete Beschäftigung in eingeschlossenen Zimmern in Fabrik- oder Manufaktur-Gebäuden von früh Morgens bis zum späten Abende" nicht glaubten auszuhalten [20], bedürfe es tatkräftiger Unternehmerpersönlichkeiten, die diese Vorbehalte überspielen könnten. Resümierend sieht Geck drei maßgebliche Gründe für den Mangel an Manufakturen:

1) Der fruchtbare Boden sichert den Soestern ihren Lebensunterhalt relativ leicht.

2) "Professionisten und Gewerbsleute" können mit keinem Sozialprestige rechnen. So ergreifen die Söhne andere Berufe. Eine Entwicklung, die die altsprachliche Ausrichtung des Gymnasiums fördert. Geck, der die Gymnasien in Lüdenscheid und Dortmund besuchte, hält den altsprachlichen Unterricht für einen künftigen Kaufmann für wenig geeignet: "Bis dahin bleiben wir dabei, daß das Lateinische u. Griechische ihm wenig oder gar nichts nütze [...] daß er weit eher und schneller durch das Studium der neuern Sprachen, der Mathematik und Physik, der Naturgeschichte, Geographie und Geschichte, seinen Verstand ausbilden, seine Beurtheilungskraft stärken, und sich nützlicher zu seinem Berufe vorbereiten könne [...] " [21]

3) Die Gewerbetreibenden verwenden ihrerseits zu wenig Sorgfalt auf ihre Ausbildung.

Aus dieser Situationsbeschreibung versucht der Land- und Stadtgerichtsdirektor seinen Mitbürgern neue Wege in einen

---

[18] ebda. S. 45
[19] ebda. S. 49
[20] ebda. S. 51
[21] ebda. S. 272 vgl. auch S. 357 ff.

wirtschaftlichen Aufschwung weisen. So lauten die Anregungen Gecks:

Eine Umorientierung des altsprachlichen Gymnasiums könnte das Interesse der Jugend an kaufmännischen Berufen wecken und so den Mangel an unternehmerischen Talenten mindern.

Bleichereien, Leinewebereien und Wollwebereien sollten die Weiterverarbeitung der Rohstoffe möglichst in der Börde belassen.

Eine Vervollkommnung der Brauereien und Branntweinbrennereien würde eine qualitativ bessere Verarbeitung der heimischen Gerste in Dortmund erübrigen.

Zur Intensivierung der Rindvieh- und Pferdezucht, nicht weniger aber auch bei der Schweine-, Ziegen- und Schafzucht, sollten gekörte Zuchttiere angekauft werden. Kräftige Ochsen ließen sich auch als Zugtiere in der Ackerwirtschaft mitbenutzen.

Eigener Fuhrwerktransport zu den Märkten sollte den gewinnschmälernden Zwischenhandel bei Getreide ausschalten. Hovestadt als Lippehafen würde sich als Kornmarkt eignen.

Die Stallfütterung sollte intensiviert, dafür das schädliche Viehhüten auf Stoppelfeldern und an Wegrändern eingeschränkt werden.

Um Preußen unabhängiger von Importen zu machen, empfiehlt Geck den Anbau von Tabak, Hopfen und Flachs, ebenso die Intensivierung der Obstkultur und Versuche in der Bienenzucht.

Zur Hebung des Ackerbaus allgemein erscheint ihm die Gründung eines landwirtschaftlichen Vereins für Soest und die Börde geeignet [22].

Die Anregungen Arnold Gecks wurden teilweise, manche allerdings erst nach vielen Jahren verwirklicht, ohne daß sich die Urheberschaft jeweils auf den fortschrittlichen Land- und Stadtgerichtsassessor zurückführen ließe.

Über die Gewerbe schreibt Geck, sie beschränkten sich "meist nur auf das eigene Bedürfniß; nur die Lohgerber, Nagelschmiede, Branntweinbrenner und Bierbrauer erfreuen

---

[22] ebda. S. 361 und 366 ff.

sich eines Absatzes nach außen" [23]. Die Handwerker liefern in der Mehrzahl "sehr mittelmäßige Arbeiten" und zeichnen sich durch mangelnde Kunstfertigkeit aus.

Die übrigen Bürger, die nicht zu den Gewerbetreibenden oder Handwerkern rechnen, - und sie stellen die Mehrzahl, - "leben fast gänzlich vom Ackerbau, und dieß ist auch bei den Börde-Eingesessenen der Fall" [24].

Arnold Geck gibt damit wichtige Anhaltspunkte für die Charakterisierung Soests und der Börde etwa um 1820: die Mehrzahl der Bürger betreibt in althergebrachter Weise Ackerbau, mit deutlich geringeren Anstrengungen in der Viehzucht. Während sich der Handel auf das lokale Einzugs- und Absatzgebiet beschränkt, erfolgt der Fernhandel mit Getreide zu den Industrieorten des bergisch-märkischen Raumes über ortsfremde Zwischenhändler. So muß der Getreidepreisverfall auch die Wirtschaftslage der Stadt in ihrem Lebensnerv treffen.

Das Handwerk liefert vorwiegend Auftragsarbeiten, und diese nicht gerade in bester Qualität. Für die Anlage größerer gewerblicher Betriebe fehlten bisher engagierte Unternehmerpersönlichkeiten, verarbeitungsfähige örtliche Rohstoffe und ein entsprechendes Arbeitskräfteangebot.

---

23) ebda. S. 355
24) ebda. S. 359

III. Gründung des Wochenblattes

Anregungen wie die des Stadt- und Landgerichtsassessors Arnold Geck bewirkten nur dann Veränderungen, wenn sie in das Bewußtsein einer möglichst einflußreichen Öffentlichkeit drangen. Eine entscheidende Rolle in diesem Meinungsbildungsprozeß nahm ein periodisch erscheinendes Publikationsorgan ein. Gerhard Köhn beschrieb 1973 in seinem Aufsatz über die Anfänge der Soester Presse im 19. Jahrhundert [25] die Rahmenbedingungen und Veränderungen lokaler Presse im Soester Raum. Ihre Kennzeichnung soll der jeweiligen Auswertung Soester Presseerzeugnisse vorangestellt werden, um der berechtigten Kritik des Publizisten Heinz-Dietrich Fischer Rechnung zu tragen: "In der Regel haben sich namentlich die historischen Arbeiten damit begnügt, aus Zeitungen zu einem vorgegebenen Untersuchungsthema passende Belegstellen beizubringen, ohne daß der Kontext immer deutlich gemacht wurde" [26].

Bis zum Mai 1819 hefteten die Behörden ihre Bekanntmachungen an die Kirchentüren und Stadttore oder hängten sie in Wirtsstuben aus, um sie der Öffentlichkeit zugänglich zu machen. Dieses wenig effektive Verfahren läßt den städtischen Rendanten Theodor Rocholl im Juni 1818 erstmals mit dem Buchdrucker Friedrich Wilhelm Nasse über die Herausgabe eines Wochenblattes in Soest diskutieren. Bürgermeister Zur Megede versucht im Dezember des Jahres, auch den Landrat des Kreises Soest von Essellen für den Plan zu gewinnen. Sich selbst und den Landgerichtsassessor Geck nennt Zur Megede als Redakteure und Zensoren.

Im Frühjahr 1819 sind endlich alle Bedenken ausgeräumt. Am 17. März 1819 genehmigt die Regierung in Arnsberg die "Herausgabe eines Wochenblattes, welches sich jedoch mit Ausschluß alles Politischen und Wissenschaftlichen auf den angegebenen Zweck zu beschränken hat" [27]. Damit

---

25) Köhn, Gerhard: Die Anfänge der Soester Presse im 19. Jahrhundert In: SZ 85 (1973) S. 73 - 104 (zitiert: Köhn, Presse)
26) Fischer, Heinz-Dietrich: Deutsche Zeitungen des 17. bis 20. Jahrhunderts, München 1972 (zitiert: Fischer, Zeitungen) S. 21. Eine detaillierte methodische Überlegung zum Thema "Auswertung von Lokalzeitungen" liefert das folgende Kapitel C.,S. 23 ff.

schränkte eine obrigkeitliche Verfügung die inhaltliche
Gestaltung des Wochenblattes von vornherein ein auf polizeiliche Bekanntmachungen, Verordnungen, Kauf- und Ver-
kaufsanzeigen, Verpachtungen oder Stellengesuche [28].
In der ersten Ausgabe vom 8. Mai 1819 des "Wochenblattes
für die Stadt Soest und den Soester Kreis" weist Verleger
und Drucker Nasse auf diese thematische Beschränkung hin:
"Politische und literarische Gegenstände sind nach dem
Plane der Redaction von diesem Blatte vorläufig ausgeschlossen [...] Allgemeine An- und Verordnungen in polizey-
licher, administrativer und gerichtlicher Hinsicht, und
sonstige allgemein nützliche Bekanntmachungen und gemeinnützige Erfahrungen über bürgerliche, gewerbliche und
ökonomische Gegenstände werden unentgeldlich aufgenommen
[29]". Schon in der dritten Nummer veröffentlichte Gerichtsassessor Geck einen fünfseitigen Aufsatz "Ueber Gewerbe
und Handel in Soest" und fragt, weil man "jetzt in Soest
viel Armuth und Noth erblickt": "...warum sollten hier
nicht die Leinen-, Woll- und Tuch-Manufacturen und die
Fabriken naher Städte gedeihen? Iserlohn und andere hiesige Städte sind durch ihren Handel und ihre Fabriken
reich geworden, und ihre örtliche Lage ist nicht günstiger
als die von Soest. Man gebe den Fabrikarbeitern auch hier
reichlichen Lohn, und sicherlich wird es an Arbeitern
nicht fehlen" [30].
Geck schließt seine Abhandlung: "Es ist jetzt eine Zeit
des Fortschreitens, in der sich so vieles anders gestaltet[..]" Das waren Einsichten, die der Arnsberger Regierung gefährlich erschienen, weil sie ihnen ungewohnter
Weise aus Soest und dann noch für alle Bürger lesbar vor-
lagen. Der Bürgermeister erhielt am 7. September 1819 eine
Rüge mit der unüberhörbaren Androhung eines Verbots des
jungen Blattes: "Sollte übrigens das Wochenblatt ferner

---

27) StAS Abt. B XXXIII a 7
28) Köhn, Presse, S. 73
29) Wochenblatt Nr. 1 / 8.5.1819
30) Wochenblatt Nr. 3 / 22.5.1819

dazu benutzt werden, die Gemüther der Einwohner zu Soest gegeneinander aufzuregen, so werden wir uns veranlaßt sehen, dasselbe ganz zu unterdrücken" [31].

Anfangs erschien die Zeitung einmal wöchentlich am Samstag. Im Mai 1819 trugen die Torwächter das Blatt zu den 306 Abonnenten. Ende November erhielten 477 Haushalte die Zeitung. Bis zum 10. November 1826 fungierte Nasse nur als Drucker und Verleger. Die Redaktion betreute Bürgermeister Zur Megede, dem der Landrat auch die Zensur übertrug. Dann aber nahm Nasse auch die Redaktion in eigene Regie. Auf Weisung von Arnsberg hin übte der Landrat selbst die Zensur aus. Zufrieden aber zeigte die Regierung sich mit dessen kritischer Überprüfung nur selten. Mehrfach gab Arnsberg Anweisung, Nasse zu ermahnen, "nur Intelligenz-Nachrichten in sein Wochenblatt aufzunehmen, Erzählungen, Anecdoten und dergleichen aber aus demselben ganz wegzulassen habe, widrigenfalls er zu erwarten habe, daß sein Wochenblatt verboten werden wird" [32].

Einen spärlichen Lichtblick in dieser Periode der Gängelung bietet die Mitteilung des Landrats von Esselen an Friedrich Wilhelm Nasse am 15. Februar 1828, der Oberpräsident erlaube: "daß Sie Mittheilungen über Handel- und Gewerbskunde, Landhaushalt und neue Erfindungen vorzugsweise, mit unter auch zur Abwechslung, die guten Sitten nicht beleidigende, zu keinen Anfeindungen führende Aufsätze anderer Art aus Berliner periodischen Blättern, die unter Censur stehen, zur Füllung des Raums ins hiesige Wochenblatt aufnehmen können" [33]. Was dem Ober-Zensur-Kollegium in Berlin recht war, durfte also auch dem Soester "Wochenblatt" als Lückenfüller billig sein.

Das Erscheinen des Wochenblattes, die thematische Auswahl und jeweilige Formulierung seiner Beiträge zeigte sich damit seit dem Erscheinen im Mai 1819 bestimmt durch die preußische Pressewillkür. Am 18. Oktober 1819 war das Zensuredikt vom Dezember 1788 erneuert worden. Zensurgebühren

---

[31] Köhn, Presse, S. 74
[32] StAS Abt. B XXXIII a 7
[33] ebda.

belasteten Verleger und Buchdrucker in Preußen mit dem
Jahresbeginn 1825 aufs Neue. Für jeden Zeitungsbogen
mußten sie fünf Silbergroschen entrichten. Zusammen mit
dem Zeitungsstempel vom 7. März 1822 erschwerte diese
Maßnahme wirtschaftlich die Herausgabe von Zeitungen zusätzlich [34]. Eine weitere obrigkeitliche Maßnahme schränkte die publizistischen Möglichkeiten der "Wochenblatt"-Redaktion ein: Auf behördliche Verordnung hin erschien das
bisherige Wochenblatt vom 1. Januar 1841 an als "Soester
Kreisblatt" und damit als amtliches Bekanntmachungsorgan.
Behörden und Ämter des Kreises Soest galten nun als Zwangsabonnenten, dafür aber mußten Bekanntmachungen kostenlos
abgedruckt werden [35]. Sie bestimmten nun noch deutlicher
den Textteil und nahmen entsprechend auch möglichst die
hervorrragende Plazierung auf der ersten Seite ein.

Nach dem Tod ihres Mannes 1837 führte die Witwe Nasse das
Geschäft weiter. Als auch sie 1843 starb und ein geeigneter Nachfolger für die Herausgabe des Blattes fehlte, erhielt der Buchhändler Ferdinand Schöning diese durch Regierungsverfügung vom 3. November 1846 mit Wirkung vom
28. Januar 1847 übertragen. Bei der geringsten Änderung
der Tendenz des Blattes drohte die Regierung mit dem Entzug der Lizenz. Auch wenn, wie Schöning am 24. September
schrieb, viele Leser mehr Unterhaltungsstoff wünschten,
so lasse die strenge Zensur eine größere Themenvielfalt
nicht zu [36].

Nach Ansicht Schultes handhabten die westfälischen Behörden die Zensur noch übler als die Zensurkollegien im
übrigen Preußen [37]. Auch Stellungnahmen des dritten und
vierten westfälischen Landtags zur Zensur blieben vergeblich. Mit Aufsätzen moralisierender Art, Nachrichten aus

---

34) Koszyk, Kurt: Deutsche Presse im 19. Jahrhundert. Geschichte der deutschen Presse, Teil II, Berlin 1966
(zitiert: Koszyk, Presse 19. Jh.) S. 59 f.
35) Köhn, Presse, S. 75
36) StAS Abt. B XXXIII a 7
37) Schulte, Wilhelm: Volk und Staat. Westfalen im Vormärz und in der Revolution 1848/49, Münster 1954
(zitiert: Schulte, Volk) S. 55 ff.

der fernen Welt, amtlichen und privaten Anzeigen versuchten die Wochenblätter so ihre Existenz zu behaupten. Der "Leipziger Zeitungs-Katalog für 1841" nennt keine Auflagenzahl für das Soester Blatt, nur sein wöchentlich einmaliges Erscheinen in der Größe eines halben Bogens. Das "Wochenblatt für den Kreis Lippstadt" dagegen meldet eine Auflage von 400 Exemplaren [38]. Vier Jahre später finden sich im "Deutschen Zeitungs-Katalog" auch Angaben zur Auflage des Soester Kreisblattes, der Herausgeber hat 1.700 Abonnenten [39] genannt.

---

38) Leipziger Zeitungs-Katalog für 1841, Leipzig 1841, S. 31 und S. 37
39) Deutscher Zeitungs-Katalog, Leipzig 1845, 3. umgearb. Ausg. S. 117

C. Methodische Zwischenbemerkung:
   Lokale Presse als Geschichtsquelle

Wer sich mit der Erarbeitung historischer Zusammenhänge im 19. Jahrhundert auseinandersetzt, dem stehen - soweit die Situation im Soester Raum sein Interesse findet - eine Fülle Verwaltungsakten zur Verfügung. Unterlagen von Wirtschaftsbetrieben oder Vereinen und Organisationen blieben dagegen nur selten erhalten oder sie sind mehr oder weniger fachgerecht in Jubiläumsschriften ausgewertet. Im gesamten Untersuchungszeitraum dieser Arbeit gibt es im Soester Raum bis 1848 nur eine Zeitung und dann mit kurzen Unterbrechungen zwei periodische Druckerzeugnisse.
Der Dovifatschen Definition "Die Zeitung vermittelt jüngstes Gegenwartsgeschehen in kürzester regelmäßiger Folge der breitesten Öffentlichkeit" [1], also der Forderung nach Aktualität, Periodizität und Universalität des Inhalts, vermögen die Soester Zeitungen erst in den Revolutionsjahren zu entsprechen und danach nur, soweit der Rückfall in vormärzliche Unterdrückungsmethoden es zuläßt.
Allgemein bleibt bei der Untersuchung von Soester Presseorganen zu berücksichtigen, daß angesichts der deutlich lokalen Ausrichtung dieser Zeitung die Forderung nach Aktualität und in gewisser Weise auch nach Universalität eher auf die lokale als auf die allgemeinpolitische Nachrichtengebung zutrifft.
So liefern diese Presseerzeugnisse eine Fülle von Nachrichten, Bekanntmachungen oder Meinungen zur wirtschaftlichen und sozialen Situation im Untersuchungszeitraum. Amtliche Bekanntmachungen des Landrats oder der Stadtbehörde, offizielle Protokolle der Stadtverordnetensitzungen, Anzeigentexte oder Protokollauszüge von Vereinen enthalten diese Angaben. Für den Historiker bleibt die Frage, ob er sie effektiv nutzen kann.
In einem Aufsatz der Zeitschrift "Publizistik" ging Joachim H. Knoll 1966 der Zusammenarbeit von Publizistikwissen-

---

1) Dovifat, Emil: Zeitungslehre, 2 Bde., 5. neubearb. Aufl. Berlin 1967 (zitiert: Dovifat, Zeitungslehre)
   S. 8

schaft und Geschichtswissenschaft [2] nach. Er stellte ein wachsendes Interesse unter den Historikern fest, Zeitungen und Zeitschriften als Quellen zu betrachten, die gleichsam eine Momentaufnahme der Diskussion über ein Ereignis oder Problem festhielten: "Die Geschichtswissenschaft wendet sich aber in jüngster Zeit publizistischen Materialien zu, aus denen sie die Bewertung eines politischen Phänomens, im Zeitpunkt da es sichtbar und bewußt wurde, zu erkunden sucht" [3]. Knoll kennzeichnet damit einen Wandel im Interesse der Historiker an Presseerzeugnissen. Heinz-Dietrich Fischer, der 1972 in seiner Untersuchung über "Tendenzpublizistik im Kommunikationsfeld, Untersuchungen zum Problem politischer Presse im System interner und externer Einflüsse" [4] der Benutzung von Presseerzeugnissen als Quellen für Historiker genauer nachspürte, sah einen Grund für die Zurückhaltung der Historiker in ihrer Unsicherheit und dem Unvermögen, diese Quellengattung zu bewältigen: "Die Differenziertheit des Pressewesens und die nicht immer leicht zu ermittelnde Grundhaltung oder "Richtung" einer Zeitung ließen manche Historiker nicht nur von der Materialfülle, sondern auch vor der ungewissen Qualität des Zeitungsinhaltes resignierend kapitulieren. Andere hingegen benutzten forsch und relativ unbekümmert die Presse als Quelle für ihre politischen oder (bzw.: und) historischen Darstellungen" [5].
Gustav Wolf handelte 1910 erstmals in Deutschland in seiner "Einführung in das Studium der Neueren Geschichte" [6] auch Zeitungen als Geschichtsquelle ab und erläuterte den an-

---

[2] Knoll, Joachim H.: Das Verhältnis Österreich/Preußen zwischen 1848 und 1866 im Spiegel liberaler Zeitungen. Ein Beitrag zur Kooperation von Publizistikwissenschaft und Geschichtswissenschaft. In: Publizistik 11 (1966) S. 264 - 276 (zitiert: Knoll, Verhältnis Österreich/Preußen)
[3] ebda. S. 265
[4] Fischer, Heinz-Dietrich: Tendenzpublizistik im Kommunikationsfeld. Untersuchungen zum Problem politischer Presse im System interner und externer Einflüsse, Phil. Habil.-Schrift, Bochum 1972 (zitiert: Fischer, Tendenzpublizistik)
[5] ebda. S. 73
[6] Wolf, Gustav: Einführung in das Studium der Neueren Geschichte, Berlin 1910 (zitiert: Wolf, Neuere Geschichte)

gehenden Historikern Methoden für die Auswertung von Presseerzeugnissen. Insbesondere wies er auf drei bedeutsame Fehlerquellen hin:
1. Ungenauigkeiten infolge Zeitdrucks bei journalistischer Erarbeitung und technischer Herstellung,
2. "Vergröberung" durch mangelnde journalistische Qualifikation und
3. Beeinträchtigung einer objektiven Berichterstattung durch Geschäfts- und (oder) Parteieinflüsse.

Wolf empfahl die individuelle Untersuchung jeder Zeitung, bevor sie als Quelle benutzt werden könne. Zu den nötigen Vorinformationen über ein Presseorgan rechnete er "die Kenntnis seiner Geschichte, seiner ökonomischen Vorbedingungen, seiner geschäftlichen Verbindungen (insbesondere mit Regierungen, Stadtverwaltungen, Parteivorständen, einzelnen im öffentlichen Leben stehenden Personen, Industrie- oder Gewerbeverbänden usw.), des Redaktionspersonals, der Korrespondenten und des Leserkreises" [7]. Entsprechend dieser Forderung Wolfs enthält auch diese Arbeit jeweils Informationen über Entstehung, Entwicklung und situationsbedingte Veränderungen der gleichzeitig ausgewerteten Soester Presseorgane, um die Einordnung der verwendeten Quellentexte in den Gesamtzusammenhang der lokalen Pressesituation zu erleichtern. Eine solche Beurteilungsmöglichkeit erhöht das Verständnis etwa dafür, warum etwas nicht oder nur einseitig beschrieben wurde - um ein Beispiel zu nennen- die Aktivitäten einer der Obrigkeit und (oder) den wohlhabenden Bürgern mißliebigen politischen Gruppe nur so wenig publizistische Resonanz fanden und entsprechend ihre historische Aufarbeitung erschweren. Fischer kleidete dieses Problem in die plastische Frage: "War der Verfasser in der Lage, die Wahrheit zu berichten und hat er die Wahrheit auch berichten wollen?" [8]. Die Antwort läßt sich nur geben, wenn etwa die Parteizugehörigkeit einer Zeitung ausreichend bekannt ist.

---

7) ebda. S. 322
8) Fischer, Tendenzpublizistik, S. 77

Deshalb warnt Knoll davor, aus publizistischen Quellen allein ein historisches Gesamturteil bilden zu wollen: "Eine Geschichtsbetrachtung, die ausschließlich von publizistischen Quellen ausginge, könnte nur nachweisen, was gedacht und gewollt wurde, nicht aber, was sich tatsächlich im politischen Terrain niedergeschlagen hat und als Tatbestand sichtbar wurde" [9]. Genau diesen Fehler enthielten frühere zeitungswissenschaftliche Veröffentlichungen, wenn sie sich in den ersten Jahrzehnten dieses Jahrhunderts mit der Erarbeitung eines historischen Problems im "Spiegel" einer Zeitung beschäftigten. Oft gingen die Verfasser dabei über die quellenkritische Frage hinweg, ob denn die in irgendeiner Zeitung abgebildete Wirklichkeit überhaupt den historischen Ereignissen entspräche. Kurt Koszyk wies 1966 in seiner Untersuchung über die "Deutsche Presse im 19. Jahrhundert" [10] nach, daß Presse in diesem Zeitraum immer <u>Richtungs</u>-Presse war: "Deutschland hat bisher jedenfalls keine effektiv unabhängige Presseform hervorbringen können. Die Nachrichtenpresse bis 1848 war politisch unmündig, die Parteipresse der Jahrzehnte bis 1874 in gleichem Maße an Zensur, Stempelsteuer und Gruppeninteressen gebunden, die sogenannte unabhängige Meinungspresse in Wirklichkeit nur ihr auf Rentabilität zielender Ableger. Die der "herrschenden Meinung" aufgeschlossene bindungslose Geschäftspresse erwies sich in jeder Hinsicht als am lebenskräftigsten in einer Gesellschaft, deren Kennzeichen die Auflösung aller Individualitäten sind" [11].

Da Zeitungen im 19. Jahrhundert das einzige publizistische Medium darstellten, mit denen "schnell und wiederholt, also intensiv Politik gemacht werden konnte" [12], versuchten verständlicherweise die verschiedensten Interessengruppen, sich dieses Mediums zu bemächtigen oder zu bedienen: "Nie zuvor war der Journalist mehr bestrebt gewesen, sich politisch zu engagieren, wenn die Staatsgewalt nicht

---

9) Knoll, Verhältnis Österreich/Preußen, S. 274
10) Koszyk, Kurt: Deutsche Presse im 19. Jahrhundert. Geschichte der deutschen Presse, Teil II, Berlin 1966 (zitiert: Koszyk, Presse 19. Jh.)
11) ebda. S. 307
12) ebda.

präventiv eingriff. Nie zuvor hatte Verlegern mehr daran
gelegen, einer Idee zu dienen. Nie zuvor waren aber auch
politische Gruppen so sehr daran interessiert gewesen, sich
eines Mittels zu bedienen, das ihnen ermöglichte, ihre Gedanken schnell zu verbreiten und dadurch neue Anhänger zu
gewinnen und die alten fester an sich zu binden" [13]. Für
den Begriff 'Parteipresse' bietet Koszyk zwei Definitionen
an:"Er kann sowohl eine Presse bedeuten, die Partei **ergreift**
Partei nimmt, also parteilich ist, als auch eine Presse,die
einer **Partei** organisatorisch verbunden ist. Die zweite Definition schließt die erste ein, aber die erste ist ohne
die zweite denkbar" [14].
Die Auswertung von Presseerzeugnissen im 19. Jahrhundert
erfordert also eine wesentliche Voraussetzung: die Kenntnis des jeweils zu beschreibenden historischen Vorgangs.
Aus der Abweichung einer Zeitung in ihrer Berichterstattung von dem durch den Historiker erschließbaren Sach- und Ereigniszusammenhang läßt sich wiederum die Haltung
des Presseorgans charakterisieren. Koszyk arbeitete in
seiner Untersuchung deutlich heraus, daß auch die Tageszeitungen des vergangenen Jahrhunderts in einem wechselnden
Abhängigkeitsverhältnis von obrigkeitlichen, parteilichen
und (oder) erwerbswirtschaftlichen Gruppeninteressen standen: "Langsam hat die Tagespresse im 19. Jahrhundert ihre
öffentliche Aufgabe, über die Fülle des Geschehens kontinuierlich zu informieren, gewonnen. Zunächst betrachtete
der Souverän die Zeitungen als Instrumente seiner Politik.
Dann bemächtigten sich Interessengruppen und Parteien
dieses Instruments zur Beeinflussung der öffentlichen
Meinung, indem sie ihre eigenen Meinungen veröffentlichten.
Der Kampf gegen die Zensur hatte für diese Gruppen keine
altruistischen Motive; denn als die gesetzliche Pressefreiheit durchgesetzt war, lieferten sie die Zeitungen und
Zeitschriften unbedenklich dem ökonomischen Zwang und der
Gruppenzensur aus. Der Publizist, der sich den eisernen
Ketten der Staatsraison entronnen glaubte, wurde an die

---

13) ebda. S. 127
14) ebda. S. 130

goldene Kette der wirtschaftlichen und politischen Interessen gelegt" [15].

Für das methodische Vorgehen in dieser Arbeit bedeuten die beschriebenen Überlegungen: Eine sich ausschließlich auf publizistische Quellen stützende historische Untersuchung - also im 'Spiegel' einer Zeitung - vermag nur wenig neue Erkenntnisse zu liefern, weil sie der Beschreibung und Bewertung der aktuellen Ereignisse nachträglich 'Objektivität' verleiht, indem sie die 'Wirklichkeit' in einer Zeitung mit der Realität gleichsetzt.

Andererseits widersprach Wilhelm Mommsen schon 1926 der Auffassung, Zeitungen böten keinerlei Aussagen als historische Quellen: "Wer z.B. politische Stimmungen studieren will, wird ihr Spiegelbild in der kleinen Lokalpresse - etwa für 1848 - besser wiederfinden, als in den großen Zeitungen, bei denen der Zweck der politischen Wirkung das Bild in dieser Hinsicht leicht trüben kann" [16]. Auch wenn sich dem entgegenhalten läßt, daß Lokalzeitungen ebenso aus einem Interessengeflecht heraus berichten, verdienen Mommsens Hinweis und seine anschließende Warnung, verschiedene Presserichtungen und durch sie verkörperte Meinungen noch nicht mit der öffentlichen Meinung gleichzusetzen, Beachtung.

Vorstellungen, die Presse und öffentliche Meinung weitgehend gleichsetzen, dürfen zweifellos als überholt gelten. Dabei kann man davon ausgehen, daß es d i e öffentliche Meinung nicht gibt. Immer stellt sie ein Produkt individueller Meinungen dar. Aus vielen zunächst gebildeten Ansichten von einzelnen formt sich öffentliche Meinungsbildung [17]. Zwar gibt es eine allgemein akzeptierte Definition von 'öffentlicher Meinung' bislang nicht, aber Übereinstimmung besteht doch darin, öffentliche Meinung als etwas politisch und gesellschaftlich Wichtiges und Ernstzunehmendes anzusehen [18]. Jürgen Habermas

---

15) ebda. S. 307
16) Mommsen, Wilhelm: Die Zeitung als historische Quelle. In: Archiv für Politik und Geschichte, 6. Bd. 4 (1926) S. 244 - 251 (zitiert: Mommsen, Zeitung) S. 245
17) Koszyk, Kurt / Pruys, Karl H.: Wörterbuch zur Publizistik, 2. verb. Aufl. München 1970 (zitiert:Koszyk, Wörterbuch) S. 263

unterscheidet in seiner Untersuchung über den "Strukturwandel der Öffentlichkeit" [19] zwischen der Sphäre öffentlicher Gewalt (Staat, Regierung) und dem Privatbereich. Aus der Privatsphäre entwickelte sich im Zeitalter der Aufklärung eine von der Privatsphäre abgesetzte Öffentlichkeit, die in der Vermittlung sozialer und politischer Bedürfnisse und als gesellschaftliches Kontrollorgan dem Staat gegenübertrat [20]. Im 18. Jahrhundert wirkten Journalisten durch Verbreitung von Argumenten in literarischen und politischen Zeitungen mit an der Bildung dieser informierten öffentlichen Meinung. Mit der Kommerzialisierung der Presse allerdings verschwand die ursprüngliche Scheidung zwischen Privatsphäre und politisch tätiger Öffentlichkeit, weil die Unabhängigkeit ihrer Institutionen nicht gesichert blieb: "Die obrigkeitsstaatlichen Reglements setzten die Presse zu einem bloßen Gewerbe herab, gleichermaßen wie alle übrigen Gewerbe polizeilichen Anweisungen und Verboten ausgeliefert" [21]. Eine Vergrößerung und Vervollkommnung des technischen und organisatorischen Apparats verlieh privatwirtschaftlicher Einflußnahme ein größeres Gewicht. Gleichzeitig gerieten die Tageszeitungen der zweiten Hälfte des 19. Jahrhunderts in das Spannungsfeld von einflußsuchenden betriebsfremden Interessen: "Seit dem der Absatz des redaktionellen Teiles mit dem Absatz des Annoncenteils in Wechselwirkung steht, wird die Presse, bis dahin Institution der Privatleute als Publikum, zur Institution bestimmter Publikumsteilnehmer als Privatleuten - nämlich zum Einfalltor privilegierter Privatinteressen in die Öffentlichkeit" [22]. Da sich solche Einflußnahmen Privater auf die lokale Presse nicht ausschließen lassen - gerade dort oft direkt möglich waren - bestätigt

---

[18] Noelle-Neumann, Elisabeth / Schulz, Winfried (Hrsg.) Publizistik. Das Fischer Lexikon, Frankfurt a.M. 1971 (zitiert: Noelle-Neumann, Publizistik) S. 210
[19] Habermas, Jürgen: Strukturwandel der Öffentlichkeit. Untersuchungen zu einer Kategorie der bürgerlichen Gesellschaft, 7. Aufl. Neuwied / Berlin 1975 (zitiert: Habermas, Öffentlichkeit)
[20] ebda. S. 33 ff.
[21] ebda. S. 220
[22] ebda. S. 221 f.

sich die Notwendigkeit, den jeweils zu erläuternden Vorgang zunächst anhand historischer Quellen zu erschließen.

So bietet sich eine Unterscheidung zwischen 'öffentlicher Meinung' und 'veröffentlichter Meinung' an, ohne den engen Zusammenhang beider verkennen zu wollen. Die Presseorgane beeinflussen dabei die Vorstellungen in den verschiedenen für das Zustandekommen öffentlicher Meinung bedeutsamen Faktoren [23]. Über den Prozeß, wie Massenmedien Einstellungen beeinflussen oder zum Handeln bewegen, gibt es verschiedene Theorien: Katz und Lazarsfeld sahen 1955 Ideen aus den Medien zu Meinungsführern (opinion leader) fließen, die ihrerseits Einfluß auf die weniger aktiven Bevölkerungsgruppen nahmen. Jede Schicht oder Gruppe verfügt dabei über ihren eigenen 'Dolmetscher' [24]. Andere neuere Studien allerdings (Noelle-Neumann) lösten das Modell einer sternförmigen Einflußfigur zugunsten eines netzartigen Einflußmodells ab: Statt einer Unterscheidung zwischen Ratsuchenden und Raterteilenden verläuft danach die eigentliche Trennlinie zwischen Personen, die Rat erfragen und um Rat gebeten werden und auf der anderen Seite einer fast gleichgroßen Gruppe, die weder um Rat fragt noch gefragt wird [25].

Dieser Blick auf die Rezipienten-Forschung gibt gleichzeitig Anlaß dazu, die Wirkungen der Lokalzeitungen im 19. Jahrhundert auf ihr Publikum einzuschränken. Es verbietet sich die Annahme, lokale Presse hätte direkt Veränderungen bewirken können. Aber Einflußnahmen der Presseorgane auf Entwicklungen erscheinen dann möglich, wenn etwa gesellschaftlich anerkannte Persönlichkeiten des Soester Raumes aus der Gruppe der Rezipienten heraustraten, sich publizistisch äußerten, um auf diese Weise Diskussionen in einem interessierten Kreis der Öffentlichkeit anzuregen oder in eine bestimmte Richtung zu lenken. Es bleibt also die Soester Presse auch daraufhin zu untersuchen, wer in ihr Anregungen gibt, Ansichten verbreitet.

---

23) Noelle-Neumann, Publizistik, S. 216
24) ebda. S. 342
25) ebda. S. 343

Aber die gerade oft nur mühsam oder gar nicht zu klärende Frage nach dem Verfasser erschwert die Nutzung von Zeitungen als historische Quelle.

Aufbauend auf diesen Überlegungen soll im folgenden der Versuch unternommen werden, einen methodischen Weg aufzuzeigen, über den die Soester Presse als Beispiel für lokale Presse als Geschichtsquelle genutzt werden kann. Entscheidende Voraussetzung für diese Arbeit bleibt, daß sie das Fundament ihres Sach- und Ereigniszusammenhangs aus Verwaltungsakten, amtlichen Statistiken, Vereins- und Organisationsunterlagen und persönlichen Korrespondenzen aufbaut. Das Material aus der lokalen Presse dient dann als Ergänzung, stellt etwa Verbindungen her zwischen zwei zeitlich unzusammenhängenden, thematisch aber gleichen Ereignissen oder beleuchtet einen Sachverhalt von einem anderen Standpunkt.

Wo Akten, Behördenberichte oder Protokolle keine Angaben über einen thematischen Gesichtspunkt machen, kann die lokale Presse unter genauer Kennzeichnung der jeweiligen Quellenart, ob es sich etwa um den Abdruck eines Protokolls oder einen redaktionellen Bericht handelt, einspringen. Etwa ab 1848 ergibt sich aus dem Konkurrenzverhältnis zweier Zeitungen im Soester Raum eine zusätzliche Überprüfungsmöglichkeit im Vergleich der Berichterstattung beider Presseerzeugnisse.

Entscheidende Bedeutung jedoch kommt dem zu, was Hannelore Roth schon in ihrer methodischen Untersuchung über "Tageszeitungen als Quelle der volkskundlichen Forschung" [26] resümierte: "daß die Zeitung als _alleinige_ Quelle nur ganz selten und dann mit größter Vorsicht und Kritik herangezogen werden kann. Das bedeutet, daß man über die Bedingungen und die verschiedenen Abhängigkeiten, unter denen die Zeitung im allgemeinen oder eine Zeitung im besonderen arbeitet, unterrichtet sein muß, ehe man sich ihr als Quelle anvertraut[...]" [27].

---

[26] Roth, Hannelore: Tageszeitungen als Quelle der volkskundlichen Forschung. Eine meth. Untersuchung, Tübingen Phil. Diss. 1957 (zitiert: Roth, Tageszeitungen)
[27] ebda. S. 133

Mit dem Hinweis auf die Arbeits- und Geschäftsbedingungen im Pressewesen nannte Hannelore Roth gleichzeitig die zweite wichtige Voraussetzung für die Benutzung der lokalen Presse als historische Quelle. Horst Rabe kleidete sie in die Forderung: "man muß die Parteirichtung und die materiellen Abhängigkeiten einer Zeitung, das Woher ihrer Nachrichten, möglichst auch die Persönlichkeiten ihres Herausgebers und seiner Mitarbeiter berücksichtigen, will man bei der Benutzung einer Zeitung als historische Quelle nicht auf Irrwege geraten" [28]. Als solche Fehlerquellen in der Berichterstattung gelten nach Antionette Roeckeisen [29] äußere Einflüsse von Wirtschaft und Kapital, Parteien, dem Staat, einer Konfession, der Wissenschaft oder die Orientierung auf eine bestimmte Leserschaft hin. Als innere Einflüsse kommen die Subjektivität des Berichterstatters, seine Auswahlkriterien, der ihn belastende Zeitdruck, Eingriffe des Verlegers und die Bedingungen der technischen Realisierung hinzu [30].

Über jede Zeitung benötigen wir also monographische Angaben, bevor wir sie methodisch exakt auswerten können. Gerade hier leistet die Publizistik der Geschichtswissenschaft wichtige Hilfsdienste, was Knoll entsprechend anerkennt: "Hilfswissenschaft meint solchermaßen nichts anderes, als daß hier eine Disziplin ihre eigenen Kategorien, Einsichten und Ergebnisse anderen Disziplinen zur Verfügung stellt, sie befördert und bei der Aufbereitung der Materialien zu sachgerechten Proportionen verhilft" [31]. Gerade diesen fruchtbaren Erfahrungsaustausch gab es lange Zeit kaum, weil - wie beschrieben - die Historiker der Presse als Quelle ablehnend gegenüberstanden, andererseits aber auch - wie Fischer zugesteht - diePublizistik vielfach monographische Materialsammlungen schuf, in denen Formatveränderungen einer Zeitung wichtiger erschienen als die vielschichtige Interessenverflechtung eines Presseorgans:

---

[28] Rabe, Horst: Quellen Neuzeit. In: Geschichte. Das Fischer Lexikon, Hrsg. Waldemar Besson, Frankfurt a. M. 1970, S. 289 - 297 (zitiert: Rabe, Quellen) S. 296
[29] Roeckeisen, Antoinette: Die Presse als Geschichtsquelle, München Phil. Diss. 1952 (zitiert: Roeckeisen, Presse)
[30] ebda. S. 107
[31] Knoll, Verhältnis Österreich/Preußen, S. 265

"Lange Zeit hindurch wurden die Gattung 'Presse' und das Einzelobjekt 'Zeitung' nahezu ausschließlich als 'interessante' Erscheinungen mit dem Ziel einer simplen Presse-Phänomenologie angesehen, weniger indes als Kommunikationsmittel im modernen Sinne. Diese einseitige Betrachtungsweise hatte zur Folge, daß die technische Seite bisweilen zu stark in den Vordergrund trat, hingegen die soziologischen und eigentlichen kommunikativen Probleme weitgehend unberücksichtigt blieben" [32].

Mit dem Beitrag "Die Anfänge der Soester Presse im 19. Jahrhundert" schuf Gerhard Köhn [33] 1973 wichtige Voraussetzungen für die Charakterisierung der im letzten Jahrhundert in Soest erschienenen Zeitungen. Ein Aufsatz von Klaus Hilse "So begann das Soester Pressewesen" [34] versuchte 1967 den Inhalt des Wochenblatts näher zu charakterisieren, erschöpfte sich aber in vergnüglichen Kuriositäten. Akten über Konzessionserteilungen für Buchdrucker [35], die Herausgabe des Wochenblattes [36] und eine behördliche Bestandsaufnahme der im Kreis Soest erscheinenden Lokalblätter [37] schaffen nun eine effektive Quellengrundlage. Über den 1849/50 in Soests Nachbarstadt Werl erscheinenden und zeitweise vom in Soest wohnenden Bürgermeister a. D. Kiehl redigierten "Freimüthigen an der Haar" liegt eine Monographie von Elisabeth Stein [38] aus dem Jahr 1965 vor. Informationen über regionale Presseerzeugnisse, die auch im Soester Raum Leser fanden, geben Erhard Behrbalks Untersuchung über die "Westfälische Zeitung" [39],

---

32) Fischer, Zeitungen, S. 12
33) Köhn, Gerhard: Die Anfänge der Soester Presse im 19. Jahrhundert. In: SZ 85 (1973) S. 73 - 104 (zitiert: Köhn, Presse)
34) Hilse, Klaus: So begann das Soester Pressewesen. In: HKS 40 (1967) S. 90 f. (zitiert: Hilse, So begann)
35) StAS Abt. B XXXV a 36
36) StAS Abt. B XXXIII a 7
37) StaAM Kreis Soest Nr. 349
38) Stein, Elisabeth: "Der Freimüthige an der Haar" als Organ des politischen Katholizismus 1849-50. Dortmunder Beiträge zur Zeitungsforschung, Bd. 9, Dortmund 1965 (zitiert: Stein, Freimüthige)
39) Behrbalk, Erhard: Die "Westfälische Zeitung". Ein Beitrag zur Geschichte der westfälischen Tagespresse im 19. Jahrhundert (1848-1883), München Phil. Diss. 1942 Dortmund 1958 (zitiert: Behrbalk, Westfälische Zeitung)

Karl d'Esters Aufsatz zur Presse Westfalens bis 1848 [40],
Rolf Ippens Darstellung über die westfälische Tagespresse
seit 1848 [41] und Otto Herbert Hundts Untersuchung zum
Pressewesen im märkischen Sauerland [42]. Damit ist umrissen, auf welche publizistischen Veröffentlichungen sich
die Charakterisierung der Soester Zeitungen weitgehend
stützen kann. Entsprechend soll jeweils vor der Auswertung
eines einzelnen Presseorgans zusammen mit anderen Quellen
eine Charakterisierung des Blattes und seiner Entstehungs-
und Entwicklungssituation stehen.

Dieses Vorgehen erscheint nicht nur methodisch erforderlich,
sondern gewinnt auch seine Berechtigung im Zusammenhang mit
dem Gesamtthema, das natürlich auch die Entwicklung von
Zeitungen als Wirtschaftsunternehmen einschließt, nicht
weniger die Bedeutung des Anzeigenteils für Handel und
Gewerbe.

Die Begrenzung des Verbreitungsgebietes auf eine Stadt und
(oder) einen Kreis hat der Lokalpresse ihre typologische
Kennzeichnung verliehen. Für die Soester Presse läßt sich
als zusätzliche Rechtfertigung dieses Begriffs für den
Untersuchungszeitraum die wesentliche Ergänzung treffen,
daß die lokale Berichterstattung das einzig Originäre -
mit der Entsprechung lokaler Inserate im Anzeigenteil -
dieser Zeitung und damit das sie Charakterisierende ausmacht. Aus welchen Zeitungen oder Korrespondenzen der jeweilige Redakteur die politischen Nachrichten entnahm,
ließe sich erst in einem aufwendigen Textvergleich herausfinden. Allgemeinpolitische Ereignisse gewinnen erst dann
jeweils lokalen Stellenwert in Soester Zeitungen, wenn
heimische Parlamentarier in Zusammenhang mit ihnen stehen:
wenn etwa der Abgeordnete Ostendorf aus der Paulskirche
berichtet oder der Vizepräsident des Abgeordnetenhauses,
von Bockum-Dolffs, heftig mit Kriegsminister Roon streitet.

---

40) d'Ester, Karl: Die Presse Westfalens bis 1848. In: Die Heimat. Monatsschrift für Land, Volk und Kunst in Westfalen und am Niederrhein 8 (1926) S. 319 - 322 (zitiert: d'Ester: Presse Westfalens)
41) Ippen, Rolf: Die Tagespresse in Westfalen seit 1848. In: Die Heimat 8 (1926) S. 324 - 332 (zitiert: Ippen, Tagespresse seit 1848)
42) Hundt, Herbert Otto: Das Pressewesen im märkischen Sauerland, Leipzig Phil. Diss. 1935 (zitiert: Hundt, Pressewesen Sauerland)

Im Hinblick auf die wirtschaftlich-soziale Themenstellung
steht dabei die den Soester Raum betreffende Berichterstattung im Mittelpunkt der Auswertung. Sie geschieht zeitlich gestreut anhand exemplarischer Themen:
1) Landwirtschaftliche Informationen, insbesondere über den Landwirtschaftlichen Kreisverein,
2) Gewerbliche und industrielle Ansiedlungen,
3) Einrichtungen von Sparkassen,
4) Gewerbliche Ausbildung, insbesondere in Fortbildungsschulen,
5) Anbauversuche mit Zuckerrüben und Anlegung einer Zuckerrübenfabrik,
6) Bau von Chausseen und Wegen.
Unter diesen thematischen Aspekten geschah die Auswertung der Soester Presseorgane. Die Aufarbeitung unterscheidet deutlich jeweils verschiedene Quellengruppen, etwa
amtliche Bekanntmachungen,
Abdruck von Gesetzen,
Protokolle der Stadtverordnetensitzungen,
eigene redaktionelle Berichte,
Mitarbeiter-Darstellungen,
Leserbriefe,
Protokolle von und Ankündigungen zu Versammlungen,
Auszüge aus anderen Zeitungen und -
Anzeigen.
Schon 1943 betonte Rudolf Auer in seiner Arbeit über "Die moderne Presse als Geschichtsquelle" [43]: "Ihrem Wesen nach ist auch die Anzeige Mitteilung, eine Nachricht, die allerdings als wesentliches Merkmal die Tatsache trägt, daß sie dem Interesse dessen dient, der sie in die Presse setzt und dafür bezahlt" [44]. Alle Texte mit lokalem Bezug finden also Berücksichtigung. Soweit möglich werden auch grafische Aufmachung und Plazierung mit in die Quellen-Charaktei-

---

[43] Auer, Rudolf: Die moderne Presse als Geschichtsquelle. Ein Versuch, Wien 1943 (zitiert: Auer, Presse als Geschichtsquelle)
[44] ebda. S. 177

sierung einbezogen: "Die Hervorhebung durch Stellung und Druckart, die weitgehende Unterdrückung durch Verminderung der Wirkungsintensität, lassen nicht nur über Einschätzung von Ereignissen nach dem Grad der Wichtigkeit für den Leserkreis, sondern auch über die Tendenz der Schriftleitung Erkenntnisse zu" [45].

Um diese Rückschlüsse von der Aufmachung auf die Bewertung eines Ereignisses an einem Beispiel deutlich zu machen: Es besteht ein Unterschied zwischen dem vollen wörtlichen Abdruck eines Protokolls über die Generalversammlung des Landwirtschaftlichen Kreisvereins und den kleingedruckten Hinweisen in der Rubrik "Landwirtschaftliches" über Gänsezucht am Ende des lokalen Teils der gleichen Ausgabe. So erstaunlich dieser Schluß zunächst klingen mag: Beide Berichte lassen auf ein überdurchschnittliches Interesse der Leser an landwirtschaftlichen Informationen schließen, oder vorsichtiger, auf die Vermutung des Redakteurs, damit dem Leserinteresse entgegenzukommen. In beiden Fällen liegt keine eigene redaktionelle Arbeit vor. Entscheidender jedoch: Beide Berichte erfüllen völlig verschiedene Funktionen. Während sich der Abdruck der Hauptversammlungsvorgänge der wichtigsten lokalen Landwirtschaftsorganisation an bevorzugtem Platz im Textteil durch den Stellenwert des Ereignisses rechtfertigen mag, stellt die in gleicher Ausgabe mitgelieferte Information über Gänsezucht eher ein Zufallsergebnis dar. Oft in kleinerer Schriftgröße als der normale Textdruck (Nonpareille statt Petit) dienen diese wahllos unter dem Generalthema Landwirtschaft aus anderen Publikationen entnommenen Informationen zum 'Füllen' des zwischen aktuellem Text- und Anzeigenteil bleibenden Freiraums.

Die Position des Redakteurs gegenüber den von ihm erarbeiteten oder druckfertig gemachten Nachrichten läßt sich im Einzelfall nur schwer charakterisieren. Eine Veröffentlichung aus dem Jahr 1836 allerdings diene als Beispiel

---

[45] ebda. S. 155

dafür, daß Korrespondentenberichte, die - wie in diesem
Fall - von starken Wirtschaftsinteressen beeinflußt waren,
nicht kritiklos im "Wochenblatt" zur Veröffentlichung gelangten. Auf eineinhalb Druckseiten befaßt sich die Nummer
33 vom 13. August 1836 mit der projektierten Rhein-Weser-
Bahn. Aus der Kennzeichnung des Berichts mit der Ortsmarke
Berlin ist anzunehmen, daß der Redakteur die Veröffentlichung einer Berliner Zeitung übernimmt. Dort kommt ein
durch den Kölner Korrespondenten des Blattes vermitteltes
"Privatschreiben aus Minden" zur Veröffentlichung. Die
Denkschrift des Eisenbahn-Komitees mit Rentabilitätsberechnungen erfährt eine überschwengliche Würdigung, die in
die Folgerung des Autors mündet: "Man kann daher diese
Unternehmung wohl in vollem Umfang, als auf den sichersten
Basen ruhend und einen ansehnlichen Gewinn herausstellend
annehmen[...]" 46). Mit dem Hinweis: "Soweit der Köln. Correspondent" meldet sich der "Wochenblatt" - Redakteur rund
zwei Fünftel vor Schluß der gesamten Eisenbahn-Berichterstattung in dieser Ausgabe selbst zu Wort. In nüchternen
und sachbezogenen Formulierungen bestätigt er zwar, daß
diese Anlage auch für Soest von "bedeutendem Vortheile"
sein dürfte, weil sie den Kohletransport verbilligen und
die Frachtraten für die Getreidebeförderung nach Elberfeld
senken würde. Allerdings beleuchtet der "Wochenblatt" -
Redakteur auch die Konsequenzen für die Soester Wirtschaft:
"Es läßt sich freilich nicht verkennen, daß durch eine solche Anlage einige Einwohner augenblicklich in ihrem Gewerbe
gestört werden und ihre Thätigkeit in anderer Art wie bisher bewegen müssen" 47). Solche Auswirkungen erscheinen
ihm jedoch wie "bei jeder Umwälzung" unausweichlich, und
schon beim Chausseebau 1819 seien sie gemeistert worden.
Insgesamt verspricht die Anlage nach der Beurteilung des
Lokalredakteurs durch die Hebung des Tagelohns beim Eisenbahnbau und eine vermehrte Nachfrage nach Kapitalien "allen Gewerbetreibenden einen großen Gewinn". Seinem Publikum

---

46) Wochenblatt Nr. 33 / 13.8.1836
47) ebda.

bot das "Wochenblatt" mit dieser Ausgabe zwei Stellungnahmen zum Thema "Rhein-Weser-Bahn" an. Es begnügte sich nicht mit einer einseitigen Berichterstattung, die den Interessen der am Eisenbahnbau beteiligten Finanzkreise entgegenkam, sondern fügte eine kritisch abwägende, die lokalen Konsequenzen einbeziehende, eigenredaktionelle Beurteilung hinzu. Der "Wochenblatt"-Redakteur befürwortete zwar auch eine Aktienzeichnung, aber in vollem Bewußtsein möglicher lokaler Konsequenzen. Ein Beispiel dafür, daß das "Wochenblatt" auch Position als spezifisches Lokalblatt bezog.

Damit findet ein wichtiger Aspekt der Auswertung lokaler Presse für diese Untersuchung Interesse. Um den Stellenwert der Lokalzeitungen innerhalb der Meinungsbildung im Soester Raum zu charakterisieren, muß bei der Auswertung der Fundstellen zu den beschriebenen Themen die allgemeine methodische Frage beantwortet werden: Wie versuchen die Lokalzeitungen zwischen 1820 und 1880 auf die zu beschreibende Entwicklung Einfluß zu nehmen?

Genauer charakterisiert heißen solche Fragen:

Dienen die Zeitungen als Forum für grundsätzliche Abhandlungen zum Problem?

Geben sie Freiraum für Lesermeinungen?

Zeigen sie Engagement in eigenen Kommentaren oder beschränken die Zeitungen sich auf Stellungnahmen der Behörden?

Veröffentlicht die Soester Presse vergleichende Berichte aus anderen Regionen?

Läßt sie einer breiteren Öffentlichkeit neue Initiativen über die Zeitung bekanntmachen?

Erweist sich eine der Zeitungen als Vorkämpferin einer Haltung zum Problem?

Anhand der Antworten besteht die Möglichkeit, auch die Funktion der lokalen Presse innerhalb der wirtschaftlichen und sozialen Entwicklung näher zu beleuchten.

Doch in Soest erlangten nicht nur heimische Presseerzeugnisse das Interesse der Leser. Die großen preußischen

Zeitungen finden in dieser Untersuchung keine Berücksichtigung, **weil** sie keine lokalen, Soest betreffenden, Informationen anboten. Aber zwei Regionalzeitungen, die "Westfälische Zeitung" und die "Neue Rheinische Zeitung", wurden über einen mehrjährigen Zeitraum auf ihre Berichterstattung über Soest hin durchgesehen. Die "Neue Rheinische Zeitung" auch deshalb, weil Ferdinand Freiligrath, der sich einige Jahre lang in Soest aufhielt, am 12. Oktober 1848 in deren Redaktion eintrat. Ausschlaggebend war dabei die Überlegung, daß die Redakteure der Soester Presse in ihrer Sicht der Ereignisse zu stark ortsgebunden gewesen sein könnten. Solange allerdings die Zensur eigene redaktionelle Arbeit kaum prononciert zuließ, erschien ein Vergleich nutzlos. Er setzte mit den Revolutionsjahren ein und erbrachte für die Jahre 1848/49 auch einige interessante Ergebnisse: Zwar läßt sich annehmen, daß beide regionale Zeitungen ihre Nachrichten aus dem Soester Raum nicht in eigener redaktioneller Arbeit beschafften, sondern sie von hier ansässigen Korrespondenten bezogen. Diese In**formanten** der Regionalzeitungen dürften jedoch andere gewesen sein als die, auf die beide Soester Zeitungen bei ihrer Materialbeschaffung zurückgriffen. Spätestens aber mit Einsetzen der Reaktion - die "Neue Rheinische Zeitung" stellte am 19. Mai 1849 ihr Erscheinen ein - benutzten die Redakteure der "Westfälischen Zeitung" wieder die Schere und übernahmen wenig systematisch Meldungen aus der Soester Presse in ihr Blatt. Die Soester Zeitungen dienen wieder, jetzt aber in der Konkurrenz zweier am Ort verbreiteten Blätter, als einzige publizistische Quelle für Informationen, Meinungen und Berichte zur Entwicklung des Soester Raumes.

D. Soest im Vormärz

I. Die Stadt als Handelsplatz

a. Stabeisenmarkt

Kölner Großhändler fungierten im 15. Jahrhundert als Verleger für Eisenerzeugnisse aus dem Siegerland und der Mark, auch für Altenaer Draht. Gegenüber dem märkischen Sauerland nahmen die Dortmunder und Soester Händler eine vergleichbare Stellung ein [1]. Diese Verlegertätigkeit für die metallverarbeitenden Bergländer barg den Keim des Soester Fernhandels. Aus dem Nahhandel innerhalb Westfalens, der für Rohmetalle, Halb- und Fertigfabrikate des Metallgewerbes den südlichen Bergländern Getreide, Raps, Rüben, Hopfen, Salz und Vieh lieferte, entwickelte sich ein Fernhandel in den Osten Europas, nach Flandern und England. Die wirtschaftliche Isolierung Soests vom kurkölnischen Westfalen nach der Soester Fehde 1444 - 49 und die Verlagerung der europäischen Wirtschaftsmärkte ließ Handel und Gewerbe der Stadt wesentlich an Bedeutung verlieren [2].

Lange Zeit diente Soest als wichtiger Platz für den Handel mit westfälischem Stabeisen. Auf den Allerheiligenmärkten wechselten jeweils große Mengen ihre Besitzer [3]. Diese

---

[1] Kuske, Bruno: Wirtschaftsgeschichte Westfalens in Leistung und Verflechtung mit den Nachbarländern bis zum 18. Jahrhundert, 2. Aufl. Münster 1949 (zitiert: Kuske, Wirtschaftsgeschichte) S. 118
[2] Koske, Marga: Die Bedeutung des Eisenbahnbaus für die wirtschaftliche Entwicklung des Kreises Soest. In: Hundert Jahre Westfälische Eisenbahn, Paderborn 1950, S. 47 - 55 (zitiert: Koske, Eisenbahnbau) S. 48
[3] Wiebe, G.: Industrie und Handel in der nördlichen Mark während des 19. Jahrhunderts. In: Die Grafschaft Mark, Hrsg. Alois Meister, Dortmung 1909, S. 535 - 645 (zitiert: Wiebe, Industrie) S. 545

Bedeutung Soests blieb nach Jacobi noch bis zum Beginn des
19. Jahrhunderts erhalten [4]. Der Stabeisenmarkt bildete
so, abgesehen vom Kornverkauf, den letzten Überrest einer
ehemals umfassenden Handelstätigkeit der Soester. Doch
schon Anfang der zwanziger Jahre des 19. Jahrhunderts kam
diesem Handel mit westfälischem Stabeisen keine nennenswerte Bedeutung mehr zu. Im "Wochenblatt" finden sich weder
in Anzeigen noch im redaktionellen Teil Spuren dieser Tätigkeit.

b. Kornhandel

Einblick in die Größenordnung der Handeltreibenden einer
Stadt gewähren die Adreßbücher. Das "Addreßbuch der jetzt
bestehenden Kaufleute und Fabrikanten in Europa" [5] von
1817 attestiert Soest einen "starken Kornhandel" und nennt
drei Kaufleute in der Stadt: Peter Plange, der mit Spezereiwaren handle und eine Oelmühle besitze, die Ellenhandlung
der Gebrüder Schwolmann und C.W. Wiskotts Handel mit Wolle,
Spezerei- und kurzen Waren [6]. Rüttger Brüning führt 1834
im "Adress-Buch für Rheinland-Westfalen" [7] ebenfalls die
Soester Gewerbetreibenden auf. Hierunter finden sich 22
Spezereiwaren- und Ellenhändler, vier Kornhändler, jeweils
drei Korn- und Kohlenhändler, Malzhändler und Eisenwarenhändler, zwei Buchhändler und jeweils ein Händler mit
Schafen, Papier, Manufakturen, Pfeifen, Holz, Kolonialwaren, Lederwaren und Pferden [8]. Da der Verkauf von Gewürzen und Kolonialwaren wegen der absetzbaren Menge und
andererseits wegen der großen Zahl der Händler dieser Produkte in Soest insgesamt als weniger bedeutend gelten darf,
bleibt der Kornhandel als dominierende Sparte, was sich
unschwer aus der starken agrarischen Ausrichtung der Produktion des Soester Raumes erklären läßt.
Schon Geck berichtet, daß ein bedeutender Getreideüber-

---

4) Jacobi, Gewerbewesen, S. 53
5) Addreßbuch der jetzt bestehenden Kaufleute und Fabrikanten in Europa, 1. Bd. 1. Abtlg., 2. erw. u. verb. Aufl., Nürnberg 1817
6) ebda. S. 430
7) Brüning, Rüttger (Hrsg.): Offizielles Adress-Buch für Rheinland-Westphalen, 1834
8) ebda. S. 636 ff.

schuß ins Münstersche, in das Herzogtum Westfalen, die Grafschaft Mark und ins Holländische Absatz fände. Doch bemängelt er, daß die Produzenten nur selten selbst den Absatz ihres Getreides in die Hand nehmen. Statt daß sie den Transport zu den größeren Märkten mit eigenen Fuhrwerken besorgten und so gleichzeitig Gewinn durch Rückfrachten erzielten, verkauften die Bauern ungünstiger an Zwischenhändler [9]. Geck empfiehlt deshalb einen verkehrsgünstig an der Lippe gelegenen Kornmarkt in Hovestadt. Aber noch 1838 berichtet beispielsweise der Lohner Amtmann, den Getreidehandel besorgten fast ausschließlich Kaufleute, die ihre Ware auf den Kornmärkten in Lippstadt, Menden, Herdecke und Witten wieder absetzten [10].

Mag auch der in diesen Ausführungen bemängelte Trend zum Direktverkauf der Produzenten an Zwischenhändler vorhanden gewesen sein, so kommt Soest als Kornmarkt und -umschlagplatz doch eine größere Bedeutung zu, als die oben angeführten Zitate erkennen lassen. Diese These stützt der Bericht eines ungenannten Verfassers [11] über westfälischen Kornhandel aus dem Jahr 1844. Besonderheiten im Text geben Anlaß zu der Annahme, daß der Verfasser zu den führenden Männern Soests zählt. 1844 bildet dieser Bericht die Grundlage für eine Petition der Stadt zur Führung der geplanten Eisenbahnlinie über Soest. Der Verfasser setzt die steigende Nachfrage nach Kohlen durch die Salinen der Nachbarschaft und die aufblühende Industrie im Raum Warstein in Beziehung zum Kornhandel. So heißt es: "Getreide aus dem benachbarten Kreise, namentlich aus dem Fürstenthum Paderborn und Waldeck werden hier großentheils von den Producenten abgeliefert, auf die schweren Wagen eingeladen, nach Herdecke gebracht und dort an die Elberfelder Bäcker durch die hiesigen Kornhändler verkauft. Letztere brachten Kohlen als Rückfracht [...] Dieser wohltätige Verkehr ist seit 1830 im Steigen begriffen gewesen" [12].

---

9) Geck, Soest 1825, S. 364
10) StaAM Kreis Soest Nr. 11
11) StAS Abt. B XVI d 2
12) ebda.

Weiterhin enthält der Bericht zwei Aspekte, die bisher kaum Berücksichtigung fanden: Einerseits führte die Menge der Colonats-Gefälle an Soester Grundbesitzer von Colonaten in der Börde zu einer enormen Kornhäufung in der Stadt. Allein die Soester Königliche Domainen-Rentei erhielt laut Bericht als Nachfolgeinstitution der aufgelösten Soester Klöster und Stifte jährlich noch 30 000 Scheffel [13] Getreide. Andererseits verfügte die Stadt offensichtlich über viele Bodenräume für diese Kornmengen. Wenn Soest keinen Anschluß an den Schienenstrang fände und seinen Kornhandel verliere - so argumentiert der Berichterstatter - sinke der Wert der Häuser, "namentlich wird sich der Miethzins der kostbaren Kornbodenräume auf die Hälfte vermindern, und die vielen fleißigen Einwohner, welche ihre kostbaren Einrichtungen auf den bis jetzt bestehenden Verkehr gebaut haben, sind ruiniert" [14]. Zieht man auch in Betracht, daß dieser Bericht die Soester Handelstätigkeit besonders optimistisch beurteilt, so charakterisiert er die Situation des Kornhandels in der Bördestadt im zweiten Viertel des 19. Jahrhunderts doch sehr plastisch.

Seit 1843 fand unter den Rathausbögen ein wöchentlicher Kornmarkt statt, der laut Zeitungsbericht [15] schon kurz nach seiner Einrichtung gute Erfolge zeigte. Anfang 1839 richtete Werl ebenfalls einen Kornmarkt ein, zum Vorteil des Bauern im westlichen Kreisgebiet: "Er bedarf nicht mehr des Aufkäufers, der sein Korn bisher nach Herdecke abführte u. gewinnt den Vorteil, den jener bezog" [16]. Hovestadt - von Geck als Kornmarkt des Soester Raumes vorgeschlagen - gewann in der Blütezeit der Lippeschiffahrt zwischen 1825 und 1850 eher Bedeutung als Stapel für Sassendorfer Salz und Holzkohlen aus dem Arnsberger Wald. Von hier verschifften Händler jedoch auch Getreide aus den Kreisen Soest und Beckum [17].

---

[13] Nach Heinrich ten Doornkaat Koolmann: Die altsoester Getreidemaße in Gewicht umgerechnet. In: SZ 39 (1922/23) S. 11 f. umfaßte ein 'Soester Scheffel' 43,35 Pfd. Roggen oder 46,05 Pfd. Weizen. Ein preußischer Scheffel enthielt 54,962 Pfd.
[14] StAS Abt. B XVI d 2
[15] StaAM Kreis Soest Nr. 13
[16] StaAM Kreis Soest Nr. 11
[17] Strotkötter, G.: Die Lippeschiffahrt im 19. Jahrhundert, Münster 1896 (zitiert: Strotkötter, Lippeschiffahrt) S. 28

c. Wollmarkt

Der Aufschwung, den die Schafzucht während der beiden ersten Jahrzehnte des 19. Jahrhunderts in Preußen verzeichnete, wirkte sich in Westfalen in der Einrichtung besonderer Wollmärkte aus [18]. Zwar bestätigte sich der Aufwärts-Trend im Soester Raum nicht - in der Börde sank der Schafbestand zwischen 1805 und 1822 von 3003 auf 2283 Tiere [19] - doch profitierte Soest von seiner verkehrsgünstigen Lage zwischen Wollerzeugerregionen und Wollverarbeitungsgebieten. Züchter aus dem Raum Paderborn, Lippe und Waldeck erreichten die Stadt ebenso gut wie die Aufkäufer aus den bergischen, clevischen und märkischen Gegenden. Das veranlaßte die Arnsberger Regierung 1823, in Soest einen Wollmarkt einzurichten, der jährlich am letzten Montag im Juli begann [20].

Geck schreibt über den Marktverlauf 1824, etwa 50 000 Pfund Wolle hätten bis auf einen Rest zu hoch veranschlagter Ware Käufer gefunden: "Obwohl erst im Entstehen, sind doch die beiden ersten Märkte von Käufern und Verkäufern, von Produzenten und Fabrikanten zahlreich besucht worden, und Beide haben sich mit dem gemachten Handel, wozu es keiner Zwischenhändler bedurfte, zufrieden gezeigt" [21].

Für die Erledigung der Handelsgeschäfte stand das Rathaus zur Verfügung. Der Blaue Saal diente zur trockenen und sicheren Aufbewahrung der Ware, Kaufverhandlungen erfolgten in einem Nebenzimmer. Wollfuhrwerke genossen während des Marktes Freiheit vom Stadtpflastergeld. Für eine Wollagerung über die Markttage hinaus entrichteten die Marktbeschicker 1 1/2 Silbergroschen (Sgr.) pro Zentner. Kaufmann Florenz Coester steckte als vereidigter Waagemeister pro Zentner eine Abgabe von 1 1/2 Sgr. für das Abwiegen ein, überdies fungierte er als Kommissionär [22]. 1826 setzte die Arnsberger Regierung fest, fortan den Wollmarkt mit dem Ulrichs-

---

18) Trende, Adolf: Aus der Werdezeit der Provinz Westfalen, Münster 1933 (zitiert: Trende, Werdezeit) S. 196 f.
19) Koske, Stadtsparkasse, S. 12
20) Trende, Werdezeit, S. 196
21) Geck, Soest 1825, S. 354
22) Trende, Werdezeit, S. 197

markt zu verbinden, also am 4. Juli beginnen zu lassen [23].
Mit 75.863 Pfd. dürfte am 4. Juli 1827 die Höchstmenge der
zum Soester Markt transportierten Wolle erreicht gewesen
sein. Allerdings zeigte die seit 1825 rückläufige Konjunktur für Wolle erste Auswirkungen: 21.630 Pfd. fanden
keine Interessenten, die Preise waren mit 60 bis 70 Taler
pro Zentner feine Wolle nur mittelmäßig [24].
Über den Verlauf der nächsten Wollmärkte geben die "Zeitungsberichte" des Landrats an die Königliche Regierung
Auskunft. Informanten für diese seit 1819 monatlich, später
vierteljährlich abzufassenden Zeitungsberichte sind die
Bürgermeister und Amtmänner des Kreises Soest. Nach einem
festen Schema enthalten die Berichte Informationen über
Ernteaussichten, Angaben über Gesundheit und Tod (Epidemien), über die Preisentwicklung vornehmlich der Agrarprodukte, über das Armenwesen und die Polizeiaufgaben, über
Unglücksfälle und Verbrechen, berichten über den sittlichen
Zustand der Bevölkerung, über militärische Fragen und Aufgaben der Verwaltung, über das Wetter in engem Zusammenhang mit den Auswirkungen für die Landwirtschaft und über
größere Feste. Zusammenfassungen dieser "Zeitungsberichte"
des Landrats konnten in verschiedenen Auszügen über die
einzelnen Instanzen bis zum König gelangen. Insbesondere
die Ministerien erhielten so Kenntnis über Ereignisse und
Stimmungen im Land.
Bürgermeister Opderbeck berichtete dem Landrat am 20.
August 1828, von 1.116 Zentnern Wolle seien 833 Ztr. abgesetzt worden [25]. Im "Wochenblatt" äußerte sich der Bürgermeister erstaunt über den unerwartet starken Andrang
von Wollproduzenten und lobte die Zweckmäßigkeit der neuen
Geschäftsräume für den Wollmarkt in der ehemaligen Klosterkirche am Seminar [26]. Neben der öffentlichen Herausstellung eines Ereignisses im städtischen Wirtschaftsleben
diente die Lokalzeitung Bürgermeister Opderbeck gleich-

---

23) ebda. S. 196
24) ebda. S. 197
25) StaAM Kreis Soest Nr. 7
26) Wochenblatt Nr. 33 / 16.8.1828

zeitig dazu, mit der Betonung des reibungslosen Verlaufs etwaiger Kritik am Marktgeschehen - beispielsweise am Wechsel der Geschäftsräume - die Spitze zu nehmen.

Im Jahr 1829 machten 57.400 Pfund Wolle das Angebot aus, 1830 lieferten die Produzenten 65.390 Pfund Ware nach Soest. [27]. Einen geringeren Besuch wies der Markt des folgenden Jahres auf. Viele Produzenten setzten notgedrungen schon früher einen Teil ihrer Ware ab. Feine Wolle erzielte nur einen Preis von 52 bis 62 Talern, grobe Ware wurde zwischen 32 und 40 Talern gehandelt. "Die nicht verkaufte Ware", berichtete das Westfälische Gewerbeblatt, "wurde von den Eigentümern gleich wieder mit zurückgenommen" [28]. 1832 bestätigte sich der Abwärtstrend: mehr und mehr Produzenten zogen es vor, ihre Ware in Kassel zum Verkauf anzubieten. Ganze 153 Ztr. lieferten die Züchter zum 1834er Markt in Soest ab, aber noch 46 Ztr. fanden keine Käufer [29]. Von 224 zum Markt 1835 gebrachten Ztr. Wolle ließen sich nur etwa die Hälfte, 132 Ztr., absetzen [30].
Die Stadt Paderborn erhielt 1834 ebenfalls das Recht zur Abhaltung besonderer Wollmärkte. Dieser Konkurrenz zeigte sich Soest nicht gewachsen: schon 1834 standen in Paderborn 870 Ztr. Wolle zu Verkauf [31]. Dementsprechend beantragten die Kreisstände die Aufhebung des Soester Wollmarktes. Im Februar 1836 machte die Arnsberger Regierung über das "Wochenblatt" bekannt, "daß der in Soest bisher bestandene jährliche Wollmarkt [...] da die Frequenz auf demselben so herabgesunken ist, daß die Kosten mit der Einnahme nicht mehr zu bestreiten und zur Deckung des Deficits die nöthigen Fonds auf andere Weise nicht zu beschaffen sind, das Bedürfnis der Wollproducenten auch auf dem Paderborner Wollmarkte nunmehr befriedigt werden kann, aufgehoben ist [...] " [32]. Die Handelsverbindungen Soests mit seinen westfälischen Nachbarlandschaften verloren mit dem Verlust dieses Spezialmarktes weiter an Bedeutung.

---

27) StaAM Kreis Soest Nr. 7
28) Trende, Werdezeit, S. 197
29) ebda.
30) StaAM Kreis Soest Nr. 7
31) Trende, Werdezeit, S. 197
32) Wochenblatt Nr. 6 / 6.2.1836

d. Lokale Märkte

"Soest kennt jetzt keine Fabriken und Manufacuturen, und der Handel beschränkt sich auf Ein- und Verkauf der auf unserem Boden erzeugten Früchte. Der Ackerbau ist fast der einzige Erwerbszweig; durch ihn muß das benöthigte Geld eingebracht werden, von ihm leben Alle" [33]. Mit dieser Charakterisierung der Wirtschaftssituation der Stadt Soest 1825 läßt Arnold Geck keinen Zweifel daran, daß der Handelsstand der ehemaligen Hansestadt zur Bedeutungslosigkeit abgesunken war. Ein Kaufmann betrieb ein Speditionsgeschäft, fünfzehn besorgten den Ein- und Verkauf der zur Versorgung der Stadt erforderlichen Waren, weitere 67 verdienten nur die Bezeichnung Höker oder Krämer [34].

Nur an den Markttagen zeugte "das Leben in Soest von einiger Betriebsamkeit". 1825 verfügte die Stadt über fünf Jahrmärkte: der erste fand zwei Wochen nach Ostern, der zweite drei Wochen später, der dritte vom 4. Juli an statt, der vierte begann am 15. September und der fünfte am 1. November. Dieser war gleichzeitig der bedeutendste und dauerte acht Tage, während die übrigen vier nach drei Tagen endeten. Äußeres Zeichen der Markttage: vom Domturm wehte eine weiße Fahne mit dem Stadtwappen - dem Schlüssel im roten Feld [35].

Daß Soest damit von der Zahl der Markttage her eine bedeutsame Stellung in Westfalen einnahm, belegt Blotevogel [36] in einem Vergleich der durchschnittlichen jährlichen Markttage in den westfälischen Städten zwischen 1817 und 1829: Köln verfügt unter Einschluß wöchentlicher Kälber- und Schafmärkte über 155 jährliche Markttage, Münster -wie die folgenden Städte ohne Berücksichtigung der Wochenmärkte - über dreißig, die nächste Kategorie mit zwischen 21 und 27 Markttagen pro Jahr bilden Soest und Kassel, mit 14 bis

---

33) Geck, Soest 1825, S. 351
34) ebda.
35) ebda. S. 351 f.
36) Blotevogel, Hans Heinrich: Zentrale Orte und Raumbeziehungen in Westfalen vor der Industrialisierung (1780 - 1850), Münster 1975 (zitiert: Blotevogel, Zentrale Orte)

20 Markttagen folgen Minden, Herford und Elberfeld; Dortmund steht weit unten in der Rangskala mit fünf bis sechs Markttagen [37]. Allerdings läßt sich von der Anzahl der jährlichen Markttage in Soest noch nicht auf einen lebhaften Warenaustausch schließen. Im Gegenteil: Beim "Mangel eines auswärtigen Handels und Gewerbeverkehrs" erscheint Geck die Zahl der Jahrmärkte, die Vieh- und Kramhandel einschlossen, zu groß. Einmal schmälern sie das Geschäft einheimischer Kaufleute, andererseits geben sie "der geringen Bürgerklasse und besonders auch dem Bauernstande zu viele Gelegenheit zum Müssiggange, zu Ausschweifungen und zu Verschwendungen aller Art, und verleiten Manchen zur Anschaffung ihm entbehrlicher Sachen" [38]. Mit der ausgesprochenen Absicht, damit den heimischen Kaufleuten ihren Absatz sichern zu helfen, hält Geck zwei, höchstens drei Jahrmärkte für ausreichend.

Der "Zeitungsbericht" vom Juli 1835 bestätigt diese Tendenz. Es hätten sich gleichwenig Käufer und Verkäufer zum Ulrichsmarkt vom 4. Juli an eingefunden, heißt es aus Soest. Dabei sei dieser Markt nach dem Allerheiligenmarkt der belebteste gewesen [39]. Ein Verzeichnis der jährlichen Vieh- und Krammärkte von 1894 nennt allerdings den Ulrichsmarkt noch, wenn auch auf einen Tag beschränkt [40]. Als "Althergebracht" rubriziert diese Aufstellung weiterhin den von Geck genannten, inzwischen aber eintägigen Viehmarkt zwei Wochen nach Ostern, ebenso den drei Wochen später abgehaltenen - 1894 noch drei Tage umfassenden Viehmarkt und den dreitägigen Viehmarkt Mitte September. Nur mit dem Allerheiligen- und Ulrichs-Viehmarkt ist 1894 noch ein Krammarkt verbunden. Bis 1894 treten sogar noch neun eintägige Viehmärkte hinzu. Arnold Gecks Überlegungen zur Marktsituation in Soest 1825 gingen insoweit in die richtige Richtung, als die Versorgung mit Waren des häuslichen Be-

---

37) ebda. S. 77
38) Geck, Soest 1825, S. 352
39) StaAM Kreis Soest Nr. 10
40) StaAM Kreis Soest Nr. 89

darfs zunehmend von der heimischen Kaufmannschaft übernommen werden konnte, die bedeutsame Entwicklung der Viehzucht jedoch gab den Soester Jahrmärkten wieder ihre eigenständige Funktion. Gerade der Allerheiligenmarkt galt zu jeder Zeit als Barometer für das Florieren des heimischen Handels. Über seinen Verlauf im November 1833 beispielsweise klagt der Soester Berichterstatter im Zeitungsbericht, "obgleich viele Käufer u. Verkäufer sich einfanden, so war doch kein hinlänglicher Handelsverkehr vorhanden. Auch fiel der sonst sehr bedeutende Viehmarkt nur mittelmäßig aus, obgleich Vieh genug zum Verkaufen aufgetrieben war" [41].
Den Grund sieht er im Geldmangel.

Zusätzlich zu den fünf Jahrmärkten ermöglichten am Mittwoch und Sonnabend Wochenmärkte den Soestern den Einkauf von Lebensmitteln, besonders Korn. Zusammen mit Hamm, Unna, Iserlohn, Hagen, Altena und Schwelm konzessionierten die Behörden 1773 auch in Soest Wochenmärkte [42]. Da die meisten Stadtbewohner allerdings in eigenen oder gepachteten Gärten und Feldern ihren Eigenbedarf erwirtschafteten, kam diesen Wochenmärkten keine besondere Bedeutung zu, was ihnen die Bezeichnung 'Kungelmarkt' einbrachte. Geck weist zusätzlich daraufhin, daß das Getreide hier teurer als im sonstigen Handel angeboten werde, da nur geringe Kornüberschüsse kleinerer Produzenten zum Verkauf gelangten [43]. Mit Genehmigung der Arnsberger Regierung gab es in Soest vom 1. September 1835 an drei Wochenmärkte und zwar am Dienstag, Donnerstag und Samstag [44].

Während die Wochenmärkte den Soester Bürgern den Ein- oder Zukauf von Grundnahrungsmitteln ermöglichten, bestanden darüber hinaus Handelsverbindungen der Stadt mit seiner weiteren Umgebung zur Sicherung des Energiebedarfs der Gewerbe, zur Brennstoffversorgung der privaten Haushalte und zur Belieferung der heimischen Kaufleute mit Genußmitteln und Kolonialwaren. Einen interessanten Einblick in die

---

[41] StaAM Kreis Soest Nr. 7
[42] Blotevogel, Zentrale Orte, S. 81
[43] Geck, Soest 1825, S. 355
[44] Wochenblatt Nr. 35 / 29.8.1835

Warenarten und -mengen, die Soest zwischen Rhein und Weser bezog oder absetzte, gewährt 1832/33 eine Aufstellung der durchschnittlichen Transportmassen für die projektierte Rhein-Weser-Bahn in Zusammenhang mit Rentabilitätsberechnungen für das Unternehmen. In Fragebögen der Planer trugen die Soester geschätzte Mengen ein. Danach benötigte die Stadt 6.600 Scheffel Kohlen aus dem Bergrevier zwischen Hörde und Aplerbeck zur gewerblichen Brennstoffversorgung. Für etwa tausend Soester Familien kam ein häuslicher Bedarf von dreißig Scheffeln hinzu [45]. Aus Richtung Minden schätzten die Berichterstatter für 1832/33 eine Zuckereinfuhr nach Soest in der Größenordnung von 900 Zentnern, ebenfalls 1.600 Zentner Kaffee und achtzig Zentner Tabaksblätter. Die Einfuhr nach Soest rundeten Wein-, Branntwein- und Herings-, Tran-, Teer- und Baumwolllieferungen ab. Demgegenüber beschränkten sich die aus Soest transportierten Waren auf agrarische Produkte, Textilien und Tabakwaren: von 40.000 Scheffeln Getreide hofften die Soester drei Viertel auf dem Herdecker Kornmarkt abzusetzen, 10.000 Scheffel sollten in Richtung Minden abgehen. 150 Zentner Gewebe sahen sie für die textilverarbeitenden Betriebe in Iserlohn und besonders Elberfeld vor. Ebenfalls in den Iserlohner Raum sollten fünfzig Zentner Tabaksfabrikate gelangen [46].

Vermutlich kalkulierten die Soester bei ihrer Transportmassenaufstellung einen gewissen Handelsaufschwung nach Anschluß an das Eisenbahnnetz gleich mit ein, doch mindert dieser Umstand die Aussagekraft der Quelle nur unwesentlich. Ihr Wert liegt weniger in den aufgeführten Größenordnungen als vielmehr in dem charakteristischen Einblick, den die Transportmassenaufstellung in die Handelsverflechtung Soests mit seinem Umland gewährt.

---

[45] StAS Abt. B XVI d 1
[46] ebda.

II. Förderung der Ersparnisbildung sozial
schwächerer Schichten

a. Gründung der ältesten Sparkasse Westfalens
1824 in Soest

Berlin erhielt 1818 eine Sparkasse, um vornehmlich einkommensschwächeren Einwohnern die Möglichkeit einer sicheren und zinstragenden Anlage ihrer kleinen Ersparnisse zu eröffnen. Für Einzahlungen bis zu einer Höhe von fünfzig Talern gewährte das Geldinstitut 4 1/6 % Zinsen [1]. In Soest mit seiner dominierenden Abhängigkeit von der Landwirtschaft und einer wenig bedeutenden einkommensschwachen Handwerkerschaft gewann die Vorsorge für soziale Sicherung in Notsituationen ihre besondere Bedeutung. Mißernten und Preisverfall für Getreide trafen die Landwirtschaft empfindlich und entzogen dem Handwerk - soweit es nicht die Versorgung mit Nahrungsmitteln erledigte - seine Auftragsgrundlage. Steigende Lebensunterhaltungskosten trieben besonders den Teil der Stadt- und Landbevölkerung an den Rand der Armut, der über keinen Grundbesitz verfügte und in Geldleistungen entlohnt wurde.
Diesen Teufelskreis aus den Schwierigkeiten eines wirtschaftlich einseitig ausgerichteten Raumes zur Existenzbedrohung eines erheblichen Teils der Bevölkerung erkannten führende Männer aus der wohlhabend-intelligenten Bürgerschicht der Stadt in den zwanziger Jahren des 19. Jahrhunderts. Geck zog daraus in "Wochenblatt"-Berichten und in seiner Beschreibung der Stadt die Konsequenzen und forderte eine Förderung der Ansiedlung von Manufakturen und Fabriken, da abgesehen von der Gefährdung durch Mißernten und Preisverfall, Landwirtschaft und Handwerk nicht alle arbeitsfähigen Kräfte beschäftigen konnten. Marga Koske, die 1959 in einer detaillierten Untersuchung der Gründung der Stadtsparkasse Soest [2] nachspürte, sieht im Land- und

---

[1] Trende, Adolf: Geschichte der deutschen Sparkassen bis zum Anfang des 20. Jahrhunderts, Stuttgart 1957, (zitiert: Trende, Sparkassen) S. 83
[2] Koske, Marga: Aus der Geschichte der Stadtsparkasse Soest, Soester Wissenschaftliche Beiträge Bd. 18, Soest 1959 (zitiert: Koske, Stadtsparkasse)

Stadtgerichts-Assessor Johann Friedrich von Viebahn, dem späteren Direktor des Land- und Stadtgerichts, die treibende Kraft für die Einrichtung einer Sparkasse in Soest [3]. Viebahn entwarf die Statuten und gehörte lange Jahre dem Vorstand der Sparkasse an. Die Grundlage zur Ausarbeitung der Statuten bildeten ihm die Satzungen der Sparkassen Berlin, Arnsberg, Elberfeld und Naumburg. Arnsberg plante die Einrichtung einer Sparkasse schon 1821 und veröffentlichte die Statuten bereits. Wegen verschiedener Schwierigkeiten allerdings konnte die Sparkasse jedoch erst 1836/37 mit nach Soester Beispiel geänderten Statuten ihre Arbeit aufnehmen [4]. Damit bestand also in Arnsberg die Absicht zur Gründung einer Sparkasse zwar früher, in Soest jedoch nahm die Sparkasse ihre Geschäfte eher auf, und sie darf damit als die älteste Westfalens gelten. Am 24. Mai 1824 teilte von Viebahn dem Bürgermeister Zur Megede mit: "Herr Oekonomierat Georg Plange als Gemeinderath, Herr Kommunalempfänger Mathias Rocholl als Rendant und ich als Gemeinderath haben uns jetzt entschlossen, die Spaar-Anstalt zu übernehmen, die Bücher und die Verwaltung zu führen" [5]. Entsprechend legte Zur Megede am 4. Juni dem Gemeinderat den Statutenentwurf vor. Er fand die Zustimmung der Bürgervertreter und wurde am 30. Oktober 1824 vom Ministerium des Innern und am 5. Dezember von der Arnsberger Regierung genehmigt. Am 29. Januar 1825 stellte das "Wochenblatt" die Statuten der Öffentlichkeit vor. Die Einleitung der Bekanntmachung faßt noch einmal die Motivation der Initiatoren zusammen: "Um den Einwohnern von Soest und Umgebung Gelegenheit zu geben, ihre kleinern Ersparnisse zinsbar und sicher unterzubringen, und sich so ein Capital zu sammeln, welches sie bei ihrer Verheiratung oder in sonstiger Noth gebrauchen können" [6], sei die Einrichtung dieser Sparkasse beschlossen worden.

Die Ausrichtung auf die wirtschaftlich schwächere Einwohner-Gruppe des Soester Raumes geht aus den einzelnen

---

3) ebda. S. 19
4) ebda. S. 20
5) ebda.
6) Wochenblatt Nr. 5 / 29.1.1825

Bestimmungen der Statuten deutlich hervor: Die Kasse im Soester Rathaus nahm Summen zwischen ein und hundert Talern an und verzinste sie - wie in Berlin - mit jährlich 4 1/6 Prozent, ausgenommen Einlagen unter zwei Talern, die nur aufbewahrt wurden (§ 1). Eine Rückzahlung der Einlagen erfolgte bis zu zehn Talern sofort, unter 25 Talern mit einer Kündigungsfrist von sieben Tagen, bis zu fünfzig Talern nach vier Wochen und über fünfzig Talern nach zwei Monaten. Allerdings konnte die Kasse von sich aus eher ausbezahlen (§ 6). Bei Ein- und Auszahlungen entstanden keinerlei Kosten für den Sparer. Nur das Quittungsbuch kostete einen Silbergroschen (§ 8). Die Administratoren und der Rendant erhielten keine Besoldung. Zinsüberschüsse sollten gesammelt und kapitalisiert werden, um mögliche Ausfälle zu decken. Über die weitere Verwendung größerer Überschüsse befand der Gemeinderat (§ 12). Im Beisein des Bürgermeisters sollte jährlich die Kassenführung geprüft und das Ergebnis im "Wochenblatt" der Öffentlichkeit bekannt gemacht werden (§ 11). Noch ehe die Sparkasse Jahresberichte veröffentlichte oder die Stadt gedruckte Verwaltungsberichte herausgab, erfüllte das "Wochenblatt" eine wichtige Funktion. Es diente statutenmäßig festgelegt quasi als gedruckter Rechenschaftsbericht. Der Historiker findet also im "Wochenblatt" autorisierte Zahlen zur Geschäftsentwicklung der Soester Sparkasse.

Die Administration der neuen Sparkasse übernahmen entsprechend ihrem Angebot die Gemeinderatsmitglieder Friedrich von Viebahn und Georg Plange, die Rendantur besorgte Communal-Empfänger Rocholl. Mit der Bekanntmachung, am 2. April 1825 nachmittags um vier Uhr in der Renteistube des Rathauses erstmals Einzahlungen entgegenzunehmen, wandten sich die Vorsteher der Sparkasse Ende Januar an die Öffentlichkeit: "Wir werden damit an jedem Sonnabend, welcher auf den 1sten des Monats folgt, monatlich fortfahren. Der Knecht und die Magd, der Handwerker und die Jungfrau so wie jeder Bürger und Landmann, können hier ihre Ersparnisse niederlegen [...] Mit der aufrichtigsten Teilnahme werden wir es erkennen, wenn sich dieses Unternehmen einer guten Aufnahme erfreuen sollte, und ein Mittel abgäbe, um an

Confirmations-, Hochzeits- oder Sterbetagen des Dürftigen
Freude zu erhöhen oder seine Trauer zu vermindern" [7]. In
Elberfeld erkundigten sich die Soester nach der technischen
Abwicklung der Sparkassengeschäfte und ließen zwischenzeit-
lich auch zweihundert Quittungsbücher bei Buchdrucker Nasse
fertigen. Ab April traf sich der Sparkassenvorstand nun
zur regelmäßigen monatlichen Sitzung. Schon bei seinem
ersten Treffen am 9. April 1825 beschloß er, die Einlagen
von 495 Talern, 28 Silbergroschen und 6 Pfennig "gegen hin-
reichende Sicherheit" auszuleihen [8]. In den beiden folgenden Jahren finden sich im "Wochenblatt" mehrfach Anzeigen,
in denen Spargelder als Darlehn angeboten werden. Die
Soester Sparkasse machte sich das "Wochenblatt" als Werbe-
träger zunutze, um die von ihr ins Auge gefaßte Zielgruppe
- Bauern und Gewerbetreibende im Soester Raum - anzusprechen. Gleichzeitig erfuhr die Öffentlichkeit auf diese
Weise indirekt von der günstigen Einlagenentwicklung des
Geldinstituts, was wiederum den Sparwillen anspornte.

Am Ende des ersten Geschäftsjahres wies die Abrechnung den
folgenden Stand auf:

Einnahme	2 774 Rthl.	22 Sgr.	4 Pf.
Ausgabe	2 117 Rthl.	20 Sgr.	9 Pf.
Überschuß	657 Rthl.	1 Sgr.	7 Pf. [9]

Durchschnittlich zeigten die Sparbücher eine Einlagenhöhe
von 73 Talern. Für den Auftakt der Kassengeschäfte bedeutete
das ein sehr gutes Ergebnis. Eigentlich sollte die Beschränkung der Einlagenhöhe auf hundert Taler pro Einzahler
die Ausrichtung der Sparkasse als Instrument sozialer
Sicherung für niedere Einkommensschichten in besonderer
Weise charakterisieren, aber weder diese statuarische Beschränkung noch die räumliche Eingrenzung auf die Börde
hielt das Geldinstitut ein. Etwa jede dritte Einzahlung
kam von außerhalb. Auch in den folgenden Jahren wohnten
ungefähr zwei Drittel der Sparer in der Stadt Soest und
ein Drittel auswärts. Bei den Darlehnsnehmern lagen die Verhältnisse umgekehrt: zwei Drittel der Kredite gingen nach

---

8) Wochenblatt Nr. 15 / 9.4.1825
9) Koske, Stadtsparkasse, S. 23

auswärts, nur ein Drittel belebte die Wirtschaft der Stadt. Im ersten Rechnungsjahr erwiesen sich Kredite in Höhe von etwa hundert Talern am begehrtesten. Aus der Stadt Soest bemühten sich vorwiegend kleine Handwerker um Darlehn, weit über fünfzig Prozent der Kreditnehmer arbeiteten als Bauern, Kötter und Tagelöhner in der Börde.

Nach der soziologischen Aufgliederung der Sparer im ersten Geschäftsjahr der Soester Sparkasse nennt Marga Koske je ein Drittel Dienstboten und wohlhabende Leute bzw. deren Kinder. Unter dem verbleibenden Drittel vermag sie nur einen Handwerker als Einzahler zu erkennen, ebenso drei Landwirte und vier Beamte. Weitere Sparer sind Körperschaftskassen (Armen-, Kirchen-, Gemeinde- und Schulkassen), die in den folgenden Jahren beträchtliche Summen einzahlen 10).

Da sich im ersten Jahr nicht alle eingezahlten Sparguthaben zu 5 % zinsbringend als Kredite ausleihen ließen, setzte die Sparkasse den Zinssatz für Spareinlagen von 4 1/6 % auf drei Prozent herab. Personen geringen Standes, Dienstboten und Minderjährigen allerdings gewährten sie weiterhin den alten Prozentsatz. Diese Maßnahme veranschaulicht das Bemühen der Sparkasse, insbesondere eine Institution für die Versorgung ärmerer Bevölkerungsschichten darzustellen.

Vom Vertrauen der Bevölkerung in das junge Geldinstitut zeugt die rasante Aufwärtsentwicklung der Spareinlagen. Zwei Jahre nach ihrer Gründung übertraf die Soester Sparkasse mit mehr als neuntausend Talern Einlagen weit den Betrag von viertausend Talern, den ihre Gründer als mögliche Einlagenhöchstgrenze anvisierten.

Tabelle 1: Entwicklung der Spareinlagen bei der Soester Sparkasse zwischen 1825 und 1849 (in Reichsthaler)

Jahr	Spareinlagen
1825	2 774
1827	9 497
1829	20 340
1831	42 642
1833	65 460

---

10) ebda. S. 24

Jahr	Spareinlagen
1835	91 337
1837	115 876
1839	141 998
1841	175 163
1843	230 189
1845	284 974
1849	369 704

[11)]

Die Revolutionsjahre 1847 bis 1849 störten diese Aufwärtsentwicklung nicht, auch wenn die Einlagen 1848 nur um etwa vierhundert Taler wuchsen. Bis 1849 stiegen die Gesamteinlagen bereits auf 369.704 Taler.

Das verdeutlicht eine Entwicklung, die von den Gründern nie erwartet werden konnte. Deren vorsichtige Prognosen äußerten sich schon in der statuarischen Festlegung, dem Rendanten keinerlei Entschädigung zuzugestehen. Jahrzehntelang nahm die Soester Sparkasse nach der Höhe ihrer Einlagen die Position der führenden Sparkasse Westfalens ein. 1839, als inzwischen mehrere andere Kassen bestanden, wies die Soester Sparkasse - 15 Jahre nach ihrer Gründung - höhere Einlagen als alle anderen westfälischen Sparkassen zusammen auf [12)]. Ein Sparkassen-Vergleich im Regierungs-Bezirk ergibt für das Jahr 1840 folgendes Ergebnis: vom Bestand der sieben Sparkassen im Regierungsbezirk mit insgesamt 249.733 Talern entfallen auf die Soester Sparkasse allein 164.077 Taler. Mit einem Bestand von 288.198 Talern bleibt das Soester Geldinstitut auch 1845 noch unter 19 Sparkassen des Arnsberger Regierungsbezirks die bedeutendste. Die Dortmunder Sparkasse wies im gleichen Jahr nur 67.789 Taler Bestand auf, die Bochumer Sparkasse nur 4.789 Taler [13)].

Den erheblichen Anteil der Soester Spareinlagen an der Entwicklung des Sparkassenwesens in der Provinz Westfalen veranschaulicht die folgende Übersicht:

---

11) ebda.
12) ebda. S. 57 f.
13) Amtsblatt Nr. 46 / 18.11.1865

Tabelle 2: Anteil der Soester Spareinlagen an der Entwicklung des Sparkassenwesens in der Provinz Westfalen zwischen 1836 und 1843 (Einlagen in Reichsthaler; Vergleich mit Soest in Prozent)

	1836	1839	1841	1843
Reg. B. Münster	23 833	31 314	33 934	59 665
Reg. B. Minden	74 714	17 974	14 661	18 238
Reg. B. Arnsberg davon Soest (%)	102 870 100	166 840 82	317 617 56	607 723 38
Prov. Westfalen davon Soest (%)	201 417 51	216 128 67	366 212 48	685 726 34 [14]

Noch 1843 entfällt bei inzwischen 16 im Regierungsbezirk Arnsberg umd 23 in der Provinz Westfalen bestehenden Sparkassen mehr als ein Drittel der gesamten Spareinlagen auf Soest. Marga Koske nennt verschiedene Gründe für die hervorragende Geschäftsentwicklung der Soester Sparkasse: die wirtschaftliche und soziale Struktur des Soester Raumes erwies sich danach für das Wachsen des Geldinstituts als besonders förderlich. Neben einer großen Gruppe von Tagelöhnern und Bediensteten stand eine bedeutende Anzahl kleiner und mittlerer Handwerker, denen teilweise ein kleiner Grundbesitz und die damit verbundene kleine Landwirtschaft den Lebensunterhalt sicherte. Zusammen mit der Gruppe mittlerer und größerer Kaufleute und Gastwirte bildeten die Familien der Patrizier, Beerbten und Rentenlers mit den Angehörigen des gehobenen Beamtentums die wohlhabende Schicht von Bürgertum und Adel. Im Jahr 1829 zahlten von 130 Neueinlagen dieses Geschäftsjahres zehn Körperschaften rund 620 Taler ein. Soweit sich ihre soziale Stellung erschließen läßt, gehörten von den übrigen Einzahlern 33 den Dienstboten, Arbeitern und Gesellen mit einer Gesamteinlage von 1.335 Talern an, 25 Kinder aus mittleren und wohl-

---

[14] Koske, Stadtsparkasse, S. 49

habenden Bürgerfamilien verfügten über eine Gesamteinlage von 1.765 Talern und 18 Handwerker brachten 1.120 Taler zur Soester Sparkasse. Überraschend hoch zeigen sich die Einlagen von Dienstboten, teilweise aus den Börde-Dörfern. Auch in den folgenden Jahren stellen Dienstboten und Kinder wohlhabender Bürger einen verhältnismäßig hohen Teil der Sparerschaft [15].

Aber nicht nur hohe Einlagen bewirkten die rasche Aufwärtsentwicklung der Soester Sparkasse. Die Gelder benötigten sichere und zinsbare Anlagemöglichkeiten. Hauptsächlich in der Landwirtschaft, aber auch bei den kleinen Handwerkern mit geringem Grundbesitz bot sich eine verhältnismäßig sichere und krisenfeste Anlage der Gelder an. Marga Koske vermutet die Gründe für ein entschieden langsameres Wachsen der Nachbarsparkassen im Regierungsbezirk Arnsberg gerade in mangelnden Möglichkeiten anderer Städte, die Spareinlagen sicher und krisenfest rentbar zu machen. Deshalb hätten sie die Einlagenhöchstgrenzen oft bewußt niedrig gehalten. Die Soester Sparkasse dagegen durchbrach bald die auf hundert Taler festgesetzte Einlagenhöchstgrenze, um dem Sparwillen der Bevölkerung und ihrer Sparfähigkeit entgegenzukommen.

Damit mußte sich die Haupttätigkeit der Sparkasse auf das Darlehnsgeschäft verlegen. Zur Ausweitung des Ausleihgeschäfts ermöglichte die Sparkasse Ende April 1830 eine "stückweise Zurückzahlung" von Darlehn [16]. Im folgenden Jahr schlug die Sparkassenverwaltung eine Kreditvergabe ohne hypothekarische Sicherheit gegen Schuldschein und solidarische Bürgschaft von zwei wohlhabenden Bürgern vor. Angesichts der ablehnenden Haltung der Arnsberger Regierung beschwerte sich die Sparkassenverwaltung beim Ministerium des Innern in Berlin, die dem Oberpräsidenten von Vincke die Eingabe zur Bearbeitung zuleitete. Freiherr von Vincke schloß sich den Soester Überlegungen an und empfahl Arnsberg am 3. Juni 1831 die Genehmigung der neuen Beleihungsart, "weil in einer Stadt wie Soest der Wechsel zwischen Reichthum und Armuth nur langsam statt zu finden pflegt

---

[15] ebda. S. 58
[16] Wochenblatt Nr. 19 / 8.5.1830

und daher bei solchen Bürgschaften kaum eine Gefahr zu besorgen ist; weil es daselbst wenig oder gar keine wechselfähige Bürger gibt, mithin das der hiesigen Bank vorgeschriebene Verfahren nicht unbedingt angewandt werden kann, andererseits aber gerade diese Capitalien den Soester Bürgern zum Nutzen gereichen sollen" [17]. Mit seinem Verständnis für die spezifische Soester Situation ermöglichte Oberpräsident von Vincke der Stadt am Hellweg als erster westfälischer Sparkasse die Verleihung über Schuldschein und Bürgschaftskredit.

Am 1. Juli 1836 traten wesentlich veränderte Statuten für die Soester Sparkasse in Kraft. Paragraph 1 stellte die Annahme höherer Einlagensummen als hundert Taler ins Ermessen der Sparkassenverwaltung. Statt 4 1/6 % zahlte sie dann allerdings nur 3 1/3 % Zinsen. Die wichtigste Neuerung enthielt der Paragraph 7: Neben einer Verleihung "auf hypothekarisch sichere Obligation" stand nun die Kreditvergabe "auf Handscheine ohne hypothekarische Sicherheit, auf solidarische Bürgschaft zweier als wohlhabend anerkannten Bürgern, wovon die Liste alljährlich durch den Stadtvorstand revidiert und der Spar-Cassen-Verwaltung mitgetheilt wird" [18]. Die Bestimmungen des Sparkassengesetzes vom 12.12.1838 erforderten eine erneute Überarbeitung der Statuten. Die am 25. Oktober 1839 im "Wochenblatt" veröffentlichte Neufassung der Statuten verlangte im Paragraph 24 auch bei Verleihung gegen Hypothek auf Grundstücke eine zusätzliche Sicherheit [19].

Die rasche Fortentwicklung der Soester Sparkasse veranlaßte andere Städte des Regierungsbezirks, bei der Formulierung oder Umarbeitung ihrer Statuten die Soester als Norm zu wählen. So standen die Soester Bestimmungen Pate in Iserlohn (1835/38), Hagen (1835/41), Arnsberg (1836/37), Warendorf (1837/40), Bocholt (1838), Bochum (1838), Unna (1839), Bielefeld (1840), Münster (1840), Hamm (1840),

---

17) StaAM Oberpräsidium N. 78
18) Koske, Stadtsparkasse, S. 34
19) Wochenblatt Nr. 43 / 25.10.1839

Altena (1841), Siegen (1841), Lippstadt (1841/42), Lübbecke (1842), Menden (1842), Warburg (1843), Werl (1844) und Meschede (1844) [20].

Sah Paragraph 12 der Statuten von 1824 noch keinerlei Besoldung für den Rendanten vor, stimmte die Arnsberger Regierung im Juli 1833 einer einmaligen Gratifikation von zweihundert Talern aus dem Reservefonds und künftig einer festen Besoldung von einem Viertel der Überschüsse zu. Als diese Vergütung dem Gemeinderat 1843 zu hoch erschien, einigte man sich auf eine Vergütung des Rendanten von wie bisher 25 % bis zu 600 Talern und von den darüberhinausgehenden Beträgen 12 1/2 Prozent [21].

Als einzige der acht 1836 bestehenden westfälischen Sparkassen besaß die Soester einen Reservefonds von 4.107 Talern. Drei Jahre später umfaßte er schon 8.025 Taler, 1840 den Betrag von 9.544 Talern und zwei Jahre später 13.746 Taler. Entsprechend dem sozialen Charakter des Geldinstituts verwandte man seit 1830 Gelder aus diesem Reservefonds für soziale Zwecke. Das "Wochenblatt" vom 27. November 1830 versprach allen seit wenigstens fünf Jahren bei ihrer Herrschaft in Soest arbeitenden weiblichen Dienstboten eine Treueprämie [22]: Jede von ihnen bekam einen Taler. Weiter erhielten die Lehrer aus den Geldern des Reservefonds ihre Gehälter aufgebessert. Der Rest der jährlichen Zinsen des Reservefonds kam mit Genehmigung des Oberpräsidenten vom 18. Juni 1844 dem Bau einer Verbindungsstraße zwischen Warstein und Soest zugute [23].

Ein bedeutsamer Versuch zur besseren Zusammenarbeit der Sparkassen ging 1846 ebenfalls von Soest aus. Rendant Rocholl regte in Schreiben an den Magistrat der Städte Dortmund, Lippstadt, Hamm, Arnsberg, Hagen, Iserlohn und Unna an, die Sparkassen sollten sich bei kurzfristigen Einlagenüberschüssen oder Kreditmangel gegenseitig aushelfen [24]. Dortmund zeigte kein Interesse, da nur Einlagen

---

20) Koske, Stadtsparkasse, S. 48
21) ebda. S. 51 f.
22) Wochenblatt Nr. 48 / 27.11.1830
23) Koske, Stadtsparkasse, S.54
24) Trende, Sparkassen, S. 130 und S. 427

bis zu 25 Taler angenommen würden. Lippstadt erklärte sich
einverstanden und arbeitete seinerseits detaillierte Vorschläge aus. Hamm bekundete Interesse bei Verzinsung der Darlehn mit 3 1/2 % und Übernahme der Portokosten. Arnsberg zögerte, weil es kaum die Chance eines Einlagenüberschusses
sah. Hagen und Iserlohn hielten die Anregung für zweckmäßig [25]. So zeigte sich auch an dieser Initiative des Rendanten Rocholl, wie wichtig gerade die fortschrittliche, weitsichtige Haltung der Sparkassen-Verantwortlichen in Soest
in diesen Jahren für die Fortentwicklung des Geldinstituts
war. Rendant Rocholl und der Sparkassen-Gründer, Land- und
Stadtgerichtsdirektor von Viebahn, erwiesen sich auch bei
anderen Maßnahmen zur Besserung der wirtschaftlichen Lage
des Soester Raumes als wichtige Protagonisten.

b. Oberpräsident von Vincke begünstigt 1842 die
   Einrichtung der Lippstädter Sparkasse

Die überragende Rolle der Soester Sparkasse im westfälischen
Sparkassenwesen blieb nicht ohne Folgen auf die Überlegungen
zur Einrichtung ähnlicher Institute in anderen Städten, die
vielfache Verwendung der Soester Statuten als Norm für Geschäftsgrundlagen neuer Sparkassen belegt das. Um die jeweiligen Gründungsinitiativen in den unmittelbaren Nachbarstädten Soests, in Werl und Lippstadt, mit der Soester Entwicklung zu vergleichen, wurde in diesem Fall über den Soester Raum hinaus auch die Entwicklung in Lippstadt einbezogen. Da dort und in Werl erst Anfang der vierziger Jahre des
19. Jahrhunderts öffentlich Überlegungen zur Einrichtung
einer Sparkasse angestellt wurden, läßt sich annehmen, daß
die überaus positive Entwicklung des Soester Geldinstituts
in den Nachbarstädten zunächst eher lähmend wirkte.
Schon 1835 erwog der Lippstädter Bürgermeister Bertram, eine
Leihanstalt ins Leben zu rufen, weil er eine Sparkasse allein
in Lippstadt für nicht lebensfähig hielt. So hoffte er, eine
Sparkasse in Verbindung mit einer Leihbank einzurichten. Bei
der Ausarbeitung einer Satzung ließ Bertram sich von dem

---

25) Koske, Stadtsparkasse, S. 55 f.

Gedanken leiten, Finanzschwachen zu helfen und Armen den ruinösen Weg zum Wucherer zu ersparen.

Hans Anton Meyer, der 1967 die Umstände der Lippstädter Sparkassengründung näher untersuchte, weist nach, daß Oberpräsident von Vincke sich mehrfach für die Einrichtung einer Sparkasse in Lippstadt einsetzte [26]. Aber die Meinungen bei den Verantwortlichen der Stadt über dieses Projekt erwiesen sich als geteilt [27]. Hatten die Stadtverordneten sich am 31. Mai 1837 für die Einrichtung einer Sparkasse entschlossen, widersetzte sich eine Woche später der Magistrat diesen Plänen wegen des großen Risikos. Aber die Stadtverordneten hielten an ihrem Beschluß fest [28].

Bei den Vorbereitungen für die Gründung erwies sich die Auswahl geeigneter Männer für die Geschäftsführung als besonders schwierig. Als sich kaum Chancen für eine rasche Verwirklichung des Projekts auftaten, gründete der Stadtverordnete Lohmeyer Ende 1837 eine "Private Leih- und Sparcasse", die aber schon wenige Monate später wieder schließen mußte. Ihr Scheitern wertete der Magistrat als Bestätigung seiner Bedenken. Doch die Arnsberger Regierung empfahl 1838 wiederum, den Gedanken für eine Sparkassen-Gründung weiterzuverfolgen. Da machte Oberpräsident von Vincke den Lippstädtern ein Angebot, das einer Kapitalanlage-Garantie gleichkam. Er bestimmte, daß "disponible Gelder der Sparcasse zu 3 1/2 % bei der Direction der Provinzial-Hülfscasse" belegt werden könnten [29]. Allerdings waren nun noch langwierige Verhandlungen mit der Preußischen Regierung in Arnsberg und der Lippischen Regierung in Detmold erforderlich, bevor der Magistrat im Sommer 1841 nach Arnsberg melden konnte, die Stadt sei nun gewillt, eine Sparkasse ins Leben zu rufen. Am 24. Juli gab der Magistrat seine Zustimmung, die Stadtverordneten erklärten sich am 13. August 1841 mit der Gründung einverstanden. Bei der Abfassung der Statuten standen die Soester Geschäftsbedingungen Pate: So sollten Einlagen zwischen

---

26) Meyer, Anton Hans: Es begann 1842. Lippstadt und seine Sparkasse, Lippstadt 1967 (zitiert: Meyer, Lippstadt) S. 38
27) Klockow, Helmut: Stadt Lippe - Lippstadt. Aus der Geschichte einer Bürgerschaft, Lippstadt 1964 (zitiert: Klockow, Stadt Lippe) S. 229
28) ebda. S. 229
29) Meyer, Lippstadt, S. 39

ein und hundert Talern angenommen und für Lippstädter Bürger mit 4 1/2 %, höhere Einzahlungen als hundert Taler und die Einlagen Auswärtiger mit 3 1/2 % verzinst werden.

Von besonderer Bedeutung für die Verzögerung von vier Jahren zwischen dem positiven Beschluß der Stadtverordneten-Versammlung und der einhelligen Befürwortung der Gründung durch Magistrat und Stadtverordnete im Sommer 1841 mag der Umstand gewesen sein, daß sich in Lippstadt kein unbeirrbarer Protagonist fand, der sich auch zur gleichzeitigen Übernahme der Sparkassen-Geschäfte bereit erklärte. In Soest verrichtete Rendant Rocholl diese Arbeit in den ersten Jahren ohne Entgelt, in Lippstadt erhielt der Rentier Heinrich Lohmeyer für seine Rendantentätigkeit von Anfang an ein Viertel der jährlichen Zinsüberschüsse als Besoldung.

Am 1. Januar 1842 nahm Lohmeyer die ersten Einzahlungen entgegen. Die Bilanz des ersten Verwaltungsjahres mußte auch die Bedenken der letzten Zweifler zerstreuen: 296 Sparer zahlten über 18.632 Taler ein und ermöglichten einen Jahresüberschuß von 61 Talern [30]. Bald gewann die neue Sparkasse auch Vertrauen bei den Bewohnern der umliegenden Ortschaften. Von den 87.200 Talern, die die Sparkasse bis zum Jahresende 1845 als Hypothekengelder auslieh, flossen beträchtliche Summen in die Hände der Kreisbewohner. 1846 schlossen Lippstadt und Soest einen 'Beistandspakt': Bei Einlagenüberschüssen oder Darlehnsmangel versprachen sie sich gegenseitige Hilfe. Ende 1847 erreichten die Einlagen der Lippstädter Sparkasse schon 97.400 Taler, das Überschreiten der 100.000 Taler-Schwelle ließ sich absehen [31].

c. Werl erhält 1844 eine Sparkasse

Verzögerte in Lippstadt eine skeptische Verwaltungsspitze die Einrichtung einer Sparkasse, zeigte sich in Werl, wie die überdimensional erscheinende Nachbareinrichtung der Soester Sparkasse die Initiative für ein eigenes Institut hemmte. So standen am Beginn der Überlegungen zur Förderung des Sparwillens und zur Schaffung von Geldanlagemöglichkeiten für die Bürger in Werl Pläne zum Anschluß an die Soester Sparkasse.

---

30) Meyer, Lippstadt, S. 44
31) ebda. S. 46

Die Initiative ergriff der Werler Kaufmann Norbert Frigge.
Im Februar 1843 wies der Steinbruchbesitzer die Stadtverwaltung darauf hin, daß es in der Sälzerstadt kaum sichere Unterbringungsmöglichkeiten für Geld gebe. Deshalb schlug er einen Anschluß an die Soester Sparkasse vor. Wilfried von Rüden, der 1969 die Entwicklung der Werler Sparkasse verfolgte, beschreibt den Plan des Kaufmanns: Vertrauensleute im Rathaus sollten gegen Quittung die Spargelder in Empfang nehmen und nach Soest weiterleiten [32].

Die Stadtverordneten maßen in der Sitzung vom 11. März 1843 diesem Vorschlag immerhin soviel Bedeutung bei, daß sie eine vierköpfige Kommission bildeten, die die Frage klären sollte, ob ein Anschluß an die Soester Sparkasse ratsam oder die Gründung einer eigenen Sparkasse vorzuziehen sei. Diese Kommission setzte sich mit den Sparkassen-Statuten der Nachbarstädte Hamm, Menden und Iserlohn auseinander und gab dann den Hammer Bestimmungen den Vorzug. Werl sollte eine eigene Sparkasse erhalten. Nach verschiedenen Änderungswünschen des Magistrats und der Arnsberger Regierung, denen die Stadt am 20. April 1844 zustimmte, billigte der Oberpräsident am 20. Mai 1844 die Statuten [33]. Am 6. September veröffentlichte sie das "Wochenblatt" [34]. Kaufmann Norbert Frigge, der Initiator des Geldinstituts, gehörte neben Bürgermeister Gordes und Justizrat Ley zum ersten Kuratorium der Werler Sparkasse. Entsprechend der von der Soester Sparkasse initiierten Darlehnsvergabeart gegen Schuldschein und Bürgschaft zweier wohlhabender Bürger arbeiteten auch die Werler Sparkassen-Verantwortlichen eine Liste mit 101 gutsituierten Bürgern aus, deren Kreis sie ein Jahr später auf die wohlhabenden Bewohner des Amtes Werl ausdehnten [35]. Dabei fanden auch 62 Bewohner des Amtes Körbecke Berücksichtigung; das Kirchspiel Bremen gehörte noch bis 1887 zum Amt Körbecke.

Am 1. September 1844 nahm die Werler Sparkasse ihren Geschäftsbetrieb auf. Ihr Einlagenbestand umfaßte am Jahres-

---

32) Rüden, Wilfried von: 125 Jahre Sparkasse Werl, Werl 1969, (zitiert: Rüden, Sparkasse Werl) S. 8
33) ebda. S. 11
34) Wochenblatt Nr. 36 / 6.9.1844
35) Rüden, Sparkasse Werl, S. 13

ende schon 2.750 Taler auf 53 Sparbüchern [36]. Der spektakuläre Diebstahl einer großen Summe Geldes von der Fensterbank eines Werler Kaufmanns-Büros um die Jahreswende spornte die Bereitschaft der Bürger zur sicheren Geldanlage bei der Sparkasse zusätzlich an. So schloß das erste volle Geschäftsjahr 1845 mit 226 Einzahlungen in einer Gesamtsumme von 18.180 Talern ab [37].

Zehn Jahre nach ihrer Einrichtung verfügte die Werler Sparkasse über einen Einlagenbestand von 156.795 Talern und einen Reservefonds in Höhe von 7.003 Talern. Der Oberpräsident gewährte den Werlern 1854 erstmals eine Prämie von 44 Talern als Auszeichnung einzelner Einzahler für vorbildliche Sparleistungen. Auch in Werl zeigte sich ein hoher Anteil von Dienstboten unter den Sparern. Die Wohnsitzangaben in den Sparbüchern ermöglichen Rückschlüsse auf den Einzugsbereich der Werler Sparkasse. Danach reichte sie über Büderich, Scheidingen, Bremen, Waltringen, Hilbeck, Körbecke nach Hultrop und Mawicke [38].

Die fortschrittlichen Vorstellungen einiger weitblickender Männer und die solche Vorstöße tatkräftig unterstützende Mithilfe des Oberpräsidenten führten so in der ersten Hälfte des 19. Jahrhunderts im Soester Raum zur Einrichtung von Sparkassen, die zwei wesentliche Aufgaben für die wirtschaftliche und soziale Entwicklung dieser Region erfüllten:

1. Sie ermöglichten den sozial schwächeren Schichten Ersparnisbildung für Notzeiten in bescheidenem Umfang.
2. Sie boten der Landwirtschaft und dem Handwerk gegen verschiedene Formen von Sicherheiten Kredite für die Ausstattung und Entwicklung ihrer Wirtschaftsbetriebe an.

Von den Sparkassen ging somit ein bedeutsamer Impuls für die soziale Sicherung und die wirtschaftlichen Erneuerungsbestrebungen in diesem Zeitraum aus.

---

36) Rüden, Sparkasse Werl, S. 14
37) ebda. S. 15
38) ebda. S. 18

III. Landwirtschaft im Aufbruch

a. Initiator neuer Anstrengungen: der Landwirtschaftliche Kreisverein

Erneuerungsbestrebungen kennzeichnen auch die Landwirtschaft des Soester Raumes im 19. Jahrhundert. Da sich diese laufende Anpassung an eine veränderte Lage in der Gesamtentwicklung des preußischen Staates vollzieht, sollen zunächst die Rahmenbedingungen skizziert werden, in denen sich die Entwicklung der Hellweglandschaft vollzog. Noch gegen Ende des 19. Jahrhunderts behauptete die Hellwegregion ihre eigenständige Position als Landschaft mit starker landwirtschaftlicher Priorität im Vergleich zu Nachbarregionen.
Beruhten Volkswirtschaft und staatliche Finanzwirtschaft um 1800 noch überwiegend auf der Landwirtschaft, kehrte sich dieses Verhältnis hundert Jahre später um: Jetzt dominierten Industrie, Handel und Gewerbe. Deutschland hatte sich vom Agrar- zum Industriestaat gewandelt. Um diese Industrialisierung allerdings einzuleiten, ist nach Kuznets eine zunehmende Produktivität der Landwirtschaft zur Mitversorgung industriell Tätiger bei gleichzeitiger Technisierung im Agrarsektor erforderlich, um Arbeitskräfte für industrielle Fertigung freizusetzen [1].
Um 1800 lebten rund vier Fünftel der deutschen Bevölkerung in ländlichen Regionen und rechneten zu den landwirtschaftlichen Berufsangehörigen; um 1870 waren es nur noch etwa drei Fünftel. Bei der Volks- und Betriebszählung von 1882 zeigte sich allerdings, daß noch zwei Drittel der Gesamtbevölkerung in ländlichen Gemeinden unter 2000 Einwohnern lebten, aber nur etwa vierzig Prozent aller Erwerbstätigen hauptberuflich Landwirtschaft betrieben [2]. Der Landwirt des 19. Jahrhunderts stand also vor der Aufgabe, durch Verbesserung der Tierzucht, der Bodenpflege, durch neue Anbau-

---

[1] Kuznets, Simon: Die wirtschaftlichen Vorbedingungen der Industrialisierung. In: Industrielle Revolution. Wirtschaftliche Aspekte, Hrsg. R. Braun, W. Fischer, H. Großkreutz, H. Volkmann, Köln / Berlin 1972, S. 17 - 35 (zitiert: Kuznets, Vorbedingungen) S. 19 ff.
[2] Timm, Albrecht: Kleine Geschichte der Technologie, Stuttgart 1964 (zitiert: Timm, Technologie) S. 181

arten, Verwendung verbesserter Geräte und durch die Nutzung von Nebengewerben einen hohen Reinertrag zu erzielen [3] und gleichzeitig mit relativ wenigen Arbeitskräften auszukommen. Nur so ließen sich die wachsenden industriellen Zentren mit Nahrungsmitteln versorgen. Andererseits aber kam einer blühenden Landwirtschaft auch große Bedeutung für die Nachfrageentwicklung der entstehenden Industrie zu ; denn nur ein kapitalkräftiger agrarischer Sektor konnte industrielle Güter abnehmen [4]. Wie klar weitblickende Zeitgenossen diese enge Verflechtung von industriellem und agrarischem Sektor beurteilten, mag beispielhaft die Ansicht des Industriellen Friedrich Harkort dokumentieren, der Bauern- und Gewerbefleiß als Grundlagen der Volkswirtschaft ansah und den Bauernstand als "Hauptstand im Staate" charakterisierte [5].

Die Bauernbefreiung in Preußen im ersten und zweiten Jahrzehnt des 19. Jahrhunderts schaffte personenrechtliche, grundherrliche und hoheitliche Abhängigkeitsverhältnisse und wirtschaftliche Verpflichtungen gegenüber dem herrschaftlichen Betrieb ab und entließ die Landwirtschaft in eine nicht mehr feudale, nun liberale Wirtschaft [6]. Im Zuge dieser Reform vergrößerte sich auch die landwirtschaftliche Anbaufläche durch Nutzbarmachung von Unland und Wiesen. Bewirtschafteten die Bauern in Preußen 1802 etwa 38,5 Millionen Morgen Ackerland - rund 35 % der Gesamtfläche -, nahmen sie 1861 schon 55,1 Millionen Morgen und damit 51,4 % der Gesamtfläche unter den Pflug. Innerhalb von fast sechzig Jahren nahm das Ackerland so um 16,7 Millionen Morgen oder 43 % zu [7]. Mit dem Wegfall der Brache und einer Verminderung der Wiesen, verstärkt durch Kriegs-

---

3) ebda. S. 182
4) Gerschenkron, Alexander: Die Vorbedingungen der europäischen Industrialisierungen im 19. Jahrhundert. In: Wirtschafts- und sozialgeschichtliche Probleme der frühen Industrialisierung, Hrsg. W. Fischer, Berlin 1968, S. 21 - 29 (zitiert: Gerschenkron, Vorbedingungen S. 22
5) Köllmann, Wolfgang: Gesellschaftsanschauungen und sozialpolitisches Wollen Friedrich Harkorts. In: Rheinische Vierteljahresblätter 25 (1960) S. 81 - 99 (Köllmann, Harkort) S. 86
6) 1807: Abschaffung der Erbuntertänigkeit in Preußen; Garantie der Freiheit der Person, des Besitzes, des Berufes und der Rechtsgleichheit

wirren und Wirtschaftsnöte, sank in den ersten Jahrzehnten
des 19. Jahrhunderts der Viehbestand in Preußen. Erst in
den 30er Jahren erreichte er wieder den Stand von 1805. Mit
der Verminderung des noch fast ausschließlich verwendeten
tierischen Düngers mußten auch die Ackererträge zurückgehen [8].

Brachten die Jahre 1815 bis 1817 durch kriegsbedingte Umstände und Mißernten erhebliche Versorgungsprobleme, so
bedrohten die guten Ernten 1819 und 1822, insbesondere die
Rekordernte von 1823 mit rapidem Getreidepreisverfall, die
Ertragslage der Landwirtschaft. Schon diese Gegenüberstellung von Warenverknappung oder Überkapazität verdeutlicht,
wie maßgeblich die Landwirtschaft die Existenzsicherung der
Bevölkerung beeinflußte. Solange die Industrialisierung in
Preußen noch hinter der fast sprunghaften Bevölkerungsvermehrung herhinkte, blieben betriebswirtschaftliche und
strukturelle Veränderungen in der Landwirtschaft allein
schon zur Versorgung einer wachsenden Bevölkerung erforderlich. Der agrarische Sektor meisterte diese Aufgabe: Die
landwirtschaftliche Produktion in Deutschland wuchs im 19.
Jahrhundert auf das Drei- bis Dreieinhalbfache. Damit übertraf sie bedeutend das Wachstum der im gleichen Zeitraum
um das 2,3-fache angestiegenen Bevölkerung [9].

Diese Ertragssteigerung war möglich durch die Erweiterung
von Ackerflächen, durch Einbeziehen auch geringerer Bodenqualitäten in den Getreideanbau, durch die Ausdehnung des
Kartoffelanbaus von der Gartenkultur zum Feldbau, einer
starken Einschränkung der Brache und nicht zuletzt durch
einen vermehrten Anbau von Kulturpflanzen mit hoher Flächenleistung wie Zucker- und Futterrüben, Klee, Luzerne und

---

7) Lütge, Friedrich: Über die Auswirkungen der Bauernbefreiung in Deutschland. In: Jahrbücher für Nationalökonomie und Statistik 157 (1943) S. 353 - 405 (zitiert: Lütge, Bauernbefreiung) S. 378
8) ebda. S. 379
9) Helling, Gertrud: Zur Entwicklung der Produktivität in der deutschen Landwirtschaft im 19. Jahrhundert. In: Jahrbuch für Wirtschaftsgeschichte, Teil I (1966) S. 129 - 142 (zitiert: Helling, Produktivität) S. 129

Feldgemüse [10]. Intensivere Bodennutzung durch wissenschaftliche Erkenntnisse, die in der Verwendung anorganischer Dünger und verbesserten Fruchtfolgen praktische Anwendung fanden, und material- und konstruktionsverbesserte Ackergeräte aus dem Angebot der sich entwickelnden Industrie stützten diese Anstrengungen. Im gleichen Zeitraum veränderten sich mit der verstärkten Wanderung vom Land in die Stadt die Konsumgewohnheiten der Bevölkerung. Lebten 1825 nur 26,4 % der preußischen Bevölkerung in Städten, veränderte sich diese Relation bis zur Mitte des Jahrhunderts nur wenig (1834; 27,3 % / 1846; 28 %). Mit dem Wachsen der Industrie verstärkte sich die Wanderung in die Stadt: 1858 lebten schon 29,6 % der preußischen Bevölkerung in Städten [11]. Diese Stadtbewohner belebten die Nachfrage nach Fleisch und Viehprodukten, vornehmlich nach Schweinefleisch und Milch, insbesondere von dem Zeitpunkt an, als die Einkommen der arbeitenden Schichten sich festigten. Die Landwirtschaft kam diesen Konsumveränderungen mit einer Zuchtverbesserung und Intensivierung der Stallfütterung entgegen und hatte zuvor schon mit der Züchtung schwererer Pferde eine Nutzung neuer Maschinen auf dem Feld insbesondere für den Hackfruchtbau ermöglicht.

So kommt der Landwirtschaft in der Phase der Industrialisierung eine Schlüsselrolle zu. Walt W. Rostow mißt der Agrarwirtschaft drei Leistungen für die Industrialisierung zu:

1. Die Landwirtschaft muß durch Steigerung ihrer Arbeitsproduktivität die Marktproduktion steigern, damit sie eine wachsende und für Arbeiten in der Industrie freizustellende Bevölkerung (besser) ernähren kann.
2. Die Landwirtschaft muß ihre Kaufkraft steigern, um selbst Industrieprodukte aufnehmen zu können.
3. Die Landwirtschaft muß durch Steigerung ihrer Sparkraft das Kapitalangebot an die Industrie vergrößern [12].

---

10) ebda. S. 130
11) Finck von Finckenstein, Hans Wolfram Graf: Die Entwicklung der Landwirtschaft in Preußen und Deutschland 1800-1930, Würzburg 1960 (zitiert: Finckenstein, Landwirtschaft) S. 168
12) Linde, Hans: Die Bedeutung der deutschen Agrarstruktur für die Anfänge der industriellen Entwicklung. In: Jahrbuch für Sozialwissenschaft 13 (1962) S. 179-195 (zitiert: Linde, Agrarstruktur) S. 183

In wieweit diese Theorie Rostows für die Entwicklung im
Deutschland des 19. Jahrhunderts Richtigkeit beanspruchen
darf, muß sich auch an der Fallstudie des agrarisch bedeutsamen Hellweggebietes ablesen lassen. Wichtige, den westfälischen Agrarraum beschreibende Forschungsergebnisse enthalten die Arbeiten von Hildegard Ditt aus dem Jahr 1965
[13] und Wilhelm Müller-Wille aus dem Jahr 1938 [14]. Danach
erlebte auch Westfalen im Zuge stärkerer gewerblicher Aktivität ein deutliches Anwachsen der Bevölkerung, das im
märkischen Sauerland, im Siegerland, im nordwestlichen Weserbergland und am westlichen Hellweg zu Bevölkerungsverdichtungen führte. Der Getreidebau am Hellweg versorgte
seit altersher die südliche Gebirgsgegend mit und erfuhr
nun durch die Nähe der volkreichen Wirtschaftsregionen des
Südberglandes eine Intensivierung. Um die Ernährung der
wachsenden Bevölkerung sicherzustellen, forcierten die
Regierungen eine Steigerung der Bodenproduktion. Allerdings
fanden Intensivierung und Erhaltung der Ertragskraft des
Bodens ihre Grenzen im Düngermangel, so daß der Vermehrung
von Düngerstoffen eine besondere Rolle bei der Erzielung
landwirtschaftlicher Verbesserungen zukam [15].
Drückende Abhängigkeitsverhältnisse von Grund- oder Gutsherren bestanden im 18. Jahrhundert in weiten Teilen Westfalens, besonders am Hellweg, im Südbergland, im Paderborner Raum und im Westmünsterland nicht [16]. Dem Hellweg-
Lippe-Gebiet kam durch seine Bodengüte überdies eine besondere Stellung zu: Auf dem nährstoffreichen lößbedeckten
Boden des klimatisch günstigen Landstrichs bauten die Landwirte neben Roggen und Hafer auch die höherwertigen Getreidearten Weizen und Gerste an [17].

---

13) Ditt, Hildegard: Struktur und Wandel westfälischer
    Agrarlandschaften, Münster 1965 (zitiert: Ditt, Agrarlandschaften)
14) Müller-Wille, Wilhelm: Der Feldbau in Westfalen im
    19. Jahrhundert, In: Westfälische Forschungen 1 (1938)
    S. 302 - 326 (zitiert: Müller-Wille, Feldbau)
15) Ditt, Agrarlandschaften, S. 4 f.
16) ebda. S. 6
17) Müller-Wille, Feldbau, S. 306

Johann Nepomuk von Schwerz reiste nach 1816 zwei Jahre lang im Auftrag des Preußischen Innenministeriums durch Westfalen und die Rheinprovinz, um sich über die landwirtschaftlichen Verhältnisse zu informieren. Seinen Aufzeichnungen [18] verdanken wir die zeitgenössischen Beobachtungen eines unbefangenen Außenstehenden, die dadurch an Aussagekraft gewinnen, daß von Schwerz sachkundige Landwirte konsultierte. Für die Beschreibung der Soester Börde und des Hellwegraumes zählten zu ihnen der Prediger Pilger aus Weslarn, "der schon manche geglückte und mißglückte Versuche gemacht hat", Freiherr Clemens von Lilien bei Werl, "der seine Wirthschaft mit eben so viel Umsicht als Eifer betreibt", außerdem der um die Verwendung verbesserter Ackergeräte bemühte Freiherr Theodor von Papen bei Werl [19].

Mit Hilfe der Erfahrungen und Anregungen dieser aufgeschlossenen Landwirte beschreibt von Schwerz den Landstrich westlich von Bochum entlang des Hellwegs bis an die Grenzen des Fürstentums Paderborn. Den östlichen Teil dieses Gebietes umfaßten nach der Gliederung von Schwerz das Amt Werl und die Soester Börde, ein feuchteres Gebiet als das weiter westlich gelegene und vornehmlich eine Weizen- und Haferanbauregion, während westlich entlang des Hellwegs vorwiegend Roggen und Gerste wuchs [20]. Nördlich des Hellwegs, insbesondere in den Uferzonen von Lippe und Ruhr, erstreckten sich qualitativ hochwertige Wiesen in feuchten, moorigen oder sandigen Breiten [21].

Bei den Betriebsgrößen unterscheidet von Schwerz am Hellweg und in der Soester Börde nach der Anzahl der Pfluggespanne drei Kategorien: drei- bis vierpflügige Höfe, zweipflügige Höfe und Kötterwirtschaften. Ein dreipflügiger Hof von 120 bis 150 Magdeburger Morgen [22] hielt sechs

---

[18] Schwerz, Johann Nepomuk von: Beschreibung der Landwirthschaft in Westfalen und Rheinpreußen, Stuttgart 1836 (zitiert: Schwerz, Landwirtschaft)
[19] ebda. S. 300 f.
[20] ebda. S. 251
[21] ebda. S. 252 f.
[22] Ein Morgen umfaßte in Preußen 25,532 a.

Arbeitspferde (drei Pfluggespanne) und ein paar Zuchtfohlen. Mit vierzig Tieren setzte sich der Hornviehbestand aus 12 bis 15 Milchkühen, zwei bis drei Schlachtkühen, einem Paar Bullen und mehreren drei- bis einjährigen Kälbern zusammen. Ochsen zogen die Bauern nicht auf, sondern schlachteten sie schon als Kälber. Nur wenige Höfe, meist adlige Güter, verfügten über Schafherden mit 150 bis 300 Tieren, weil ihre Haltung von besonderen Berechtigungen abhing. Schweine zog ein Hof dieser größten Kategorie rund zwanzig für den Eigenbedarf auf, die übrigen verkauften die Bauern mager. Drei Ackerknechte, ein Hofknecht, ein Schweinehirt und vier bis fünf Mägde gehörten zum Gesinde. Adlige Güter beschäftigten überdies oft einen Gärtner, einen Bäcker und Bierbrauer, eine Köchin, einen Schmied und möglicherweise einen Zimmermannsknecht. Zwei bis drei Heuerlinge bewohnten Häuser auf dem Besitz des Landwirts und mußten auf dessen Hof helfen. Ein zweipflügiger Hof hielt 20 bis 25 Kühe, 10 bis 12 Schweine zum Eigenbedarf, vier Pferde dienten als Zugtiere. Zwei Knechte, ein Junge und drei Mägde arbeiteten durchschnittlich als Gesinde. Mit 8 bis 10 Kühen, zwei Schlachtschweinen und zwei Zugpferden umschrieb von Schwerz den Viehbestand eines Kötters. Eine Magd und ein Junge halfen in der Hauswirtschaft [23].

Im zweiten Jahrzehnt des 19. Jahrhunderts bauten die Bauern in der Soester Börde nach von Schwerz Weizen, Roggen, Winter- und Sommergerste, Hafer, Erbsen, Wicken, Bohnen und Trespe an. Als Futtergewächse dienten Rüben, Kartoffeln, Möhren, Runkeln, Kohl und Klee. Allerdings dominierte der Getreidebau stark, Handelsgewächse erlangten keine Bedeutung. Vor der Getreideeinsaat pflügten gute Landwirte in der Soester Börde die Brache sechsmal: im Winter, im Mai, dann im Juni, düngten und pflügten anschließend den Mist im Juli unter, wendeten im August und pflügten Anfang September zur Roggensaat. Nach der Ernte pflügte der Bauer

---

23) Schwerz, Landwirtschaft, S. 257 ff.

die Stoppeln gleich um und säte auf guten Böden Stoppelrüben. Gerstenstoppeln dagegen blieben häufig über Winter liegen und kamen im Frühjahr zur Hülsenfrüchtesaat unter den Pflug. Der Ernte von Hülsenfrüchten schloß sich eine Reinigung von Unkraut mit Eggen an, bevor der Bauer nach dem Pflügen im Oktober Weizen säte. Weizenstoppeläcker erhielten dann dieselbe Behandlung wie abgeerntete Roggenfelder [24].

Damit charakterisiert von Schwerz den Soester Raum als Getreidewirtschaft mit freier Körnerfolge: Hack-und Blattfrüchte wurden zwischen den Getreidebau geschaltet, traten aber gegenüber dem Korn in ihrer Bedeutung zurück. Der Wechsel zwischen einzelnen Getreidearten und den dazwischen tretenden Blatt- und Hackfruchtperioden geschah in einer lokal variierenden Regellosigkeit. Wechselsysteme, als Folgen in der Nutzung des Bodens als Wiese, Wald, Ödland und einigen Jahren Ackerbau, die sogenannten "Vöhden", spielten nach Müller-Wille im Hellweg-Lippe-Gebiet nur bis 1800 eine Rolle [25].

Bildete bis etwa 1770 Getreide noch das wichtigste Nahrungsmittel, breitete sich mit steigenden Kornpreisen und dem zahlenmäßigen Anwachsen der einkommensschwachen Gruppen der Verzehr von frischem und gesäuertem Weißkohl aus, den wiederum im ersten Drittel des 19. Jahrhunderts die Ausbreitung der Kartoffel ergänzte [26]. Entsprechend lösten um 1835 Kartoffelkrankheiten Hungersnöte aus und zwangen zahlreiche Bewohner auch im Soester Raum zur Auswanderung.

Kriegsverluste der Napoleonischen Zeit und die Verminderung der Viehhaltungsmöglichkeiten für kleine Landbesitzer infolge der Beseitigung der Gemeindeweiden ließen zu Beginn des 19. Jahrhunderts die Viehzucht sinken, die erst ab 1825 wieder ausgeglichen werden konnte [27].

---

24) ebda. S. 290 f.
25) Müller-Wille, Feldbau, S. 324 f.
26) Henning, Friedrich-Wilhelm: Die Industrialisierung in Deutschland 1800 bis 1914, Paderborn 1973 (zitiert: Henning, Industrialisierung) S. 52 f.
27) ebda. S. 49 und S. 53

Als bestimmend für die Situation der Landwirtschaft allerdings erwiesen sich die Entwicklung der Erträge und der daraus zu erzielenden Erlöse. In einer landwirtschaftlich so stark geprägten Region wie dem Soester Raum wirkten sie sich entscheidend auf die Einkommenslage der landwirtschaftlich Tätigen, aber auch der als Konsumenten von der Landwirtschaft abhängigen Bevölkerung aus. Während die Agrareinkommen Ende des 18. und Anfang des 19. Jahrhunderts infolge einer Zunahme des landwirtschaftlichen Produktionsvolumens und eines Steigens der Agrarpreise erheblich angewachsen waren, verschlechterten Produktionsausfälle und hohe Kontributionen der Landbevölkerung in den Napoleonischen Jahren von 1803 bis 1815 die Lage der Landwirtschaft. Wiederaufbau der Produktionskapazitäten und hohe Agrarpreise als Folge niedriger Ernten verbesserten jedoch die Einkommenslage der Landwirtschaft [28] wieder, bis zwischen 1818 und 1830 Rekordernten und englische Einfuhrzölle einen Preissturz bei den Agrarpreisen auslösten. Da die ersten größeren Ablösungsverpflichtungen der Bauern in diesen Zeitraum fielen, mußte eine Reihe von ihnen den Hof zwangsweise verkaufen, was wiederum die Bodenpreise stark absinken ließ [29].

Wieweit sich diese Schwankungen im Agrarsektor bis in die Landwirtschaft am Hellweg zwischen Ruhr und Lippe auswirkten, wird im einzelnen zu belegen sein. Soviel läßt sich schon jetzt sagen: Solange die Landwirtschaft im Soester Raum so stark auf den Getreidebau abgestellt blieb wie in den ersten Jahrzehnten des 19. Jahrhunderts, mußten Ertrags- und Preisschwankungen sich empfindlich bemerkbar machen.

Aus den regelmäßig im "Wochenblatt" veröffentlichten Marktberichten lassen sich solche Preisschwankungen ablesen. Die "Zeitungsberichte" der Amtmänner und Bürgermeister beschrei-

---

28) ebda. S. 54 f.
29) Abel, Wilhelm: Agrarpolitik, 2. neubearb. Aufl. Göttingen 1958 (zitiert: Abel, Agrarpolitik) S. 409

ben ihre Folgen. Speziell auf den Soester Raum zutreffende Gründe für den starken Preisverfall im ersten Viertel des 19. Jahrhunderts enthält auch der bereits erwähnte Situationsbericht über "Westfälischen Kornhandel" [30]: Danach kamen mit der verbesserten Rheinschiffahrt solche Mengen von Getreide aus der Wetterau über Neuß in das bergisch-märkische Industriegebiet, daß dort zeitweise kaum eine Absatzchance für westfälisches Getreide bestand. Zusätzlich erschwerte Holland 1825 die Getreideeinfuhr und trug so mit dazu bei, daß der Preis für westfälischen Roggen von 1 1/2 Taler auf 15 Sgr. pro Scheffel fiel, bis 1827 preußische Schutzzölle auf ausländisches Getreide die Situation besserten [31].

Fortschrittlich gesinnte Bürger machten deshalb in den zwanziger Jahren des 19. Jahrhunderts auf die Notwendigkeit einer Vermehrung der Erwerbsquellen aufmerksam. Stadt- und Landgerichtsassessor Geck forderte den Anbau von Handelsgewächsen wie Tabak, Farbkräutern, Raps, Hopfen, Hanf und Flachs [32]. Ein unbekannter Autor sprach im "Wochenblatt" vom 25. November 1820 den "Wunsch eines landwirthschaftlichen Vereins in Soest" [33] aus. Ackerbau sei in Soest und der Börde der wichtigste Gewerbezweig. In den letzten zwanzig Jahren hätten die Erträge gesteigert werden können, auch weil eine nicht geringe Zahl "ausgezeichneter, denkender Landwirthe" örtliche Versuche und Erfahrungen gemacht hätten. Zum Gedankenaustausch sei allerdings ähnlich wie in England "die gesellschaftliche Vereinigung aller besseren Oeconomen gewiß wünschenswert". Würden nur einige "achtungswerthe Männer" Initiative ergreifen, fehlte es sicher nicht an Beitrittswilligen. Pastor Pilger aus Weslarn "oder sonst ein Mann, gleichen Verdienstes und gleicher gemeinnützigen Betriebsamkeit" erschien dem Verfasser des Berichts als geeigneter Gründer eines solchen Vereins.

---

30) StAS Abt. B XVI d 2
31) ebda.
32) Geck, Soest 1825, S. 360
33) Wochenblatt Nr. 48 / 25.11.1820

Schon in der folgenden "Wochenblatt"-Ausgabe [34] unterstützte Gerichtsassessor Geck diese Initiative, weil die Landwirtschaft im Soester Raum noch so betrieben werde,"wie es sich von Alters her auf uns vererbt hat" und neuere Forschungen anderer Gegenden nur wenig Eingang fänden. Geck weitete deshalb den Arbeitsbereich des Vereins über die Erfahrungen zur Ackerwirtschaft auf alle zum Anbau geeigneten Pflanzen aus und forderte deshalb für den Aufgabenbereich der zu gründenden Vereinigung, er müsse "auch hinübergehen ins technische Gebiet". Vorerst allerdings fanden sich nicht genügend Interessenten für einen landwirtschaftlichen Verein.

Stattdessen ergriff die Arnsberger Regierung Initiative, um die Landwirtschaft des Soester Raumes auf eine gesicherte Grundlage zu stellen. Im Juli 1819 hatte sie die Viehqualität der Börde im Vergleich zu anderen Regionen als schlecht bezeichnet, weil Futter fehle und Zuchtbullen nur ungenügend ausgewählt würden [35]. Dem Bürgermeister Zur Megede kündigte der Soester Landrat im September 1821 an, die Arnsberger Regierung wünsche mehr Beachtung für den Futterkräuterbau [36]. Auch Geck nutzte weiter die Öffentlichkeit des "Wochenblatt", um Anregungen zu geben. Im April 1822 schlug er ebenfalls die Förderung des Futterbaus vor, um den Mangel an Dünger zu mildern. Passend gelegene Kornmärkte an der Lippe könnten zusätzlich die Absatzchancen verbessern, wenn "nach und nach auf diesem Wege eine Korn-Ausfuhr nach Holland veranlaßt und befördert" werde [37]. Auch die Initiativen zum Tabak- und Hopfenanbau und zur Anpflanzung von Kaffeewicken (astragulus boeticus) anstelle von Zichorien gingen von einzelnen fortschrittlichen Persönlichkeiten aus: Inspector Sybel hoffte die im 14. bis 16. Jahrhundert im Soester Raum vorhanden gewesene Hopfenproduktion neu zu beleben, sah aber selbst im Mangel an Holz für die Stangengerüste der Kletterstaude

---

[34] Wochenblatt Nr. 49 / 2.12.1820
[35] StAS Abt. B III a 2
[36] ebda.
[37] Wochenblatt Nr. 16 / 20.4.1822

ein Haupthindernis für den Anbau [38]. Ein unbekannter Bürger forderte in mehreren vom "Wochenblatt" veröffentlichten Briefen "An C. K. in Soest" 1823 den Anbau von Tabak als zusätzliche Erwerbsquelle für Tagelöhner [39]. Bürgermeister Zur Megede empfahl Ende des gleichen Jahres nach ermutigenden Ernteergebnissen einiger Soester den Anbau der Kaffeewicke und bot Pflanzen zur weiteren Nutzung an [40]. Der Landrat unterstützte mit gedruckten Anleitungen eine sachgerechte Ausführung der Anbauversuche [41].

Um die Möglichkeiten der Düngerbeschaffung zu erweitern, empfahl die Arnsberger Regierung im Sommer 1829 die Anlage einer Stampfmühle, damit auch Knochenmehl auf die Felder gestreut werden könne [42]. Die Landeskulturgesellschaft in Arnsberg versuchte 1824 auch bei Soester Landwirten oder Schullehrern Interesse für die Bienenzucht zu wecken, 1826 warb der "Verein zur Beförderung des Gartenbaues in Preußen um Unterstützung im Soester Raum [43].

Mehr als ein halbes Jahr ging im Februar 1836 eine Aufsatz-Serie im "Wochenblatt" mit dem Titel "Wie müssen die Interessen der Ackerbauer in der Gegend von Soest befördert werden?" [44] der Regierungsinitiative zur Verstärkung des Runkelrübenbaues [45] voraus. Anbauversuchen im folgenden Jahr schloß sich 1838 im "Wochenblatt" die Anregung eines Vereins zur Anlegung einer Zuckerfabrik an [46]. Schon diese Übersicht einzelner Initiativen macht deutlich, welche entscheidende Rolle das "Wochenblatt" in der Weckung des Interesses einer breiten Öffentlichkeit für Einzelinitiativen spielte, solange noch kein Fachgremium zum Gedankenaustausch bestand.

Zur Gründung dieser landwirtschaftlichen Vereine schaffte in Preußen das Landeskulturedikt vom 14. September 1811 die Voraussetzungen. Seither bemühten sich die Behörden um die

---

38) Wochenblatt Nr. 8 / 26.6.1819; Nr. 23 / 9.10.1819 und Nr. 52 / 27.12.1823
39) Wochenblatt Nr. 31 / 2.8.1823 und Nr. 33 / 16.8.1823
40) Wochenblatt Nr. 52 / 27.12.1823
41) StAS Abt. B III a 2
42) ebda.
43) ebda.
44) Wochenblatt Nr. 9 / 27.2.1836; Nr. 10 / 5.3.1836; Nr. 11 / 12.3.1836; Nr. 12 / 19.3.1836; Nr. 14 / 2.4.1836
45) StAS Abt. B III a 2
46) Wochenblatt Nr. 34 / 24.8.1838

Gründung solcher berufsständischen Organisationen [47]. In der Provinz Westfalen setzte die Entwicklung des landwirtschaftlichen Vereinswesens erst in den 30er Jahren des 19. Jahrhunderts verstärkt ein. Zwar bildete sich 1819 aus der 1809 gegründeten "Großherzoglich Hessischen Landeskulturgesellschaft zu Arnsberg" die "Landeskulturgesellschaft für den Regierungsbezirk Arnsberg", aber sie entfaltete sich nur sehr langsam. 1820 zählte sie erst zwanzig Mitglieder, zwanzig Jahre später waren es 57, 1851 inzwischen 247 Mitglieder, die sich bis 1867 auf 930 erhöhten [48]. Zwischen 1849 und 1852 hatte mit Freiherr von Lilien-Borg aus Werl ein Adliger aus dem Kreis Soest den Vorsitz der Landeskulturgesellschaft inne. Die Gesellschaft versuchte bis zur Gründung der Kreisvereine hauptsächlich durch landwirtschaftliche Schriften bildend auf die Bauern einzuwirken [49]. Erst 1830 konstituierten sich in Westfalen die drei ersten landwirtschaftlichen Vereine, bis 1838 entstanden u. a. in Berleburg (1832), Siegen (1833), Arnsberg, Iserlohn und Hamm (jeweils 1837) Kreisvereine [50]. 1838 entwickelte sich für die Bildung von Organisationen zur Förderung der Landwirtschaft im Soester Raum zu einem bedeutsamen Jahr. In diesem Jahr wurden sowohl ein "Verein für Pferdezucht" in Soest gegründet als auch der "Landwirtschaftliche und gewerbliche Kreisverein" gebildet. Die Landwirte der Kreise Lippstadt, Dortmund und Altena schlossen sich ebenfalls im gleichen Jahr zusammen [51].

Von maßgeblichem Einfluß auf diese Initiativen zeigte sich die Forcierung durch die Behörden. Mit der Kreisreform, die 1828 nach zwanzigjähriger Dauer abgeschlossen war, hatte sich die staatliche Verwaltungsgliederung konsequent bis

---

[47] Crone, August: Landwirtschaftliches Vereinswesen und Landwirtschaftskammern. In: Beiträge zur Geschichte des westfälischen Bauernstandes, Hrsg. Engelbert von Kerckerinck zur Borg, Berlin 1912, S. 531 - 564 (zitiert: Crone, Vereinswesen) S. 531
[48] ebda. S. 533
[49] ebda. S. 545
[50] ebda. S. 533
[51] ebda.

zur Kreisebene vollzogen, galt nun der Kreis als erste staatliche Verwaltungseinheit. Nach der Instruktion vom 31. Januar 1816 kamen dem Landrat, nach wie vor ein Angehöriger des Adels, die gesamte Polizeiverwaltung, die Überwachung von Ämtern und Gemeinden und die Pflichten als Repräsentant des Staates zu [52]. Als "politischer Beamter" übte er staatspolitische Aufgaben aus und mußte sich eine Versetzung in den einstweiligen Ruhestand gefallen lassen, wenn dies der Staatsregierung geeignet erschien [53].

1817 wurde Friedrich von Essellen (27.4.1774 - 2.3.1851) zum Landrat des Kreises Soest berufen. Aus gesundheitlichen Gründen versetzte ihn die Regierung am 21. Februar 1838 in den Ruhestand [54]. Mit 21 von 28 Stimmen wählte die Kreisversammlung am 24. April 1838 Florenz Heinrich Gottfried von Bockum-Dolffs zum Kandidaten für das Landratsamt, nach der königlichen Bestätigung vom 8. November des gleichen Jahres trat er sein Amt als neuer Landrat des Kreises Soest an [55]. Am 19. Februar 1802 als Sohn eines Fideikommißbesitzers zu Völlinghausen geboren, studierte von Bockum-Dolffs in Heidelberg und Berlin Jura und Mathematik [56]. Ab Februar 1826 arbeitete er am Berliner Stadtgericht, von 1833 an als Assessor bei der Münsterschen Regierung und erhielt am 22. November 1837 einen Ruf als Regierungsrat nach Magdeburg. Er galt als hervorragender Kenner des öffentlichen Rechts [57]. Den Aufgabenbereich eines Landrats umfaßte nach der Instruktion vom 31. Januar 1816 auch die Gewerbeförderung, der Ausbau des Verkehrsnetzes und vor allem die Agrikultur. Als Gutsbesitzer sollte der Landrat hier Vorbild bei der Einführung der Stallfütterung, der Veredelung von Viehrassen und Anlage von Obstkulturen sein [58]. Da den Landrat allerdings jeweils nur ein Sekretär und

---

52) Landräte-Früher und heute, o. N. In: HKS 40 (1967) S. 55 f. Vgl. auch: Koselleck, Reinhart: Preußen zwischen Reform und Revolution, Stuttgart 1967 (zitiert:Koselleck, Preußen) S. 449 ff.
53) Sievert, Heinrich: Die Kreisverwaltung Soest in der guten alten Zeit. In: HKS 32 (1959) S. 51 - 59 (zitiert Sievert, Kreisverwaltung) S. 53
54) Sievert, Heinrich: Die früheren preußischen Landräte des Kreises Soest, Soest 1960 (zitiert: Sievert, Landräte) S. 7
55) ebda. S. 9

Kassenrendant bei der Verwaltungsarbeit unterstützten, hätte er seine Aufgaben als staatliche Instanz nicht erfüllen können, wenn die Selbstverwaltung der Städte und die Mitarbeit der Gutsherren auf kommunaler Ebene ihm nicht Vieles abgenommen hätten. So hing die Einflußnahme eines Landrats - wie das Beispiel Florenz von Bockum-Dolffs zeigt - wesentlich von seinem persönlichen Einsatz ab, nicht weniger aber auch von seiner Fähigkeit, Initiativen zu geben und die Ausführung verschiedener Anregungen anderen zu übertragen.

Die Gründung des Landwirtschaftlichen Kreisvereins fällt in die Zeit der Tätigkeit Florenz von Bockum-Dolffs als "landräthlicher Commissarius" und dann als Landrat des Kreises Soest. Anhand der Aktenunterlagen läßt sich nicht rekonstruieren, wer - 18 Jahre nach den ersten Vorstößen - die Initiative zur Gründung des Kreisvereins ergriff.

Wo Verwaltungsunterlagen nur wenig Rückschlüsse ermöglichen, helfen Veröffentlichungen des "Wochenblatts" weiter. Bei allen Initiativen im Untersuchungszeitraum, die nicht auf gesetzliche und in deren Folge behördliche Maßnahmen zurückgehen, gestaltet sich die Quellenlage schwierig. Obwohl die Einrichtung von landwirtschaftlichen Vereinen von seiten der Regierung wohlwollende Unterstützung fand und die Landräte in der Regel als Direktoren dieser Standesorganisation fungierten, läßt sich die Aktivität im Landwirtschaftlichen Verein des Kreises Soest aus den ausgewerteten Akten nur sehr lückenhaft erschließen. Publizistische Quellen erfüllen in diesem Fall eine ergänzende Funktion. Bis etwa zur Mitte des 19. Jahrhunderts erscheinen die Protokolle der Generalversammlungen des Landwirtschaftlichen Kreisvereins im "Wochenblatt" wörtlich abgedruckt, teilweise ergänzt durch den vollständigen Abdruck einiger während der Zusammenkünfte vorgetragener Referate. Diese Berichterstattung des "Wochenblatts" über die Generalver-

---

56) Bockum-Dolffs, Florens von. In: Westfälische Köpfe. Biograph. Handweiser v. Wilhelm Schulte, Münster 1963, S. 32 f. (zitiert: Schulte, Bockum-Dolffs)
57) Sievert, Landräte, S. 9
58) Koselleck, Preußen, S. 454

sammlungen, oft in mehreren Ausgaben über einen längeren
Zeitraum, bekundet die hohe Wertschätzung und Breitenwirkung, die "Wochenblatt"-Redakteure dieser Organisation
beimaßen und ermöglicht uns einen Überblick über die vielfältigen Aktivitäten des Vereins.

Dabei darf die Veröffentlichung offizieller Versammlungsprotokolle im "Wochenblatt" Authentizitätscharakter beanspruchen, da sie redaktionelle Eingriffe praktisch ausschließt und nur eine Unsicherheit gegenüber der technischen
Realisierung in Satz und Druck bleibt. Aber die publizistischen Quellen vermögen weitere Hilfen zu geben, wie das
Beispiel "Landwirtschaftlicher Kreisverein" belegt: Versammlungsankündigungen im "Wochenblatt" liefern erste Angaben für ein Datengerüst, die Auflistung der Tagesordnungspunkte ermöglicht einen vorläufigen Einblick in das Spektrum der Aktivitäten dieser Organisation. Eine Kontrolle
dieser Hinweise eröffnete die jeweilige Berichterstattung
über das zuvor angekündigte Ereignis. So lassen sich sowohl Veranstaltungstermin wie behandelte Tagesordnungspunkte überprüfen als auch je nach redaktionellem Engagement Hinweise auf die Resonanz eines Ereignisses ausmachen.
Weiterhin eröffnet die Mitbenutzung publizistischer Quellen
neben Hilfen bei der Zusammenstellung eines Datengerüstes
und Schließen von in Akten nur lückenhaft überlieferten
Aspekten auch wichtige Orientierungshilfen für die Erfassung des Gesamtthemas: Oftmals ergeben sich aus Hinweisen
in publizistischen Quellen neue Fragestellungen und gezielte Ansätze für die Untersuchung der historischen Quellen. So erweisen sich die publizistischen Quellen nicht nur
als Materialergänzung nützlich, sondern obendrein wichtig
zur Herstellung eines geschlossenen Begründungszusammenhangs, der sich um die Betonung der Wechselbeziehungen
zwischen einzelnen Vorgängen bemüht.

Die Durchsicht der Akten erlaubt die Annahme, der designierte Landrat von Bockum-Dolffs habe an der Vorbereitung
zur Gründung des Landwirtschaftlichen Kreisvereins intensiv mitgearbeitet. Seine spätere Wahl zum Vorsitzenden
stützt diese These. Am 4. Mai 1838 forderte der kommissarische Landrat den Soester Bürgermeister Schulenburg auf, die

vom letzten Kreistag entworfenen und vom Oberpräsidenten
genehmigten Statuten des "Landwirthschaftlichen und gewerblichen Kreisvereins" und als seiner Unterorganisation
des "Landwirthschaftlichen und gewerblichen Ortsvereins"
an geeignete Bürger zu verteilen, um sie damit zum Beitritt
zu bewegen [59]. Einen Monat später meldete Schulenburg 16
Beitritte zum Kreisverein, er selbst gehörte auch dazu. Die
Berufe der anderen Beitrittswilligen waren Gastwirt, Kaufmann, Oeconom und Posthalter. Erhalten blieb auch eine Bei-
tragsliste aus Körbecke, allerdings vom 1. August 1839,
mit 18 Namen [60]. Bis zum April 1839 erklärten 171 Kreis-
eingesessene sich zum Beitritt bereit.

Die erste Generalversammlung am 26. April 1839 im Soester
Gasthof Voßwinkel wählte - wie das im "Wochenblatt" veröffentlichte Protokoll festhielt [61] - Landrat von Bockum-
Dolffs zum Direktor des Landwirtschaftlichen und gewerblichen Kreisvereins, Freiherrn von Lilien-Borg aus Werl
zum Vorsitzenden des landwirtschaftlichen Ausschusses und
Stellvertreter des Direktors und den Land- und Stadtge-
richtsdirektor von Viebahn zum Vorsitzenden des gewerb-
lichen Ausschusses. Auf Vorschlag des Landrats fungierte
Kreissekretär Andrae als Sekretär des Vereins und übernahm
Bürgermeister Rochol aus Körbecke die Aufgaben des Rendanten. Als Anreiz für die Zucht besseren Viehs beschloß
der Verein, Prämien für hervorragende Ochsen, Kühe, Eber,
Schweine und Schafböcke auszusetzen. Grundlage für die
Arbeit des gewerblichen Ausschusses bildete ein Aufsatz des
Werler Rektors Deneke über Obstbaumzucht und Seidenbau im
Soester Raum. Zur Verbreitung der Feinspinnerei auf zweispuligen Rädern bewilligte der Verein fünfzig Taler, weil
die 1838 in Hovestadt eingerichtete Spinnschule eine günstige Entwicklung nahm. Auch die seit 1836 verstärkt diskutierten Anbauversuche mit Zuckerrüben fanden im neu gegründeten Kreisverein eine Institutionalisierung, doch ver-
tagte die Versammlung wegen der für Pflanzungen schon zu

---

59) StAS Abt. B XXXV a 42
60) ebda.
61) Wochenblatt Nr. 19 / 10.5.1839

fortgeschrittenen Zeit solche Versuche.

Nicht weniger breit erwies sich auch das Themenspektrum der zweiten Generalversammlung am 22. Oktober 1839 [62]. Die gleichzeitig abgehaltene Tierschau belohnte erstmals Vereinsmitglieder für beachtliche Zuchtergebnisse. Der gewerbliche Ausschuß legte eine verständliche Beschreibung der im Kreis vorkommenden Obst- und Gemüsesorten vor. Da Rektor Deneke und Gutsbesitzer von Klocke einen höheren Verkaufspreis als Voraussetzung für die Intensivierung des Obstbaues ansahen, beschloß die Versammlung, eine Reise des Kornhändlers Bäcker nach Rotterdam zur Erkundigung geeigneter Absatzmöglichkeiten mitzufinanzieren. Verschiedene Gutachten von Vereinsmitgliedern setzten sich mit dem Kleebau, der Anlage zweckmäßiger Dungstätten und der Ausweitung eines im Amt Oestinghausen bestehenden Kreditvereins für Landwirte auseinander. Der Anregung Pfarrer Bornefelds zur Versicherung des Rindviehs mochte die Versammlung nicht zustimmen, "da Rindvieh-Seuchen in Westphalen höchst selten vorkommen; eine unbedingte Versicherung aber leicht zur Gleichgültigkeit in der Pflege und Wartung des Viehes führen könnte". Einen ersten Ansatz zu genauen betriebswirtschaftlichen Prüfungen unternahm der Verein mit dem Auftrag an Bürgermeister Pilger aus Weslarn und Gutsbesitzer von Klocke aus Borghausen, eine Übersicht zu erstellen, "wie für den Kreis Soest eine Wirthschaft von 72 Morgen Acker, 7 Morgen Weide und einem Morgen Garten, den höchsten Ertrag liefere". Die fünfzig Taler Zuweisung von der Arnsberger Landeskulturgesellschaft sollten auf Vereins-Beschluß zur Unterrichtung im Spinnen auf zweispuligen Rädern während des Winters verwandt werden. 1840 bestanden bereits zehn Spinnschulen im Kreis Soest. Schon der Verlauf dieser zweiten Generalversammlung verdeutlicht, wie sehr der Weitblick und das umfassende Interesse weniger Mitglieder dafür sorgte, daß sich die Aktivitäten des landwirtschaftlichen Vereins von Anfang an in einem derart breiten Spektrum bewegten.

62) Wochenblatt Nr. 44 / 1.11.1839

Dieses Bemühen fand offensichtlich auch Anerkennung bei
den Behörden. Oberpräsident Freiherr von Vincke nahm als
Mitglied des Soester Landwirtschaftlichen Kreisvereins an
dessen dritter Generalversammlung am 31. März 1840 teil,
deren Protokoll gedruckt vorliegt [63]. Aufgrund der von
Kornhändler Bäcker günstig beurteilten Absatzchancen für
Sauerkraut in Holland, erklärten sich mehrere Mitglieder
zur Lieferung von 4.100 Kohlköpfen bereit, die in zwei
Schiffsladungen "mittelst Lippetransport von Hovestadt"
noch vor Ostern abgehen sollten. Die Instandsetzung der
Kunststraße von Soest nach Hovestadt sei bereits in Angriff
genommen. Vom Berliner Verein zur Beförderung des Garten-
baues in den Königlich preußischen Staaten gingen den
Soestern Bohnen-, Spargel- und Kohl-Sämereien zu. Bei den
Vorstandswahlen löste Gutsbesitzer von Klocke aus Borghausen den Land- und Stadtgerichtsdirektor von Viebahn im
Vorsitz des "Gartenbau-Ausschusses" ab.

Auch in anderen Regionen des Regierungsbezirks bemühten
sich die Landwirte um verbesserte Bewirtschaftungsmethoden,
Anbauversuche und Qualitätssteigerungen in der Viehzucht.
Bestanden 1838 erst 28 landwirtschaftliche Kreisvereine in
Westfalen, wuchs ihre Zahl bis 1843 auf 42 und veränderte
sich bis 1864 (46 Vereine) nur unwesentlich [64]. In einem
gedruckten Informationsblatt an die landwirtschaftlichen
Vereine würdigte die Landeskulturgesellschaft in Arnsberg
deren Arbeit und beschrieb gleichzeitig die Position der
Landeskulturgesellschaft als die einer Dachorganisation:
"Es wird auf diese Weise ein zusammenhängender landwirth-
schaftlicher und gewerblicher Verein für den ganzen Regierungs-Bezirk, dessen Mitglieder in allen Theilen des-
selben wohnen und seine verschiedenen Interessen vertreten,
geschaffen" [65]. In den 1841 gedruckten Statuten erklärte
die Landeskulturgesellschaft ihre Absicht, durch "Prüfung
neuer Versuche und Entdeckungen, Belehrung, Aufmunterung,
durch Aussetzungen von Prämien und Bewilligung von Geld-

---

63) StAS Abt. B XXXV a 42
64) Crone, Vereinswesen, S. 532
65) StAS Abt. B XXXV a 42

unterstützungen" [66] zum Aufschwung der Landwirtschaft
beitragen zu wollen. Die Statuten des landwirtschaftlichen
Vereins für den Kreis Soest blieben nicht in den Akten enthalten, dürften aber eine vergleichbare Zielrichtung angestrebt haben.

Auf Veranlassung des Oberpräsidenten von Vincke fand am
20. Juni 1842 in Soest eine Versammlung der landwirtschaftlichen Kreisvereine Westfalens statt [67]. Vertreter
aus mehr als dreißig Kreisen entschieden sich für die Einrichtung von Hauptvereinen in jedem Regierungsbezirk, um
mit dem Landes-Oekonomie-Collegium besser zusammenarbeiten
zu können [68]. Das geänderte Statut der zum Hauptverein
für den Regierungsbezirk Arnsberg einzurichtenden Landeskulturgesellschaft vom 6. Dezember 1841 befanden die Versammelten als beispielhaft. Einstimmig sprachen sie sich
für die Herausgabe einer landwirtschaftlichen Zeitung für
die ganze Provinz in Münster ab 1843 als "nothwendiges Verbindungsmittel" aus [69]. Die Organisation der Landeskulturgesellschaft und einer Gruppe aktiver Kreisvereine im Regierungsbezirk Arnsberg hatte so wesentliche Voraussetzungen für eine überörtliche Organisation der Landwirtschaft
in der gesamten Provinz Westfalen geschaffen.

Die Aktivitäten auf lokaler Ebene spornten diese Bestrebungen eher an. Im Juli 1841 feierten die Kreiseingesessenen zum zweiten Mal das landwirtschaftliche Fest, das
seither jährlich an verschiedenen Orten des Kreises - vornehmlich in Soest oder Werl - stattfand und die Prämierung von Zuchtergebnissen bei der Tierschau als Höhepunkt
aufwies. Während der ersten Jahre gehörte ein Pferderennen
mit zur Festveranstaltung, 1841 standen auch Probespinnen
und ein Königsschießen auf dem Programm [70]. Der Absatz von
Sauerkraut nach Holland verlief allerdings erfolglos: 57
Ankerfässer Sauerkraut wurden 1840 wegen schlechter Absatzchancen und geringer Erlöserwartungen nicht verschifft und

---

66) ebda.
67) StaAM Kreis Soest Nr. 13
68) StAS Abt. B XXXV a 42
69) ebda.
70) Wochenblatt Nr. 30 / 23.7.1841

erst 1842 in Holland zu den dort gängigen Preisen angeboten, damit - wie die Generalversammlung vom 8. März beschloß - "wenigstens der Versuch zeige, wie und ob damit für die Zukunft fortgefahren werden könne" [71], ob also das Sauerkraut aus dem Kreis Soest der Konkurrenz in Holland gewachsen wäre. Es ließ sich allerdings nur mit Verlust verkaufen. Ohne Erfolg blieben auch Major Engels und Gutsbesitzer Papen aus Westrich mit den aus Berlin zugeschickten Sämereien. Über unterschiedliche Anbauergebnisse mit verschiedenen Getreidesorten und Futterkräutern berichteten im März 1842 und während der Versammlungen der folgenden Jahre mehrere Vereinsmitglieder [72]. Schon 1840 zeigte sich der Landwirtschaftliche Kreisverein mit der Erprobung neuer Pflugsysteme auch um die Verbesserung der Ackergeräte bemüht [73]. Ab 1843 kamen erstmals auch landwirtschaftliche Geräte beim Schaufest zur Verlosung. Die gewerbliche Abteilung des Kreisvereins, als deren Vorsitzender seit 1843 Seminarlehrer Schwier fungierte [74], mühte sich um Versuche mit Handelsgewächsen wie dem Ölgewächs Madia sativa, Flachssorten, Hopfen und Tabak und erprobte nach Pflanzung von Maulbeerbäumen Möglichkeiten der Seidenraupenzucht.

Bei seinen Bemühungen zur Hebung der Landwirtschaft im Soester Raum suchte der Kreisverein schon früh die Zusammenarbeit mit der späteren Dachorganisation, der Landeskulturgesellschaft in Arnsberg. 1842 traten außer den bisherigen sechs Mitgliedern aus dem Kreis Soest weitere 18 der Landeskulturgesellschaft bei [75]. Am 16. und 17. Juni hielt die Landeskulturgesellschaft ihre Generalversammlung in Soest ab [76]. Mit der Gründung einer Ackerbauschule in Riesenroth leistete die Landeskulturgesellschaft 1844 einen wesentlichen Beitrag zur Verbesserung der Ausbildung junger Landwirte [77].

---

71) Wochenblatt Nr. 13 / 1.4.1842
72) Wochenblatt Nr. 45 / 10.11.1843; Nr. 45 / 7.11.1845
73) Wochenblatt Nr. 20 / 15.5. 1840; Nr. 13 / 1.4.1842 und Nr. 45 / 7.11.1845
74) Wochenblatt Nr. 45 / 10.11.1843
75) Wochenblatt Nr. 13 / 1.4.1842
76) Wochenblatt Nr. 26 / 30.6.1843; Nr. 29 / 21.7.1843 und Nr. 30 / 28.7.1843
77) Crone, Vereinswesen, S. 546. Vgl. auch Wochenblatt Nr. 47 / 22.11.1844

Allerdings setzten die finanziellen Möglichkeiten dem Verein Grenzen in seinen vielfältigen Bemühungen, wie der Landrat im Zeitungsbericht vom Dezember 1843 eingestand [78]. Ab 1845 grassierten Kartoffelkrankheiten und nahmen die ganze Aktivität des Kreisvereins in Anspruch. Mißernten und steigende Getreidepreise mündeten in die Hungerwinter vor der Revolution 1848 und ließen über den Sorgen der Existenzsicherung die Diskussion um Verbesserungen vorerst zurücktreten.

b. Versuche mit dem Anbau von Tabak

Spürten die Landwirte eine Bedrohung ihrer Existenz lediglich bei massivem Agrarpreisverfall oder schweren Mißernten, so bildete die ausreichende Sicherung ihres Lebensunterhalts für die wirtschaftlich schwächeren Schichten des Soester Raumes ein latentes Problem. Solange es an Manufakturen und Fabriken, nicht weniger aber auch an ausreichender Beschäftigung für das kleine Handwerk mangelte, blieb Arbeitslosigkeit und in deren Folge Verarmung eine sozial belastende Konsequenz aus der einseitig agrarischen Ausrichtung des Raumes. Erst im Chausseebau ließen sich Tagelöhner in größerer Anzahl beschäftigen.
Schon von Schwerz beobachtete 1816 bei seiner Reise entlang des Hellwegs, daß in dieser Region der Anbau von Handelsgewächsen "völlig unbedeutend" war [79]. Gleich die dritte Ausgabe des "Wochenblattes" nutzte Stadt- und Landgerichtsassessor Geck, um seinen Mitbürgern im Mai 1819 bewußt zu machen, daß sie sich zu sehr "auf das Cultiviren der gewöhnlichen Getreidearten" beschränkten, statt den Anbau solcher Pflanzen zu forcieren, "welche größeren Gewinnst gewähren, z. B. Tabak" [80].
Es dauerte allerdings noch mehr als vier Jahre, bis Gecks Forderung, "nicht weiter dem einmal eingeführten Schlendrian [zu] fröhnen" und stattdessen Erprobungen mit gewinnträchtigeren Gewächsen anzustellen, von einem Mitbürger

---

[78] StaAM Kreis Soest Nr. 13
[79] Schwerz, Landwirtschaft, S. 297
[80] Wochenblatt Nr. 3 / 22.5.1819

energisch aufgegriffen wurde. Das "Wochenblatt" diente
erneut als Medium, über das weitsichtige und nicht weniger
einfallsreiche Protagonisten ihre Anregungen in die Öffentlichkeit trugen. Gerade die Initiative zum Tabakbau im
"Wochenblatt" darf als charakteristisches Beispiel dafür
gelten, mit welchem publizistischen Geschick Initiatoren
ihre Zielgruppe anzusprechen wußten. Der Oekonom G.L. Uflacker faßte am 29. Juni 1823 einen Brief ab: "An C.K. in
Soest". Unter diesem Titel erschien er im August 1823 in
zwei Ausgaben des "Wochenblattes". Ob Uflacker ihn zunächst
an C.K. schickte - C.K. damit überhaupt eine reale Figur
darstellte - läßt sich nicht mehr feststellen. Vieles
spricht allerdings dafür, die Veröffentlichung als 'offenen
Brief' zu charakterisieren, der bewußt persönlich und
leicht verständlich abgefaßt, dennoch aber in seinen Vor-
schlägen weit über die Motivierung einer Einzelperson hin-
ausging. "Sie klagen über Mangel an hinlänglichen Erwerb,
um sich und ihre Frau und Kinder zu ernähren", schrieb Uflacker, "das Tagelohn was sie verdienten, sei zu wenig; und
sie müßten deshalb nicht allein Mangel leiden, sondern
nackt und blos gehen". Ich will Ihnen einen guten Rath geben; Sie müssen jährlich 1/2 Morgen Tabak bauen" [81]. Mit
der persönlichen Ansprache an einen Tagelöhner versuchte
Uflacker Auswege aus der wirtschaftlich schlechten Situation einer Bevölkerungsgruppe aufzuzeigen: durch Tabakbau
im Nebenerwerb. Allein schon seine Beispiel-Rechnung versprach auf einem 1/2 Soester Morgen mit 6.600 Tabakpflanzen
nach Abzug von Pacht-, Samen- und Düngemittelaufwendungen
eine Gewinnerwartung von 114 Talern, mehr als den doppelten
Tagelohn des "C.K.". Im folgenden beschrieb Uflacker sämtliche nötigen Arbeitsschritte vom Pachten eines guten Bodens über die Beschaffung des Dungs bis zur Reinigung des
Ackers. Mit einer genauen Maßangabe für die Anfertigung
zweier Spaten gab der Briefschreiber gleichzeitig gezielte
Hinweise für die Verwendung angemessener Ackergeräte.

---

81) Wochenblatt Nr. 31 / 2.8.1823

Detaillierte Anleitungen über die Bearbeitung des Bodens und den Zeitpunkt der einzelnen Arbeitsschritte [82] sollten Interessenten die Scheu vor dem einige Sorgfalt erfordernden Versuch nehmen. Zur eingehenden Beschreibung der Tabakstaude und ihrer Behandlung empfahl Uflacker praktischen Unterricht: "Diesen werden Sie in Soest finden, wenn Sie ihn suchen" [83].

Gleichzeitig deutete der Briefschreiber eine Unterstützung der Behörden an und hielt auch die wohlwollende Förderung des Versuchs durch einige Bürger für möglich: "Sollten Ihnen selbst die Mittel fehlen, die ersten Anlagen zu machen; so werden sich Freunde finden, die Ihnen nach Verhältniß Ihrer an diesem Unternehmen verdienten Arbeitslohn, Vorschüsse geben; die Sie, wenn sie den Tabak verkauft haben, wieder abtragen können. Ueberhaupt wird jeder echte Soester gerne Ihre Unternehmung unterstützen" [84]. Gerade diese psychologisch geschickt gewählte Form der Ansprache, nicht eine beharrende Mentalität zu geisseln, sondern eine fortschrittliche Gesinnung als gegeben vorauszusetzen, dürfte geeignet gewesen sein, Vorbehalte gegenüber dem Anbauversuch in der Öffentlichkeit abzubauen - wenn auch nur, weil niemand gern als borniert gelten mochte.

Folgerichtig propagierte Uflacker auch - und liefert damit einen wichtigen Hinweis für die Charakterisierung dieses Schreibens als offenen Brief - die baldige Gründung eines Vereins für die Förderung und Verbreitung "dieses für Soest so angemessenen Industrie-Zweiges", die Bildung einer "Gesellschaft zur Beförderung und Verbreitung des Tabacks-Baues und dessen Fabriquation". Wenn nur zweihundert Familien der Stadt hundert Morgen Tabak anbauten, resümierte Uflacker, brächte das der Stadt für die Rohprodukte eine Einnahme von 27.400 Talern. Würden bei der Fabrikation ebenso 27.400 Taler Arbeitslohn erwirtschaftet, bedeute das einen Umsatzzuwachs von 54.800 Talern, "statt daß gegenwärtig gewiß 20.000 Thlr. für Taback aus Soest gehen" [85].

---

[82] Wochenblatt Nr. 33 / 16.8.1823
[83] ebda.
[84] ebda.
[85] ebda.

Damit nicht genug: Uflacker empfahl "C.K.", das Ackerstück auf zwei Jahre zu pachten und bot ihm an, für eine Nutzung im zweiten Jahr Hinweise zu geben, wie "auf brabantische Art Flachs darauf zu bauen" sei.

Der Brief an "C.K." fand offensichtlich einige Adressaten. Bürgermeister Zur Megede griff um die Jahreswende 1823/24 auf, was der inzwischen verstorbene "anerkannt tüchtige Oeconom, sowohl in der Ausübung als der wissenschaftlichen Bildung nach", G.L. Uflacker, angeregt hatte [86]. Im "Wochenblatt" würdigte Zur Megede den Weitblick Uflackers, der deutlich erkannt habe, daß die Landwirtschaft im Soester Raum noch sehr der Verbesserung bedürfe und Soest ein "umfangerndes gewerbliches Leben" benötige. Eine entscheidende Verbesserungsmöglichkeit für die Wirtschaftssituation der Stadt sah der Soester Bürgermeister in der Belebung des Kapitalverkehrs durch den Verkauf von Tabak - einer wesentlichen Voraussetzung für die Beschaffung nicht in Eigenwirtschaft zu produzierender Waren: "Es scheint gewiß nothwendig, daß wir neben unserer Ackerwirthschaft auch noch etwas thun und unternehmen, was uns die beliebteste Ware aller Austauschmittel unserer vielfachen Bedürfnisse, das Geld zuführet, denn, so vielen Werth unsere Getreide- und Kartoffel-Massen auch haben, so will solche doch kein, so wenig der Fremde, wie der einheimische Kaufmann für Kaffee, Zucker, Wein, Gewürze und Bekleidungsstücke allerlei Art, annehmen" [87].

Schon zur napoleonischen Zeit gab es im Soester Raum Anbauversuche mit Tabak. Die Gebrüder Vorst aus Unna hörten damals als Tabakfabrikanten von den Pflanzungen des Soester Bürgers Paschal. Bürgermeister Zur Megede berichtete: "Einer der Gebrüder Vorst kam nach Soest, machte den Einkauf und versicherte mit allem Ausdruck der Freude, daß er ganz vortrefflichen Taback zu sehr billigem Preise gekauft habe, und nicht begreifen könne, daß der Tabackbau hier nicht fortgesetzt sei" [88]. Es läßt sich annehmen, daß die Erfahrungen dieser Zeit auch Uflacker prägten. Nachdem er verstorben war und Bürgermeister Zur Megede seine Initiative

---

86) Wochenblatt Nr. 1 / 3.1.1824
87) ebda.
88) ebda.

aufgriff, bemühte sich dieser zunächst, im Tabakbau erfahrene Bürger aus der Napoleonischen Zeit ausfindig zu machen. Gleichzeitig sollten sich an kleinen Probeanlagen interessierte Bürger melden, damit rechtzeitig guter Samen beschafft werden könne.

Der Aufruf fand Resonanz. Schon im Februar 1824 bestellte Bürgermeister Zur Megede einige Pfund virginischen Tabaksamens, weil sich mehrere Bürger zu Anbauversuchen bereit zeigten [89]. Gleichzeitig machte Zur Megede die Interessenten über das "Wochenblatt" mit der Behandlung des Mitte März zu säenden Tabaks bekannt und kündigte gleichzeitig an, daß Ende Mai "kundige Personen den Pflanzern die wenigen Handgriffe zeigen" [90] würden. Es gab also offensichtlich noch mit dem Tabakanbau vertraute Bürger in Soest. Über Amsterdam gelangte Anfang März der virginische Tabaksamen in die Börde. Zur Megede nutzte den Anlaß, um weitere Bürger wenigstens zur Aussaat anzuregen. Sie könnten dann die jungen Pflanzen zum Verkauf anbieten [91]. Mit dem nachdrücklichen Anraten zum Anbau verband der Soester Bürgermeister die Versicherung, für den Absatz werde gesorgt [92]. Zur genaueren Information der Interessenten erschien in der Buchhandlung Nasse eine kleine Broschüre über den Tabakbau [93].

Die Ergebnisse im Sommer 1824 dürften recht zufriedenstellend verlaufen sein. Die größten Erfolge verzeichnete Oberinspektor Hutterus vom Landarmenkrankenhaus in Benninghausen [94]. Zur Jahreswende ermunterte ein ungenannter Soester den Bürgermeister Zur Megede zur Beantragung einer Prämie der Regierung: "Bei der großen Volkszahl in Soest, der es an Arbeit fehlt, bei der allgemeinen Niedergeschlagenheit der hiesigen Gewerbe kann nichts erwünschter sein, als

---

89) Wochenblatt Nr. 6 / 7.2.1824
90) ebda.
91) Wochenblatt Nr. 11 / 13.3.1824
92) ebda.
93) Wochenblatt Nr. 22 / 28.5.1825
94) ebda.

wenn hochlöb. Regierung eine Summe in kleinen Theilen als Prämien festzusetzen anböte, welche 1826 das beste Tabaksfeld produzierten" [95]. Zur Megede griff sofort die Anregung auf, fand aber im März 1825 beim Ministerium des Innern in Berlin keine Gegenliebe für den Vorschlag [96].

Den Winter nutzte der Bürgermeister weiter, um Erfahrungen aus anderen Regionen über den Tabakbau einzuholen. Der Clever Bürgermeister teilte mit, daß in seiner Stadt kaum Tabak gebaut, in Emmrich dagegen alles verfügbare Land genutzt werde, und der Tabak dort "die vorzüglichste und fast einzige Nahrungsquelle sehr vieler Bewohner" darstelle [97]. Wenig optimistisch dagegen mußten Zur Megede Erfahrungen des selbst Tabak anbauenden Beigeordneten Flume aus Lünen stimmen: Einerseits – berichtete dieser – ließe sich bei den auf dem Tabak lastenden Steuern und seinem niedrigen Preis kein Gewinn erzielen, zum anderen habe die schlechte letzte Ernte den Ertrag zusätzlich geschmälert [98]. Diese Lünener Erfahrung veranlaßte Zur Megede gleich zu einer Anfrage beim Soester Haupt-Steueramt, mit welchen steuerlichen Belastungen Tabakbauer rechnen müßten, nicht ohne zu betonen, darin bestünde wohl "die größte Schwierigkeit, den Anbau zu befördern" [99]. Nach den Angaben des Amtes belastete die Steuer jeden Bürger miteiner mehr als fünf Ruthen umfassenden Anbaufläche für den Zentner getrockneter Blätter mit einem Taler [100].

Noch im Mai 1825 versicherte Zur Megede ungeachtet dieser Beeinträchtigung der Gewinnerwartungen, im "Wochenblatt", keine Pflanze bringe soviel Gewinne wie der Tabak, "auch der größte Kapstkopf nicht", und empfahl vier- bis fünftausend Pflanzen des Oberinspektors Hutterus aus Benninghausen zum Anbau, die er Anfang Juni erwarte [101]. Doch ungünstige Witterungsverhältnisse – die allgemein einem verbreiteten Tabakbau im Soester Raum entgegen gestanden

---

95) StAS Abt. B XIX d 2
96) ebda.
97) ebda.
98) ebda.
99) ebda.
100) ebda.
101) Wochenblatt Nr. 22 / 28.5.1825

haben dürften - machten die Hoffnung auf eine großangelegte Pflanzung im Sommer 1825 zunichte. Am 2. Juni teilte Oberinspektor Hutterus dem Soester Bürgermeister mit, schlechtes Wetter habe ihm mehrere tausend Pflanzen vernichtet, so daß er die versprochene Anzahl nicht liefern könne [102].

Mit dieser niederschlagenden Mitteilung des Oberinspektors Hutterus brechen die Nachrichten über Tabakanbauversuche in den Akten und im "Wochenblatt" vorerst ab. Die "publizistische Kampagne" zum Tabakbau im Soester Raum scheiterte an den für das Heranziehen der empfindlichen Pflanzen ungünstigen Witterung. Intensive Betreuung der Kulturen und ein erheblicher Bedarf guten Düngers dürften allgemein einem großangelegten Tabakbau im Wege gestanden haben. Solange sich mit dem Getreidebau Gewinne erzielen ließen, mußten die Landwirte ohnehin wenig Anlaß zur Umstellung ihrer Kulturen sehen. Zusätzlich zu der witterungsbedingt nur mäßigen Tabakqualität drückte die wachsende Tabakausfuhr Amerikas die Preise, und dämpfte die zunächst in Soest fast euphorisch geweckten Gewinnerwartungen stark [103].

Tabakbau auf kleinen Beeten für den Eigenbedarf dagegen bestand weiter. 1842 etwa bot Oberinspektor Schröder vom Landarmenhaus in Benninghausen im "Amtsblatt der Königlichen Regierung zu Arnsberg" [104] für die zweite Mai-Hälfte Tabakpflanzen an. Dreizehn Jahre später - 1855 - blieb Landrat von Bockum-Dolffs der einzige im Soester Raum, der nach den Erkundungen des Steueramtes auf seinem Besitz, im sogenannten "Bischofsgarten", Tabak baute [105]. Bei "einer außergewöhnlich starken Düngung und kostspieligen Pflege" erntete er 1855 auf 100 Ruthen 6 1/2 Zentner Tabakblätter [106]. Drei Morgen 88 Ruthen Tabakfeld im folgenden Jahr warfen nur 25 Zentner Bestgut und fünf Zentner schlechte Qualität ab [107].

---

102) StAS Abt. B XIX d 2
103) Trende, Werdezeit, S. 53
104) Amtsblatt Nr. 11 / 12.3.1842
105) StAS Abt. B XIX d 2
106) ebda.
107) ebda.

Verhinderten Witterungsverhältnisse und intensivste Bewirtschaftungserfordernisse einen breitangelegten Tabakbau im Soester Raum, so gewann doch die Tabakverarbeitung eine wachsende Bedeutung. In Soest, "seit einer langen Reihe von Jahren ohne irgend eine Fabrik-Anstalt", errichtete - wie Bürgermeister Opderbeck im "Wochenblatt" [108] mitteilte - Kaufmann Schwollmann Ende 1827 eine Tabakfabrik. Die Verantwortlichen der Stadt begrüßten den Betrieb insbesondere als Arbeitsplatzangebot für sozial schwächere Schichten, weil die Fabrik für ärmere "Mitbürger und selbst für noch unerzogene Kinder Verdienst und Unterhalt" [109] gewährte. Kinderarbeit war noch nicht als Problem in das Bewußtsein der Menschen eingedrungen, sie fand lebhafte Zustimmung - als Erziehungsmittel.

Auf Veranlassung des Bürgermeisters hatte der königliche Kreis-Physikus Dr. Beyer die sechs zum Preis zwischen vier und zehn Silbergroschen pro Pfund angebotenen Tabaksorten untersucht und "für ganz besonders empfehlenswerth erklärt" [110]. Diese Tabakfabrik machte den Anfang zu einem im Lauf des 19. Jahrhunderts für Soest noch bedeutsamer werdenden Industriezweig.

c. Intensivierung der Viehzucht

Solange mineralische Düngung im 19. Jahrhundert noch nicht neben die organische trat, kam der Viehzucht eine bedeutsame Funktion im Zusammenhang mit dem Ackerbau zu. Die Fruchtbarkeit eines großen Teils des Bodens im Soester Raum aber ersparte den Bauern weitgehend große Sorgfalt in der Viehzucht als gleichzeitiger Gewinnung von Dünger. Schon Johann Nepomuk von Schwerz stellte fest, tierische Düngung könne für das beachtliche Wachstum auf den Böden im Soester Raum nicht verantwortlich sein. Stallfütterung

---

[108] Wochenblatt Nr. 5 / 2.2.1828
[109] ebda.
[110] ebda.

sei kaum verbreitet, auf die Sammlung tierischen Düngers verwendeten die Bauern keine besondere Sorgfalt [1]. Entlang den Flußläufen von Lippe und Ruhr lagen fruchtbare Fettweiden. An der Haarhöhe dagegen herrschte Grünlandmangel, der sich insbesondere in kleinbäuerlichen Betrieben empfindlich bemerkbar machte [2]. Wachsendes Interesse an der Verwendung tierischen Düngers mußte die Stallfütterung intensivieren, den Futterbau verbreiten und mit größter Sorgfalt bei der Auswahl von Zuchttieren die Viehzucht des Soester Raumes qualitativ und quantitativ verbessern.

Der Siebenjährige Krieg 1756-63 hinterließ verheerende Folgen im Viehbestand der Soester Börde, die sich allerdings bis zur Jahrhundertwende weitgehend wieder ausgleichen ließen, bevor die Unruhen der Napoleonischen Zeit einen kurzfristigen Rückgang der Viehhaltung auslösten.

Tabelle 3: Viehhaltung in der Soester Börde 1756-1822

	1756	1762	1789	1805	1822
Pferde	2 961	937	3 504	2 680	2 493
Rindvieh	8 175	2 918	6 537	7 186	5 178
Schweine	?	?	5 587	4 854	2 933
Schafe	5 116	1 478	3 468	3 003	2 283 [3]

Zur Verbesserung der Pferdezucht im Regierungsbezirk Arnsberg ergriff die preußische Regierung 1818 Initiative. Die Kabinetts-Order vom 22. Juni gewährte 350 Taler Prämien, mit denen zu 100, 75 und 50 Talern fehlerfreie Hengste und zu 75 und 50 Talern hervorragende Stuten ausgezeichnet werden sollten [4]. Im Soester Raum allerdings zeigte dieser Zuchtanreiz noch keine nachhaltige Wirkung. Aus dem Frühjahr 1826 blieb eine Anregung des Landrats von Essellen an den Soester Bürgermeister überliefert, die Stuten bes-

---

1) Schwerz, Landwirtschaft, S. 253
2) Wehdeking, Ruth: Die Viehhaltung in den Hellwegbörden. In: Spieker. Heft 4: Die Viehhaltung in Westfalen von 1818 bis 1948, Münster 1953, S. 27 - 53 (zitiert: Wehdeking, Viehhaltung) S. 28
3) Koske, Stadtsparkasse, S. 12
4) StAS Abt. B III a 1

ser im Landgestüt Warendorf decken zu lassen [5], aber wohl ohne Erfolg; denn drei Jahre später warnte die Regierung in Arnsberg, ungekörte Hengste zur Deckung zuzulassen. Der Schaukommission war bei der jährlich im Oktober getroffenen Auswahl der zur Körung in Frage kommenden Hengste kein Tier aus dem Soester Raum vorgeführt worden [6].

Eine nachhaltige Änderung in der Einstellung der Pferdehalter zur Zucht bewirkte erst die Diskussion um eine breite Anhebung der Landwirtschaft, die Ende der 1830er Jahre in die Gründung des Landwirtschaftlichen Kreisvereins mündete. Zusammen mit diesem Zusammenschluß bildete sich in der ersten Generalversammlung am 26. April 1839 eine "Actien Gesellschaft im landwirthschaftlichen Verein des Kreises Soest, zur Hebung der Pferdezucht in demselben", deren Beratungsergebnisse ein "Separat-Protokoll" festhielt, das im "Wochenblatt" erschien [7]. Achtzig Mitglieder des Landwirtschaftlichen Vereins - im "Wochenblatt" namentlich aufgeführt - zeichneten Aktien zu je einem Taler für die Dauer von fünf Jahren in einer Gesamtsumme von 126 Talern. Als Anreiz zu sorgfältiger Zucht erhielten die Besitzer der besten Stuten davon Prämien, gleichzeitig dokumentierte die Aktien-Gesellschaft ihren Willen zu breiterer Wirksamkeit, indem sie ärmeren Stutenbesitzern das Deckgeld erließ. Das beste von den Mitgliedern gezogene Fohlen oder Pferd sollte überdies von der Gesellschaft zu einem hohen Preis angekauft und unter den Aktionären verlost werden [8]. Mit diesem Geflecht von Leistungen und Gegenleistungen schaffte die Aktien-Gesellschaft einen doppelten Anreiz zur Mitgliedschaft: Sie belohnte Zuchtergebnisse und ließ gleichzeitig von den Erfolgen der anderen mit profitieren.

Die Generalversammlung des landwirtschaftlichen Vereins beschloß am 31. März 1840 zusätzlich, beim jährlichen Schaufest ein Rennen von Bauernpferden um Preise von insgesamt hundert Talern zu veranstalten [9]. Neben ihrer Arbeitsfähigkeit hoffte der Verein so auch die Beweglichkeit der

---

5) ebda.
6) ebda.
7) Wochenblatt Nr. 19 / 10.5.1839
8) ebda.
9) Wochenblatt Nr. 21 / 22.5.1840

Pferde zu fördern [10]. Diese Eigenschaft der Tiere lag nicht zuletzt im militärischen Interesse der Regierung, die den Pferdebestand ihrer Truppen kontinuierlich verjüngen mußte. Beim Remontekauf 1837 im Regierungsbezirk Arnsberg beispielsweise betrug die Zahl der vorgeführten Pferde 447, allerdings kaufte die Kommission in den Marktorten Soest, Lippstadt, Hamm, Unna, Dortmund und Bochum nur 37 Pferde zum Durchschnittpreis von 110 Talern an [11]. Dieses magere Ergebnis in einem weitgehend agrarisch ausgerichteten Raum veranlaßte die Regierung im Interesse der militärischen Sicherung ihrerseits zum Handeln. 1839 konstituierte sich ein "Verein zur Zucht und Dressur von Kavalleriepferden" in Hamm [12]. Staatliche Prämien - etwa hundert Taler pro Jahr - kamen auch dem Soester Pferdezuchtverein zugute. Im November 1843 änderte er deshalb eigens seine Statuten und glich sie mit der Aussetzung von Dressurpreisen denen des Hammer Vereins an [13]. Die Anstrengungen der Soester Pferdezüchter zeigten Erfolge. Über das Dressurreiten beim landwirtschaftlichen Fest 1845 spendete der Königliche Rittmeister und Escadron-Chef im 5. Ulanen-Regiment, von Courbière, im "Kreisblatt" öffentliches Lob: "Meiner Ansicht nach wurde durch die gestrige Produktion von über dreißig zugerittenen Pferden aus einem einzigen Kreise ein in hohem Maaße befriedigendes Resultat erzielt" [14].

Die breiteste Wirkung auf die Hebung des Pferdebestandes erzielte allerdings der Einsatz von Zuchthengsten. Von den Gestütsbeschälern auf der Station Berwicke stammten 1843 allein 84 Fohlen ab [15]. Mit einer Intensivierung des Hackfruchtbaues mußte auch die Züchtung von Kaltblütern stärkere Beachtung finden [16], da die Bodenbearbeitung größere Sorgfalt nötig machte und die Aberntung später als beim

---
10) Kreisblatt Nr. 48 / 2.12.1842
11) Trende, Werdezeit, S. 69
12) Crone, Vereinswesen, S. 533
13) Kreisblatt Nr. 45 / 10.11.1843
14) Kreisblatt Nr. 31 / 1.8.1845
15) StaAM Kreis Soest Nr. 13
16) Haushofer, Heinz: Die deutsche Landwirtschaft im technischen Zeitalter, Stuttgart 1963 (zitiert: Haushofer, Landwirtschaft), S. 90

Getreide in einer witterungsungünstigeren Jahreszeit in unwegsamen Gelände schwere Zugtiere erforderte. Das "Wochenblatt" unterstützte diese Zuchtverbesserungen zusätzlich durch allgemeine Informationen "Zur Kenntniß des Pferdes" [17] und "häufig auftretende Krankheiten und deren Ursachen" [18]. Zahlenmäßig veränderte sich der Pferdebestand im Kreis Soest und dem Regierungsbezirk Arnsberg während der ersten Hälfte des 19. Jahrhunderts nur unbedeutend: 1818 gab es im Kreis Soest 5.433 Pferde, 1843 waren es 5.813 [19]. Im Regierungsbezirk Arnsberg gab es 1818 insgesamt 37.194 Pferde, 1864 waren es 37.748 [20].

Dagegen wuchs der Hornviehbestand des Kreises Soest in der ersten Hälfte des 19. Jahrhunderts von 12.011 Stück Rindvieh im Jahr 1818 auf 16.194 Stück im Jahr 1843 [21]. Für den Stadtbereich Soest, berichtete Geck 1825, gebe es keine bedeutenden Gemeinheiten, auf denen das Rindvieh weide. Teilweise fütterten die Besitzer es während des ganzen Jahres im Stall oder ließen es den Sommer über auf Wegrändern oder angepachteten Wiesen - nach den Mahnungen zum Schulbesuch im "Wochenblatt" zu urteilen - von den Kindern hüten [22]. Von dieser Rindviehhaltung der Ackerbürger Soests unterschied sich die Situation rund um die Stadt. Über die Viehhaltung am Hellweg sagt Johann Nepomuk von Schwerz: "Für eine volle Stallfütterung, welche von einigen versucht worden, hat man keine Vorliebe, weil überall viele Weiden vorhanden sind, die man außer der Hütung nicht zu einem ähnlichen Werthe würde nutzen können" [23]. Gerade entlang der Flußläufe von Ruhr und Lippe lagen zahlreiche Fettweiden, die nach von Schwerz für ihre Eigentümer "einen für sich allein bestehenden ländlichen Erwerbszweig" [24] darstellten. Viehmäster pachteten solche Weiden, um Kühe auf ihnen zu einem Gewicht von 350 bis 400 Pfund zu bringen. Diese großenteils im Ravensbergischen angekauften Tiere gingen dann fett nach Paderborn, Kassel oder Bielefeld [25].

---

17) Wochenblatt Nr. 13 / 26.3.1841
18) Wochenblatt Nr. 29 / 16.7.1841
19) Wehdeking, Viehhaltung, S. 52
20) Amtsblatt Nr. 50 / 16.12.1865
21) Wehdeking, Viehhaltung, S. 52
22) Geck, Soest 1825, S. 18 f.

Neben der Mast von Rindvieh als ausschließlicher Erwerbsquelle hielten die Ackerbauern gleichzeitig Nutzvieh. Gerade in den Flußniederungen konnten sie sich angesichts ausreichender Weideflächen auf die Beschaffung von Winterfutter - in der Hauptsache Stroh - beschränken. Nur die Brennereien mästeten den Winter über Rindvieh mit Maische [26]. Über die Stallfütterung berichtete Oekonom Pilger aus Weslarn, sie erscheine überall da möglich, wo Futterkräuteranbau möglich sei und Wiesen fehlten oder zu schlechte Qualität aufwiesen. Allerdings schien ihm der Milchertrag auf guten Weiden größer "als bei der besten Stallfütterung" [27].

Die Bemühungen des landwirtschaftlichen Vereins zielten auch beim Rindvieh auf eine Qualitätssteigerung ab. Schon bei der konstituierenden Sitzung im April 1839 legten die Mitglieder Zuchtprämien fest [28]. Auf Anregung des Freiherrn von Lilien-Borg aus Werl schafften die einzelnen Gemeinden des Kreises ab 1842 Zuchtstiere an [29]. Aus dem provinziellen Fond zur Hebung der Landwirtschaft erhielt der Kreisverein 1842 hundert Taler zur Beschaffung von Zuchtvieh [30]. Mit diesem Geld der Landeskulturgesellschaft beschaffte der Kreisverein drei Zuchtstiere, die Freiherr von Lilien-Borg in Werl, Gutsbesitzer von Werthern in Ellingsen und Bürgermeister Pilger in Weslarn in Fütterung nahmen [31]. Bei den folgenden Schaufesten kamen auch jeweils Zuchtkälber zur Verlosung [32]. Solange allerdings die Haltung auf der Weide die hauptsächliche Nahrungsgrundlage für das Rindvieh darstellte, konnte sich kaum eine zahlenmäßige Zunahme ergeben. Als etwa 1842 Mißwachs die Roggenpreise in der Börde fallen ließ, mußten die Bauern gleichzeitig ihr Vieh ungeachtet der Marktlage verschleudern,

---

23) Schwerz, Landwirtschaft, S. 273
24) ebda. S. 253
25) ebda. S. 256
26) ebda. S. 274
27) ebda. S. 275
28) Wochenblatt Nr. 19 / 10.5.1839
29) Kreisblatt Nr. 13 / 1.4.1842
30) Kreisblatt Nr. 48 / 2.12.1842
31) Kreisblatt Nr. 30 / 28.7.1843
32) Kreisblatt Nr. 35 / 28.8.1846

weil mangelndes Futter ein Durchwintern unmöglich machte [33]. Wo die Bauern den Wert einer sorgfältigen Düngung erkannten oder die Bodenqualität eine Düngung erforderte, erhielt die Einführung der Stallfütterung eine Chance, wie es etwa für die Gegend um Weslarn 1843 galt [34].

Auch die Schweinezucht fand im Soester Raum Beachtung. Das ganze Jahr über wurden die Tiere gehütet, den Winter über in Holzungen. Als schlachtreif galten junge, halbfette Tiere [35]. Allerdings veränderte sich in der ersten Hälfte des 19. Jahrhunderts die Schweinehaltung: An die Stelle der Waldhütung trat nach und nach die Fütterung mit Kartoffeln und Speiseabfällen [36]. Die Aussetzung von Zuchtprämien für Eber durch den Landwirtschaftlichen Kreisverein trug wesentlich zur Belebung der Schweinezucht bei. Gab es 1818 noch 5.505 Schweine im Kreis Soest, waren es 1843 schon 9.410 Schweine [37].

Bedeutend zu nahm im gleichen Zeitraum auch die Zahl der Schafe: von 9.275 auf 19.152 Tiere [38]. Arnold Geck führte in seiner Beschreibung der Stadt 1825 sieben Schafherden Soester Bürger auf, für die diese jährlich zusammen rund zweihundert Taler als Vergütung für Flurschäden an die Kämmereikasse zahlten [39]. Zur Gewinnung besserer Wolle bemühten sich die Schafbesitzer um die Veredelung ihrer Tiere unterstützt durch Zuchtprämien des Kreisvereins. Der Schwerpunkt der Bemühungen des landwirtschaftlichen Kreisvereins aber lag auf der Verarbeitung der Wolle als Winterbeschäftigung für einkommensschwächere Landbewohner. Das "Wochenblatt" unterstützt die Bestrebungen zu einer erweiterten und verbesserten Schafhaltung mit einer Artikelserie [40] über die häufigsten Krankheiten dieser Tiere.

---

33) StaAM Kreis Soest Nr. 13
34) ebda.
35) Trende, Werdezeit, S. 74
36) Haushofer, Landwirtschaft, S. 96
37) Wehdeking, Viehhaltung, S. 52
38) ebda.
39) Geck, Soest 1825, S. 19
40) Wochenblatt Nr. 14 / 2.4.1841 ff.

d. Anbauversuche mit Rüben

Die dominierende Rolle im landwirtschaftlichen Betrieb, die der Getreideanbau trotz verstärkter Bemühungen in der Viehzucht behielt, mußte sich insbesondere dann ungünstig auswirken, wenn Mißernten eintraten oder wenn die Getreidepreise fielen. Hauptabsatzgebiet für westfälisches Korn bildeten die südlichen Mittelgebirgsregionen, das Rheinland und Holland. Als Holland Mitte der dreißiger Jahre des 19. Jahrhunderts die Einfuhr ausländischen Getreides hoch besteuerte, kam dies einem Einfuhr-Verbot für westfälisches Getreide gleich.

Diese für den heimischen Ackerbau ungünstige Absatzsituation nahm Oekonomierat Georg Plange zum Anlaß, um den Anbau von Rüben und die Fabrikation von Zucker aus Zuckerrüben anzuregen. Wieder diente das "Wochenblatt" als Medium, das seiner Artikelserie [41] "Wie müssen die Interessen der Ackerbauer in der Gegend von Soest befördert werden?" Öffentlichkeit verschaffte. Bestand zu Beginn des 19. Jahrhunderts die Rübenzuckerfabrikation nur in Sachsen, Schlesien, Anhalt, Braunschweig und Magdeburg, nahmen mehrere Betriebe in Köln und am Niederrhein zwischen 1808 und 1811 die Zuckerfabrikation auf [42]. In der Kampagne 1836/37 verarbeiteten 122 Betriebe in Deutschland 25.350 t Rüben zu 1.408 t Zucker [43]. Nur eine dieser Fabriken stand in Westfalen, in Minden nämlich, in ganz Preußen gab es 1836 nur 17 Runkelrübenfabriken [44]. Die Zuckerrübenverwertung steckte 1836 in Preußen also noch in den Anfängen und erlangte insbesondere in Westfalen noch keinerlei Bedeutung. Das mag die Bedeutung der Initiative des Soesters Georg Plange unterstreichen, der in einer nüchternen Beurteilung der Wirtschaftssituation seiner Provinz und der landwirtschaftlichen Betriebsstruktur des Soester Raumes vorschlug, "andere Produkte hervorzubringen, mit welchen der Markt bis jetzt nicht überfahren ist" [45].

---

41) Wochenblatt Nr. 9 / 27.2.1836; Nr. 10 / 5.3.1836; Nr.11 12.3.1836; Nr. 12 / 19.3.1836; Beilage zu Nr. 14 / 2. 4.1836

42) Berg, Volker vom / Hofmann, Detlef / Heisterkamp, Jürgen: Der Zuckerrübenanbau unter dem Einfluß der Frühindustrialisierung. In: Zeitschrift für Agrargeschichte Agrarsoziologie 20 (1972) S. 198-214 (zitiert: Berg, Zuckerrübenanbau) S. 209

Dem Anbau der Zuckerrübe maß er dabei einen mehrfachen Vorteil bei als Zuckerlieferant, Bodenreiniger und Viehfutter: "[...] auch für unser Klima, Boden und sonstige Verhältnisse paßt die Runkelrübe vorzüglich. Sie wird unseren tiefen fruchtbaren Boden reinigen und den Oekonomen in den Stand setzen, eine größere Menge Vieh zu halten und mehr Dünger als bisher zu erzeugen, folglich eine bessere Cultur veranlassen, selbst in Gegenständen wo diese nur kümmerlich besteht" [46]. Zur Untermauerung seiner These referierte Plange Auszüge aus dem "Politechnischen Journal" vom Juni 1835 über die staatliche Förderung der Zuckerrübenproduktion in Frankreich und veröffentlichte den Bericht des Chemikers Hassenstein aus Gotha im "Allgemeinen Anzeiger der Deutschen" vom Januar 1836 über den Stand der Zuckerrübenfabrikation in Böhmen mit einer genauen Beschreibung des Fabrikationsverfahrens [47] im "Wochenblatt".

Als Hauptschwierigkeit bei der Verwirklichung dieser Initiative sah Georg Plange die Einrichtung einer Zuckerfabrik an. Möglich erschien ihm ein Versuch auf genossenschaftlicher Basis: "Demnach müßten sich die einzeln Oekonomen aus Soest und der Umgegend verbindlich machen, so lange die Fabrik besteht, wenigstens für die nächsten 18 Jahre, jeder jährlich eine feste Quantität von Runkelrüben zu liefern, wenn es die Gesellschaft verlangt" [48]. Zur Nachprüfung seiner optimistischen Prognosen fügte Plange die Berechnung eines erfahrenen Landwirts und Kataster-Beamten über den Ertrag eines Soester Morgens erster Klasse in der Soester Feldmark an Rüben in mittleren Jahren für die Zuckerfabrikation bei. Unzweifelhaft schien ihm danach, daß Rübenanbau größeren Gewinn ermögliche als Getreideproduktion [49].

Welche Pionierleistung Georg Plange mit dieser Artikelserie für den Regierungsbezirk Arnsberg erbrachte, geht aus einem 1840 gedruckten Rechenschaftsbericht der Arns-

---

43) ebda. S. 210
44) Trende, Werdezeit, S. 178
45) Wochenblatt Nr. 9 / 27.2.1836
46) Wochenblatt Nr. 10 / 5.3.1836
47) Wochenblatt Nr. 11 / 12.3.1836; Nr. 12 / 19.3.1836
48) Wochenblatt Nr. 14 / 2.4.1836
49) ebda.

berger Landeskulturgesellschaft hervor. Planges Aufsatz "lenkte zuerst die Aufmerksamkeit der Gesellschaft auf den Anbau der Runkelrüben zum Zwecke der Zucker-Fabrikation..." [50]. Im Kreis Soest nahmen die Bauern den Vorschlag Georg Planges, der die Aufsatzserie nicht namentlich gekennzeichnet hatte, dessen Autorenschaft allerdings aus den Akten hervorgeht, unterschiedlich auf. Oekonom Pilger aus Weslarn fand sich unter den Befürwortern, während Bürgermeister Smiths aus Meyrich eine Einkommensverbesserung rundweg bestritt und eine Verwirklichung des Projekts wegen Kapitalmangels ausschloß:" [...] haben wir kein Geld zu den Actien der Rhein-Weser-Bahn, dann wird es gewiß nicht zu der Zuckerfabrication herbeigeschafft werden" [51].

Landrat von Essellen erkundigte sich Ende Mai 1836 bei den Ämtern und Städten des Kreises nach den Absichten zum Rübenanbau und erfuhr aus Werl, daß Posthalter Brune dort eine Zuckerfabrik anzulegen gedenke [52]. Bürgermeister Pilger aus Weslarn berichtete von seinem Plan, eine Zuckerfabrik auf Aktienbasis zu errichten und einen Verein zur Produktion von Rüben zu gründen. Seine Mitglieder sollten sich verpflichten, mindestens fünf Jahre lang eine Fläche von zweihundert Morgen mit Rüben anzubauen. Pilger hoffte auf die Gründung dieses Vereins noch im Winter 1836, so daß im Herbst 1837 die Zuckerfabrik ihre Produktion aufnehmen könne [53]. Schwierig allerdings erschien ihm die Beschaffung ausreichenden Düngers: "Ein Hof von 100 Morgen darf höchstens 2 Morgen Rüben bauen, wenn er nicht außerordentliche Düngemittel hat, als Brauerei, Schäferei pp., da diese Pflanze doppelte Düngung und dreifache Arbeit will, wenn sie gedeihen soll" [54]. Sonst befürchtete Pilger eine Auslaugung des Bodens. Nach diesem Plan hätten sich allein hundert Bauern bereitfinden müssen, Rüben anzubauen.

Bürgermeister Pilger zeigte sich also der Hauptschwierigkeiten zur Einführung des Hackfruchtbaues bewußt: Rüben-

---

[50] StAS Abt. B XXXV a 42
[51] StaAM Kreis Soest Nr. 10
[52] StaAM Kreis Soest Nr. 327
[53] ebda.
[54] ebda.

pflege und Hackfruchternte erforderten einen erheblich
größeren Arbeitseinsatz als der Getreideanbau [55] und
machten gleichzeitig eine intensivere Düngung nötig. Aber
zu den Überlegungen für eine größere Vielfalt der landwirtschaftlichen Produktion traten bei Pilger patriotische
Erwägungen einer größeren Unabhängigkeit Preußens von
Zuckerimporten, für die ihm sogar finanzielle Einbußen vertretbar schienen: "Ebenso wird die Errichtung einer Zuckerfabrik nicht so außerordentlich vorteilhaft für die Actien-Inhaber sein. Aber das ganze Unternehmen ist rein patriotisch und **muß** deshalb zur Ausführung kommen" [56].

Die Landeskulturgesellschaft erklärte sich aufgrund dieses
Umfrageergebnisses bereit, an die zum Anbau entschlossenen
Bauern unentgeltlich Rübensamen aus Quedlinburg zu verschicken [57]. Im November 1836 gingen 14 Anbauwilligen des
Kreises Soest 40 Pfund Samen zu. Im Kreis Arnsberg verlangten die Bauern 70 Pfund, 183 Pfund im Kreis Lippstadt, 136
Pfund im Kreis Hamm und 15 Pfund im Kreis Bochum [58].

Allerdings blieben die Erfolge dieser Initiative der Landeskulturgesellschaft gering. Nach den Berichten der Landräte aus Lippstadt, Hamm und Arnsberg wuchsen die Rüben
nur spärlich und dienten vielfach gleich als Viehfutter [59].
Hier mußte sich der Mangel an geeigneten Ackergeräten für
den Hackfruchtbau auswirken. Im Kreis Soest bestanden mit
der Aussaat von nur vierzig Pfund Rübensamen ohnehin nicht
die Voraussetzungen für einen breitangelegten Anbauversuch.
Trotzdem aber verstummten die Befürworter des Hackfruchtbaues im Soester Raum nicht. Im Sommer 1838 berichteten
zwei Artikel im "Wochenblatt" über Erfolge mit der Zuckerfabrikation aus Runkelrüben [60] im Bezirk Magdeburg und

---

55) Haushofer, Landwirtschaft, S. 135
56) StaAM Kreis Soest Nr. 327
57) StAS Abt. B XXXV a 42
58) ebda.
59) ebda.
60) Wochenblatt Nr. 32 / 10.8.1838

einer im Großherzogtum Baden entwickelten neuen Methode
zur Zuckergewinnung aus Rüben [61]. Diese Anregungen fanden
im Landwirtschaftlichen Kreisverein eine neue Diskussions-
basis. Schon in der Gründungsversammlung am 26. April 1839
betrachteten die Mitglieder den Zuckerrübenanbau als för-
derungswürdig, einen Versuch vertagten sie allerdings wegen der für die Aussaat schon zu späten Jahreszeit [62].
In den folgenden Jahren aber trat die Einführung der Zuckerrübe im Soester Raum vorerst gegenüber anderen Initiativen
des Landwirtschaftlichen Kreisvereins zurück.

e. Weiterverarbeitung landwirtschaftlicher Rohstoffe

Mühlen, Brennereien und Brauereien besorgten in der ersten
Hälfte des 19. Jahrhunderts die Weiterverarbeitung von Getreide und Kartoffeln. Die Stadt Soest besaß 1825 acht
Mühlen: die Teichsmühle, die 1835 stillgelegte Pöppelmühle,
die wie die rote Mühle ihr Wasser aus dem Kolksteich erhielt, die Ende des 19. Jahrhunderts wegen Wassermangels
aufgegebene Kolksmühle, die 1890 stillgelegte Salzmühle
am Kohlbrink und die 1900 abgebrannte, vom Soestbach ge-
speiste Regenbrechter Mühle [63]. Außer diesen Wassermühlen
verfügte die Stadt über zwei von Pferdekraft betriebene
Ölmühlen am Osthofenwall und im Grandweg. Die Grandweger
Ölmühle des Oekonom Pilger diente gleichzeitig als Knochen-
und Stampfmühle, ebenso als Lohmühle [64]. Zwei schon im
14. Jahrhundert erwähnte Windmühlen existierten im 19.
Jahrhundert nicht mehr [65]. Darüber hinaus gab es in Werl
[66] und der Börde Kornmühlen, vielfach gleichzeitig als
Ölmühlen genutzt. 1830 schafften vier Wasser- und zwei
Roß-Ölmühlen in der Soester Börde eine Tagesleistung von
rund acht Scheffel Samen, während - zum Vergleich - die
Dampfölmühle in Hörde bei Dortmund die siebenfache Menge

---

61) Wochenblatt Nr. 34 / 24.8.1838
62) Wochenblatt Nr. 19 / 10.5.1839
63) Schmoeckel, Hermann: Die Mühlen im Kreise Soest. In:
    HKS 11 (1932) S. 17-24 (zitiert: Schmoeckel, Mühlen)
    S. 20. Vgl. auch Geck, Soest 1825, S. 17
64) Geck, Soest 1825, S. 17 f.
65) Schmoeckel, Mühlen, S. 21
66) König, Wilhelm: Die Mühlen in und um Werl. In: HKS
    12 (1933) S. 39 ff. (zitiert: König, Mühlen)

verarbeitete [67]. Insgesamt waren im ersten Drittel des
19. Jahrhunderts in der Börde 19 Mühlen in Betrieb [68].
Die Papiermühle in Lohne, die noch Anfang des 19. Jahrhunderts ausschließlich Lumpen als Rohstoff für die Papierherstellung verwandte, erlebte um 1830 unter dem Papiermüller Adolf Bornefeld noch einen kurzen Aufschwung, wechselte aber 1843 ihren Besitzer und diente dann als Graupen- und Schrotmühle [69].

Am 1. September 1820 trat die Mahl- und Schlachtsteuer [70] in Soest an die Stelle der "Accise", einer Steuer vom Verbrauch der wichtigsten Lebensmittel. "Mehrere tumultuöse Auftritte, zu denen sonst die Soester gar nicht geneigt sind" [71], begleiteten ihre Einführung. Diese Steuer belastete das Vieh mit Abgaben zu einem Taler pro Zentner Fleisch, Schweinefleisch unterlag zugunsten der ärmeren Bevölkerungsschichten niedrigeren Sätzen [72]. Die allgemeine Steuer vom Vermahlen des Getreides betrug 2/3 Taler vom Zentner Weizen, 1/6 Taler für den Zentner Roggen, Gerste, Buchweizen und Hülsenfrüchte [73]. Als Steuer von unentbehrlichen Lebensmitteln erwies sich die Mahl- und Schlachtsteuer insgesamt einträglicher als die Klassensteuer, aber sie erforderte eine lästige Beaufsichtigung des Mühlengewerbes [74]. So fand der Antrag des Soester

---

67) Trende, Werdezeit, S. 161
68) Geck, Soest 1825, S. 68
69) Langenbach, Alma: Die Papiermühle zu Lohne. In: HKS 14 (1935) S. 55 - 59 (zitiert: Langenbach, Papiermühle) S. 58 f.
70) Geck, Soest 1825, S. 58 f.
71) ebda. S. 59
72) Heckel, Max von: Schlacht- und Mahlsteuer. In: **Hand**wörterbuch der Staatswissenschaften, Bd. 5, Jena 1893, S. 571 - 577 (zitiert: Heckel, Schlachtsteuer) S. 573
73) ebda.
74) Kries, C. G.: Die preußische Einkommensteuer und die Mahl- und Schlachtsteuer. In:Zeitschrift für die gesammte Staatswissenschaft 12 (1856) S. 58 - 85 (zitiert: Kries, Einkommenssteuer) S. 60 und 75

Bürgermeisters beim preußischen Finanzminister Klewitz
Gehör, die Mahl- und Schlachtsteuer für die Stadt zur
Jahreswende 1824/25 durch die Klassensteuer zu ersetzen.
In seinem Gutachten bestätigte Klewitz die "für die Sicherstellung dieser Steuern höchst ungünstige Beschaffenheit
der Stadt" [75]. Das tägliche Ein- und Austreiben der Viehherden und der Verkehr zahlreicher landwirtschaftlicher
Fuhrwerke begünstigten Unterschlagungen und erschwerten
die Kontrollen. So brächte die Mahl- und Schlachtsteuer
in Soest trotz einer Bevölkerungszahl vom 6.700 nie mehr
als jährlich 4.500 Taler [76]. Vom 9. Januar 1825 an ersetzte deshalb die Klassensteuer in Soest die verhaßte
Mahl- und Schlachtsteuer [77].

Neben dem Mühlengewerbe erlangten im 19. Jahrhundert auch
Branntweinbrennereien und Brauereien besondere Bedeutung
im Soester Raum. Die Branntweinbrennerei des Freiherrn von
Lilien-Borg in Werl führte Anfang der dreißiger Jahre des
19. Jahrhunderts das Patent von Gall & Schickhausen ein,
was die Provinzialhilfskasse mit einem Darlehn von 3.000
Talern unterstützte [78]. Dieses Patent verhinderte einerseits die Berührung des Branntweinmaterials mit Kupfer und
sparte gleichzeitig Brennstoff. 1830 registrierte Soest
34 Branntweinbrennereien [79]. Eine für die Rentabilitätsberechnung der Eisenbahn erstellte Erhebung weist im
Steueramtsbezirk Soest für das Jahr 1832 insgesamt 1435
4/10 Ohm [80] Branntwein von 45 heimischen Herstellern auf.
Als "Branntweineinfuhr" vermerkt die Tabelle 645 1/4 Ohm,
so daß insgesamt rund 282.000 Liter Branntwein 1832 im
Soester Raum als steuerpflichtig galten [81]. Die Zeitungsberichte der Bürgermeister ermöglichen den Schluß, daß
schon Anfang der dreißiger Jahre die Kartoffel in bedeu -

---

75) Trende, Werdezeit, S. 233
76) ebda.
77) Wochenblatt Nr. 6 / 11.2.1826
78) Trende, Werdezeit, S. 176
79) StAS Abt. B XXXV a 20
80) Ein preußisches Ohm entspricht 137,4 Liter.
81) StAS Abt. B XIV d 1

tendem Maße neben dem Getreide zur Branntweinherstellung diente. Deshalb forderten die Berichterstatter angesichts sinkender Getreidepreise eine Begünstigung der Kornbrennerei [82]. Als "Brauereien" führt die Gewerbe-Tabelle der Stadt für 1849 insgesamt 29 Betriebe auf [83], die über den Bedarf der Soester Gaststätten hinaus einen maßvollen Absatz im Umland erzielt haben dürften.

---

[82] StaAM Kreis Soest Nr. 7
[83] StAS Abt. B XX b 22

IV. Auswirkungen der Gewerbefreiheit

a. Handwerkliche Kleinbetriebe

Brauereien und Branntweinbrennereien zählten nach der Beschreibung Arnold Gecks 1825 neben Lohgerbereien und Nagelschmieden zu den einzigen Gewerbezweigen der Stadt, die für einen Absatz über die Börde hinaus produzierten [1]. Mit der Beschaffung von Baumaterial für den Soester Raum befaßten sich die 1823 vom Paradieser Pastor Overhoff eingerichtete Kalkbrennerei [2] und verschiedene Ziegeleien in Soest und der Börde. Im Stadtbereich gab es seit 1822 vor dem Grandweger Tor eine Ziegelei, drei Jahre später entstanden zwei weitere [3]. 1840 erhielt auch Dinker eine Ziegelei [4], so daß die Bevölkerung dort nach und nach von der feuergefährlichen Strohbedeckung auf Ziegelbedachung überwechselte [5]. 1836 entstand in Paradiese eine Nagelschmiede, die zeitweise 16 Arbeiter beschäftigte [6]. Die übrigen Gewerbetreibenden fertigten in Kleinbetrieben mit zwei bis drei Gesellen oder Lehrlingen Auftragsarbeiten für die nächste Umgebung. Einen Überblick über die Gewerbetreibenden Soests und der Börde 1825 gibt die folgende Zusammenstellung:

Tabelle 4: Gewerbetreibende in der Stadt Soest und der Soester Börde 1825

	Stadt Soest	Bürgermeisterei		
		Schwefe	Borgeln	Lohne
Gastwirte	12	3	6	-
Schenkwirte	36	23	16	15
Schneider	44	25	22	20
Müller	9	-	-	-
Schuster	66	12	10	7
Schreiner	42	2	2	12
Zimmerleute	6	20	-	5
Leinweber	87	18	17	2

---

1) Geck, Soest 1825, S. 355
2) Wochenblatt Nr. 24 / 14.6.1823
3) StAS Abt. B XX b 21
4) StaAM Kreis Soest Nr. 12
5) ebda.
6) StaAM Kreis Soest Nr. 10

	Stadt Soest	Bürgermeisterei		
		Schwefe	Borgeln	Lohne
Wollweber	2	-	-	-
Tuchfabrikant	1	-	-	-
Schlosser	5	-	-	-
Messerschmied	1	-	-	-
Grobschmiede	21	4	6	4
Nagelschmied	1	-	-	-
Kupferschmied	7	-	-	-
Böttcher	5	-	-	3
Nadler	2	-	-	-
Hutmacher	5	-	-	-
Färber	10	-	3	1
Seiler	4	1	-	-
Leimsieder	1	-	-	-
Ziegler	1	-	-	-
Branntweinbrenner	29	1	1	1
Maurer	6	1	1	10
Lohgerber	10	-	1	1
Weißgerber	3	-	-	-
Handschuhmacher	3	-	-	-
Knopfmacher	7	-	-	-
Strumpfwirker	1	-	-	-
Drechsler	10	1	1	3
Uhrmacher	6	-	-	-
Feilenhauer	1	-	-	-
Blechschmiede	2	-	-	-
Zinngießer	2	-	-	-
Gelbgießer	1	-	-	-
Töpfer	1	-	-	-
Pumpenmacher	2	-	-	-
Silber- und Goldschmiede	4	-	-	-
Schieferdecker	3	-	-	-
Seifensieder	4	-	-	-
Sattler	9	-	-	-
Glaser	3	-	2	-
Buchbinder	2	-	-	-
Stellmacher	5	4	-	12

	Stadt Soest	Bürgermeisterei		
		Schwefe	Borgeln	Lohne
Bäcker	38	1	3	3
Bierbrauer	31	-	-	3
Fleischer		1	-	1
Tapezierer	4	-	-	-
Steinhauer	-	-	-	3

[7]

Der hohe Anteil von Leinwebern an der Gesamtzahl der Gewerbetreibenden fällt auf. In den Ortschaften der Börde finden sich neben Betrieben zur Sicherung des täglichen Bedarfs nur Handwerker zur Instandhaltung landwirtschaftlicher Geräte, Wohn- und Wirtschaftsgebäude. Allerdings weist die Stadt einen hohen Grad handwerklicher Differenzierung auf. Blotevogel wählte 1975 in seiner Untersuchung über zentrale Orte 14 selten vertretene Handwerks- und Handelssparten aus und verglich ihr Vorhandensein im Jahr 1819 in 29 größeren Städten Westfalens und der Rheinprovinz. Soest erweist sich neben Düsseldorf, Köln, Münster und Wesel in diesem Vergleich als eine Stadt, in der alle ausgesuchten Sparten vom Posamentierer über den Petschaftstecher zu Gasthöfen für gebildete Stände vertreten sind [8]. Die breite Auffächerung der Handwerksbetriebe innerhalb der Stadt und die große Zahl von Meistern in einzelnen Berufszweigen läßt jedoch auf kleine Betriebe schließen. Geck bescheinigt den Handwerkern überdies "mangelnde Kunstfertigkeit" und "sehr mittelmäßige Arbeiten" [9].

Im Königreich Westfalen bestanden schon seit dem 5. August 1808, im Großherzogtum Berg seit dem 31. März 1809, keine Zünfte mehr [10]. Die Gewerbefreiheit erlaubte jedermann, einen Produktionszweig seiner Wahl in jedem Umfang zu betreiben, wenn er ausreichend Kapital, Arbeits- und Betriebsmittel, aber auch Absatzmöglichkeiten besaß [11]. Preußen

---

[7] Zusammengestellt nach Daten aus Geck, Soest 1825, S. 355 f. und 362. Zahlen geben - soweit erschließbar - die Anzahl der Meister des jeweiligen Gewerbezweiges an.
[8] Blotevogel, Zentrale Orte, S. 90
[9] Geck, Soest 1825, S. 356
[10] Henning, Industrialisierung, S. 63
[11] ebda. S. 60

machte mit dem Gewerbesteueredikt vom 2. November 1810 die Ausübung eines selbständigen Gewerbes nur noch von der Einholung eines Gewerbescheins abhängig [12]. Damit waren die Zünfte nicht aufgehoben, wohl aber der Zunftzwang. Jedem stand es frei, einen Gewerbebetrieb zu eröffnen, ohne daß die Handwerkskorporationen dagegen Widerspruch einlegen konnten [13]. Das Gewerbesteueredikt vom 30. Mai 1820 erforderte die Einholung eines Gewerbescheins dann nur noch von Hausierern. Handwerker mußten bei der zuständigen Behörde ausschließlich noch Mitteilung über die Eröffnung ihres Gewerbes machen [14]. Allerdings galt diese Gewerbegesetzgebung bis 1845 nicht einheitlich in Preußen. Nach der Ausweitung des Staatsgebietes 1815 blieb vorerst in jedem Landesteil die vorhandene Gewerbeordnung gültig [15]. Eine völlig freie gewerbliche Betätigungsmöglichkeit in den ehemals französich besetzten Regionen gegenüber der korporative Bindungen weiterhin duldendén Gewerbeverfassung im preußischen Stammgebiet mußte den Konkurrenzdruck des kleinen Handwerks in den westlichen Provinzen Preußens in der ersten Hälfte des 19. Jahrhunderts zusätzlich verstärken.

Daß die Handwerker in Westfalen 1825 zum wirtschaftlich schwächeren Teil der Bevölkerung zählten, belegt die Tatsache, daß vier Fünftel der Handwerker und Gewerbetreibenden die Minimalsätze an Grund- und Gewerbesteuer nicht aufbringen konnten. Rund achtzig Prozent der westfälischen Bevölkerung genügten damit aufgrund ihrer wirtschaftlichen Situation nicht den Erfordernissen des Wahlrechts [16]. In diesen ländlichen und städtischen Kümmerexistenzen, kleinen

---

[12] Tuchtfeld, Egon: Gewerbefreiheit als wirtschaftliches Problem, Berlin 1955 (zitiert: Tuchtfeld, Gewerbefreiheit) S. 37
[13] Meusch, Hans: Zielsetzung und Bewährung der Handwerkerbewegung seit 1848. In: Die Deutsche Berufs- und Fachschule 45 (1949) S. 313 - 330 (zitiert: Meusch, Handwerkerbewegung) S. 316
[14] Tuchtfeld, Gewerbefreiheit, S. 38
[15] ebda.
[16] Köllmann, Wolfgang: Die Anfänge der staatlichen Sozialpolitik in Preußen bis 1869. In: VSWG 53 (1966) S. 28 bis 52 (zitiert: Köllmann, Anfänge Sozialpolitik) S.31

Handwerkern und Heimarbeitern wuchs der Industrie ein Arbeitskräftereservoir heran. Weil der Staat den völlig selbständigen Wettbewerb innerhalb der Wirtschaft zuließ, mußten die Kommunen in der Armenversorgung die Not der aus zünftlerischen Bindungen entlassenen Gesellen lindern, die als selbständige Meister aus Mangel an Fertigkeit oder Absatz scheiterten; und das, ohne andererseits ein Aufsichtsrecht über die Gewerbe zu besitzen [17]. Viele dieser bindungslosen Gesellen gingen auf Wanderschaft, allerdings ohne berechtigte Hoffnung, kurzfristige Anstellungsverhältnisse zu finden. Dann blieb ihnen nur das Betteln. Der Soester Bürgermeister Zur Megede sprach deshalb im "Wochenblatt" vom März 1824 die Warnung aus, solchen bettelnden Handwerksburschen etwas zuzustecken: die Mißachtung dieses Verbots locke nur noch mehr Wanderburschen an [18].

Die Zahl der Meister stieg in Preußen zwischen 1816 und 1840 von 258.830 auf 396.016, also um absolut 137.186 oder 54 %, die Zahl der Gesellen und Lehrlinge von 145.459 auf 280.019, also um etwa 93 % [19]. Schon diese Gegenüberstellung verdeutlicht eine Schrumpfung der Betriebsgrößen, da 1840 mehr als ein Drittel der preußischen Handwerksbetriebe keine Arbeitskraft außer dem Meister beschäftigten. Daß diese allgemeine Situationsbeschreibung auch die gewerblichen Verhältnisse im Soester Raum charakterisiert, stützt der "Zeitungsbericht" vom Dezember 1835. Innerhalb seiner Erläuterung über eine Minderung des Wohlstands infolge sinkender Kornpreise stellt der Soester Bürgermeister als Berichterstatter fest: "Der gewöhnliche Handwerkerstand übersteigt bei weitem das Bedürfnis, und die vielen Pfuscher bei der allgemeinen stattfindenden Gewerbefreiheit würdigen ihn in seinem Werte durch das Dazwischentreten der letzteren herab, daher es hier nur wenige Handwerker gibt, wel-

---

17) Koselleck, Preußen, S. 587, S. 591 und S. 595
18) Wochenblatt Nr. 11 / 13.3.1824
19) Köllmann, Wolfgang: Bevölkerung in der industriellen Revolution. Studien zur Bevölkerungsgeschichte Deutschlands, Göttingen 1974 (zitiert: Köllmann, Bevölkerung) S. 80

che durch die Zahl ihrer Gehülfen gewerbesteuerpflichtig sind" [20]. Daß diese Überbesetzung des Handwerks mit kleinen, wenig leistungsfähigen Betrieben über die Situation in Soest hinaus auch für die Börde Geltung beanspruchen konnte, belegt der "Zeitungsbericht" gleichfalls vom Dezember 1835 aus Weslarn: "Gewerbebetrieb ist lebhaft, beschränkt sich hier jedoch größtenteils auf Ausübung niederer Handwerke. Diese scheinen jedoch zu sehr besetzt und das Bedürfnis zu übersteigen, daher manche Handwerker entweder ihre Gewerbe aufgeben oder nur mit äußerster Anstrengung kaum das tägliche Brot erarbeiten" [21].

Eine zunehmende Verarmung breiter Schichten konnte nicht im Interesse des preußischen Staates liegen. Sorgen um die Wehrfähigkeit der jungen Männer und Sicherung einer elementaren schulischen Bildung führten schon 1824, insbesondere aber im Gesetz vom 9. März 1839, zu ersten Reglementierungen der Kinderarbeit [22]. Mit der die Gewerbegesetzgebung in Preußen vereinheitlichenden Allgemeinen Gewerbeordnung vom 17. Januar 1845 kam der Staat den Wünschen des Kleinbürgertums entgegen: In den von französischer Gesetzgebung beeinflußten Provinzen - also auch Westfalen - konnten nunmehr wieder Innungen gegründet werden. Zwar machte die Gewerbeordnungs-Novelle die Genehmigung zur Eröffnung eines Gewerbes nicht von der Zustimmung dieser neuen zunftähnlichen Korporationen abhängig, aber mit der Organisierung der Lehrlingsausbildung - allerdings ohne Prüfungszwang - und schiedsrichterlichen Aufgaben bei Arbeitsstreitigkeiten sicherte sie den Innungen eine Einflußmöglichkeit [23]. Den Arbeitnehmern brachte die Gewerbeordnung von 1845 kaum Vorteile. Lohn- und Arbeitsschutzbestimmungen fehlten, ein Koalitionsverbot blieb ausdrücklich verankert. Allerdings erlaubte Paragraph 144 Sozialversicherungen auf genossen-

---

[20] StaAM Kreis Soest Nr. 10
[21] ebda.
[22] Köllmann, Anfänge Sozialpolitik, S. 33 und S. 39
[23] ebda. S. 41 und
Schmoller, Gustav: Zur Geschichte der deutschen Kleingewerbe im 19. Jahrhundert, Halle 1870 (zitiert: Schmoller Kleingewerbe) S. 83

schaftlicher Grundlage in Form von Hilfskassen der Arbeitnehmer. Ortsstatute konnten sie sogar zu Pflichtversicherungen erklären [24].

In Soest versuchten die Verantwortlichen gleich die neuen gesetzlichen Möglichkeiten auszuschöpfen. "Weil hier bisher keine Innungen bestanden haben und wir insofern mit derartigen Verhältnissen nur wenig bekannt sind", bat Bürgermeister Schulenburg den Coblenzer und Magdeburger Magistrat um die Zusendung von Statuten dort bestehender Innungen [25]. Zusätzlich stützten die Stadtverordneten eine Sozialversicherung der Handwerksgesellen innerhalb der Innungen, indem sie am 18. Januar 1847 die Gründung solcher Hilfskassen empfahlen und deshalb die Verpflichtung zur Beitragszahlung beschlossen [26].

Die folgende Übersicht spiegelt die zahlenmäßige Entwicklung des Gewerbes in Soest nach Angaben der Volkszählungen zwischen 1840 und 1849 wieder und gibt mit der Aufgliederung zwischen Meistern und Gesellen/Lehrlingen Möglichkeiten zu Rückschlüssen auf die Betriebsgrößen. Eine Zunahme der Gewerbezweige im Bauhandwerk und ein Rückgang der Weber, die 1825 noch die stärkste Berufsgruppe stellten, kennzeichnet den Grundzug der gewerblichen Entwicklung im Soester Raum in der ersten Hälfte des 19. Jahrhunderts.

Tabelle 5: Entwicklung des Gewerbes in der Stadt Soest zwischen 1840 und 1849

(Handwerksbetriebe teilweise in Meister =M und Gesellen sowie Lehrlinge =G/L gegliedert)

		1840	1843	1849
Bäcker,	M	37	42	45
Konditoren	G/L	26	24	51
Fleischer,	M	16	14	19
Schlächter	G/L	7	10	7
Gerber	M	14	9	13

---

24) Köllmann, Anfänge Sozialpolitik, S. 42 f.
25) StAS Abt. B XIX g 9
26) ebda.

		1840	1843	1849
Schuhmacher	M	91	91	103
	G/L	41	41	39
Handschuh-	M	2	2	–
macher	G/L	–	1	–
Kürschner	M	1	1	3
	G/L	–	–	3
Sattler	M	18	17	15
	G/L	11	13	9
Seiler	M	5	6	5
	G/L	3	3	10
Schneider	M	82	85	92
	G/L	41	51	59
Hutmacher	M	2	5	4
	G/L	1	–	2
Zimmerleute	M	2	2	1
	G/L	24	26	17
Tischler	M	78	93	89
	G/L	58	62	48
Stellmacher	M	6	7	8
	G/L	–	4	4
Böttcher	M	5	6	9
	G/L	4	2	4
Maurer	M	3	4	5
	G/L	36	40	44
Steinmetze	M	4	2	4
	G/L	12	16	30
Anstreicher	M	6	6	8
	G/L	–	–	13
Schmiede	M	17	20	20
	G/L	15	22	19
Schlosser	M	19	20	22
	G/L	17	17	16
Kupfer-	M	5	5	4
schmiede	G/L	2	3	3
Zinngießer	M	3	2	2
	G/L	3	–	2
Klempner	M	4	7	6
	G/L	4	6	10
Uhrmacher	M	7	5	7
	G/L	2	1	4
Gold- und	M	7	4	4
Silberarbeiter	G/L	3	3	2
Buchbinder	M	9	8	9
	G/L	2	7	6

		1840	1843	1849
Schwarzfärber	M	10	10	–
	G/L	9	7	–
Färber	M	–	–	10
	G/L	–	–	6
Brunnenbauer	M	–	–	1
	G/L	–	–	1
Schornsteinfeger	M	–	–	3
	G/L	–	–	3
Barbiere, Friseure	M	–	–	9
	G/L	–	–	4
Gärtner	M	–	–	7
	G/L	–	–	5
Seifensieder		1	1	1
Knopfmacher		1	2	2
Putzmacher		10	13	15
Drechsler		12	13	17
Kammacher		1	1	1
Bürstenbinder		2	1	–
Korbmacher		1	2	1
Ziegeldecker		3	2	8
Glaser		7	6	2
Glockengießer		2	2	2
Tuchscherer		1	1	–
Pflasterer		–	–	6
Tabakspinner		–	–	1
Ziegeleien		1	3	3
Brauereien		–	–	26
Leinenwebstühle		128	128	99

27) Zusammengestellt aus StAS Abt. B XX b 21 und StAS Abt. B XX b 22

b. Einrichtung der ersten Sonntagsschule im Regierungsbezirk Arnsberg 1830 in Soest

Die Gewerbefreiheit ermöglichte jedem handwerklich Tätigen die Eröffnung eines eigenen Betriebes, ob der einzelne über die dazu nötige berufliche Qualifikation verfügte, blieb seiner Selbsteinschätzung überlassen. Mit der materiellen Lage des Handwerks sank deshalb in den dreißiger Jahren des 19. Jahrhunderts auch das Bildungsniveau der Handwerker. Insbesondere den vorwärtsstrebenden jungen Handwerkern fehlten häufig Grundkenntnisse im Lesen, Schreiben und Rechnen, um sich spezielles Fachwissen anzueignen [28]. Allein den Bauhandwerkern verlangten die Prüfungsbestimmungen von 1821 einen Befähigungsnachweis ab, bevor sie die Erlaubnis zur selbständigen Gewerbetätigkeit erhielten [29]. Das gab Anlaß zur Gründung von Zeichenschulen. Schon im Oktober 1821 versuchte ein nicht genannter Autor im "Wochenblatt" [30] das Interesse der Öffentlichkeit für solche Bildungseinrichtungen zu wecken. Auf vier Druckseiten würdigte der Verfasser des Aufsatzes "Gedanken über den Nutzen der Zeichenkunst" die hohe Wertschätzung dieser Fertigkeit im antiken Griechenland und schlug "zur Beförderung der Industrie und des guten Geschmacks" [31] die Einrichtung einer Zeichenschule vor.

Allerdings dauerte es noch fünf Jahre, bis die Soester Bauhandwerker die Notwendigkeit einer Unterweisung im Zeichnen erkannten. Aber dann ergriffen sie auch selbst die Initiative. Die beiden Handwerksmeister Adolph König und Joseph Pieler schlugen Bürgermeister Zur Megede im Januar 1826 vor, im "Industriezimmer" der Schule auf dem "Kirchhof zur Höhe" sonntags für jeweils vier Stunden Kenntnisse im freien Handzeichnen und Architektur zu vermitteln [32].

---

[28] Grütters, Lambert: Die Entwicklung des gewerblichen Fortbildungsschulwesens in der Provinz Westfalen bis 1874, Münster Phil. Diss. 1933 (zitiert: Grütters, Fortbildungsschulwesen) S. 6
[29] ebda. S. 11
[30] Wochenblatt Nr. 40 / 6.10.1821
[31] ebda.
[32] StAS Abt. B XIX b 1

Das "Industriezimmer" verdankte seine Bezeichnung den 1823 in Soest eingerichteten "Industrie-Schulen" [33], die auch den ärmsten Mädchen Unterricht im Stricken, Stopfen, Flicken, Nähen und Zuschneiden von Kleidung erteilten, wobei der Erlös aus den hergestellten Waren die Schulkosten bestritt. Nach einer amtlichen Bekanntmachung im "Wochenblatt" [34] erwirtschafteten 1834 insgesamt 395 "Industrie-Schülerinnen" in sechs Klassen der Soester Elementarschulen mit ihren Näharbeiten zusammen 807 Taler.

Während diese Einrichtung den heranwachsenden Mädchen zumindest einige handwerkliche Fertigkeiten vermittelte, bestand für die aus den Elementarschulen entlassenen Jungen bis zur Gründung der Sonntagsschule 1830 kein berufsschulartiges Angebot. Ob die beiden Handwerksmeister mit ihrem Vorschlag beim Magistrat Verständnis fanden und den Zeichenunterricht abhielten, läßt sich nicht aus den Akten entnehmen. Da sich auch die publizistischen Quellen ausschweigen - das "Wochenblatt" hätte sicher wie später bei der Sonntagsschule die Ankündigung des Unterrichtsbeginns veröffentlicht - erscheint die Realisierung dieses Vorstoßes wenig wahrscheinlich. In Minden dagegen entwickelte sich 1827 aus einer Zeichenschule die erste westfälische Sonntagsschule [35]. Im Mai 1829 nahm in Münster die gewerbliche Fortbildungsschule ihren Unterricht auf. Um die Förderung des handwerklichen Nachwuchses in Westfalen bemüht, gab Oberpräsident Ludwig von Vincke den Anstoß dazu [36]. Professor Johann Heinrich Waldeck, seit 1821 Dozent für Deutsch und Mathematik an der Medizinisch-Chirurgischen Lehranstalt in Münster, half dem Oberpräsidenten bei der praktischen Durchführung seiner Pläne. So entstand in der Münsterschen "Sonntagsschule für Handwerkslehrlinge und Gesellen" ein Mustertyp für andere Fortbildungsschulen. Oberpräsident von Vincke erteilte Profes-

---

[33] Wochenblatt Nr. 21 / 23.5.1835
[34] ebda.
[35] Grütters, Fortbildungsschulwesen, S. 11
[36] ebda. S. 12 ff.

sor Waldeck anschließend den Auftrag, auch in Paderborn eine gewerbliche Lehranstalt einzurichten, die am 22. November des gleichen Jahres ihren Unterricht aufnahm [37].

Bereits im April 1830 bat von Vincke Professor Waldeck erneut um seine Mithilfe. Er möge in Soest mit Bürgermeister Opderbeck, Seminardirektor Ehrlich und Bauinspektor Buchholz den Plan für eine Sonntagsschule ausarbeiten und anfangs unter seiner "persönlichen Leitung sofort zur Ausführung bringen" [38].

In der Ratssitzung am 10. Mai, an der auch die Bürgermeister der Börde-Gemeinden teilnahmen, vermochte Professor Waldeck die Bürgervertreter für seine Vorstellungen einzunehmen. Sie sprachen sich für die Einrichtung einer Sonntagsschule aus und bewilligten 120 Taler aus der Stadtkasse. Die Bürgermeister der Börde-Gemeinden erklärten ihre Zustimmung vorbehaltlich einer Befürwortung in ihren Räten [39].

Bereits am 15. Mai 1830 kündigte eine amtliche Bekanntmachung im "Wochenblatt" die Eröffnung einer "Sonntagsschule für Handwerks-Lehrlinge und Gesellen, die Meister nicht ausgeschlossen" [40] mit Unterricht in Schreiben, Rechnen und Zeichnen für Sonntag, den 23. Mai, an. Zwischen 9 und 12 Uhr und von 13 bis 16 Uhr sollte Unterricht sein. Das Schulgeld betrug halbjährlich einen halben **Taler**. Feierliche Gottesdienste in der Petri- und Patrokli-Kirche eröffneten die erste Fortbildungsschule des Regierungsbezirks Arnsberg am 23. Mai 1830 in Soest. Das Ereignis fand mit einem Bericht im "Westfälischen Merkur" [41] weit über den Soester Raum hinaus publizistische Resonanz. Nach dieser Veröffentlichung erteilten vier erfahrene Handwerker unter Leitung von Bauinspektor Buchholz den Unterricht. Ein Teil der Schüler mußte sogar bis zum Winter-Semester warten, weil es für sie in den mit zusammen 93 Teilnehmern

---

[37] ebda. S. 15
[38] StAS Abt. B XIX b 1
[39] ebda.
[40] Wochenblatt Nr. 20 / 15.5.1830; Vgl. auch StaAM Kreis Soest Nr. 7
[41] Westfälischer Merkur Nr. 99 / 22.6.1830

überfüllten Klassen keinen Platz mehr gab. Daß sogar Handwerksmeister am Unterricht teilnehmen konnten, belegt die Notwendigkeit einer verbesserten Ausbildung der im Handwerk Tätigen.

Außer in Soest beteiligte sich Professor Waldeck noch an der Gründung einer Sonntagsschule in Hamm am 7. November 1830 [42]. Als Waldeck 1840 starb und Oberpräsident von Vincke ihm vier Jahre später folgte, ging die Initiative zur Ausbreitung des Fortbildungsschulunterrichts auf die Bezirksregierungen über. Die wegen der sonntäglichen Unterrichtszeit "Sonntagsschulen" genannten Lehranstalten erhielten ab 1844 in Ministerialerlassen und später im allgemeinen Gebrauch die Bezeichnung "Fortbildungsschulen". Ihre Aufgabe, die aus der Elementarschule entlassenen gewerblichen tätigen jungen Handwerker mit einem sonntäglichen Unterricht zu fördern, blieb die gleiche. Wieviel Verständnis auch einige Handwerksmeister dieser Einrichtung entgegenbrachten, geht aus einer Bekanntmachung des "Wochenblatts" vom Mai 1834 [43] hervor. Danach erklärte sich eine Reihe Soester Handwerksmeister bereit, nur Lehrlinge einzustellen, die sich gleichzeitig zum zweijährigen Besuch der Sonntagsschule verpflichteten.

Allerdings blieb der Schulbesuch recht unterschiedlich, solange kein gesetzlicher Zwang bestand. Gehörten das Säubern der Werkstatt, das Austragen fertiggestellter Werkstücke - etwa Schuhe oder Anzüge - sowie der Kirchgang schon zur Sonntagsbeschäftigung der Lehrlinge, so nahmen ihnen sechs Stunden Unterricht den verbleibenden Rest Freizeit.

Aus den amtlichen Bekanntmachungen im "Wochenblatt" läßt sich die zahlenmäßige Entwicklung des Sonntagsschulbesuchs bis 1840 ablesen. Dann allerdings verstummen die Meldungen, auch in den Akten finden sich keine Hinweise auf

---

[42] Grütters, Fortbildungsschulwesen, S. 15
[43] Wochenblatt Nr. 18 / 3.5.1834

die Vorgänge der nächsten fünf Jahre. Allein eine Denkschrift der Stadtverordneten Wilhelm Gottschalk und August Vahle vom 12. August 1852 an den Siegener Gewerberat [44] enthält den Hinweis, seit der Gründung habe die Schülerzahl bis 1846 zwischen zwanzig und dreißig geschwankt. Anhand der folgenden Übersicht über den Schulbesuch erweist sich diese Feststellung allerdings als nur bedingt aussagekräftig.

Tabelle 6: Schülerzahlen der Sonntagsschulen in der Stadt Soest von 1830 bis 1851

(Ab 1846 sind die Gesamtzahlen der beiden Fortbildungsschulen aufgeführt.)

Sommersemester		Wintersemester	
Jahr	Schülerzahl	Jahr	Schülerzahl
1830	93	1830/31	38
1831	26	1831/32	24
1832	32	1832/33	28
1833	42	1833/34	28
1834	34	1834/35	31
1835	41	1835/36	30
1836	27	1836/37	28
1837	44	1837/38	48
1838	51	1838/39	47
1839	58	1839/40	49
1840	?	1840/41	?
1841	?	1841/42	?
1842	?	1842/43	?
1843	?	1843/44	?
1844	42	1844/45	41
1845	?	1845/46	?
1846	?	1846/47	43

---

44) StAS Abt. B XIX b 11

Sommersemester		Wintersemester	
Jahr	Schülerzahl	Jahr	Schülerzahl
1847	57	1847/48	54
1848	61	1848/49	61
1849	77	1849/50	?
1850	?	1850/51	70
1851	81		

45)

Für die Annahme, daß zwischen 1840 und 1845 der Unterricht in der Sonntagsschule ruhte, spricht die Reaktion in Soest auf ein Rundschreiben der Arnsberger Regierung vom 15. Juni 1844 [46]. Die Regierung forderte zur Bildung von Fortbildungsschulen auf. Bei der Schul-Commission der Stadt Soest fand diese Anregung Zustimmung. Am 30. Oktober 1844 empfahl sie dem Magistrat, "daß man vorläufig den Sonntag Abend zur Einrichtung eines solchen Fortbildungs-Unterrichts festsetzen möge" [47]. Im Januar 1845 nahmen daraufhin zwei konfessionell verschiedene Fortbildungsschulen ihre Arbeit in Soest auf. In der Patrokli-Schule lernten zum Semesterbeginn neunzig, später noch sechzig junge Leute, in der Petrischule anfangs 72, dann fünfzig Schüler.

Was sie lernten, beschreibt eine Notiz des Fortbildungsschullehrers Westhaus der Patrokli-Schule über den 3. März 1850: "Der heutige Unterricht bestand für die erste Stunde in Kopf- und Tafelrechnen. Nachdem wurde folgender Brief ausgearbeitet: Ein Soldat, der gegen Aufwiegler des Staates im fremden Lande streitet, berichtet über den Erfolg ihrer Anstrengung und bittet zugleich um einige Thaler Geld. Zum Schluß der Choral: 'Für unsern König beten wir!'" [48].

Möglicherweise bestanden zwischen 1844 und 1850 zwei verschiedene Weiterbildungs-Organisationen nebeneinander in Soest: sonntäglicher Unterricht für Handwerker und abend-

---

45) Quelle für Daten von 1830 bis 1840: Amtliche Bekanntmachungen im Wochenblatt Nr. 16 / 19.4.1834; Nr. 15 / 11.4.1835; Nr. 18 / 6.5.1837; Nr. 21 / 24.5.1839; Nr. 17 / 24.4.1840; Daten für 1844/45; StAS Abt. B XIX b 8. Daten für 1846 bis 1851: StAS Abt. B XIX b 9.
46) StAS Abt. B XIX b 7
47) ebda. Vgl. auch: Wochenblatt Nr. 20 / 14.5.1847
48) ebda.

liche Fortbildung für die aus den Elementarschulen Entlassenen. Eine Aufstellung der sozial ausgerichteten Soester Vereine vom Dezember 1844 [49] enthält einen Hinweis darauf. Ratsmitglied Dörrenberg nennt u.a. "die Direction der Sonntagsschule für Handwerker" und den "Vorstand der beiden Abendschulen zur weiteren Fortbildung der aus den Elementarschulen Entlassenen". Allerdings fehlen weitere Angaben, um festzustellen, wie weit dieser organisatorischen Gliederung noch eine schulische Aktivität entsprach. Spätestens mit der Verwendung der Bezeichnung "Handwerker-Fortbildungsschule" Anfang der fünfziger Jahre des 19. Jahrhunderts zeigen sich beide Schultypen integriert, aber auch 1844 sprachen sie mit den aus den Elementarschulen Entlassenen schon dieselbe Zielgruppe an.

Insgesamt bestätigt sich für Soest die 1954 von Thyssen [50] aufgestellte These, nach der die Initiativen zur Einrichtung von Sonntagsschulen weniger von Handwerkern als eher von Beamten und Geistlichen ausgingen. Entsprechend den konfessionellen Elementarschulen gab es in Soest seit 1845 auch gewerbliche Fortbildungsschulen in der Trägerschaft der Kirchen. Während die Badener Regierung beispielsweise Vergleiche mit der französichen Ausbildungssituation anstellte, bevor sie sich 1834 für eine Gewerbeschule als Teilzeitschule entschied [51], hielt sich der preußische Staat bei der Organisierung des Berufsschulwesens in der ersten Hälfte des 19. Jahrhunderts zurück. So blieben die Initiatoren der Sonntagsschule auf die Einsicht der Handwerksmeister und den Ehrgeiz ihrer Gesellen angewiesen, solange keine Verpflichtung zum Besuch bestand. Einzig die zahlreichen, Ende der vierziger Jahre beim Bau der Wiesenkirche beschäftigten Steinhauerlehrlinge

---

49) StAS Abt. B XIII a 30
50) Thyssen, Simon: Die Berufsschule in Idee und Gestaltung, Essen 1954 (zitiert: Thyssen, Berufsschule) S. 49
51) Blankertz, Herwig: Bildung im Zeitalter der großen Industrie, Pädagogik, Schule und Berufsbildung im 19. Jahrhundert, Berlin / Darmstadt / Dortmund 1969 (zitiert: Blankertz, Bildung) S. 87

mußten pflichtmäßig am Unterricht teilnehmen [52].

Noch bevor allerdings die Arnsberger Regierung 1844 zur Ausbildung der Lehrlinge und Gesellen riet, gründete Hovestadt 1842 eine Sonntagsschule für seine jungen Leute, im Anfangsjahr mit 18 Schülern [53]. Über die Situation im Gesamtkreis notierte der Landrat im Zeitungsbericht vom Januar 1845: "Mit den Fortbildungsschulen ist fast überall ein guter Anfang gemacht" [54]. Im Amt Borgeln besuchten zu dieser Zeit insgesamt 75 Schüler fünf Sonntagsschulen [55]. Wie weit allerdings diese Lehranstalten sich nur auf die Festigung des Elementarschulwissens beschränkten oder auch berufsbezogene Anleitungen über den Zeichenunterricht hinaus vermittelten, läßt sich aus den Akten und publizistischen Quellen nicht erschließen.

---

52) StAS Abt. B XIX b 9
53) StaAM Kreis Soest Nr. 13
54) StaAM Kreis Soest Nr. 14
55) ebda.

V. Verbesserung der Verkehrswege

a. Bau von Chausseen und Kommunalwegen

Als 'Hellwege' bezeichnete man im Mittelalter die großen, unter dem besonderen Schutz der Könige stehenden Landstraßen [1]. Der weitaus bedeutendste dieser alten Straßenzüge bewahrte seinen Namen bis heute. Von Duisburg zog sich der Hellweg über Essen, Dortmund und Soest nach dem östlichen Deutschland. Weil er - die geringen Steigungen im Weserbergland ausgenommen - die Mittelgebirge an ihrer Nordseite umging, bildete der Hellweg eine der bequemsten Verbindungen zwischen dem westlichen und östlichen Europa [2]. Seine führende Stellung als Ost-West-Achse konnte der Hellweg behaupten, bis sich mit der Anlage von Eisenbahnen um die Mitte des 19. Jahrhunderts im Verkehrswesen ein entscheidender Umschwung vollzog [3]. Im Soester Raum bot der Hellweg insbesondere den Gastwirten, Schmieden und Stellmachern Verdienstmöglichkeiten.

Über insgesamt fünfzig Meilen Chausseen verfügte der Regierungsbezirk Arnsberg bereits 1817 einschließlich der Kohlenstraßen, die Zechen und Hauptstraßen miteinander verbanden [4]. Damit hielt der Arnsberger Regierungsbezirk einen beachtlichen Vorsprung gegenüber den restlichen preußischen Verkehrswegen: Den Gesamtstaat durchzogen nur 523 Meilen Chausseen, die Provinz Pommern besaß noch gar keine Steinstraßen [5]. Allerdings regte sich Widerstand gegen diese Kunststraßen. Schmiede und Wagenbauer fürchteten um Reparaturaufträge, Fuhrleute sahen ihre Vorspanndienste überflüssig werden und Gastwirte begruben ihre Hoffnungen auf längere unfreiwillige Aufenthalte des durchreisenden Publikums [6]. Ungeachtet dieser Beeinträchtigung von Wirt-

---

1) Hömberg, Albert K./Leesch, Wolfgang: Zum geschichtlichen Werden des Landesteils Westfalen und des Landes Nordrhein-Westfalen. Sonderdruck aus Handbuch der Historischen Stätten Deutschlands, Bd. III Nordrhein-Westfalen, 2. Aufl. Stuttgart 1970 (zitiert: Hömberg, Westfalen) S. 84 f.
2) ebda.
3) Schöller, Peter: Die Wirtschaftsräume Westfalens vor Beginn des Industriezeitalters. In: WF 16 (1963) S. 84 bis 101 (zitiert: Schöller, Wirtschaftsräume) S. 93 f.
4) Trende, Werdezeit, S.11
5) ebda. S. 12
6) ebda. S. 13

schaftsinteressen einzelner Gewerbezweige forcierte Preußen den Bau von Staatschausseen. 1825 durchzogen bereits 109 Meilen Kunststraßen den Arnsberger Regierungsbezirk [7].

Die Köln-Berlin-Straße - wie sich der Hellweg später nannte -, die sich von der Grenze des Rheinlandes bei Beienburg über Unna, Soest, Paderborn, Höxter bis zur braunschweigischen Grenze hinzog, verfügte bereits 1815 von Beienburg bis Unna über eine feste Fahrbahn [8]. Neun Jahre später war auch das Teilstück von Unna bis Geseke chausseemäßig ausgebaut [9]. Der rege Verkehr auf der Gesamtstrecke spiegelt sich am lebhaftesten in den Wegegeldeinnahmen der insgesamt zwanzig Hebestellen oder Barrieren wieder: 1841 kamen 41.952 Taler ein, im folgenden Jahr 43.177 Taler, im Jahr 1843 insgesamt 41.515 Taler und wieder ein Jahr später 44.242 Taler. Pro Meile ergab das für 1840 eine Einnahme von 1.863 Taler [10].

Aber auch im Soester Raum bemühten sich die Verantwortlichen um eine Verbesserung des Wegenetzes. Aufgrund einer landräthlichen Anordnung legten Tagelöhner seit 1815 die Bördewege trocken [11]. Über die Kreisgrenzen hinaus bestand seit 1814 eine Straßenverbindung nach Unna und Iserlohn, seit 1825 auch von Werl aus nach Hamm [12]. Die drei Meilen lange Chaussee Arnsberg-Soest über Wippringsen ermöglichte Arnsberg eine zusätzliche Verbindung zum Hellweg außer der Auffahrt bei Werl und Unna. Ihre Chausseegeldeinnahme 1841 von 912 Talern, 874 Taler im folgenden Jahr, 854 im Jahr 1843 und 905 Taler im nächsten Jahr läßt

---

7) ebda. S. 16
8) Sälter, Fritz: Entwicklung und Bedeutung des Chaussee- und Wegebaus in der Provinz Westfalen unter ihrem ersten Oberpräsidenten Ludwig Freiherrn von Vincke 1815-1844, Phil. Diss. Marburg 1917 (zitiert: Sälter, Chausseebau) S. 58
9) ebda. S. 59
10) ebda.
11) Geck, Soest 1825, S. 199
12) ebda. S. 60

auf eine rege Benutzung schließen [13]. Für die Stadt Soest erlangte die Arnsberger Straße ihre besondere Bedeutung als fester Transportweg für Brenn- und Bauholz aus dem Arnsberger Wald.

In nördlicher Richtung von Soest aus diente die Kunststraße nach Hovestadt als Transportweg zur Lippe. Das Protokoll des Landwirtschaftlichen Kreisvereins vom 31. Mai 1840 berichtet von ihrer Instandsetzung für den Transport von 4.100 Kohlköpfen zur Verschiffung nach Holland [14]. Seit 1842 gab es Überlegungen zur Anbindung des bereits industriell ausgerichteten Warsteiner Raumes über Niederbergheim an die Stadt Soest. Mit der beispielhaften Entwicklung dieser Straße auf Aktiengesellschaftsbasis befaßt sich ein eigener Abschnitt [15].

Insbesondere während der beiden Hungerjahre 1846 und 1847 galt der Wegebau im Soester Raum als geeignete Möglichkeit, um beschäftigungslosen Tagelöhnern und Kleinhandwerkern Arbeit zu verschaffen. Im Februar 1846 begannen die Arbeiten am Kommunalweg nach Hiddingsen [16], bei den Wegearbeiten zwischen Opmünden und Neuengeseke fanden im Frühjahr des gleichen Jahres allein achtzig Arbeiter Beschäftigung [17]. Für die bereits 1837 vorübergehend in Angriff genommene Oestinghauser Chaussee forderte Landrat von Bockum-Dolffs im Zeitungsbericht 1847 den Beginn der Erdarbeiten, da sie mehr als hundert bereits angemeldeten Arbeitern Verdienstmöglichkeiten in ihrer Notsituation böten [18]. Allerdings verzögerte sich der Baubeginn noch bis zum Sommer 1850 [19], und die Chaussee konnte erst im Dezember 1850 in ganzer Länge dem Verkehr übergeben werden. Eine Reihe von Tagelöhnern, die sich zum Wegebau gemeldet hatten, wichen deshalb während der Hungerjahre nach Oelde aus, um dort beim Eisenbahnbau ihren Unterhalt zu erwirtschaften [20].

---

13) Sälter, Chausseebau, S. 70
14) Wochenblatt Nr. 19 / 8.5.1840
15) Siehe F.V.a.1 Bau der Niederbergheimer Straße S. 254
16) StaAM Kreis Soest Nr. 14
17) ebda.
18) ebda.
19) StaAM Kreis Soest Nr. 17
20) StaAM Kreis Soest Nr. 14

b. Entwicklung der Lippeschiffahrt

Schon die Anlage von Chausseen mit festem Unterbau, einer glatten Fahrbahn unter Vermeidung großer Steigungen erleichterte zu Beginn des 19. Jahrhunderts den Massengutverkehr. Die Förderung der Binnenschiffahrt schuf mit der Regulierung von Flüssen und dem Bau von Kanälen notwendige Verbindungen zwischen den Fundstellen von Eisenerz und Kohle und verbesserte die Nahrungsmittel- und Rohstoff-Versorgung gewerblicher Gebiete [21]. Der Kohlebergbau im Ruhrgebiet etwa verdankte seinen raschen Aufschwung auch den günstigen Transportmöglichkeiten auf der seit 1780 schiffbar gestalteten Ruhr [22]. Bei seinen intensiven Bemühungen um eine Verbesserung der Verkehrsverhältnisse in Westfalen befürwortete Oberpräsident von Vincke 1814 eine Schiffbarmachung der Lippe, die zuvor als Grenzfluß gegen das Stift Münster für Preußen als unsichere Wasserstraße galt [23]. Bauinspektor Mönnich erhielt im gleichen Jahr den Auftrag zur Untersuchung des Flußgebietes. Nach einer Reinigung und Befestigung der Uferböschungen lief das erste, mit Kohlen beladene Lastschiff "Friedrich Wilhelm" bereits am 28. März 1819 in Lippstadt ein. Auf dem Rückweg nahm es Salz an Bord [24].

Für eine durchgehende Verbindung der oberen Lippe mit dem Rhein über 19 Schleusen bewilligte der preußische Staat am 6. Juni 1819 insgesamt 217.879 Taler [25]. Das "Wochenblatt" veröffentlichte im November 1826 einen "Anleihe-Plan Behuf der Lippe-Schiffbarmachung"[26], der die Bewohner des Kreises Soest zur Zeichnung von Schuldverschreibungen für die Errichtung massiver Schleusen bei Untrop, Kesseler, Benninghausen und zweier Schleusen bei Lippstadt aufrief. Am 28. Oktober 1828 passierte dann das erste vom Rhein kommende Schiff die Benninghauser Schleuse [27]. Hovestadt im Kreis Soest diente den Lastkähnen zum

---

21) Henning, Industrialisierung, S. 83
22) ebda.
23) Klockow, Stadt Lippe, S. 226
24) ebda.
25) Strotkötter, Lippeschiffahrt, S. 9
26) Wochenblatt Nr. 44 / 4.11.1826
27) Klockow, Stadt Lippe, S. 227

Schutz gegen Treibeis als Überwinterungshafen [28]. Über
die Nutzung dieses Schiffahrtsweges urteilte der Hannoversche Wasser-Bauinspektor D. Reinhold 1822, die Lippe bringe mit Holz und Salz zwei wichtige Handelsartikel zum
Rhein [29]. Er forderte eine Verbindung von Rhein, Lippe
und Ems: Den Hauptnutzen dieser neuen Wasserstraße stelle
"die Umgehung Hollands und der unmittelbaren Verkehr aus
der Nordsee in den Rhein durch Preußisches und Hannöversches Gebiet" [30] dar. Auch der preußische Geheime Oberfinanzrat C.W. Ferber hielt 1829 die Schiffbarmachung der
Lippe bis Paderborn und von dort zur Weser für erforderlich [31]. Doch die bald einsetzende Konkurrenz der Eisenbahnplanungen ließ diese Überlegungen unverwirklicht.

Kontinuierlich entwickelte sich jedoch der Lippe-Verkehr
zum Rhein hin. Transportierten 1820 die Schiffe noch
420.120 Zentner auf der Lippe, wuchs diese Zahl auf 913.040
Zentner im Jahr 1830 [32]. Salz aus Sassendorf und Westernkotten, Steine aus Anröchte und Rüthen, Bauholz aus dem
Arnsberger Wald, Mastvieh von den Lippeweiden und Getreide
aus den Kreisen Soest und Beckum, nicht zuletzt Holzkohlen
aus dem Arnsberger Wald für die Lüner Eisenhütte "Westfalia" [33] gingen auf Lastkähnen bis zu 300 Tonnen Fassungsvermögen talwärts. Allein 55.163 Zentner Salz machten 1829
die Schiffsladungen aus, 1852 sogar 211.968 Zentner [34].
Von Hovestadt verluden die Sassendorfer Salinenbesitzer
ihr Salz, in Herzfeld sammelten sich Holz und Getreide, in
Lippborg auch Ziegelsteine zum Transport. Um seine Roh-

---

28) Strotkötter, Lippeschiffahrt, S. 12
29) Reinhold, D.: Der Rhein, die Lippe und Ems und deren künftige Verbindung, Hamm 1822 (zitiert: Reinhold, Rhein) S. 47 f.
30) ebda. S. 52
31) Ferber, C.W.: Beiträge zur Kenntniß des gewerblichen und commerciellen Zustandes der preußischen Monarchie. Aus amtlichen Quellen, Berlin 1829 (zitiert: Ferber, gewerblicher Zustand) S. 250
32) Strotkötter, Lippeschiffahrt, S. 18
33) Klockow, Stadt Lippe, S. 227 und Strotkötter, Lippeschiffahrt, S. 28
34) Strotkötter, Lippeschiffahrt, S. 24

materialien auf dem billigen Wasserweg beziehen zu können, gab beispielsweise 1854 der Arnsberger Gewerke Josef Cosack Hamm den Vorzug vor Soest zur Anlage eines neuen Eisenwerkes [35]. Zu diesem Zeitpunkt ging es jedoch mit dem Transport auf der Lippe schon spürbar abwärts.

Ihren Höhepunkt erlebte die Lippeschiffahrt 1840 mit 1.643.560 bewegten Zentnern [36]. Aber die sich ständig verringernde Fahrwassertiefe behinderte zunehmend den Schiffsverkehr. Bei zwei Fuß Wasserstand am Weseler Pegel konnte 1841 ein kleiner Kahn kaum noch in die Lippe gelangen [37], weil die Mündung ständig stärker versandete. Eine weitere Beeinträchtigung der Lippeschiffahrt verursachte die Konkurrenz der Eisenbahn. Gegenüber der schnelleren Belieferung per Schiene erwiesen sich die Tarifsenkungen für Steinkohle - 1843 von drei auf zwei Pfennig pro Zentner zwischen Lippstadt und Lünen [38] - als zu gering. 1844 sank die Masse der auf der Lippe beförderten Steinkohlen schon auf 79.549 Zentner [39]. Auch eine weitere Tarifsenkung im September 1848 [40] konnte den fortschreitenden Rückgang der Frachtraten nicht mehr verhindern. Nur 24.543 Zentner Kohle gelangten 1848 noch lippeaufwärts in den Soester und Lippstädter Raum, zwei Jahre später nur noch 11.268 Zentner [41]. Die Köln-Mindener Eisenbahn-Gesellschaft begegnete jeder Senkung der Lippe Transporttarife mit einem etwas niedrigeren Frachtsatz für Steinkohle in ihren Waggons [42]. Im Frühjahr 1862 veranlaßte Finanzminister von der Heydt eine weitere Verringerung der Lippe-Tarife für Steinkohlen auf drei Pfennig je vier Zentner für die gesamte Stromstrecke [43], erst 1866 folgte die

---

[35] ebda. S. 29
[36] ebda. S. 18
[37] Roeder, F.: Denkschrift über die Schiffbarmachung der Lippe bis Lippstadt aufwärts, Hamm 1889 (zitiert: Roeder, Schiffbarmachung) S. 7
[38] Amtsblatt Nr. 30 / 29.7.1843
[39] Strotkötter, Lippeschiffahrt, S. 24
[40] Amtsblatt Nr. 45 / 4.11.1848
[41] Strotkötter, Lippeschiffahrt, S. 24
[42] ebda. S. 39
[43] Amtsblatt Nr. 29 / 19.7.1862

Aufhebung der Transporttarife [44]. Für die Lippeschifffahrt, die ohnehin mit sinkendem Wasserstand und einer versandenden Mündung kämpfte, kam diese Wettbewerbsverbesserung gegenüber der schneller und gleichmäßiger befördernden Eisenbahn zu spät.

Über die weitere Transportentwicklung auf der Lippe urteilte Wasser-Bauinspektor F. Roeder aus Hamm 1889: "Der jetzige Verkehr ist so gering, daß in den Rheinschiffahrts-Berichten, in welchen auch der Verkehr auf den Nebenflüssen des Rheins aufgeführt wird, von der Lippe gar nicht die Rede ist" [45]. Die Eisenbahn als Transportmittel hatte die Wasserstraße überholt.

c. Projekte zum Eisenbahnbau

Mit dem Aufsatz "Eisenbahnen" in der bedeutenden westfälischen Zeitung "Hermann" stellte der Industrielle Friedrich Harkort (1793-1880) aus Wetter an der Ruhr im März 1825 erstmals in Westfalen Überlegungen zur Bedeutung dieses neuen in England erprobten Transportmittels für die Wirtschaftsentwicklung des westfälischen Raumes an [46]. Diesem ersten Beitrag zum Thema "Eisenbahn" in der deutschen Presse in Nr. 26 des "Hermann" vom 30. März 1825 ließ Harkort ab 1829 technische Versuche mit drei privaten Pferdebahnen in der Wittener Gegend folgen [47]. 1828 beteiligte sich der Hagener Industrielle an der Gründung des ersten deutschen Eisenbahnkomitees aus Kaufleuten und Gewerbetreibenden der Elberfelder und Barmer Wirtschaftsregion [48]. Im gleichen Jahr fanden die Pläne der bergisch-märkischen Industriellen zum Einsatz des neuen Verkehrsmittels auch Befürworter bei der Regierung in Berlin. Der preußische Finanzminister von Motz empfahl dem König am 30. Mai 1828, "[...] mit einer Eisenbahn von Minden bis

---

[44] Strotkötter, Lippeschiffahrt, S. 39 f.
[45] Roeder, Schiffbarmachung, S. 7
[46] Berger, Harkort, S. 222
[47] ebda. S. 231
[48] ebda. S. 233

Lippstadt und damit zugleich einer Verbindung auf der
schiffbaren Lippe mit dem Rhein, eine ganz neue gewisse
Richtung für den Verkehr von Bremen nach dem westlichen
und südlichen Deutschland innerhalb der eigenen Grenzen
Ew. Königlichen Majestät Staaten hervorzurufen" [49]. Am
22. Juli 1832 sprach sich auch der 3. Westfälische Landtag
für diese Schienenverbindung aus [50].

Trotz der Zurückhaltung der Staatsregierung konstituierte
sich 1832 in Minden ein Komitee für die Anlage einer Eisenbahn
von Minden nach Köln [51]. Marga Koskes noch unveröffentlichtes
Manuskript von 1976 über den "Kampf Soests
um die Eisenbahn" [52] hellt die Verbindungen der Initiatoren
der Rhein-Weser-Bahn mit Befürwortern dieses Eisenbahnprojekts
im Soester Raum auf und beschreibt aufgrund
eines detaillierten Aktenstudiums das zähe Ringen der
Soester um die Anbindung an das Schienennetz.

Der "Plan des Terrains der Eisenbahn von Minden nach Cöln
und deren Seitenverbindungen", von Harkort zusammen mit
Wasserbaumeister Henze entworfen und im Dezember 1832 mit
einer kurzen Denkschrift veröffentlicht, sah Soest und
Sassendorf im Schnittpunkt zweier Strecken vor, deren erste
von der Saline Königsborn über Werl nach Soest führen und
deren zweite etwa bei Wickede aus dem Ruhrtal kommend über
die Haar nach Soest, Sassendorf und über Lippstadt nach
Minden verlaufen sollte [53].

Um das Eisenbahnprojekt auf privater Basis zu forcieren,
konstituierte sich Anfang der dreißiger Jahre des 19. Jahrhunderts
in Elberfeld erneut ein Eisenbahnkomitee, dem
der bis 1830 am Soester Archigymnasium wirkende Mathematik-

---

49) ebda., Vgl. auch Timm, Technologie, S. 137
50) Berger, Harkort, S. 234
51) ebda. S. 239
52) Koske, Marga: Der Kampf Soests um die Eisenbahn
    (1833 - 1850), Soest 1976 (unveröffentl. Manuskript)
    (zitiert: Koske, Kampf Soests)
53) ebda. S. 4 f.

professor Dr. Egen angehörte [54]. In Kenntnis der Soester Situation schrieb Dr. Egen als Direktor der Elberfelder Real- und Gewerbeschule 1833 im Aufruf des Elberfelder Komitees: "[...] Denn es schließt ihnen [den Bewohnern des Wuppertales -hjj-] die Kornkammern von Westphalen auf, und gestattet ihnen, ihr Getreide aus der Gegend von Paderborn, Soest u. zu beziehen, welche jetzt des kostbaren Transportes wegen nicht hierher liefern kann, und wo des mangelnden Absatzes wegen die Preise bedeutend niedriger als hier oder selbst am Rheine stehen" [55]. Damit umriß Dr. Egen gleichzeitig eine wichtige Funktion der Schienenverbindung für den Soester Raum: günstige Transportmöglichkeiten für Getreide ins bergisch-märkische Industriegebiet.

Vom stellvertretenden Bürgermeister Werls, dem Sälzeroberst Freiherr Christoph von Lilien-Borg (1804 - 1866), ging im April 1833 die Initiative zur Gründung des Eisenbahnkomitees "Hellweg" aus [56]. Nachdem eine Kommission aus Technikern, Vertretern des "Hellweg"-Komitees und u. a. Friedrich Harkort vom 10. bis 13. Mai 1833 die Linie von Unna über Werl-Ostönnen-Soest-Lippstadt abgeschritten hatte, verschaffte ein Antrag im Schlußprotokoll den Wünschen der Salinenbesitzer im Soester Raum Gehör, daß nämlich "[...] bei dem vorzunehmenden Nivellement die Ermittlung und Veranschlagung von Anschluß-Zweigbahnen für die Saline Sassendorf und Westernkotten auf Kosten des Komitees gleichzeitig mitbewirkt würden" [57].

Während als Grundlage für die Rentabilitätsberechnungen des Projekts Transportmassenerhebungen stattfanden, wandten sich der Soester Stadtrat und die Sassendorfer Salzbeerbten im Herbst 1833 an den der Eisenbahn aufgeschlossen gegenüberstehenden Kronprinzen und schlugen die Anlage der Schienenverbindung auch deswegen vor, um die Konkurrenzfähigkeit westfälischen Salzes gegenüber Holland und Süd-

---

54) ebda. S. 1
55) ebda. S. 5
56) ebda.
57) ebda. S. 6

deutschland zu erhöhen und bessere Transportmöglichkeiten für Belecker Hornstein als Straßenbaumaterial zu schaffen [58]. Zur gleichen Zeit beschäftigte sich auch der 4. Westfälische Landtag erneut mit der Rhein-Weser-Bahn, diesmal unter Berücksichtigung strategischer Vorteile des Projekts [59].

Doch die Verschlechterung der wirtschaftlichen Lage des Soester Raumes, ausgelöst durch Schwierigkeiten beim Salz- und insbesondere Getreideabsatz als Folge holländischer Einfuhrzölle, ließen Mitte der dreißiger Jahre des 19. Jahrhunderts auch am Hellweg vorerst die Bemühungen um das Eisenbahnprojekt erlahmen. Ungeachtet dessen ermöglichen die "Zeitungsberichte" den Schluß, daß die fortschrittlich orientierten Kräfte im Soester Raum sich gerade von dem Einsatz beschäftigungsloser Arbeiter und Handwerker beim Eisenbahnbau wie von verbesserten Transportmöglichkeiten für Getreide, Salz, Kohle und Holz per Schiene einen Ausweg aus der schlechten Wirtschaftslage ihrer Region versprachen [60]. Dieser erste, von Protagonisten im Soester Raum geförderte Anstoß zur Anlage einer Anbindung an die geplante Rhein-Weser-Bahn verdeutlicht schon die spezifischen Interessen dieser Region an dem Projekt:

1. Die Bahn bot günstige Transportmöglichkeiten für Getreide und Salz in die Absatzgebiete entlang der Schienenstrecke.
2. Über die Schiene ließen sich die bedeutenden Mengen Kohle für die Salinen und für die Gewerbebetriebe und privaten Haushalte billiger beschaffen.
3. Der Eisenbahnbau bot arbeitslosen Arbeitern und Handwerkern Beschäftigung und verminderte so die Belastung der ohnehin stark beanspruchten Armenkasse.

In einem erneuten Versuch forderte das Mindener Komitee im Juni 1836 zur Aktienzeichnung auf. Auch in Soest warb Bürgermeister Karl Opderbeck im "Wochenblatt" mit dem Hin-

---

[58] ebda. S. 7
[59] ebda. S. 8
[60] StaAM Kreis Soest Nr. 10

weis um finanzielle Beteiligung, es seien schon hundert Aktien gezeichnet [61], die sich danach auf mehr als 160 Aktien erhöhten [62]. Gleichzeitig informierte eine Artikel-Serie die "Wochenblatt"-Leser über die "Eisenbahn-Anlagen zwischen Weser und Rhein, die Stadt Soest berührend" [63]. Aber staatliche Auflagen ließen Spekulanten zum Rückzug aus der Rhein-Weser-Eisenbahn-Aktiengesellschaft antreten, als sie keine kurzfristigen Gewinnchancen sahen. So berichtete ein anonymer Autor, möglicherweise ein Soester, im Juni 1839 im "Wochenblatt" über die Auflösung der Gesellschaft [64].

Mit dem Engagement eines der bedeutendsten Eisenbahngestalter, des Gründers der Aachener Feuer-Versicherungs-Gesellschaft David Hansemann (1790 - 1864), trat die Diskussion um eine Eisenbahnlinie in den beiden Westprovinzen 1841 in eine neue Phase, nun nämlich geplant als Verkehrsverbindung der preußischen Stammlande mit seinen entlegenen Provinzen Westfalen und Rheinland [65]. Hansemann erstrebte als Vizepräsident der "Rheinischen Eisenbahn-Gesellschaft", die von Köln über Aachen zur belgischen Grenze führende "Rheinische Bahn" auf das rechte Rheinufer überzuleiten und dort mit der Linie Köln-Berlin zu verbinden [66]. Obwohl dieses Vorhaben am Widerstand der preußischen Regierung scheiterte, verwirklichte Hansemann eine weitgehende Zusammenarbeit - z. T. in Personalunion - der "Rheinischen Eisenbahn-Gesellschaft" mit den Befürwortern der "Köln-Mindener Bahn" [67]. Auf der Generalversammlung der "Rheinischen Eisenbahn" am 4. Mai 1841 in Köln nannte Vizepräsident Hansemann erstmals neben der bislang vorgesehenen Strecke Unna-Werl-Soest-Lippstadt-Gütersloh eine zweite über Unna-Hamm-Gütersloh, die wegen ihrer Führung durch das Tiefland eine billigere Erstellung versprach [68].

---

61) Wochenblatt Nr. 34 / 18.8.1836
62) StAS Abt. B XVI d 1
63) Wochenblatt Nr. 33 / 13.8.1836 ff.
64) Wochenblatt Nr. 24 / 14.6.1839
65) Koske, Kampf Soests, S. 13
66) ebda. S. 13
67) ebda.
68) ebda. S. 13 f.

Von da an schlug die Eisenbahn-Gesellschaft - wie Marga Koske treffend charakterisiert - eine Taktik mit dem Ziel ein, "die Anlieger der Konkurrenzlinien gegeneinander auszuspielen, um so immer höhere Vorleistungen zu erzielen" [69].

Im Sommer 1841 konstituierte sich ein "Soester Eisenbahnkomitee", dem mit Landrat von Bockum-Dolffs, Land- und Stadtgerichtsdirektor von Viebahn, Kommunal-Empfänger Rocholl, Bürgermeister Schulenburg und den Kaufleuten Schwollmann und Ludolf Coester tatkräftige Förderer einer wirtschaftlichen Besserstellung des Soester Raumes angehörten [70]. Diese führenden Persönlichkeiten nahmen Kontakt zu den Landbürgermeistern und den Nachbarstädten Werl und Lippstadt auf und richteten Eingaben an Generalpostmeister Nageler in Berlin und Oberpräsident von Vincke in Münster zur Befürwortung der Linie Werl-Soest-Lippstadt [71]. Unter dem geschickten Druck Hansemanns erweiterte das Soester Komitee seine Offerte von der Übernahme eines Drittels des Kaufpreises des Soester Bahnhofsgeländes vom Februar 1842 auf die kostenlose Zuverfügungstellung von 73 Morgen zu einem Gesamtwert von rund 30.000 Talern im Dezember 1843 [72].

Am 28. Dezember 1843 betonten Landrat von Bockum-Dolffs und Ratsmitglied Dörrenberg in einer eigens nachgesuchten Audienz beim König die Bedeutung der Schienenverbindung für Soest [73]. Im Juli 1844 bat der Dortmunder Industrielle Wilhelm Hammacher seinen Freund Friedrich Harkort, während seines Berlinaufenthaltes Einfluß auf die Linienführung über Soest zu nehmen, um so der sich entwickelnden Industrie im Warsteiner Raum bessere Entwicklungschancen zu ermöglichen: "Führt die Rhein-Weser-Bahn über Soest, so

---

[69] ebda. S. 14
[70] ebda. S. 15
[71] ebda. S. 14
[72] Trockel, Wilhelm: Ein altes Eisenbahn-Projekt quer durch Soest. In: SZ 72 (1959) S. 68-79 (zitiert: Trockel, Eisenbahn-Projekt) S. 72
[73] Koske, Kampf Soests, S. 21

werden die gedachten Thäler Mühlheim, Belecke und Warstein vermittelst einer sofort anzulegenden Chauße von Soest auf Mühlheim in 2 1/2 Stunde entfernt mit der Rhein-Weser Bahn in Verbindung gesetzt" [74].

Aber auch eine zweite Berlinreise Soester Eisenbahnbefürworter mit Audienz beim König blieb am 28. April 1844 erfolglos [75]. Am 16. Mai 1845 bestätigte die Direktion der "Köln-Mindener Bahn" die Pressemeldungen des "Merkur" von Anfang April 1844, daß Hamm den Vorzug vor Soest erhalten habe, aber die "Kasseler Bahn" über Soest nach Hamm geleitet werde, um so Anschluß an die "Köln-Mindener Bahn" zu erhalten [76]. Über den Verlauf der "Rhein-Weser Bahn" urteilten Hildegard Ditt und Peter Schöller 1955: "Die Linienführung zielte allein auf die geländemäßig günstigste und damit billigste Herstellung einer Durchgangsstrecke ab, setzte sich über die örtlichen und regionalen Verkehrsbelange weitgehend hinweg und bahnte eine Umwertung der Verkehrsbedeutung einzelner Orte und Landschaften an" [77].

Seit es diese Verbindungsbahnen zur Verkehrsverflechtung von Industriegebieten und Wasserstraßen gab, fanden nun auch solche Pläne stärkere Beachtung, die Fernverkehrslinien als Verklammerung abgelegener Landesteile mit dem Kerngebiet vorsahen [78]. Über Soest-Lippstadt-Paderborn-Warburg sollte die Köln-Minden-Thüringer-Verbindungseisenbahn" einen Anschluß der hessisch-thüringischen Linien an die Köln-Mindener Strecke schaffen [79]. Aber wegen hohen

---

[74] StAS Abt. XVI d 2
[75] Koske, Kampf Soests, S. 24
[76] Trockel, Eisenbahn-Projekt, S. 77 ; vgl. auch Trockel, Wilhelm: 120 Jahre Eisenbahn. In: HKS 40 (1967) S. 78 - 87 (zitiert: Trockel, 120 Jahre Eisenbahnen) S. 80
[77] Ditt, Hildegard / Schöller, Peter: Die Entwicklung des Eisenbahnnetzes in Nordwestdeutschland. In: WF 8 (1955) S. 150 - 180 (zitiert: Ditt/Schöller, Eisenbahnnetz) S. 156
[78] ebda. S. 153
[79] ebda. S. 158

finanziellen Belastungen bei der Überwindung von schwierigem Gelände zwischen Paderborn und der hessischen Grenze geriet die Gesellschaft bei Zahlung des zweiten Zehntels des Aktienkapitals in Schwierigkeiten [80]. Zusätzlich beeinflußt durch Spekulationen Berliner Aktionäre und die wirtschaftliche Stockung infolge der Märzereignisse [81], wies die Eisenbahngesellschaft Ende 1848 nur noch einen Barbestand von 4.000 Talern auf [82].
Aber politische - insbesondere strategische - Gründe bewirkten eine rasche Verwirklichung des zunächst sehr gefährdeten Projekts. Am 2. März 1849 teilte der preußische Minister für Handel, Gewerbe und öffentliche Arbeiten, August von der Heydt (1801 - 1874), dem Soester Magistrat mit, daß er Soest als Sitz der königlichen Kommission für die "Westfälische Eisenbahn" ausersehen habe [83]. Im November 1849 stimmte die Erste Kammer in Berlin der Übernahme dieses Projekts als Staatsbahn mit der Billigung des "Gesetz-Entwurfs betr. Ausführung der Bahn Haueda-Warburg-Paderborn-Lippstadt-Soest-Hamm für Rechnung des Staates und Erwerb durch den Staat" zu [84]. Zwar verlegte eine ministerielle Verfügung die Zentralverwaltung der "Westfälischen Eisenbahn" nach Paderborn [85], aber am 29. September 1850 setzte die Ankunft des ersten, festlich geschmückten Zuges in Soest den erfolgreichen Schlußpunkt hinter ein 17jähriges zähes Ringen der Soester um den Anschluß an das Eisenbahnnetz [85]. Hatte der Eisenbahnbau mit der Beschäftigung Erwerbsloser bereits wichtige Maßnahmen zur Verbesserung der sozialen Situation ermöglicht, ergaben sich mit der Anbindung an das Eisenbahnnetz nun neue, günstigere Transportbedingungen für die Soester Wirtschaft - ein Umstand, der sich auf die Entwicklung des gesamten Soester Raumes fördernd auswirken sollte.

---

80) Trockel, 120 Jahre Eisenbahnen, S. 80
81) Trockel, Wilhelm: Aus der Vorgeschichte der "Westf. Staats-Eisenbahn". In: Hundert Jahre Westfälische Eisenbahn, Paderborn 1950, S. 38 - 43 (zitiert: Trockel, Westf. Staats-Eisenbahn)
82) Koske, Kampf Soests, S. 37
83) ebda.
84) ebda. S. 38
85) ebda. S. 40
86) ebda.

VI. Soziale Situation

a. Organisation des Armenwesens

Zwischen dem letzten Drittel des 18. Jahrhunderts und 1850 nahm Wolfram Fischer [1] 1963 ein erhebliches Anwachsen der Unterschicht für "Räume mit rein oder vorwiegend agrarischem Charakter" [2] an. 1846 verdienten 45 % der männlichen Personen über 14 Jahre ihren Unterhalt als gewerbliche oder agrarische Lohnarbeiter, weitere 10 bis 15 % der Selbständigen erwirtschafteten nach Schätzungen kaum ihr Auskommen, so daß fast sechzig Prozent der Bevölkerung unterhalb von Handwerksmeistern und Bauern die Unterschicht bildeten [3]. Rolf Engelsing [4] bemühte sich 1973, innerhalb der Unterschicht der ersten Hälfte des 19. Jahrhunderts Differenzierungen vorzunehmen. Der Kleinbürger zeichnete sich nach Meinung Engelsings dadurch vor dem Arbeiter aus, daß er etwas mehr erwirtschaftete, als er für die Sicherstellung seines Unterhalts gleich wieder ausgeben mußte [5]. Diesen "Luxus eines Taschengeldes" konnte der Arbeiter sich wiederum nicht leisten. Was er nach der Bestreitung seiner täglichen Aufgaben übrig behielt, mußte er zur Sicherung der künftigen Daseinsvorsorge ansparen. Eine Anzahl kleiner Handwerksmeister verdiente weniger als der Durchschnitt der Arbeiter [6]. Nur zwischen ärmsten Arbeitern und tatsächlich Armen zog sich aufgrund der sozialen Wertschätzung und einer ungewissen Unterhaltssicherung eine Trennungslinie, die nach Engelsing "so scharf anmutete wie die zwischen einer Aristokratie und der übrigen Gesellschaft" [7].

Seitdem die Gewerbefreiheit zwischen 1808 und 1810 jedermann in Preußen die Ausübung eines Gewerbes gestattete und

---

1) Fischer, Wolfram: Soziale Unterschichten im Zeitalter der Frühindustrialisierung. In: International Review of Social History 8 (1963) S. 415-436) (zitiert: Fischer, Unterschichten)
2) ebda. S. 419
3) ebda. S. 420
4) Engelsing, Rolf: Zur Sozialgeschichte deutscher Mittel- und Unterschichten, Göttingen 1973 (zitiert: Engelsing, Sozialgeschichte)
5) ebda. S. 48
6) ebda. S. 49
7) ebda. S. 50

die Zünfte als Zwangskorporation abschaffte, fielen in
Not geratene Handwerker und Gewerbetreibende immer stärker
der kommunalen Armenkasse zur Last. Über die soziale Situation in Soest urteilte Geck 1825, in der Mittel- und Oberschicht herrsche Wohlhabenheit, wenn auch kein großer
Reichtum: "Die geringe Bürgerklasse ist großtentheils arm,
sie könnte aber auch weit thätiger und betriebsamer seyn"
[8]. Dieser wirtschaftlich schwächere Teil der Stadtbevölkerung setzte sich aus Tagelöhnern, Bediensteten und kleinen wie mittleren Handwerkern zusammen.

Um einer zunehmenden Bettelei entgegenzuwirken, richtete
Soest 1808 eine Armen-Anstalt zur Unterstützung Hilfsbedürftiger ein [9]. Neben Geldzuweisungen konnten in Not Geratene während des Winters auch Brennmaterial entgegennehmen. Das seit 1818 unter der Aufsicht des Armen-Direktoriums stehende Waisenhaus versorgte Kinder bis zum 14.
Lebensjahr, für die es keine Pflegeeltern gab [10]. Zur Gesundheitsfürsorge der sozial Schwachen in Soest verfügte
die Arnsberger Regierung am 29. Juli 1823 die Einstellung
eines Armen-Arztes. Nach einer Meldung im "Wochenblatt" [11]
übernahm Kreisphysikus Dr. Beyer am 1. Oktober 1823 diese
Aufgabe.

Das Armen-Direktorium wandte sich im Januar 1826 über das
"Wochenblatt" [12] mit seinem Beschluß an die Öffentlichkeit, künftig während der Wintermonate Sammlungen freiwilliger Gaben abzuhalten. Schon vorher hatte sich der
Brauch durchgesetzt, bei Hochzeiten und Kindtaufen für die
Armen zu sammeln. Das "Wochenblatt" spielte bei dieser
Aktion eine besondere Rolle. In ihm erschienen die Spendenergebnisse mit der Nennung der jeweils feiernden Familie,
so daß sich Mildtätigkeit vor der Öffentlichkeit kaum vom
Bemühen eines Bürgers um Ansehen und soziale Wertschätzung
trennen ließ. Besonders hart traf die wirtschaftlich
Schwachen der latente Brennstoffmangel. Deshalb erhielten

---

8) Geck, Soest 1825, S. 49 f.
9) ebda. S. 323 ff.
10) ebda. S. 304 und 322
11) Wochenblatt Nr. 39 / 27.9.1823
12) Wochenblatt Nr. 3 / 21.1.1826

etwa 1830 die Armen von 216 Taler Spendengeldern Steinkohlen und Holz, und das Sälzerkollegium verschenkte weitere neunzig Scheffel Kohlen [13].

Soweit die soziale Aspekte behandelnden, spärlichen Aktenunterlagen Rückschlüsse erlauben, bestand im Kreis Soest seit mindestens 1839 ein Wohlfahrts-Verein. In der Stadt Soest gab es einen Wohlfahrtsausschuß [14]. Von ihm gingen Initiativen zur Beschäftigung ehemaliger Gefängnisinsassen und Zuchthäusler aus. Eine publizistische Quelle ermöglicht detaillierten Einblick in die Bemühungen der Wohlfahrtsorganisationen. Landrat von Bockum-Dolffs veröffentlichte im Februar 1840 den "Jahresbericht des Wohlfahrtsvereins des Kreises Soest" [15] im "Wochenblatt". Nach eigenen Angaben verschaffte diese Organisation 1839 insgesamt 46 entlassenen Strafgefangenen eine Anstellung in Handwerksbetrieben, Dienstboten eine neue Arbeitsstelle und Meistern Handwerkszeug zur Eröffnung eines Betriebes. Vereinsmitglieder nahmen elf nichteheliche oder verwahrloste Kinder in ihre Familien auf. Der weitere Schwerpunkt in der Tätigkeit des Wohlfahrts-Vereins galt 1839 dem Eindämmen des übermäßigen Branntweingenusses. Für notorische Trinker erwirkte die Organisation Lokalverbote in den Gaststätten und Schankwirtschaften des Kreises.

Eine bemerkenswerte Initiative zur kurzfristigen Arbeitsbeschaffung und gleichzeitig zur langfristigen Förderung der Garnproduktion und Spinnerei im Soester Raum ergriff das Armen-Direktorium im Winter 1838/39 mit finanzieller Hilfe Landrat von Bockum-Dolffs [16]. Im Waisenhaus erteilte ein Lehrer aus dem Bielefelder Raum schulpflichtigen Kindern armer Eltern Unterricht im Schnell- und Feinspinnen [17]. Der Landwirtschaftliche Kreisverein machte sich diese Anregung zu eigen und organisierte während der beiden Winter 1838/39 eine großangelegte Unterweisung schulpflichti-

---

13) StaAM Kreis Soest Nr. 7
14) StAS Abt. B XIII a 30
15) Wochenblatt Nr. 7 / 14.2.1840
16) StaAM Kreis Soest Nr. 11
17) Wochenblatt Nr. 21 / 22.5.1840

ger Kinder und beschäftigungsloser Erwachsener im Spinnen auf zweispuligen Spinnrädern, wie es Weber im Münsterland und dem Mindener Raum bereits erfolgreich praktizierten. Über die Resonanz auf dieses Angebot gibt die folgende Übersicht Aufschluß.

Tabelle 7: Spinn-Unterricht im Kreis Soest zwischen 1838 und 1840

Jahr	Ort	Erwachsene	Kinder
1838	Sassendorf	17	15
1839	Lohne	17	16
1839	Neuengeseke	15	21
1839	Weslarn	19	11
1839	Ostinghausen	15	7
1839	Soest	-	30
1840	Soest	-	34
1840	Dinker	16	12
1840	Borgeln	22	26
1840	Berwicke	17	12
1840	Hovestadt	13	33

[18]

Innerhalb zweier Winter erlernten danach 368 Kreisbewohner, 151 Erwachsene und 217 Kinder - sieben davon Jungen - verfeinerte und schnellere Spinntechniken. Außer in Soest wurden 1839 in Hovestadt vom dortigen Frauen-Verein eine Spinnschule und im September 1841 in Werl von Vikar Becker eine Lehranstalt zur Unterweisung im Verarbeiten von Flachs gegründet. Über ihre Entwicklung erstattete Becker in der Generalversammlung des Landwirtschaftlichen Vereins im Dezember 1842 Bericht [19]. Danach erhielten im Winter 1841 insgesamt 105 Schulkinder und Schulentlassene Unterricht: "Die Bemittelten mußten umsonst spinnen und à Person dem Spinnlehrer 15 Sgr. Lehrgeld zahlen, die Armen erhielten vom gelieferten Garn per Stück 6, 8, 10 Pf., je nach Qualität des Garns" [20]. Neben diesem sozialen

---

[18] Tabelle nach Daten aus dem Protokoll des Landwirtschaftlichen Kreisverein vom 31.3.1840 zusammengestellt: Wochenblatt Nr. 22 / 29.5.1840
[19] Kreisblatt Nr. 49 / 9.12.1842
[20] ebda.

Ausgleich zwischen Schulgeld zahlenden Bemittelten und für ihre Übungsstücke bezahlten Armen bemühte sich Vikar Becker, die Organisierung der Werler Spinnschule kostendeckend zu gestalten. Siebzig Schülern gab er im Sommer 1842 Anleitungen in der Präparierung von Flachs.

Durch die Ausschreibung von Spinnwettbewerben unterstützte der Landwirtschaftliche Kreisverein diese sozialen Maßnahmen. Im März 1840 erstritten die beiden Spinnschulen in Soest und Hovestadt im Wettkampf mit den Spinnschülerinnen aus dem Kreis 22 1/2 Taler. Von diesem Geld kauften sie Spinnräder und verliehen sie an abgehende, unbemittelte Schülerinnen, bis diese nach allmählicher Abzahlung von zwei Dritteln des Kaufpreises den Rest geschenkt erhielten [21]. So verfügten die Absolventen der Spinnschulen über ein wertvolles Arbeitsgerät und konnten sich ihren Unterhalt selbst verdienen. Wie hilfreich sich diese Maßnahme zur Verbesserung der Qualifikation im Spinnen im Kreis Soest insbesondere für sozial Schwächere auswirkte, belegen die optimistischen Beurteilungen der Bürgermeister in den Zeitungsberichten [22].

Arme Frauen erhielten zusätzlich ab Februar 1840 im Waisenhaus Beschäftigung [23]. Dieser "Arbeitsanstalt" gliederte der Soester Frauen- und Jungfrauen-Verein im Mai 1840 ebenfalls im Waisenhaus eine "Kleinkinder-Bewahranstalt" an [24]. Vor- und nachmittags wurden hier 28 zwei- bis fünfjährige Kinder betreut, damit ihre Mütter ungestört arbeiten konnten. Vom Dezember 1840 an kümmerte sich eine eigens in den Fliednerschen Anstalten in Kaiserswerth ausgebildete Kindergärtnerin um die Kleinen [25]. 1841 besuchten 52 Kinder diese Einrichtung [26].

Als eine der Ursachen für die weitere Verarmung sahen viele Zeitgenossen auch die Ausbreitung des Hausierhandels an. Er verleitete eine Reihe von wirtschaftlich Schwachen vor allem auf dem Land zum Kauf unnützer oder minderwertiger Waren - häufig auf Kredit [27]. Belieferte etwa 1835 nur

---

21) Wochenblatt Nr. 22 / 29.5.1840
22) StaAM Kreis Soest Nr. 11
23) StaAM Kreis Soest Nr. 12
24) ebda.
25) ebda.
26) ebda.
27) StaAM Kreis Soest Nr. 11

ein Hausierer den Bezirk Oestinghausen, erhielten fünf
Jahre später schon 14 Reisende einen Gewerbeschein für
diesen Raum [28]. Nicht zuletzt fürchtete der in Soest zaghaft auflebende Handel die Konkurrenz der Hausierer.

Um allerdings zumindest einer ständigen Übervorteilung Bedürftiger, die ihre Habseligkeiten verpfänden mußten, entgegenzuwirken, richtete die Stadt Soest am 1. Februar 1841
eine öffentliche Leihanstalt ein. Im "Kreisblatt" [29] blieb
ihr Statut erhalten: Ein Magistratsmitglied, zwei Stadtverordnete und ein Rendant verwalteten danach das Institut.
Für Pfänder erhob die Leihanstalt jährlich 11 2/3 % Zinsen.
Bis 1860 vergab diese Institution Darlehn im Wert von
116.649 Talern [30]. Erst gegen Ende der 1870er Jahre zeigte
sich ein Abflauen des Geschäftsverkehrs: 1878 erwirtschaftete das Institut nur noch 1225,54 Mark Reingewinn, der
kaum die Verwaltungskosten deckte [31].

Auch die städtische Armenpflege erhielt im Sommer 1843
eine neue Organisationsform [32]. Zwar mochten sich die
Stadtverordneten nicht zu einer Trennung der städtischen
und kirchlichen Armenfonds entschließen, aber das Regulativ
definierte genaue Verpflichtungen. Das Armen-Direktorium
setzte sich danach aus sämtlichen Geistlichen der Stadt
und fünf auf drei Jahre gewählten, unbesoldeten Stadtverordneten zusammen. Während eine Abteilung des Direktoriums
für die finanziellen Belange Sorge trug, beaufsichtigte
die andere die Armenpflege. Ihre Ausübung blieb den Kirchengemeinden überlassen. Gelder der kirchlichen Armenfonds,
Zuschüsse aus der Waisenhauskasse und Ergebnisse von Kollekten und Spenden bestritten die Kosten der Armenpflege.

---

[28] StaAM Kreis Soest Nr. 12
[29] Kreisblatt Nr. 5 / 29.1.1841
[30] Bericht des Magistrats zu Soest über die Verwaltung und den Stand der Gemeindeangelegenheiten der Stadt Soest für das Jahr 1861. Vorgetragen in öffentlicher Sitzung der Stadtverordnetenversammlung am 13. Februar 1862, Soest 1862 (zitiert: Magistratsbericht 1861) S. 11
[31] Bericht des Magistrats zu Soest über die Verwaltung und den Stand der Gemeindeangelegenheiten der Stadt Soest für das Jahr 1879. Vorgetragen in öffentlicher Sitzung der Stadtverordneten-Versammlung am 5. Februar 1880, Soest 1880 (zitiert: Magistratsbericht 1879) S. 11
[32] StAS Abt. B XIII a 31

Für die Besoldung des Armen-Arztes und die Verpflegung
Armer im Krankenhaus [33] übernahm die Generalarmenkasse
die Kosten. Diese Organisation des Armenwesens blieb die
tragende Säule einer Unterstützung in Notsituationen, bis
Mitte der vierziger Jahre des 19. Jahrhunderts soziative
Hilfskassen neben sie traten.

b. Auswanderung nach Übersee

Solange breite Schichten der Bevölkerung keine kurzfristige
Änderung ihrer ständig bedrohten Einkommenslage sahen,
mußte der 'Traum vom Land der unbegrenzten Möglichkeiten'
jenseits des Ozeans plastische Lebendigkeit behalten. Mehr
als hundert Bewohner des Soester Raumes wagten im 19. Jahrhundert einen Neuanfang in einem fremden Land, die meisten
von ihnen in Amerika. Allgemein läßt sich als Begründung
für Auswanderungen aus dem Soester Raum wohl die Hoffnung
auf eine langfristige Besserung und Sicherung der Existenz
ansehen. Das Verhalten der Arnsberger Regierung bestätigt
diese Annahme. Schon einer ihrer ersten Berichte zur "Auswanderungssucht", schloß mit der Feststellung, Nahrungslosigkeit treibe die Menschen aus dem Lande, und diese
Entwicklung lasse sich nur bremsen, indem beschäftigungslose Arme Gelegenheit zur Erarbeitung ihres Lebensunterhaltes erhielten [34].

Rund 34.000 Deutsche wanderten vor 1846 ins Ausland aus
[35]. Versprechungen der "Amerikaboten" und die Möglichkeit,
von der Landverteilungsstelle in den USA etwa zwei Morgen
guten, aber unkultivierten Boden für einen halben bis zwei
Dollar zu erwerben [36], ließen insbesondere auch während
der Hungerjahre 1845 bis 1847 zahlreiche Binnenlandbewohner
den Schritt nach Übersee wagen. Schon 1833 warnte die
Arnsberger Regierung, alarmiert durch wachsende Auswanderungsgesuche, im "Wochenblatt" [37] vor den "täuschenden Versicherungen der Emissarien". 1847 versuchte die Regierung

---

[33] StAS Abt. B XIII a 32
[34] Köllmann, Bevölkerung, S. 221
[35] Schulte, Volk, S. 155
[36] ebda.
[37] Wochenblatt Nr. 52 / 28.12.1833

im "Amtsblatt" die Bürger ihres Bezirks gleich dreimal
von Auswanderungs-Überlegungen abzuhalten: Im Februar [38]
warnte sie vor Schwierigkeiten in Amerika, im April [39]
vor falschen Vorstellungen über Brasilien und im Mai [40]
veröffentlichte sie die neuesten nordamerikanischen Einreisebeschränkungen. Gerade über die Zeit der Hungerjahre
aber liegen aus Soest keine Meldungen über Auswanderungen
vor, was sich wohl dadurch erklärt, daß die in dieser Periode besonders Betroffenen über keine Ersparnisse für die
Finanzierung einer Ozeanüberquerung verfügten. Andererseits dürfte eine Auswanderung auch das Ergebnis langfristiger Überlegungen gewesen sein.

Über die Auswanderungen aus der Stadt Soest zwischen 1844
und 1862 liegen nur wenige statistische Angaben vor [41].
Sie ermöglichen aber einen Einblick in die Größenordnung
und erlauben Aussagen über die Berufszugehörigkeit der
Auswanderer. 1844/45 verließen zwei Männer und eine Frau
die Stadt, einer der Männer ging nach Texas [42]. Die Auswanderungsunterlagen für 1855 enthalten drei Anträge für
die Abreise zweier Männer nach Amerika und eines Erwachsenen nach England. Alle "haben soweit bekannt kein Vermögen
mitgenommen" [43]. Ohne Einwilligung der Behörde verließen
im gleichen Jahr fünf Erwachsene und zwei Kinder Soest in
Richtung Amerika. Als Berufe erscheinen Bäcker und Tagelöhner, 1856 auch Buchbinder und Schmied, 1860 Zigarrenmacher, Schreiner, Schneider und wiederum Tagelöhner –
also kleine Handwerker oder Arbeiter. 1856 zogen insgesamt
acht Männer aus Soest nach den USA, 1858 vier Erwachsene
und zwei Kinder. Im folgenden Jahr versuchten vier Erwachsene, zwei Kinder und eine Familie mit zehn Kindern
einen Neuanfang in Übersee. Über die Auswanderung sechs
Erwachsener und fünf Kinder berichten die Akten für 1860,
im folgenden Jahr über zwei Frauen mit drei Kindern [44].

---

38) Amtsblatt Nr. 9 / 27.2.1847
39) Amtsblatt Nr. 17 / 24.4.1847
40) Amtsblatt Nr. 22 / 29.5.1847
41) StAS Abt. B XXXI b 3
42) ebda.
43) ebda.
44) ebda.

Albert **Dalhoff** [45] suchte 1962 bei Auswanderungen im
Amt Werl besonders intensiv nach den Motiven. Zwischen
1834 und 1862 verließen 35 Familien mit jeweils etwa vier
Kindern den westlichen Teil des Kreises Soest, zwischen
1862 und 1869 wanderten 33 Bewohner des Amtes Werl aus [46].
Diese Auswanderung verlief in drei Wellen: Ab 1834 zogen
Familien aus Uffeln im Kirchspiel Westönnen in größerer
Zahl nach Amerika. Unter ihnen bestanden verwandtschaftliche Beziehungen [47]. Die Überbevölkerung in Wickede und
Wiehagen, bedingt durch den Chausseebau im ersten Drittel
des 19. Jahrhunderts, wirkte sich 1848 nach wiederholten
industriellen Flauten und mangelnden Einstellungsmöglichkeiten in den Fabriken so ungünstig aus, daß aus diesem
Raum ebenfalls eine Reihe von Familien auswanderte [48]. Um
1860 schließlich reiste eine Reihe von Bewohnern aus Büderich nach Amerika. In dem 800 Einwohner zählenden Dorf gab
es keine Industrie, und die Landwirtschaft bot nicht allen
Bürgern eine Erwerbsgrundlage [49].

Vielfach nannten die Auswanderer aus dem Amt Werl - meist
Handwerker und auch einige Bauern - der Behörde eine ansehnliche Barschaft. Aus dutzendfach gleichlautenden Begründungen in den Akten schließt Dalhoff, daß Agenten bei
der Abfassung Hilfestellung leisteten [50]. Nach einer Veröffentlichung im "Amtsblatt" der Arnsberger Regierung vom
Juli 1860 [51] fungierte der Soester Kaufmann Gustav Venn
als Agent des Bremer Schiffreeders Ichon für Auswanderungen nach Nordamerika, Kanada, Südamerika und Australien.
Während Einzelauswanderer durchschnittlich 25 Jahre alt
den Soester Raum verließen, zogen die Verheirateten zwischen 35 und 40 Jahren alt fort [52], um sich in fremder
Umgebung eine neue Existenz aufzubauen.

---

[45] Dalhoff, Albert: Tausend gingen nach Amerika. In: HKS 35 (1962) S. 22-26 (zitiert: Dalhoff, Amerika)
[46] ebda. S. 22
[47] ebda.
[48] ebda.
[49] ebda.
[50] ebda. S. 23
[51] Amtsblatt Nr. 28 / 14.7.1860
[52] Dalhoff, Amerika, S. 23

c. Die Hungerwinter 1845 bis 1847

Mißernten und Kartoffelkrankheiten leiteten Mitte der vierziger Jahre des 19. Jahrhunderts zwei Winter größter Not ein. Die schlechte soziale Lage breiter Schichten im Soester Raum erforderte vielfältige Anstrengungen, um die Ernährung der Bevölkerung sicherzustellen. Der lange Winter 1844/45 und eine nur mäßige Roggenernte zwangen im Frühjahr 1845 nach dem Bericht des Weslarner Bürgermeisters [53] eine Reihe von Kolonen im Kirchspiel Borgeln und Oestinghausen, ihre angepachteten Ländereien zurückzugeben. Als auch die Getreideernte 1845 nur geringen Ertrag brachte und die Kartoffeln auf den Feldern faulten, appellierte Landrat von Bockum-Dolffs im September über das "Kreisblatt" [54] an die Mitglieder des Landwirtschaftlichen Kreisvereins, in einer Generalversammlung ihre Erfahrungen über die besten Behandlungs- und Lagermethoden für die angegriffenen Kartoffeln auszutauschen. Gleichzeitig kündigte von Bockum-Dolffs Arbeit für die beschäftigungslosen Kreisbewohner bei öffentlichen Gebäuden und Wegebauten an, die sonst eigentlich in günstigeren Jahreszeiten erfolgten.

Anfang Oktober erteilte der Landrat über das "Kreisblatt" [55] den Rat, mit der Kartoffelernte zu warten und die Kartoffeln vor der Einkellerung trocknen zu lassen. Eindringlich ermahnte er die um ihre Nahrungsmittelversorgung bangende Bevölkerung, nicht in Lethargie zu verfallen und auf den Staat zu hoffen: "Die noch einigermaßen arbeitsfähigen Eingesessenen geben sich einem großen Irrthum hin, wenn sie annehmen, daß es den Gemeinden obliege, für sie und ihre Angehörigen zu sorgen, sobald ihre Vorräthe an Lebensmitteln verbraucht sind" [56]. Die Beschaffung von Arbeit stehe im Aufgabenbereich der Kommunen, das aber enthebe nicht jeden einzelnen von seiner Verpflichtung zur Sparsamkeit und sorgsamen Aufbewahrung der verbliebenen Lebensmittel. Das "Kreisblatt" diente also dem Landrat als Medium

---

53) StaAM Kreis Soest Nr. 14
54) Kreisblatt Nr. 37 / 12.9.1845
55) Kreisblatt Nr. 40 / 3.10.1845
56) ebda.

zur Aufklärung breiter Bevölkerungskreise über neue Erkenntnisse zur vorteilhaftesten Behandlung eines gefährdeten Grundnahrungsmittels und gleichzeitig zum Appell an die Verantwortung des Einzelnen gegenüber seiner Existenzsicherung.

Mit Möglichkeiten zur Ausrottung der verheerenden Kartoffelkrankheiten beschäftigte sich der Landwirtschaftliche Kreisverein im November 1845 [57]. Die Zucht neuer Saatkartoffeln aus Samen sollte gesundes Pflanzmaterial schaffen [58]. Durch die Veröffentlichung dieser Beratungsergebnisse im "Kreisblatt" verstärkte sich möglicherweise in der Öffentlichkeit der Eindruck, kompetente Kräfte mühten sich intensiv um eine Besserung der Situation, was die Initiativen einzelner anspornen und die Einschätzung der Gesamtlage in der Öffentlichkeit hoffnungsvoller gestalten mochte.

Gerade in diesen Krisenjahren zahlten sich die Bemühungen aufgeschlossener Landwirte aus, worin der Zeitungsbericht des Landrats von Bockum-Dolffs und des Bürgermeister Pilger aus Weslarn vom Januar 1846 [59] einen eindrucksvollen Einblick verschafft: Wer vor Jahren den "Schlendrian des Alten" verließ - so schreiben sie - Stallfütterung einführte und schlechte Weiden unter den Pflug nahm, nachteilige Hecken wegschaffte und mit sorgfältiger Düngung seine Ackererträge steigerte, verwerte nun "eine mindestens mittlere Ernte als Lohn seines Fleißes". Angesichts der außerordentlich hohen Preise erbrächten bescheidene Verkäufe schon einen nennenswerten Gewinn. Die gegenüber Neuerungen Verschlossenen hätten dagegen vielfach Mißwachs erlebt und sich zur Zahlung ihrer Pacht in Schulden stürzen müssen. Während in den Ämtern Borgeln und Schwefe mit dem Wegebau der Verkehr und gleichzeitig der Wohlstand des umsichtigen Landwirts wachse, verhindere "im Amte Lohne fast durchweg das Kleben am Alten und ein sehr mißverstandener Oppositionsgeist so ziemlich jeden Aufschwung" [60] und

---

57) Kreisblatt Nr. 45 / 7.11.1845
58) Kreisblatt Nr. 43 / 24.10.1845 und Nr. 50 /12.12.1845
59) StaAM Kreis Soest Nr. 14
60) ebda.

lasse damit für die Zukunft einer großen Zahl von Tagelöhnern und Handwerkern in dieser Gegend Schlimmes befürchten.

Am 19. Dezember 1845 sprach Kanonikus Ludwig Friedrich von Schmitz - 1848 erster Redakteur des "Bürger- und Bauernfreundes" - im "Kreisblatt" [61] vor aller Öffentlichkeit den Wunsch aus, der Bürgerschützenverein möge "jetzt, während des drückenden Nothstandes, wo die Armuth nach Brod schreit", auf seinen Neujahrsball verzichten. Dazu konnte sich dieser allerdings in einer "Kreisblatt"-Anzeige [62] am Heiligen Abend nicht entschließen, stattdessen bestimmte er den Reinertrag des Balls für die Speisung der Armen in Soest und bat deshalb um besonders rege Teilnahme am Fest.

Die Bewohner der Kirchspiele Dinker und Borgeln organisierten im Winter 1845/46 eine bemerkenswerte Hilfsaktion. Landrat von Bockum-Dolffs veröffentlichte darüber im Februar 1847 den Bericht Amtmann Pilgers aus Weslarn in einer zweiteiligen Folge im "Kreisblatt" [63] mit der Bitte, "daß dieses löbliche Beispiel in dem gegenwärtigen nicht minder drückenden Jahre recht viele Nachahmung finden möge" [64]. Wohlhabende Landwirte speisten nach diesem Bericht im Winter 1845/46 täglich rund vier arme Kinder im eigenen Haushalt und ließen bei den Armen spinnen, um diesen so eine Verdienstmöglichkeit zu verschaffen [65]. Als im März 1846 die Lebensmittelvorräte zur Neige gingen, veranlaßte Pastor Marpe im Kirchspiel Dinker eine Sammlung von Geld und Getreide, um eine öffentliche Brotbäckerei für die Armen in Betrieb zu setzen. Wohlhabende stellten ihre Pferdegespanne zum Korntransport und stifteten Holz für die Feuerung. Vom 1. April bis 1. August 1846 erhielten 142 Arme im Kirchspiel Dinker aus dieser Aktion 10.321 Pfund Brot [66] umsonst oder zum Preis von fünf Pfennig

---

61) Kreisblatt Nr. 51 / 19.12.1845
62) Kreisblatt Nr. 52 / 24.12.1845
63) Kreisblatt Nr. 7 / 12.2.1847 und Nr. 8 / 19.2.1847
64) Kreisblatt Nr. 7 / 12.2.1847
65) ebda.
66) ebda.

pro Pfund. Im Kirchspiel Borgeln kamen etwa 7.300 Pfund zur Verteilung [67].

Zum Jahresbeginn 1846 steckten zwei Ingenieure der Köln-Thüringer-Verbindungseisenbahn die Schienenstrecke von Hamm über Soest nach Lippstadt ab, was Landrat von Bockum-Dolffs im Zeitungsbericht auf eine baldige Beschäftigung von Tagelöhnern im Eisenbahnbau hoffen ließ [68]. Gerade in den Krisenjahren vor 1848 erfüllte der Eisenbahnbau in Preußen mit der Beschäftigung zehntausender Armer eine wichtige soziale Funktion [69]. Seit Mitte März 1846 schütteten Arbeiter als Vorbereitung des Soester Bahnhofsbaues die Gräben zwischen Brüder- und Walburger-Tor zu [70]. Gleichzeitig begann mit Arbeiten am Kommunalweg nach Hiddingsen eine Reihe ähnlicher öffentlicher Beschäftigungsmaßnahmen [71]. Dreizehn Tagelöhner aus dem Amt Oestinghausen gingen zum Eisenbahnbau nach Oelde [72]. Die Planierung des künftigen Soester Bahnhofsgeländes, die im Frühjahr 1846 rund hundert Tagelöhner beschäftigte, stockte ab Mai auf behördliche Anordnung [73]. Sofort stieg die Zahl der Bettler. Schon in den drei ersten Monaten des Jahres griff die Polizei im Amt Borgeln 46 Bettler und Vagabunden auf [74], im gesamten Jahr registrierte sie 102 Bettler, die zu drei Vierteln aus Soest stammten [75]. Verkäufe von Korn im Wege des Meistgebotes forderten den mittellosen Bürgern im Kreis überhöhte Preise ab. Oft verschuldeten sie sich hoffnungslos, weil der Händler ihnen die Kaufsumme stundete [76]. Als die aufeinanderfolgenden Mißernten auch die sonst relativ gesichert wirtschaftenden Grundbesitzer in Schwierigkeiten brachte, entließen diese teilweise ihre Knechte und verstärkten so die Arbeitslosigkeit zusätzlich [77]. Besonders der harte Winter 1846/47 verschärfte die Situation. Truppweise machten sich Holzdiebe aus Soest auf in die Bördeansiedlungen und mißhandelten

---

67) Kreisblatt Nr. 8 / 19.2.1847
68) StaAM Kreis Soest Nr. 14
69) Koselleck, Preußen, S. 619
70) StaAM Kreis Soest Nr. 14
71) ebda.
72) ebda.
73) ebda.
74) ebda.
75) ebda.
76) ebda.
77) ebda.

Hofbesitzer, wenn diese sich ihnen in den Weg stellten [78].

Mitte Januar 1847 mahnte Landrat von Bockum-Dolffs im "Kreisblatt" [79] zu äußerster Sparsamkeit beim Verbrauch der Lebensmittel. Um die Bettelei von Kindern einzudämmen, speiste das Soester Armendirektorium vom Mitte Mai bis Mitte Juli 1847 täglich fünf- bis sechshundert unterstützungsbedürftige Kinder der Stadt [80]. Der Landwirtschaftliche Kreisverein empfahl über das "Kreisblatt" [81] den Anbau schnellwachsenden Rapses und gab Anleitungen zum Brotbacken aus Queckenwurzeln. Graf von Plettenberg spendete im Mai 1847 rund vierzig armen Familien Hovestadts Getreide und ließ es kostenlos verbacken [82] - eine von zahlreichen privaten Hilfeleistungen.

Im September 1847 begannen in Soest wieder die Arbeiten beim Bau der Eisenbahn [83]. Eine zufriedenstellende Getreideernte ließ eine Besserung der Lage erhoffen, aber die Kartoffelfäule wütete weiter.

---

[78] ebda.
[79] Kreisblatt Nr. 3 / 15.1.1847
[80] Kreisblatt Nr. 21 / 21.5.1847
[81] ebda.
[82] StaAM Kreis Soest Nr. 14
[83] ebda.

E. Soest in der Revolution

I. Unruhen als Auswirkungen der Hungerwinter

Während sich die entscheidenden Geschehnisse im März 1848 zwischen Nordbaden, Wien und Berlin abspielten, blieb es in Westfalen recht ruhig. Insbesondere in den wenig industrialisierten Teilen der Provinz äußerte sich nur vereinzelt Unmut. So versuchten Bauernsöhne in Beckum die Teilung der städtischen Gemeinheitsgründe zu verhindern [1]. In Oelde brachen Unruhen aus, als die Eisenbahn-Gesellschaft eine größere Anzahl Arbeiter entließ [2]. Zu Tumulten kam es in Lippstadt auf dem Marktplatz, weil hungernde Arbeiter einen Maskenball der Schützen zu verhindern suchten [3].

Soest dagegen bewahrte Ruhe. Am 23. März veranstalteten die Primaner des Gymnasiums einen großen Umzug durch die Stadt, in dessen Verlauf sie die schwarz-rot-goldene Fahne auf dem Rathaus aufstellten und der spätere preußische Handelsminister Heinrich von Achenbach – 1848 noch Primaner – eine flammende Ansprache auf die Freiheit hielt [4].

Gerade in den Jahren 1848/49 drängt sich die Feststellung auf, die Zeitungsberichte des Landrats und der Bürgermeister an die Regierung neigten zur Beschönigung der Lage. Sie bemühen sich, die lobenswerte Stimmung und das bislang gänzlich fehlende Auftreten von Tumulten zu betonen [5]. Trotzdem aber gibt es Anzeichen für Unruhen zumindest in den Gemeinden um Soest. Wirtschaftliche Schwierigkeiten als Ausflüsse der Hungerwinter erlangten dabei ausschlaggebende Bedeutung. Im April stiegen die Getreidepreise in Soest auf das Niveau der Krisenjahre 1816/17 [6]. Angesichts der Unruhen in größeren Städten mußte auch die Bevölkerung im

---

[1] Schulte, Volk, S. 170
[2] ebda.
[3] Klockow, Stadt Lippe, S. 243 f.
[4] Schulte, Volk, S. 175 und Hilse, Klaus: Keine Sympathie für die Demokratie. In: HKS 47 (1974) S. 52 - 56 (zitiert: Hilse, Demokratie) S. 52
[5] StaAM Kreis Soest Nr. 14
[6] StAS Abt. B XXXIII a 15

Soester Raum annehmen, jetzt sei die Gelegenheit günstig, um langgehegte Forderungen durchzusetzen. So betonte Bürgermeister Smiths aus Meyerich zwar im Mai 1848, der konservative Bauer verspräche sich wenig von der "allgemeinen Umgestaltung der Dinge" [7], doch erwarte er vom Landtag eine Ermäßigung der direkten Steuern. Aus Weslarn hieß es, der Landmann wünsche sehr eine Verbesserung seiner Lage, erhoffe sie jedoch nur auf gesetzlichem Weg [8].

Zumindest aus dem Amt Körbecke aber liegen Hinweise auf gewaltsame Unruhen der Landbevölkerung vor [9]. In Körbecke brach im März 1848 der Haß junger Burschen gegen sechs Judenfamilien los, die in Verbindung mit einem längst vergessenen Überfall im Dorf gebracht wurden [10]. Dagegen hofften eine Reihe von Echtroper Kleinbauern durch Bedrohung ihres Gläubigers - eines Juden in Erwitte - sich hoher Zinszahlungen zu entledigen. Doch der Marsch der Unzufriedenen endete aus Angst vor rechtlichen Folgen noch vor Erwitte [11]. Die Aufteilung des Arnsberger Waldes erhitzte 1848 die Gemüter in den Möhnegemeinden. Aus Verärgerung über die langwierigen Zuweisungen und erheblichen Ansprüche des Fiskus veranstalteten mehr als hundert Bewohner dieser Gemeinden eine freie Jagd und zogen jubelnd mit ihrer Beute durch das Möhnetal in Richtung Günne [12]. Dort allerdings ließen sie von den staatlichen Jägern widerstandslos ihre hochbeladenen Wagen beschlagnahmen. An diesen Vorgängen bestätigt sich die 1959 von Günther Franz [13] aufgestellte These, dort, wo agrarische Unruhen ausgebrochen seien, hätten die Bauern die Belastungen aus der Ablösungsgesetzgebung abschütteln und eine Beseitigung herrschaftlicher Jagdrechte erreichen wollen [14].

---

[7] StaAM Kreis Soest Nr. 14
[8] ebda.
[9] Berken: Die Revolution von 1848 im Amte Körbecke. In: HKS 5 (1926) S. 78 - 84 (zitiert: Berken, Revolution)
[10] ebda. S. 79
[11] ebda. S. 80
[12] ebda. S. 81
[13] Franz, Günther: Die agrarische Bewegung im Jahre 1848. In: Zeitschrift für Agrargeschichte und Agrarsoziologie 7 (1959) S. 176 - 193 (zitiert: Franz, agrarische Bewegung)
[14] ebda. S. 188 f.

Insgesamt verhinderte wohl die relativ ausgewogene Agrarstruktur im Soester Raum mit Mittel- und Kleinbetrieben, daß sich angesichts der schwierigen Ernährungslage Unmut gegen wenige Reiche entfalten konnte. Andererseits erlebte der Soester Raum 1845/46 eine größere Lebensmittelverknappung als im folgenden Winter 1846/47. Die soziale Notsituation lag somit bereits hinter der Bevölkerung im Soester Raum, als im März 1848 die ersten Schüsse in Berlin fielen. Trotzdem aber weckte die Umbruchstimmung in breiten Schichten den Wunsch nach einer durchgreifenden Änderung ihrer Situation. Während verschiedene konservative oder maßvoll demokratische Gruppen in Soest über gesamtstaatliche Fragen diskutierten, nutzte nur eine Gruppe nachhaltig alle sich auftuenden Möglichkeiten zur Verbesserung ihrer Lage: die Gewerbetreibenden.

II. Die Soester Presse bezieht Partei

Bereits 1845 sprach sich der westfälische Landtag mit 56 zu 16 Stimmen für die Pressefreiheit aus [1]. Aber es dauerte noch drei Jahre, bis das "Kreisblatt" am 31. März 1848 seinen Lesern eröffnete: "Die Censur ist aufgehoben! Preßfreiheit!" Die Redaktion versprach, "künftig eine allgemeine politische Rundschau über die hervorragendsten Bewegungen der Gegenwart" [2] dem übrigen Textteil voranzustellen und zeigte sich bereit, "die Spalten unseres Blattes den Stimmen befähigter Bürger über Angelegenheiten der Stadt und des Kreises zu öffnen, damit [...] die vielleicht früher nicht laut gewordenen gerechten Ansprüche und Wünsche" [3] Gehör fänden. Nach Jahren der Anpassung an die engen Grenzen der Zensur und des Wohlwollens gegenüber den Behörden mühte sich das "Kreisblatt" um eine eigenverantwortliche Position.

Konkurrenz am Ort verlieh diesen 'Emanzipierungsbestrebungen' bald auch konkrete wirtschaftliche Notwendigkeit. Am 27. Juni 1848 erbat Eduard Rochol vom Oberpräsidenten in Münster die Genehmigung zur Herausgabe einer zweiten Zeitung in Soest [4]. "Der Westfälische Bürger- und Bauernfreund" wolle "jedwedem Versuche anarchischer Bestrebungen" entgegentreten und "die gewerblichen Interessen" des Soester Raumes diskutieren [5]. Zwar erteilte Münster die Genehmigung erst am 20. Juli, die erste Nummer des Blattes aber erschien bereits am 1. Juli 1848.

Kanonikus Ludwig Friedrich von Schmitz, Sohn einer angesehenen Soester Familie und Kommandeur der Bürgerschützen, übernahm mit großem politischen Engagement die Redaktion. Wegen seiner Teilnahme am Steuerverweigerungs-Kongreß am 18. November 1848 in Münster mußte von Schmitz als einer der "Dezember-Gefangenen" vom 11. Dezember 1848 an ein-

---

1) Koselleck, Preußen, S. 431
2) Kreisblatt Nr. 14 / 31.3.1848
3) ebda.
4) StaAM Oberpräsidium Nr. 96, Bd. 1, fol. 82
5) ebda.

sitzen [6] - ein erstes Opfer der wieder erstarkenden Reaktion. Von diesem Zeitpunkt an zeichnete Eduard Rochol auch als Redakteur verantwortlich. Als Blatt des demokratisch-konstitutionellen Vereins hatte der "Bürger- und Bauernfreund" die weitgehendsten Forderungen der Soester für eine Veränderung des Staates publizistisch wirksam gemacht, getreu dem Motto der Eröffnungsausgabe: "[...] alle Bestrebungen einer vaterlandesverrätherischen Clicque zur Wiederherstellung des gestürzten Systems mit gebührender Schärfe [zu] geißeln und züchtigen" [7]. Aber bereits im Frühjahr 1849 erwies sich das alte System als stärker, die Zeitung verlor an Farbe, veröffentlichte Weltnachrichten statt politischer Auseinandersetzungen aus dem Soester Raum [8] und bot in den restlichen Spalten Kurioses an. Die farbigste und engagierteste Soester Zeitung des 19. Jahrhunderts erstickte in der Reaktion. Ab 1. Januar 1850 gab Eduard Rochol stattdessen den "Stadt- und Landboten" heraus bis der Kautionszwang des preußischen Pressegesetzes vom 5. Juni 1850 [9] auch diese zahme Publikation im August 1850 abwürgte.

Ein ähnliches Schicksal erlebte die erste Werler Zeitung, der katholische "Freimüthige an der Haar" [10], den vom 1. April 1850 an Bürgermeister a.D.H. Kiehl aus Soest redigierte. In seiner Erscheinungszeit vom Januar 1849 bis zum September 1850 setzte sich dieses Organ vehement für die demokratisch-konstitutionelle Monarchie unter dem österreichischen Kaiser [11] ein und unterstützte die Wahlenthaltung im Januar 1850 lautstark [12], bis eine Kaution von tausend Talern die finanziellen Möglichkeiten des Verlegers Anton Stein überforderte.

Die politischen Überlegungen im Soester Raum fanden, solange die Reaktion nicht jede Regung abschnürte, weit über

---

6) Schulte, Volk, S. 280 und S. 285
7) Bürger- und Bauernfreund Nr. 1 / 1.7.1848
8) Köhn, Presse, S. 80
9) ebda. S. 80 f.
10) Stein, Elisabeth: "Der Freimüthige an der Haar" als Organ des politischen Katholizismus 1849-50. Dortmunder Beiträge zur Zeitungsforschung, Bd. 9, Dortmund 1965 (zitiert: Stein, Freimüthige)
11) ebda. S. 29 ff.
12) ebda. S. 65 ff.

die Kreisgrenzen hinaus publizistische Resonanz. Seit der 1825 und 1836 [13]) in Soest lebende Ferdinand Freiligrath [14]) am 12. Oktober 1848 in die Redaktion der "Neuen Rheinischen Zeitung" eintrat, veröffentlichte der Soester demokratisch-konstitutionelle Verein in diesem - laut Untertitel - "Organ der Demokratie". Am 16. November 1848 etwa sprach diese politische Gruppierung dem Soester Abgeordneten in Berlin, dem Geheimen Obertribunalrat von Ulrich, öffentlich ihr Mißtrauen aus [15]). Während sich im Dezember 1848 in Soest kein publizistischer Protest gegen die Verhaftung des "Bürger- und Bauernfreund" - Redakteurs Kanonikus Ludwig Friedrich von Schmitz regte, gab die "Neue Rheinische Zeitung" diesem Vorfall und seinen Folgen breiten Raum [16]).

Am 1. April erschien auf der Titelseite der "Neuen Rheinischen Zeitung" [17]) vollständig abgedruckt das Freilassungs-Gesuch des Kanonikus von Schmitz aus dem Münsterschen Zuchthaus. Der Schwerkranke bat: "Hohe zweite Kammer wolle geneigtest dahin wirken, daß die gegen mich Seitens der Münsterschen Richter beliebten exceptionellen Maßregeln, als Akte der Willkür erkannt und somit durch meine Entlassung aus den verpesteten Zellen des hiesigen Zuchthauses ein wohl prämedirter, langsamer Mord verhütet und ein 50jähriger Familienvater nicht länger gemaßregelt werde" [18]). Dieser publizistische Schuß traf ins Schwarze. Ende April kehrte vom Schmitz - zum Ärger einer Reihe von Soester Konservativen - in die Stadt zurück. Der Korrespondent der "Neuen Rheinischen Zeitung" bemerkte bissig: "Die Herren Reaktionärs schnitten grimmige Gesichter und eine Masse pensionierter Kriegsschnurrbärte starrte vor Wut empor" [19]). Als die "Neue Rheinische Zeitung" am 19. Mai 1849 rot gedruckt zum letzten Mal erschien [20]), ging auch

---

13) Heim, Harro: Ferdinand Freiligrath in seiner Zeit. In: Mitteilungen. Stadt- und Landesbibliothek Dortmund, Heft 1, 1960 (zitiert: Heim, Freiligrath) S. 12
14) Schwering, Julius: Ferdinand Freiligrath. In: Westfälische Lebensbilder, Hrsg. O. Leunenschloß, Münster 1933 Bd. IV, S. 289-313 (zitiert: Schwering, Freiligrath)
15) Neue Rheinische Zeitung Nr. 148 / 21.11.1848
16) Neue Rheinische Zeitung Nr. 169 / 15.12.1848; Nr. 196 / 16.1.1849; Nr. 205 / 26.1.1849
17) Neue Rheinische Zeitung Nr. 261 / 1.4.1849
18) ebda.
19) Neue Rheinische Zeitung Nr. 283 / 27.4.1849

den Demokratisch-Konstitutionellen in Soest damit ihr Sprachrohr verloren.

Den konservativ Ausgerichteten blieb dagegen neben dem "Kreisblatt" auch die "Westfälische Zeitung", für die bei der Buchhandlung Ritter in Soest und der Stein'schen Buchhandlung in Werl Abonnements und Insertionen aufgegeben werden konnten [21]. Diese regional verbreitete Zeitung [22] rettete sich wie das "Kreisblatt" in die Zeit der Reaktion und veröffentlichte dann auch für den Soester Raum wichtige Nachrichten und Korrespondentenberichte zum Eisenbahnbau.

Über die publizistische Situation im Soester Raum während der Revolution läßt sich zusammenfassen:

1. Neben das "Kreisblatt" als amtliches Bekanntmachungsorgan tritt eine schon im Titel Partei nehmende zweite Zeitung in Soest, "Der Westfälische Bürger- und Bauernfreund".
2. Im Zuge der Auseinandersetzung über die künftige politische Organisierung Deutschlands entwickelt sich der "Bürger- und Bauernfreund" zum Organ des Demokratisch-konstitutionellen Vereins, das "Kreisblatt" zum Sprachrohr der Konstitutionellen.
3. Während das "Kreisblatt" als amtliches Bekanntmachungsorgan die bessere wirtschaftliche Basis aufweist und als Organ der Konservativen kaum mit der erstarkenden Reaktion in Konflikt gerät, würgt das reaktionäre Pressegesetz vom 5. Juni 1850 die wirtschaftlich schwach abgesicherte 'Parteizeitung' Eduard Rochols mit einer überhöhten Kautionsforderung ab.
4. Erstmals erlangen regional verbreitete Zeitungen für den Soester Raum dadurch Bedeutung, daß sie auch aus Soest berichten. Im Fall des Kanonikus von Schmitz entfacht die "Neue Rheinische Zeitung" in Verfolg ihrer eine gleiche Richtung einnehmenden politischen Linie sogar eine publizistische Kampagne für einen Soester.

---

20) Schraepler, Ernst: Handwerksbünde und Arbeitsvereine 1830 - 1853, Berlin 1972 (zitiert: Schraepler, Handwerksbünde) S. 346
21) Westfälische Zeitung Nr. 169 / 19.7.1849

5. In Bezug auf das Thema dieser Arbeit ergibt sich ein sehr starkes Hervortreten staatspolitischer Überlegungen gegenüber wirtschaftlichen und sozialen Fragen während der Revolutionszeit. Diese Feststellung läßt sich zweifellos verallgemeinern und enthält wenig Soest-Spezifisches. Doch stehen die Monate der Revolution mit freier Presse als eindrucksvolles Beispiel zumindest im "Bürger- und Bauernfreund" dafür, daß sich auch auf lokaler Ebene profilierte Presseorgane bildeten, die über die Diskussion staatspolitischer Fragen hinaus zweifellos - wie es der "Bürger- und Bauernfreund" selbst ankündigte - im folgenden auch wirtschaftlichen Diskussionen als Forum gedient hätten.

Für die Auswertung der Soester publizistischen Quellen im Zeitraum von 1850 bis 1880 ergeben sich aus diesen Überlegungen zwei wesentliche Aspekte: Wenn die sich etablierenden beiden Soester Zeitungen zunächst wenig eigenen redaktionell erarbeiteten Stoff anboten und auch Soester Themen nicht von anderen Berichterstattern behandeln ließen, dann liegt diese Zurückhaltung zweifellos in der Knebelung der Presse begründet. Andererseits mußte der ehemalige Verleger des "Bürger- und Bauernfreund", Eduard Rochol, seinen jungen "Soester Anzeiger" sehr zurückhaltend dem Leser anbieten, um das unsichere Geschäft der Herausgabe einer Zweitzeitung in Soest nicht gleich zusammenstürzen zu lassen. Rücksichtnahmen gegenüber machtpolitischer Willkür und privatwirtschaftlicher Existenzsicherung kennzeichnen also die Soester Presse der beginnenden fünfziger Jahre des 19. Jahrhunderts.

---

22) Behrbalk, Erhard: Die "Westfälische Zeitung". Ein Beitrag zur Geschichte der westfälischen Tagespresse im 19. Jahrhundert (1848-1883), München Phil. Diss. 1942, Dortmund 1958 (zitiert: Behrbalk, Westfälische Zeitung)

III. Handwerker und Kaufleute nutzen ihre Chance:
Gründung eines Gewerbevereins

Noch bevor die Soester Bürger sich in politischen Vereinen über die künftige Organisierung ihres Staates zerstritten, nutzten die Gewerbetreibenden die Gunst der Stunde. Wie bei anderen Initiativen zuvor unternahm ein einzelner den Vorstoß und bediente sich dabei der Soester Presse. Kupferschläger-Meister Wilhelm Gottschalk II verfaßte am 25. April 1848 einen offenen Brief "Ein Wort für die kleinen Handwerker" [1], den das "Kreisblatt" am 2. Mai 1848 veröffentlichte. Bei den Bestrebungen, die Lage der arbeitenden Volksklassen zu bessern - schrieb Gottschalk - müßten die kleinen Handwerker Berücksichtigung finden. Wie schwierig sich ihre Lebensverhältnisse gestalteten, habe sich erst kürzlich gezeigt, "wie im vorigen Jahre die öffentlichen Bauten an der Eisenbahn, und die Communal-Wegebauten begonnen, viele dieser ihre Werkstätte verschlossen, und um einen besseren Verdienst als bei ihren Gewerben zu erzielen in den Erdkarren ihre Beschäftigung suchten" [2]. Um "dem sonst zunehmenden Pauperismus entgegen zu wirken" und "die so sehr unterkommenen Gewerbe zu beleben" schlug Gottschalk vor, "daß die verschiedenen Körperschaften der Gewerbe in Soest, vielleicht mit den ihnen zunächst stehenden gemeinsame Vereine bildeten, um auf vernunftgemäßen, bescheidenen und gesetzlichen Wegen, Vorschläge und Abhülfe der ihren Gewerben drückenden Verhältnissen berathen und an den Tag legten [...]" [3]. Was Kupferschläger Gottschalk zunächst als lokale vorbereitende Beratung der Verhandlungen des Berliner Central-Vereins für das Wohl der arbeitenden Klassen vorsah, entwickelte sich im Laufe des Jahres 1848 zu einer eigenständigen Soester Organisation.

---

1) Kreisblatt Nr. 23 / 2.5.1848
2) ebda.
3) ebda.

Über das "Kreisblatt" lud Uhrmacher Friedrich Ritter am 1. August 1848 sämtliche Handwerker des Kreises nach Soest ein: "Der Zweck der Versammlung soll sein, Handwerker-Zustände zu besprechen und einen Deputirten zum Gewerbe-Congreß nach Frankfurt zu wählen" [4]. Diese Zusammenkunft bestellte einen provisorischen Vorstand aus 13 Gewerbetreibenden mit Bau-Inspektor Buchholtz und Bürgermeister Schulenburg als Vorsitzern [5], die sich am 18. August 1848 über das "Kreisblatt" an die Gewerbetreibenden wandten und jedes Gewerbe zur Wahl von Beisitzern aufforderten [6]. Bereits am 5. September 1848 veröffentlichte das "Kreisblatt" die "Statuten des Gewerbe-Vereins zu Soest" [7]. Zweck der Organisation laut Paragraph 1, "die gemeinschaftlichen Interessen der Gewerbetreibenden der Stadt Soest und Umgegend in den Grenzen deren Betheiligung wahrzunehmen, Mängel und Übelstände, welche den Gewerben ankleben, zu besprechen und dahin zu wirken, daß solche beseitigt werden" [8].

Damit vollzogen die Soester Gewerbetreibenden nach, was Handwerker und Kaufleute anderer Städte vor ihnen schon zur Wahrung ihrer Interessen in Angriff genommen hatten. In Hagen konstituierte sich schon 1839 ein Gewerbeverein auf Anregung Friedrich Harkorts zur gegenseitigen praktischen und wissenschaftlichen Ausbildung seiner Mitglieder [9]. Nach dem Hagener Vorbild bildete sich 1840 auch in Dortmund ein Gewerbeverein mit starker Berücksichtigung der Handwerksinteressen [10]. In wöchentlichen Zusammenkünften tauschten die Dortmunder Gewerbetreibenden Kenntnisse aus und richteten 1846 zur besseren Lehrlingsausbildung eine Abendschule ein [11].

---

4) Kreisblatt Nr. 49 / 1.8.1848
5) StAS Abt. B XXXII c 8
6) Kreisblatt Nr. 54 / 18.8.1848
7) Kreisblatt Nr. 59 / 5.9.1848
8) ebda.
9) Berger, Louis: Der alte Harkort. Ein Westfälisches Lebens- und Zeitbild, Leipzig 1890 (zitiert: Berger, Harkort) S. 303
10) Schulte, Volk, S. 138
11) Prümer, Carl: Zur Geschichte des Gewerbe-Vereins 1840 - 1890. Festschrift zum 50jährigen Jubiläum des Gewerbevereins zu Dortmund, Dortmung 1890 (zitiert: Prümer, Gewerbe-Verein) S. 8 f.

Die Soester Gewerbetreibenden legten in ihren Statuten fest, der Vorstand solle sich jeweils montagabend um 20 Uhr treffen [12]. Am 11. September 1848 konstituierte sich der Vorstand mit 12 Mitgliedern, Wilhelm Gottschalk junior übernahm den Vorsitz [13]. Im Oktober 1848 diskutierte der Gewerbevereins-Vorstand den Entwurf des vom 15. Juli bis 18. August tagenden Frankfurter Handwerker- und Gewerbekongresses für eine neue Gewerbeordnung [14]. Ob ein Soester Gewerbetreibender an dessen Beratungen teilnahm, erscheint zunächst aufgrund der Wahlankündigung eines Delegierten im "Kreisblatt" Anfang August [15] wahrscheinlich, bestätigt sich jedoch nicht anhand der im "Entwurf einer allgemeinen Handwerker- und Gewerbe-Ordnung für Deutschland" [16] 1848 mitveröffentlichten Teilnehmerliste des Kongresses. Mit geringfügigen Änderungen billigte jedoch der Soester Gewerbeverein am 23. Oktober 1848 diesen Entwurf [17]. Zur Unterstützung der Bestrebungen des Handwerkerparlaments richtete der Soester Gewerbeverein Anfang November 1848 an die Frankfurter Nationalversammlung eine Adresse, die das "Kreisblatt" auch im Soester Raum bekannt machte [18]. An eine Beschreibung der schwierigen Situation der Gewerbe knüpften die Verfasser die Forderung, "daß dergleichen Übelstände durch Aufhebung einer schrankenlosen Gewerbefreiheit und durch neu zu bildende Innungen, hervorgegangen aus einer zweckmäßigen Gewerbeordnung, für Deutschland zu beseitigen sind" [19]. Um die örtliche Situation zu verbessern, habe sich auch in Soest ein Gewerbeverein konstituiert, der 380 heimische Gewerbetreibende vertrete. Die gleiche Adresse ging am 20. November 1848 auch an die Zweite Kammer in Berlin ab [20]. In der Hoffnung, restriktive Maßnahmen könn-

---

12) Kreisblatt Nr. 59 / 5.9.1848
13) StAS Abt. B XXXII c 8
14) ebda.
15) Kreisblatt Nr. 49 / 1.8.1848
16) Entwurf einer allgemeinen Handwerker- und Gewerbeordnung für Deutschland. Berathen und beschlossen von dem deutschen Handwerker- und Gewerbe-Congreß zu Frankfurt am Main in den Monaten Juli und August 1848, Hamburg 1848 (Xerok.) (zitiert: Handwerker- und Gewerbeordnung)
17) StAS Abt. B XXXII c 8
18) Kreisblatt Nr. 76 / 3.11.1848
19) ebda.
20) StAS Abt. B XXXII c 8

ten die durch die Gewerbefreiheit entstandenen Schwierigkeiten beseitigen, unterstützten die Soester Gewerbetreibenden die Forderungen der Frankfurter Handwerkerbewegung. Wilhelm Gottschalk und Friedrich Ritter nahmen überdies am ersten Provinzial-Handwerker-Congreß in Hamm im März 1849 teil [21].

Zur Jahreswende 1848/49 jedoch verlagerte sich der Schwerpunkt der Arbeit des Soester Gewerbevereins vom staatspolitischen Engagement zur Durchsetzung von Wirtschaftsinteressen auf die konkrete Verbesserung der Gewerbesituation im Soester Raum. Diese Hinwendung zur Selbsthilfe begann mit einer Bestandsaufnahme. Die Teilnehmer der Generalversammlung vom 4. Dezember 1848 beschlossen, die turnusmäßigen Montagssitzungen auszusetzen, "bis wir ein Resultat über die Gewerbeverhältnisse entgegen nehmen können" [22]. Mit der Zulassung von Gewerberäten bot die Verordnung vom 9. Februar 1849 den Soester Gewerbetreibenden ein ihnen geeignet erscheinendes Organ zur Neubelebung des Handwerks und in sehr viel bescheidenerem Maße auch des Handels.

---

21) ebda.
22) ebda.

F. Soest sucht Anschluß an die Industrialisierung

I. Das Handwerk behauptet sich

a. Bildung eines Gewerberates

Als einziges sozialpolitisches Gesetz in Preußen während der Revolutionsjahre darf die von der Handwerker- und Gesellenbewegung [1] beeinflußte Novelle zur Gewerbeordnung vom 9. Februar 1849 [2] gelten. Die Handwerker verbuchten im Bestreben um die Sicherung ihrer Eigeninteressen einen Teilerfolg, den Mommsen als typisches Verhalten in der Revolution 1848/49 so beschrieb: "Jede kleine wirtschaftliche Gruppe wollte Freiheit für sich dadurch erreichen, daß der Staat dem Konkurrenten das Handwerk legen sollte" [3]. Köllmann charakterisiert die Novelle als doppelten Kompromiß zwischen liberaler Auffassung und sozialen Ansprüchen wie unterschiedlichen Interessen von Meistern und Gesellen [4]. Den Innungen und Meistern gestand die Verordnung vom 9. Februar 1849 ein Beaufsichtigungs- und Prüfungsrecht über die Lehrlinge zu, auch nicht zur Innung Gehörige mußten nun Gesellen- und Meisterprüfungen ablegen. Gewissermaßen als sozialpolitische Lokalparlamente sollten sich Gewerberäte aus gewählten Vertretern des Handwerks, Handels und Fabrikwesens mit Fragen der Lehrlingsbeschäftigung, Prüfungen und der Regelung von Arbeitsverhältnissen beschäftigen [5]. Ein Ortsstatut konnte darüber hinaus die Hinzuziehung von Arbeitnehmervertretern zu den Diskussionen regeln.

Im Soester Raum gab die Regierungsverfügung vom 31. März 1849 betr. die Errichtung von Gewerberäten den Anstoß zu

---

1) Köllmann, Anfänge Sozialpolitik, S. 44
2) Verordnung, betreffend die Errichtung von Gewerberäthen und verschiedene Abänderungen der allgemeinen Gewerbeordnung vom 9. Februar 1849. In: Gesetz-Sammlung für die Königlichen Preußischen Staaten 1849, Berlin S. 93 - 110 (zitiert: Verordnung vom 9.2.1849)
3) Mommsen, Größe, S. 157
4) Köllmann, Anfänge Sozialpolitik, S. 44
5) ebda. Vgl. auch Meusch, Handwerkerbewegung, S. 317

einer Konferenz der Gewerbetreibenden und Kommunal-Vorstände des Kreises Soest am 28. April 1849 in Soest [6]. Die Anwesenden sprachen sich grundsätzlich für die Einrichtung von Gewerberäten aus und schlugen ein solches Gremium für Stadt und Amt Werl mit dem Kirchspiel Bremen und ein zweites für die Stadt Soest und die Ämter Lohne, Borgeln, Oestinghausen, Schwefe sowie das Kirchspiel Körbecke vor [7]. Am 10. Mai 1849 stellte der Vorstand des Soester Gewerbevereins einen entsprechenden Antrag bei der Arnsberger Regierung [8]. Als sich bis zur Jahreswende keine Antwort abzeichnete, richtete die Generalversammlung Silvester 1849 eine Adresse an die Arnsberger Regierung "wegen Beschleunigung und Einführung des Gewerberathes" [9].

Aber erst Ende März 1850 deutete sich eine Entscheidung an. Der Protokollant der Vorstandssitzung des Gewerbevereins vom 25. März notierte: "[...] daß der Herr Regierungs-Rath Jacobi von Arnsberg bei seiner Durchreise gestern dem hiesigen Gewerbeverein die Mittheilung privatim machte, daß das Ministerium jetzt den längst gewünschten Antrag wegen Bildung eines Gewerberathes für die Stadt Soest genehmigt habe" [10]. Noch bis zum 26. Mai 1851 liegen Hinweise auf Versammlungen des Soester Gewerbevereins vor, am 26. November 1849 revidierte er seine Statuten und verkleinerte den Vorstand von zwölf auf sieben Personen [11]. Dann aber ging die Aufgabenwahrnehmung dieser Organisation in den Arbeitsbereich des Gewerberates über, wie auch die weitgehende Identität der verantwortlich Mitarbeitenden belegt.

Im "Kreisblatt" machte Landrat von Bockum-Dolffs am 5. April 1850 [12] die Genehmigung eines Gewerberates für Soest bekannt. Sein Bezirk umfaßte entgegen dem Vorschlag der Gewerbetreibenden-Konferenz vom April 1849 nur den Gemeindebezirk der Stadt Soest. Sieben Mitglieder sollten die Handwerker in ihm vertreten, fünf den Handelsstand. Am 30. April

---

6) StAS Abt. B XXXII c 8
7) ebda.
8) ebda.
9) ebda.
10) ebda.
11) ebda.
12) Kreisblatt Nr. 28 / 5.4.1850

1850 wählten die Handwerker Kupferschläger-Meister Wilhelm Gottschalk jun. (19.6.1807 - 3.1.1870), Weber-Meister Anton Buse, Schuster-Meister Wilhelm Pieper, Bäcker-Meister Arnold Huver, Uhrmacher-Geselle Friedrich Ritter und die Schreiner-Gesellen Heinrich Kampmann und Conrad Erb zu ihren Vertretern [13]. Aus den Wahlen der Handels-Abteilung gingen am 4. Juli 1850 Apotheker August Vahle und die Kaufleute Phillip Stern, E.W. Holzwart, Adolph Rocholl und Johann Rocholl hervor [14]. August Vahle leitete die Handels-Abteilung, bei Sitzungen des Gesamt-Gewerberates führte Wilhelm Gottschalk jun. den Vorsitz [15].

Gottschalk und Vahle entwickelten sich Anfang der fünfziger Jahre des 19. Jahrhunderts - Gottschalk schon seit seiner Initiative zur Gründung des Gewerbevereins - bis zur Auflösung des Gewerberates 1854 zu den herausragenden Persönlichkeiten unter den Soester Gewerbetreibenden; allerdings ganz im Sinn der Novelle vom 9. Februar 1849 d.h. in enger Anlehnung an den Magistrat, einer stillschweigenden Bevorzugung handwerklicher gegenüber Handelsinteressen und einer sorgsamen Rücksichtnahme auf die in Innungen organisierten Handwerker der Stadt. Über Gottschalk (19.6.1807 - 3.1.1870) liegen nur wenige biografische Angaben vor. Er arbeitete als Kupferschläger-Meister, bis er in einer Anzeige im "Soester Anzeiger" am 3. November 1854 mitteilte, er eröffne im Grandweg einen Betrieb als Uhrmacher [16]. Anfang der fünfziger Jahre des 19. Jahrhunderts war Gottschalk Landtags-Abgeordneter, 1861 nennt der Magistratsbericht Gottschalk als Mitglied der Stadtverordneten-Versammlung [17], eine Veröffentlichung im "Kreisblatt" weist ihn im gleichen Jahr als Kirchenmeister im Presbyterium der Petri-Gemeinde aus [18]. Wilhelm Gottschalk zählte also zu den gesellschaftlich anerkannten Bürgern seiner Stadt. Seine

---

13) Kreisblatt Nr. 48 / 14.6.1850
14) Kreisblatt Nr. 66 / 16.8.1850
15) StAS Abt. B XIX a 1
16) Anzeiger Nr. 88 / 3.11.1854
17) StAS Abt. 8 XV k 84,4 und Magistratsbericht 1861, S. 3
18) Kreisblatt Nr. 99 / 10.12.1861

geschliffene Korrespondenz läßt auf eine gute Schulbildung
schließen.

August Vahle (1809 - 1881) übernahm 1830 die Apotheke
seines Vaters am Markt [19]. Sein vehementes Eintreten für
Handwerker-Interessen und seine Zurückhaltung in der Durchsetzung von Handels-Belangen leiten sich möglicherweise
aus privaten Geschäftsinteressen her: Eine Aktennotiz des
Gewerberates vom 9. Februar 1851 nennt Vahle als alleinigen
Apotheker der Soester Gesellen-Unterstützungsvereine [20].
Mit Wilhelm Gottschalk verband ihn vermutlich eine persönliche Freundschaft: Gottschalk wohnte bis 1854 gegenüber
der Engel-Apotheke am Markt [21]. Als langjähriger Stadtverordneter, 1860 auch Beigeordneter, Adjutant des Bürger-
schützenvereins und Petri-Kirchenvorstandsmitglied spielte
Vahle auch im politischen und kulturellen Leben der Stadt
eine bedeutsame Rolle. Seit 1863 widmete er sich der Landwirtschaft, kaufte das Landgut Hüttinghausen und zog sich
1867 dorthin zurück [22].

Die Aktivitäten des Gewerberates konzentrierten sich gleich
nach seiner Konstituierung auf die Ausarbeitung eines Orts-
Gewerbe-Statuts. Dabei erwies sich die Handwerker-Abteilung
ungleich aktiver als die Handels-Vertretung [23]. Im Sommer
1850 erfolgten in ihr die wesentlichen Vorberatungen für
das Orts-Statut vom 27. Mai 1851, das das "Amtsblatt" der
Arnsberger Regierung mit der Bemerkung veröffentlichte,
"damit dasselbe auch für andere Orte bei der Entwerfung
ähnlicher Anordnungen zum Vorbilde diene" [24]. Ebenso
setzte sich der Gewerberat mit Prüfungsangelegenheiten auseinander [25] und bearbeitete Beschwerden einzelner Gewerbetreibender gegen unerwünschte Konkurrenz [26].

---

19) Behlmer, Gerd Hinrich: Geschichte der Apotheker im
    alten Soest. In: SZ 46, Soest 1932 (zitiert: Behlmer,
    Apotheker) S. 67 ff.
20) StAS Abt. B XIX g 9
21) Behlmer, Apotheker, S. 42
22) ebda. S. 69 f.
23) StAS Abt. B XIX a 6
24) Amtsblatt Nr. 36 / 6.9.1851
25) StAS Abt. B XIX a 2
26) StAS Abt. B XIX a 5

Über das "Kreisblatt" erfuhren die Soester von den örtlichen Ergänzungsregelungen zur Novelle vom 9. Februar 1849 [27]. Das Orts-Statut erwies sich ganz auf die Interessen der Handwerker abgestellt, Paragraph 1 lief den Interessen der Handeltreibenden sogar deutlich zuwider: Diese Bestimmung machte den Verkauf von Schuhmacher-, Schneider- oder Tischlerwaren in Magazinen von der Zustimmung der betreffenden Innung und des Gewerberates und damit in der Praxis von der Beteiligung eines Handwerksmeisters abhängig [28]. Weiter gestand das Orts-Statut den Innungen die Aufsicht über Lehrlinge und Ausbildungsverhältnisse zu. Es verpflichtete überdies die Meister zum Beitritt in die Kranken-, Sterbe- und Hilfskassen ihrer Innungen und forderte finanzielle Mithilfe von ihnen bei der Unterstützung hilfsbedürftiger Gesellen und der Fortbildung des handwerklichen Nachwuchses [29]. Für Soest bestätigt sich so die 1935 von Margret Tilmann [30] aufgestellte These, die Handwerker hätten sich in den Gewerberäten mit ihrer zahlenmäßigen Majorität auch aktiver gezeigt als Kaufleute und Fabrikanten. Ortsstatuten zum Schutz des Handwerks gegen die Konkurrenz der Magazine und Fabrikbetriebe fanden dennoch nur wenig Resonanz. Bis 1860 blieb Soest die einzige Stadt im Regierungsbezirk, die eine derartige Maßnahme traf [31]. Vielfach versuchten kapitalkräftige Kaufleute diese Beschränkungen zu umgehen, indem sie sich zur Eröffnung eines Magazins mit einem berechtigten Meister assoziierten.

Die Einrichtung von Gewerberäten schuf zur Besänftigung einer lautstark fordernden Bevölkerungsgruppe in der Revolution 1848/49 eine Organisationsform, die jedoch keinen längerfristigen Bestand erlangen konnte. Während die Handwerker Beschränkungen zu ihrem Schutz anstrebten, profitierten Kaufleute und Fabrikanten von der Gewerbefreiheit.

---

27) Kreisblatt Nr. 73 / 12.9.1851
28) ebda.
29) ebda.
30) Tilmann, Margret: Der Einfluß des Revolutionsjahres 1848 auf die preußische Gewerbe- und Sozialgesetzgebung, Berlin Phil. Diss. 1935 (zitiert: Tilmann, Gewerbegesetzgebung) S. 47
31) ebda. S. 51

Dieser Interessengegensatz mußte entweder die Gewerberäte lähmen und frühzeitig eingehen lassen - wie in den meisten Fällen -, oder wie in Soest die Handwerker die Oberhand gewinnen und ihrerseits, wenn auch nur für kurze Zeit, die Eigeninteressen des Handwerks mit Unterstützung behördlicher Ausführungsbestimmungen gegenüber dem Handel absichern lassen. Von den 21 in Westfalen genehmigten Gewerberäten kamen sechs erst gar nicht zustande, drei hob die Regierung zwei Jahre nach ihrer Gründung auf, vier ein Jahr später 1853, drei weitere - unter ihnen Soest - 1854 [32]. Die übrigen fünf Gewerberäte führten nach Jacobi ein "Scheinleben" [33].

Bei der Diskussion über die Abänderung der Novelle vom 9. Februar 1849 wirkte der Soester Gewerberat im April 1853 noch mit. Er sprach sich gegen eine Entfernung der Arbeitnehmer aus dem Gremium aus, jedoch für die Ausschließung von Gesellen aus den Prüfungskommissionen [34]. Am 21. Aug. 1855 löste - wie der Magistrat im "Soester Anzeiger" [35] bekanntgab - der Minister für Handel, Gewerbe und öffentliche Arbeiten den Soester Gewerberat auf und vollzog konsequent, was eigentlich auch während des Bestehens des Gewerberates galt: Er übertrug dem Magistrat dessen Kompetenzen.

Aus dem Versuch des preußischen Staates während der Revolutionswirren, mit maßvollen Zugeständnissen einen Bevölkerungsteil zufriedenzustellen, entwickelte sich in Soest die konsequent genutzte Chance für das Handwerk, bis Mitte der fünfziger Jahre auf Kosten einer ungehinderten Handelsentwicklung ihre Wirtschaftsinteressen zu konservieren. Es blieb ein wenig durchschlagender Versuch, obwohl er die Entwicklung des Handels in der Stadt hemmte. Aber dieses restriktive Verhalten der Handwerker vermochte

---

32) ebda. S. 46
33) Jacobi, Gewerbewesen, S. 520
34) StAS Abt. B XIX a 4
35) Anzeiger Nr. 74 / 14.9.1855

etwa im Gegensatz zu den Anstrengungen für eine bessere
Ausbildung des Nachwuchses eines nicht zu verhindern: Die
Handelswaren fanden größeres Interesse bei der Bevölkerung,
weil sie kunstvoller und modischer gefertigt mehr zusagten.

Die Verhinderung einer Konkurrenz erwies sich demgegenüber als langfristig unmöglich. Eine publizistische Quelle vermag in sehr charakteristischer Weise Einblick in diese Soester Handwerks-Mentalität Anfang der fünfziger Jahre des 19. Jahrhunderts zu gewähren. Nach Sichtung und Wertung der Fakten veranschaulicht sie die Situation anhand der Schilderung eines Betroffenen. Unter dem Autorenkürzel "X." wendet sich am 29. April 1853 ein unbekannter Handwerker an die Leser des "Kreisblattes" [36]. Er konstatiert zunehmende Armut in Soest, die immer häufiger verschuldete kleine Handwerker erfasse. Während ihnen Aufträge fehlten, böten "Läden in Soest, in denen Schusterarbeiten aus fernen Fabriken bezogen" würden, ihre Waren feil. "An die wenigen Kaufleute, welche mit fertigen, aus fremden Fabriken bezogenen Handwerkerarbeiten Handel treiben" [37] die Bitte zu richten, ihr Geschäft aufzugeben (!), getraue er sich nicht, doch mache er den Vorschlag: "Keiner wolle diejenigen Gegenstände, welche von Soester Handwerkern angefertigt werden können, auswärts her beziehen oder von Kaufleuten entnehmen, welche dieselben von auswärtigen Fabriken bezogen haben" [38]. Der Verfasser resümiert mit einem Aufruf an das moralische Gewissen der Käufer: "Möge denn in Soest etwa das Canapee nicht so weich gepolstert werden als anderswo; - es wird sich doch sanft darauf ruhen lassen, wenn man sich erinnert: man habe damit verhütet, daß nicht einem armen Familienvater die einzige Lagerstätte für sich und seine Unmündigen zwangsweise verkauft wurde" [39].

Statt den Wettbewerb aufzunehmen, setzten sich also die Soester Handwerker mit allen möglichen Mitteln zur Wehr, die von Reglementierungen gegenüber der Konkurrenz bis hin

---

[36] Kreisblatt Nr. 34 / 29.4.1853
[37] ebda.
[38] ebda.
[39] ebda.

zum angeführten Aufruf zum Käuferstreik aus moralischen Erwägungen reichten. Erstaunlich die Rolle, die das "Kreisblatt" in diesem Beispiel einnimmt. Es gibt den privaten Interessen einer heimischen Wirtschaftsgruppe redaktionellen Raum. Dieses Verhalten kann nicht von wirtschaftlichen Überlegungen des Verlegers bestimmt gewesen sein, seinen Anzeigeninteressen standen diese Äußerungen sogar entgegen, denn sie griffen die Gruppe der Soester Wirtschaftsbürger an, die sich zunehmend des Werbeträgers Zeitung bediente. So darf dieses Beispiel immerhin als Indiz dafür gelten, daß die Verquickung von Anzeigeninteressen und redaktionellen Rücksichtnahmen bei der dominierenden Zeitung im Soester Raum Anfang der fünfziger Jahre des 19. Jahrhunderts noch nicht bewußt oder noch nicht intendiert war.

b. Herausgabe des Central-Blatts für Handel und Gewerbe

Verbandszeitungen erfüllten im 19. Jahrhundert vielfach eine wichtige Funktion für den Zusammenhalt lokaler Gliederungen einer größeren Organisation. Ähnlich wie die landwirtschaftlichen Vereine der Provinz Westfalen, die 1843 bei ihrer Tagung in Soest die Herausgabe einer landwirtschaftlichen Zeitung als vordringlich erkannten, verfügten auch Handwerker und Kaufleute über Organe, die ihnen auf ihre Interessen spezialisierte Themen anboten und als Diskussionsforum dienten. Der "Deutsche Zeitungs-Katalog für 1850" [40] nennt drei solcher gewerblicher Fachzeitungen: das vierteljährlich bei Crüwell in Paderborn erscheinende "Centralblatt für den Handwerkerverein der Provinz Westphalen" [41], das wöchentlich in Köln erscheinende "Gemeinnützige Wochenblatt des Gewerbevereins zu Köln" [42] und das zweimal wöchentlich in Darmstadt erscheinende "Allgemeine deutsche Gewerbeblatt", gegründet und redigiert im Auftrag des ersten deutschen Handwerker- und Gewerbe-Kongresses [43].

---

40) Deutscher Zeitungs-Katalog für 1850, Leipzig 1850
41) ebda. S. 42
42) ebda. S. 52
43) ebda. S. 44

Nachdem sich im Juli 1850 der Gewerberat in Soest konstituierte, plante Eduard Rochol ebenfalls die Herausgabe eines Fachblattes für dieses Gremium. Im September warb er in einem erhaltenen Prospekt [44] für das "Central-Blatt für Handel und Gewerbe und Organ der Gewerberäthe in Rheinland-Westphalen". Schon der Titel des angekündigten Blattes dokumentierte den anspruchsvollen Plan des Verlegers Eduard Rochol und seines Redakteurs C. Hawerkamp, der im Soester Gewerberat gleichzeitig die Funktion des Schriftführers ausübte: Diese Fachzeitung sollte als Verbandsorgan aller Gewerberäte in Westfalen und der Rheinprovinz dienen.

Im Prospekt heißt es, daß das Central-Blatt "vorwiegend den Gewerberäthen ein Organ sein soll, in welchem sie durch gegenseitige Mittheilung alles dessen, was auf dem Gebiete des gewerblichen Lebens vorgeht, ihrem Streben einen günstigen Erfolg sichern können" [45]. Anhand der gesetzlichen Möglichkeiten des Gewerberates versuchte Hawerkamp die Notwendigkeit einer engen Kommunikation zu verdeutlichen und formulierte entsprechend die Aufgabe des ab 1. Oktober 1850 zweimal wöchentlich erscheinenden Central-Blattes: "den Behörden ein amtliches Organ für gewerbliche Mittheilungen zu werden; die Errichtung usw. der Gewerberäthe, so wie die Namen der Mitglieder und Wahl der Vorsitzenden usw. anzuzeigen: den Gewerberäten in Rheinland-Westphalen das Organ ihrer Mittheilungen und Besprechung zu sein; den Gewerbestand mit sämtlichen ihn betreffenden Gesetzen und Verordnungen bekannt und vertraut zu machen; über die Entwickelung der gewerblichen Verhältnisse auch in den ü b r i g e n Provinzen unseres Staates Kenntniß zu geben, und soweit es der Raum gestattet, in den Mittheilungen über die Grenzen des engern Vaterlandes hinauszugehen; endlich durch gemeinnützige Nachrichten aus dem Gebiete des landwirtschaftlichen Lebens das Interesse für dieses Blatt zu erhöhen" [46].

---

44) StAS Abt. B XIX g 9
45) ebda.
46) ebda.

Seiner Werbung für das geplante Organ fügte Redakteur Hawerkamp in seinem Schreiben an den Soester Gewerberat am 9. September 1850 die Bitte an, "mir die Ermächtigung zu erteilen, von sämmtlichen Gegenständen aus dem Geschäftskreise des hiesigen Gewerberathes [...] durch das Blatt Mittheilungen machen zu dürfen" [47]. Zwar befürwortete der Soester Gewerberat am 10. September 1850 die Herausgabe des Central-Blattes, die Veröffentlichung seiner Diskussionen und Beschlüsse behielt er jedoch seiner jeweiligen Zustimmung vor [48].

Schwierigkeiten aber drohten der Herausgabe des Fachorgans von einer ganz anderen Seite. Das reaktionäre Pressegesetz vom 5. Juni 1850 belastete die Verleger von politischen Zeitungen mit Kautionen zwischen 500 und 5.000 Talern [49]. Angesichts seiner schwachen finanziellen Möglichkeiten ging Eduard Rochols ganzes Bemühen dahin, sein Blatt kautionsfrei zu erhalten. Die Arnsberger Regierung wies ihn daraufhin am 31. Oktober 1850 an, "nur Gegenstände der praktischen Gewerbe-Ausübung, der eigentlichen gewerblichen Handthierung nicht aber Angelegenheiten der Gewerbe-Gesetzgebung, der Gewerbe-Verwaltung und der Gewerbe-Polizei, welche vielmehr in das Gebiet der politischen und sozialen Fragen fallen" [50], zu veröffentlichen. Damit ließ die Befreiung vom Kautionszwang dem Central-Blatt nur einen kümmerlichen Rest seines breiten beabsichtigten Themenspektrums.

Am 27. November 1850 gab Eduard Rochol deshalb auf. Der Polizeibehörde erklärte er: "da das Centralblatt, wenn es nach der Preßverordnung vom 5. Juni erscheinen soll, ganz aufhört von Nutzen für die Abonnenten zu sein, der bisherige Absatz sich auch auf nur 200 Exemplare beschränkte und es meine Mittel nicht erlauben, die erforderliche Kaution zu stellen. So habe ich beschlossen, dasselbe nicht ferner drucken und herauszugeben" [51]. Eine letzte Nummer

---

[47] StAS Abt. B XIX a 2
[48] StAS Abt. B XIX a 5
[49] Köhn, Presse, S. 80
[50] StAS Abt. B XXXV a 36
[51] ebda.

erklärte den Abonnenten nur noch die Ursache der Einstellung des Blattes [52].

Von den Ausgaben des Central-Blattes blieben der Prospekt und die Nummern 3 und 4 erhalten [53]. Die beiden vorhandenen Nummern erlauben einen Einblick in die behandelten Themen. Nummer 3 des Central-Blatts informierte über eine neue Credit-Gesellschaft in Berlin, druckte einen Bericht des Barmer Gewerberates über Einwanderungsgesuche von Handwerkern ab und veröffentlichte eine Petition des Soester Gewerberates an Minister von der Heydt betr. Beschränkung des Detailhandels [54]. Die folgende Ausgabe des Central-Blattes beschäftigte sich mit einer vom Barmer Gewerberat eingeleiteten Untersuchung über die Arbeitszeit der Bleichergesellen, veröffentlichte die Beschlüsse des Mindener Gewerberates über die Meisterprüfung der Spritzenbauer und druckte verschiedene Verordnungen über Regularien für Handwerker-Prüfungen ab [55].

Insgesamt erscheint dieses Fachblatt journalistisch wenig farbig oder prononciert gestaltet, seines protokollarisch referierenden Textteils wegen darf es jedoch als Quelle zur Aktivität der Gewerberäte in Rheinland-Westfalen im Herbst 1850 Interesse beanspruchen.

c. Neuorganisation der Fortbildungsschulen

Die Soester Sonntagsschule, 1830 mit Unterstützung Oberpräsident von Vinckes und Professor Waldecks als erste Handwerker-Ausbildungsstätte des Arnsberger Regierungsbezirks eingerichtet, ruhte nach starker Frequentierung in den Anfangsjahren vermutlich zwischen 1840 und 1845. Anschließend machten zwei konfessionell verschiedene Fortbildungsschulen den entlassenen Elementarschülern das Angebot, ihre Kenntnisse zu vertiefen. Ende der vierziger

---

[52] ebda.
[53] Köhn, Presse, S. 81
[54] Central-Blatt Nr. 3 / 10.10.1850
[55] Central-Blatt Nr. 4 / 14.10.1850

Jahre des 19. Jahrhunderts schlossen sich diese Ausbildungsstätten wahrscheinlich wieder zur "Handwerker-Fortbildungsschule" mit einem spezifisch berufsbegleitenden Unterrichtsangebot zusammen.

Der Lehrer am Soester Lehrerseminar, Fix, neben Bürgermeister Schulenburg und Bauinspektor Buchholtz 1849 im Direktorium der Soester Handwerker-Fortbildungsschule, verfaßte zur Jahreswende 1849/50 eine Denkschrift über den Zustand dieser Ausbildungsinstitution [56]. Der Schulbesuch, so schrieb er, schwanke zwischen einem halben und sechs Jahren. Während nur vorübergehend in Soest beschäftigte Gesellen ein Semester lang am Unterricht teilnähmen, kämen manche Schüler sogar noch nach ihrer Entlassung aus der Lehre weiterhin zur Schule. Der von 150 auf sechzig Taler verringerte Zuschuß der Stadt und das einen Taler pro Semester betragende Schulgeld reichten jedoch zur Besoldung der Lehrkräfte und Anschaffung von Lehrmitteln nicht aus.

Um das Fortbestehen der Schule zu sichern, stellte Fix vier Forderungen [57] auf:

1. "Einführung eines regelmäßigen Schulbesuchs durch gesetzliche Bestimmungen";
2. "Festsetzung des Minimums der Schulzeit, auf die sich eine richtige Classeneintheilung und ein geordneter Lehrgang zu gründen vermag";
3. "Beschaffung guter Lehrmittel in ausreichender Menge" und
4. "Erhöhung des Schulfonds, damit die erforderliche Anzahl von Lehrern angestellt, das Lokal passender eingerichtet, nothwendige Utensilien angeschafft und andere zweckmäßige Einrichtungen getroffen werden können".

Daraufhin beschloß die Stadt Soest im Sommer 1850, ihren Zuschuß zur Handwerker-Fortbildungsschule von 60 auf 100 Taler zu erhöhen [58], dagegen verweigerten Schwefe und Körbecke die von ihnen jährlich geforderten jeweils sechs

---

[56] StAS Abt. B XIX b 9
[57] ebda.
[58] ebda.

Taler Zuschuß [59].

Einen Vorstoß zur Vereinheitlichung der Schulzeit unternahm das Ministerium für Handel, Gewerbe und öffentliche Arbeiten im Oktober 1850. Ihm schien es sinnvoll, "den Unterricht auf zwei Jahre zu vertheilen" [60]. Für die von Seminarlehrer Fix geforderte Sicherstellung eines regelmäßigen Schulbesuchs bot eine Verfügung der Arnsberger Regierung vom 16. Dezember 1850 entscheidende Voraussetzungen [61]. Sie empfahl den Innungen, in ihre Statuten aufzunehmen, "daß jeder zur Innung gehörende Lehrherr verpflichtet sei, seine Lehrlinge da, wo eine Fortbildungsschule besteht, zu dem regelmäßigen Besuche derselben anzuhalten" [62]. Soest nutzte mit der Verpflichtung der Lehrlinge zum Schulbesuch im Ortsstatut vom 27. Mai 1851 eine über diese Empfehlung hinausgehende, auch die Innungen bindende Reglementierung. Die vom Magistrat am 25. Oktober 1851 verfügte polizeiliche Verordnung legte gleichzeitig auch die Dauer des Schulbesuchs fest: "Die Lehrlinge aller Handwerke, für welche eine Meisterprüfung vorgeschrieben ist oder auch nur vorgeschrieben werden müßte, sind verpflichtet, die hiesige Handwerker-Fortbildungsschule (Sonntagsschule) während der ganzen Dauer der Lehrzeit zu besuchen" [63]. Bekräftigung erhielt diese Bestimmung dadurch, daß die Verordnung gleichzeitig die Lehrherrn verpflichtete, ihre Lehrlinge zum Schulbesuch anzuhalten.

Tischler- und Schuhmacher-Innung protestierten gegen diese Maßnahme, forderten Befreiung ihrer Lehrlinge vom Zeichenunterricht am Sonntagmorgen oder weigerten sich, die ihnen im Ortsstatut vom 27. Mai 1851 auferlegte Zahlung des Schulgeldes für ihre Lehrlinge zu leisten [64], jedoch ohne beim Gewerberat Verständnis zu finden.

Der Besuch der Soester Handwerker-Fortbildungsschule stieg nach der Einführung des Schulzwangs sprunghaft an, von 81

---

59) ebda.
60) ebda.
61) ebda.
62) ebda.
63) ebda. und StAS Abt. B XIX b 11
64) ebda.

Lehrlingen im Sommer 1852 auf 214 Schüler im Sommer 1852 [65]. Um die gestiegenen finanziellen Anforderungen zu dekken, bewilligte der Soester Gemeinderat im November 1851 eine abermalige Erhöhung des Zuschusses für die Fortbildungsschule auf den ehemaligen Stand von 150 Talern jährlich [66].

Der Zweck dieser Einrichtung bestand in einer Vertiefung der in der Elementarschule erlangten Kenntnisse und einer Weiterführung auf das im praktischen Beruf erforderliche Wissen. Dazu umfaßte der Unterricht Lesen, Schreiben und Rechnen bis zur Flächen- und Körperberechnung, Linear- und freies Handzeichnen [67]. Seit 1853 gehörte - wie sich aus einer Ankündigung des Schulvorstandes im "Soester Anzeiger" entnehmen läßt - auch die Naturlehre zum Unterrichtsprogramm [68]. Im April 1855 schlug der Vorstand der Fortbildungsschule vor, vom Sommer an den Unterricht in zwei Hauptklassen anzubieten. Mit dem Schwerpunkt im Bau- und gewerblichen Zeichnen sollten die Maurer, Zimmerleute, Steinhauer, Schlosser, Klempner, Kupferschläger, Schreiner und Buchbinder eine Klasse bilden, während alle vom Zeichenunterricht zu befreienden Lehrlinge der Bäcker, Metzger, Seiler, Schuhmacher, Schneider, Färber, Weber und Kappenmacher Unterweisung im Lesen, Schreiben, Rechnen und schriftlichem Ausdruck erhielten [69].

Diesem Vorschlag allerdings mochte sich der Gewerberat im Mai 1855 nicht anschließen, da ihm der Zeichenunterricht für alle Lehrlinge wichtig erschien [70].

Die Verpflichtung zum Schulbesuch sorgte bis 1860 dafür, daß die Schülerzahlen sich stets um 200 bewegten [71]. Versäumnisse ahndete die Behörde mit Gefängnisstrafen. Im ersten Quartal 1854 beispielsweise bestrafte die Polizei nach einer Meldung im "Soester Anzeiger" 95 solcher Ver-

---

65) Grütters, Fortbildungsschulwesen, S. 37
66) StAS Abt. B XIX b 9
67) Florschütz, Albert: Die politischen und socialen Zustände der Provinz Westphalen während der Jahre 1848-1858, Elberfeld 1861 (zitiert: Florschütz, politische Zustände) S. 194
68) Anzeiger Nr. 1 / 3.1.1854
69) StAS Abt. B XIX b 9
70) ebda.
71) Siehe Tabelle 8, S. 183

gehen [72]. Als die Mißachtung der Verordnung trotzdem
nicht abnahm, verlegte der Magistrat im Juli 1856 die Verbüßung der Gefängnisstrafe vom Sonntag auf einen Arbeitstag [73], um auch die Lehrherrn die Auswirkungen dieser
Bestrafung deutlich spüren zu lassen. Nur für die Bäckerlehrlinge konnten ihre Meister 1855 eine Befreiung vom
Unterricht am Sonntagmorgen erwirken, weil die Arnsberger
Regierung deren Arbeitszeit als besonders ausgedehnt anerkannte [74].

Erst am 28. November 1860 hob die Regierung in Arnsberg
den Schulzwang auf und hielt eine Verpflichtung zum Unterrichtsbesuch nur für die Lehrlinge aufrecht, die ohne ausreichende Elementarkenntnisse ihr Arbeitsverhältnis begannen [75]. Daraufhin bot die Fortbildungsschule im Sommer
1861 eine freiwillige Klasse mit Schwerpunkt im Zeichnen
an [76], mußte diese allerdings im folgenden Winterhalbjahr
wegen mangelnden Interesses wieder schließen [77]. Der nur
auf die "Zwangsklasse" beschränkte Schulbetrieb ließ die
Schülerzahlen von rund 200 auf zwischen 40 und 60 absinken
[78]. Seit dem Wegfall der Gesellen- und Meisterprüfungen
mit der Gewerbeordnung 1869 sahen viele Lehrlinge ohnehin
keinen Anlaß zum Schulbesuch mehr, so daß 1869 drei Lehrer
13 Schüler unterrichteten [79]. Deshalb schloß die Soester
Fortbildungsschule 1870 ihre Tore.

Schon seit die Verpflichtung zum Schulbesuch ausgesprochen
worden sei, resümierte ein Magistratsbericht an den Landrat im November 1876, "verlor die Anstalt die Fähigkeit
zur Anregung strebsamer Handwerker und sank mehr und mehr
zu einer Nachhülfeanstalt für solche Lehrlinge herab,
welche ohne den Besitz der nöthigen Elementarkenntnisse
aus der Schule entlassen und in die Lehre eingetreten
waren" [80]. Deshalb hielt der Magistrat auch 1876 die Zeit

---

72) Anzeiger Nr. 40 / 19.5.1854
73) StAS Abt. B XIX b 14 und Anzeiger Nr. 54 / 4.7.1856
74) StAS Abt. B XIX b 9
75) Kreisblatt Nr. 38 / 11.5.1861
76) ebda. und Magistratsbericht 1861, S. 14 f.
77) Kreisblatt Nr. 27 / 4.4.1862
78) Siehe Tabelle 8, S. 183
79) StaAM Kreis Soest Nr. 206
80) ebda.

für eine Wiedereröffnung nicht gekommen. Seine Begründung charakterisiert die große Anziehungskraft des aufblühenden Ruhrgebiets sehr treffend: "Der Aufschwung der Industrie in unseren benachbarten Kreisen hatte die Folge, daß nur wenige Knaben bei einem Handwerker in die Lehre eintreten, vielmehr es vorzogen, in den industriellen Bezirken als Fabrikarbeiter sofort hohe Löhne zu verdienen und eines ungebundenen Lebens sich erfreuen" [81]. Dennoch verfügte die Arnsberger Regierung im Oktober 1881 die Wiedereröffnung [82]. Die Soester Bürgervertreter unterstützten den Neubeginn durch die Gewährung von Schulgeldfreiheit [83], und schon im Mai 1882 führte die Stadt für alle Lehrlinge bis zum vollendeten 17. Lebensjahr wieder die Verpflichtung zum Schulbesuch ein [84].

In den fünfziger und sechziger Jahren des 19. Jahrhunderts richteten auch die Gemeinden des Kreises Soest Fortbildungsschulen ein. Werl eröffnete 1851 eine Sonntagsschule, die Lehrlinge bis zum 18. Lebensjahr besuchen mußten. Der Versuch, den Schulbesuch ab 1881 freizustellen, scheiterte. Im August 1881 schloß die Schule und bot nur noch Zeichenunterricht an [85]. Hultrop, Dinker und Hovestadt richteten 1853 Fortbildungsschulen ein, Oestinghausen und Ostinghausen 1855, Müllingsen 1857, Borgeln und Sassendorf 1860, ab 1866 bot auch Weslarn seinen Lehrlingen als Ergänzung zur Lehre Fortbildungsschul-Unterricht an. Die folgende Aufstellung ermöglicht einen Überblick über die Entwicklung der Schülerzahl. Während das starke Absinken des Unterrichtsbesuchs in Soest nach 1860 aus der Aufhebung des Schulzwangs resultiert, dürften sich die Schwankungen der Schülerzahlen in den Fortbildungsschulen der ländlichen Gemeinden weitgehend aus den geburtsmäßigen Schwankungen der einzelnen Jahrgänge erklären. Insgesamt erweist sich der Besuch der Fortbildungsschulen im Kreis

---

81) ebda.
82) StaAM Regierung Arnsberg I 21 - 74 Bd. 1
83) ebda.
84) ebda.
85) Mehler, F.J.: Geschichte der Stadt Werl, Werl 1891 (zitiert: Mehler, Werl) S. 443 f.

Soest erheblich besser als im Staatsdurchschnitt. 1853 etwa hätten rund 900.000 preußische Jugendliche während ihrer durchschnittlich dreijährigen Lehrzeit Fortbildungsunterricht beanspruchen können. Aber nur etwa 18.000 - also lediglich 2 % - besuchten Fortbildungsschulen [86]. Der Soester Raum zeigte sich also zwischen 1850 und 1880 mit seiner teilweise straffen Organisierung des Handwerks in Innungen und z.T. auch durch das Wirken des Gewerberates als bemerkenswert bemüht um eine fundierte Ausbildung seines Nachwuchses.

---

86) Thyssen, Berufsschule, S. 61

Tabelle 8: Schülerzahlen der Fortbildungsschulen im Kreis Soest 1853 – 1868

	1853	1855	1856	1857	1858	1859	1860	1861	1862	1864	1865	1866	1867	1868
Soest	227	171	200	200	220	220	200	84	40	57	60	60	60	50
Werl	52	67	60	66	70	80	73	77	94	83	73	84	93	82
Oestinghausen	-	-	22	28	-	-	29	23	24	23	9	-	12	11
Ostinghausen	-	86	17	17	110	90	21	13	14	14	10	-	9	10
Hultrop	29	-	10	9	-	-	4	5	4	-	-	-	3	4
Dinker	34	-	25	30	-	-	24	19	20	22	22	16	27	23
Hovestadt	37	-	-	-	-	-	-	-	-	18	14	-	15	15
Müllingsen	-	-	-	12	-	-	14	16	13	12	10	12	7	-
Borgeln	-	-	-	-	-	-	29	24	26	18	-	22	26	24
Sassendorf	-	-	-	-	-	-	20	15	14	16	19	17	10	-
Weslarn	-	-	-	-	-	-	-	-	-	-	-	6	4	3

87) Tabelle zusammengestellt aus Amtsblatt Nr. 3 /21.1.1854; Nr. 11 /15.3.1856; Nr. 8 / 20.2.1858; Nr. 4 /22.1.1859; Nr. 2 / 14.1.1860; Nr. 4 / 26.1.1861; Nr. 22 / 31.5.1862; Nr. 14 / 4.4.1863; Nr. 19 /13.5.1865; Nr. 30 / 28.7.1866; Nr. 46 / 16.11.1867; Nr. 43 / 24.10.1868; Nr. 36 / 4.9.1869

d. Gründung von Innungen

Während die Gewerbefreiheit von 1808 das westfälische Handwerk unfreiwillig den Bedingungen des freien Wettbewerbs ausgesetzt hatte, kam die allgemeine Gewerbeordnung vom 17. Januar 1845 wiederum den Wünschen der Handwerker entgegen. Zwar blieb mit dem Abschluß individueller Arbeitsverträge der Grundsatz freier Konkurrenz erhalten, doch erlaubte die Neuregelung eine Gründung von Innungen [88]. Wenn die Regierung auch nicht den Beitritt zu einer Innung als Voraussetzung für die Genehmigung eines Gewerbebetriebes verlangte, so übertrug sie doch den Innungen die Ausbildung der Lehrlinge und schiedsrichterliche Aufgaben bei Arbeitsstreitigkeiten [89]. Dem Soester Bürgermeister Schulenburg erschienen diese vorsichtigen Flankierungen der Gewerbefreiheit nützlich: "Weil hier bisher keine Innungen bestanden haben und wir insofern mit derartigen Verhältnissen nur wenig bekannt sind [...]"[90], bat er im Sommer 1845 in Koblenz und Magdeburg um die Zusendung von Innungsstatuten.

Doch ging in Soest die Organisierung von Meistern und Gesellen in Kranken- und Sterbekassen zwischen 1844 und 1850 der Neugründung von vier Innungen voraus. Die Entstehungsgeschichte der Innungen in Soest läßt sich aus den Akten nur sehr lückenhaft erschließen, aber sie dürfte in engem Zusammenhang mit der korporativen Restauration in der Revolution 1848/49 stehen. So forderte etwa der am 23. Oktober 1848 vom Soester Gewerbeverein gebilligte "Entwurf einer allgemeinen Handwerker- und Gewerbe-Ordnung für Deutschland" des Handwerker- und Gewerbe-Kongresses in Frankfurt: "Eine nothwendige Bedingung der Gewerbe-Ordnung ist die gleichmäßige Bildung von Innungen für ganz Deutschland [...]"[91]. Allerdings vermochten Innungen nach 1850 in den westlichen Provinzen Rheinland und Westfalen kaum wieder Fuß zu fassen [92]. Im Regierungsbezirk

---

[88] Köllmann, Anfänge Sozialpolitik, S. 41 f
[89] ebda. S. 42
[90] StAS Abt. B XIX g 9
[91] Handwerker- und Gewerbeordnung, S. 8
[92] Tilmann, Gewerbegesetzgebung, S. 52

Arnsberg kam es lediglich zu 21 Neugründungen, aber vier davon entfielen allein auf Soest [93]. Hier erwies sich als entscheidendes Charakteristikum, daß die sich durch industrielle Fertigungen besonders bedroht fühlenden Gewerbezweige den Zusammenschluß in Innungen suchten. Zwischen 1849 und 1852 gründeten in Soest die Schuhmacher, die Schneider, die Weber und die Tischler zusammen mit den Drechslern, Böttchern, Stellmachern und Brunnenbauern neue Innungen [94]. Dagegen kamen in den Gemeinden des Kreises Soest keine Innungen zustande [95]. Bürgermeister Pilger aus Weslarn sah Anfang 1851 den Grund dafür in der geringen Zahl von Angehörigen eines oder verwandter Gewerbe innerhalb einer Gemeinde und der Schwierigkeit einer Zusammenarbeit der Handwerker verschiedener Gemeinden [96].

Das Statut der Soester Tischler-Innung vom 6. August 1852 blieb gedruckt erhalten [97]. Es betont den Zusammenschluß "zur Vervollkommnung und Hebung des Gewerbes" [98], aber auch "zu gegenseitigem Beistand" [99]. Mit der Ausbildung und Beaufsichtigung der Lehrlinge und Gesellen, einer Fürsorge für Witwen und Waisen der Innungsgenossen sowie der Verwaltung der Unterstützungskassen hoffte die Innung dieses Ziel zu erreichen [100]. Dabei zeigte sich die Innung in starker Abhängigkeit von der Kommunalbehörde: Ohne das Beisein eines Beamten konnte keine Versammlung stattfinden [101], Wahlen bedurften der Bestätigung des Magistrats [102], der auch den gesamten Schriftverkehr der Innung überwachen mußte [103]. Daß trotz dieses geringen eigenverantwortlichen Spielraums vier Innungen in Soest

---

93) Jacobi, Gewerbewesen, S. 522
94) ebda.
95) StaAM Kreis Soest Nr. 17
96) ebda.
97) Innungs-Statut der Tischler-, Drechsler-, Böttcher-, Rade- und Stellmacher- und Brunnenbau-Meister in Soest, Soest 1852 (zitiert: Innungsstatut Tischler)
98) ebda. S. 3
99) ebda.
100) ebda.
101) ebda. S. 11
102) ebda. S. 13
103) ebda. S. 26

zustande kamen, spricht deutlich dafür, daß die Angehörigen
dieser Gewerbe angesichts einer immer stärkeren Konkurrenz
den Schutz der Behörden suchten. Anfang der fünfziger Jahre
des 19. Jahrhunderts erschien einer Reihe von Gewerbetreibenden in Soest die Beschwerde offensichtlich als geeignetes Mittel zur Behauptung ihrer ohnehin geschwächten wirtschaftlichen Position.

Die Schneiderinnung beispielsweise zeigte im September 1851
drei Blaufärber, drei Kleinhändler und einen Kappenmacher
beim Magistrat an, weil diese Kleidung anfertigen ließen
und verkauften [104]. Jedoch einer der Beklagten, der Blaufärber Grawinkel, wehrte sich gegen diese Bevormundung und
brachte Zeugenaussagen dafür vor, daß er schon seit 1847 -
also vor Einführung des den Handel reglementierenden Ortsstatuts vom 27. Mai 1851 - ein Kleider-Magazin besaß [105].
Als die Arnsberger Regierung dem streitbaren Blaufärber
Recht gab, wandte sich die Soester Schneiderinnung im
November 1852 an das preußische Handelsministerium, fand
im März 1853 aber auch hier kein Verständnis [106].

1852 unternahm die Schneiderinnung einen weiteren Versuch,
um unliebsame Konkurrenten zur Strecke zu bringen. Sie
nannte dem Gewerberat 17 Soester Frauen, die ohne eine
Prüfung abgelegt zu haben, nähten und sogar Lehrlinge ausbildeten [107], wodurch - wie auch der Gewerberat einräumte - "den Damenschneider-Meistern in Hinsicht ihres
erlernten Gewerbebetriebes ein erheblicher Nachtheil zugeführt wird, ja mancher von ihnen nicht mehr im Stande
ist, von seinem Geschäfte, wegen Mangel an Arbeit, sich
und seine Familie zu ernähren" [108]. Die Quellen brechen
mit der Aufforderung der Innung an den Magistrat, die
Näherinnen ihre Meisterprüfung ablegen zu lassen, ab. Der
Versuch der Tischler, im November 1851 die Anlegung eines

---

104) StAS Abt. B XXXV a 61
105) ebda.
106) ebda.
107) StAS Abt. B XXXV a 63
108) ebda.

städtischen Holzmagazins für kapitalschwache Schreiner
zu erreichen, scheiterte am Widerspruch der Handelsabteilung des Gewerberats [109]. Ihr Vorsitzender August Vahle
urteilte, dieses Entgegenkommen würde "eine nicht zu rechtfertigende Bevorzugung der Tischler vor allen anderen
Handwerkern sein, die nicht minder in den dürftigsten Verhältnissen leben" [110]. Als sich im Oktober 1861 ein Urwähler-Verein in Soest für die bevorstehenden Landtagswahlen bildete und sich in seinen Grundsätzen für eine Revision der Gewerbe-Gesetzgebung aussprach, riefen die Vorstände der vier Innungen über das "Kreisblatt" zur Wahl nur
solcher Männer auf, "die gegen die schrankenlose Gewerbefreiheit sind" [111]. Interesse allerdings verdient dieser
publizistische Vorstoß erst durch die Reaktion, die er
fand. In der folgenden Ausgabe ging der "Handwerker T....
C..." im "Kreisblatt" mit dem Innungsgebahren ins Gericht
[112]. Deren Verhalten erschien ihm als "Rachsucht gegen
andere Handwerker, welche sich keiner Prüfung unterzogen
haben" [113]. Mit großer Eindringlichkeit beschwor "T...C.."
die Kehrseite der korporativen Restauration: Bestrafungen,
Arbeitslosigkeit und Prüfungswillkür. "Euch aber, ihr Handwerker, die ihr im Schweiße eures Angesichts eine alte
Wand zurecht geflickt habt, um euren Kindern ein Stück
Brot zu verschaffen, später aber vierzehn Tage lang, Vagabunden ähnlich, dafür im Gefängnis sitzen mußtet [...]
euch, ihr Jünglinge, die ihr bis zum 20., 22. Lebensjahr
umherirren mußtet, ohne Geselle, ohne Lehrbursche zu sein
[...] euch, ihr Handwerker, die ihr einen Tribut an einen
unwissenden Meister entrichten müsset, um vor Polizei und
Gefängnis gesichert zu sein; euch, die ihr vor der Prüfungs-
Commission eures Heimathorts durchgefallen und in einer
anderen Stadt vor einer Prüfungs-Commission, die an euch
weiter kein Interesse hat, bestanden seid [...] wählt
Solche, die [...] das Wohl der Handwerker und deren vollständige Freiheit zu erwirken suchen!" [114] Auch wenn

---

109) StAS Abt. B XIX g 9
110) ebda.
111) Kreisblatt Nr. 82 / 11.10.1861
112) Kreisblatt Nr. 83 / 15.10.1861
113) ebda.
114) ebda.

Wahlkampfatmosphäre den Duktus dieses Aufrufs bestimmt, so ermöglicht diese publizistische Quelle doch einen Einblick in die sozialen Konsequenzen der Neubelebung von Innungen.

Eine breite Hebung der Gewerbesituation in Soest vermochten die Innungen nicht zu bewirken, da sie sich ohnehin auf die Existenzsicherung der organisierten Handwerker beschränkten. Im rücksichtslosen Kampf gegen nichtorganisierte Konkurrenz boten ihnen Behörden Einhalt - eine frustrierende Erfahrung, die schon bald die Aktivität der Soester Innungen erlahmen ließ. Die streitbaren Schneider streckten am 8. Oktober 1868 als erste die Waffen und lösten ihre Innung auf [115]. Eine Denkschrift des Soester Beigeordneten H. Wenning vom 17. April 1873 nennt zwar die drei anderen Innungen als "formell nicht aufgehoben", doch verlangt sie die Auflösung angesichts fehlender Aktivitäten [116].

Dennoch wählte die Arnsberger Regierung gegen den Willen des Bürgermeisters Coester im Oktober 1879 die Stadt Soest aus, um den zweifelhaften Versuch zur Neubelebung von Innungen zu unternehmen [117]. Es konstituierte sich daraufhin noch im Oktober 1879 in Soest eine "Baugewerke-Innung", die jedoch von Anfang an keine Resonanz fand. Im August 1880 trat der Vorstand deshalb zurück, eine Generalversammlung der 24 Mitglieder mußte Bürgermeister Coester am 22. September 1880 mit nur neun erschienenen Innungsgenossen bestreiten. Am 23. November 1880 half auch der Arnsberger Regierungs-Optimismus nicht mehr weiter: Die "Baugewerke-Innung" betrachtete sich fortan als aufgelöst [118].

Schon in den fünfziger Jahren des 19. Jahrhunderts erwiesen sich also die Innungen in ihrer Beschränkung auf eine eingefahrene Handwerkertradition als unfähig zur allgemeinen Verbesserung der Situation des Soester Handwerks. Soziale Bedeutung erlangten sie jedoch durch Hilfskassen für die Meister und deren Familien.

---

115) StAS Abt. B XIX g 9
116) ebda.
117) ebda.
118) ebda.

e. Soziale Sicherung bei Krankheit und Tod: Hilfskassen

1. Zusammenschlüsse der Meister

Während die Gewerbegesetzgebung den Hilfskassen-Einrichtungen der Gesellen und Fabrikarbeiter Impulse und Richtung gab, zeigten sich die ersten Zusammenschlüsse der Meister in Soest weitgehend unabhängig von gesetzlichen Regelungen. Schon im November 1842 bildete sich eine Begräbniskasse der Schuhmacher [1]. Im März 1843 gründeten die Kleider- und Kappenmacher einen Sterbekassenverein [2], ebenso die Weber im gleichen Jahr [3]. Über die seit Mitte 1845 bestehende "Sterbe- und Beerdigungskasse" der Tischler liegt ein Statuten-Entwurf [4] vor. Danach sparten die Mitglieder ihren Monatsbeitrag von fünf Silbergroschen bei der Sparkasse an. Beim Todesfall eines Meisters oder dessen Frau zahlte die Unterstützungskasse 6 Taler 20 Silbergroschen bar aus und ließ für 5 Taler einen Sarg schreinern. Eine Witwe behielt bis an ihr Lebensende die gleichen Ansprüche wie ihr verstorbener Mann, ohne Beiträge zu leisten [5]. Mit Gründung der Tischler-Innung löste sich dieser Sterbekassenverein am 18. April 1852 auf [6]. Auch die drei anderen Begräbniskassen fanden Anfang der fünfziger Jahre in der Organisation der Innungen eine neue Verwaltungsgrundlage. Da die ersten Sterbekassen der Meister in Soest mit den nach 1850 neu gegründeten Innungen identisch sind, erweist sich auch aus diesem Aspekt, welche wesentliche Bedeutung das Bewußtsein des Zusammenhalts in (wirtschaftlich) schwierigen Situationen für die Bildung beider Organisationstypen beanspruchen darf.

Zwei weitere Sterbekassen konstituierten sich 1849 und 1850. Vom Verein der Anstreicher, Maler und Lackierer blieb nur das Statut vom 1. Mai 1849 erhalten [7]. Mit 15 Silbergroschen Eintrittsgeld und Monatsbeiträgen von 2 1/2 Silbergroschen hofften die Mitglieder, "den Glaser- oder An-

---

1) StAS Abt. B XXXVI a 1
2) StAS Abt. B XIX g 10
3) StAS Abt. B XXXVI a 1
4) StAS Abt. B XIX g 11
5) ebda.
6) ebda.
7) StAS Abt. B XIX g 13

streicher-Meistern oder deren Frauen bei einem zwischen
ihnen eingetretenen Sterbefalle die in der Regel drückenden Begräbnißkosten in etwa zu erleichtern [...]" [8].
Auf die Gründung einer Sterbekasse der Schlosser, Schmiede
und Büchsenmacher 1850 weist allein eine Bestandsaufnahme des Gewerberates vom August 1852 hin [9].

Für die in Innungen neu organisierten Schuhmacher, Schneider, Weber und Tischler sah das Gesetz vom 9. Februar 1849
im § 56 eine Zwangsmitgliedschaft vor: "Durch Ortsstatuten
kann für Alle, welche im Gemeindebezirk ein Gewerbe selbständig betreiben, für welches dort eine Innung besteht,
mit Zustimmung der Innung die Verpflichtung festgesetzt
werden, den Kranken-, Sterbe- und Hülfskassen der Innungsgenossen, ingleichem den Wittwen- und Waisen-Unterstüt-
zungskassen derselben beizutreten" [10]. Diese gesetzliche
Möglichkeit nutzten die Soester Handwerker im Ortsstatut
vom 27. Mai 1851. Im Paragraph 3 verpflichteten sie alle
selbständig Gewerbetreibenden, für die in Soest eine
Innung bestehe, zum Beitritt zu den Innungs-Unterstützungs-
kassen [11].

1852 konstituierten sich die Hilfskassen der Tischler und
Schneidermeister neu. Beide Statuten liegen gedruckt vor
[12]. Während sich die Tischler auf die Einrichtung einer
Sterbekasse beschränkten, vereinbarten die Schneider nun
auch gegenseitige Hilfe bei Krankheit: "Jeder Vereinsge-
nosse erhält in Erkrankungsfällen für sich, seine Frau und
Kinder auf Kosten des Krankenstockes freie ärztliche Behandlung und außerdem die Medizin zur Hälfte des sonst
stattfindenden Preises" [13]. Über den behandelnden Arzt und

---

[8] ebda.
[9] StAS Abt. B XXXVI a 1
[10] Verordnung vom 9.2.1849, S. 105
[11] Kreisblatt Nr. 73 / 12.9.1851
[12] Statut der Sterbe-Kasse für die Tischler-Innung in Soest, Soest 1852 (zitiert: Tischler-Sterbekasse) und Statut der Kranken- und Sterbe-Kasse für die Kleidermacher-Innung zu Soest, Soest 1852 (zitiert: Kleidermacher-Krankenkasse)
[13] Kleidermacher-Krankenkasse, S. 9

die Apotheke entschied der Innungs-Vorstand [14]. Von der Neugründung der Sterbekassen der Schuhmacher und Weber berichten nur publizistische Quellen. Der "Soester Anzeiger" druckte Anfang Januar 1854 eine Veröffentlichung des Magistrats über die Einrichtung einer Sterbekasse der Schuhmacher-Innung am 1. Februar 1853 [15] ab. Da "ein großer Theil der Schuhmachermeister sich weigerlich gehalten, die statutenmäßigen Eintrittsgelder und Beiträge zu entrichten", bekräftigte der Magistrat die Verpflichtung zum Beitritt [16]. Die Sterbe-Kasse der Weber-Innung dürfte Anfang 1854 ihre Geschäfte aufgenommen haben, am 17. Januar 1854 veröffentlichte der "Soester Anzeiger" die Statuten [17].

Eine Aufstellung des Gewerberates vom August 1852 über die Begräbniskassen der Meister in Soest ermöglicht einen Überblick über die Gründung, Mitgliederzahl, Beitragszahlungen und finanzielle Beanspruchung der einzelnen Organisationen.

Tabelle 9: Sterbekassen der Meister in der Stadt Soest 1852

Gewerbe	Gründungs-Jahr	Mitglieder	monatl. Beitr. in Sgr.	Vermögen in Thlr.	Sterbefälle seit Gründung
Schuhmacher	1842	54	1 1/2	287	15
Kleider- u. Kappenmacher	1843	42	1	189	19
Weber	1843	39	2 1/2	344	14
Tischler	1845	33	2 1/2	129	10
Anstreicher Maler Lackierer	1849	11	2 1/2	25	1
Schlosser Schmiede Büchsenmacher	1850	28	2 1/2	45	2 [18]

---

14) ebda.
15) Anzeiger Nr. 3 / 10.1.1854
16) ebda.
17) Anzeiger Nr. 5 / 17.1.1854
18) StAS Abt. B XXXVI a 1

2. Gesellen-Unterstützungskassen

Sozialpolitische Bedeutung erlangte die allgemeine Gewerbeordnung vom 17. Januar 1845 dadurch, daß sie mit der Gewährung von Hilfskassen erste gesetzliche Grundlagen für eine Sozialversicherung der gewerblichen Arbeitnehmer schuf [19]. Noch bevor diese gesetzliche Regelung bestand, beschlossen Soester Zimmerergesellen im Mai 1844 die Einrichtung einer Unterstützungskasse [20]. Am 4. August 1845 übergaben sie das Statut der Kasse dem Magistrat zur Genehmigung, das nicht erhalten blieb [21]. Nach der Bestandsaufnahme des Gewerberates von 1852 gründeten auch die Schneider-Gesellen im Dezember 1845 eine Unterstützungskasse [22]. Ebenso legten die Tischler im Dezember 1845 Statuten für ihre "Gesellen-Auflage" vor, die allerdings erst nach erheblicher Überarbeitung im September 1846 die Billigung der Arnsberger Regierung [23] fanden. Die einzelnen Bestimmungen erlauben einen Einblick in die Lebensumstände der Soester Gesellen während der vierziger Jahre des 19. Jahrhunderts: Eine Herberge bot jedem wandernden Schreinergesellen während seines Aufenthalts in Soest Unterkunft. Im Krankheitsfall übernahm der Herbergsvater auch die Bewirtung und Pflege. Vor seiner Abreise erhielt der Geselle vom Herbergsvater eine Notiz in seinen Wanderpaß, daß er seine Schulden bezahlt habe. Nur so konnte er die Stadttore passieren [24]. Gleichzeitig diente die Herberge als Versammlungsort der Gesellen.

Ausgehend von diesen ersten, teilweise auf Eigeninitiativen beruhenden Vorstößen der Handwerks-Gesellen versuchte der Magistrat mit Billigung der Stadtverordneten um die Jahreswende 1846/47, alle städtischen Gesellen zum Beitritt zu einer Hilfskasse zu bewegen [25], um so eine möglichst brei-

---

19) Köllmann, Anfänge Sozialpolitik, S. 43
20) StAS Abt. B XXXII c 6
21) ebda.
22) StAS Abt. B XXXVI a 1
23) StAS Abt. B XXXII c 5
24) ebda.
25) StAS Abt. B XIX g 9

te soziale Sicherung im Krankheitsfall für die im Handwerk Beschäftigten und gleichzeitig eine Entlastung der kommunalen Armenkasse zu erreichen. Die Stadtverordnetenversammlung verlieh im Oktober 1847 dieser Aufforderung mit ihrem Beschluß Nachdruck, die Verpflichtung zum Beitritt zu den Hilfskassen durchsetzen zu wollen [26].

Noch vor dem Ortsstatut vom 27. Mai 1851 erließ die Behörde nach Beratung mit dem Gewerbeverein und zwei gewählten Altgesellen jedes Gewerbes am 24. Juni 1849 ein "Statut für die Stadt Soest, die Gesellen-Verbindungen und Kassen zur gegenseitigen Unterstützung betreffend" [27], das das "Kreisblatt" veröffentlichte. Es verpflichtete alle in Soest beschäftigten Gesellen zur Mitgliedschaft in bestehenden oder noch zu errichtenden Hilfskassen und trug den Meistern auf, den Beitrag vom Lohn einzubehalten [28]. Als erste Hilfskasse auf der neuen rechtlichen Grundlage erhielten die Schlosser-Gesellen am 20. August 1849 aus Arnsberg die Genehmigung für ihr Statut [29]. Ende Dezember 1849 entschlossen sich die Schneider, Schreiner und Schuster, dieses Statut für ihre Hilfskassen zu übernehmen [30]. Aus einer amtlichen Bekanntmachung im "Kreisblatt" geht hervor, daß vom April 1850 an Unterstützungskassen für die Tischler, die Weber, die Schlosser zusammen mit den Winden- und Büchsenmachern sowie Hufschmiede und für die Anstreicher, Buchbinder, Drechsler, Färber, Klempner, Sattler, Zinngießer und Kupferschläger bestanden [31]. Im Oktober 1851 bemühte sich der Gewerberat des weiteren um die Zuweisung der noch nicht organisierten Gesellen in der Stadt zu bestehenden oder neuen Unterstützungskassen [32]. Er hielt acht Vereine für eine akzeptable Lösung, deren einzelne Aufgliederung die nachstehende Tabelle enthält. Im August 1852 fand die behördlich reglementierte, genossenschaftliche Absicherung der Soester Handwerksgesellen für

---

[26] ebda.
[27] Kreisblatt Nr. 52 / 28.6.1849
[28] ebda.
[29] StAS Abt. B XIX g 9
[30] ebda.
[31] Kreisblatt Nr. 28 / 5.4.1850
[32] StAS Abt. B XIX g 16

den Krankheitsfall mit der Vorlage der Bauhandwerker-Statuten ihren Abschluß [33].

Allein von den Bäckergesellen gibt es Hinweise auf massive Widerstände gegen diese Maßnahme. Im November 1850 wandten sich 38 Bäcker und 25 "Bäckerknechte" an die Arnsberger Regierung [34]. Daß die Meister bei diesem Schreiben die Feder führten, beweist der Tenor: "Besonders führen wir noch zum Belege unserer Beitrittsverweigerung an, daß die häufigen Versammlungen mit sogenannten Saufgelagen oft enden, wobei der Art den geistigen Getränken zugesprochen wird, daß in Folge dieser Überladung der kommende Tag verloren geht und den Meistern dadurch Nachtheil entsteht" [35]. Im übrigen führten die Gesellen an, ihre Verwandtschaft lebe in oder um Soest, hier fänden sie in Krankheit Pflege. Als Hauptargument diente eine rhetorische Spitzfindigkeit. Statt als Gesellen bezeichneten die Bäckergehilfen sich als "Knechte", "denn wir müßen uns nämlich nach vollbrachter Bäckerarbeit allen ökonomischen Verrichtungen unterziehen, Dünger laden, Feldarbeit und dgl. verrichten" [36]. In Arnsberg allerdings vermochten diese Argumente nicht zu überzeugen. Die Regierung ging davon aus, daß es sich um gewerbliche Gehilfen von Bäckermeistern handle und trat auch der Behauptung entgegen, alle Gesellen stammten aus dem Soester Raum und fänden so Pflege im Krankheitsfall [37].

Trotzdem verweigerten die Bäckergesellen die Beitragszahlung, und zwei Altgesellen als gewählte Vertreter der Hilfskassen nahmen ihr Amt nicht an. Erst im Mai 1852 trat Ruhe ein, nachdem der Gewerberat einer Halbierung des monatlichen Beitrags auf 1 1/4 Silbergroschen zugestimmt hatte, gleichzeitig aber für je 10 Silbergroschen Zahlungsrückstand einen Tag Gefängnis androhte [38].

---

33) StAS Abt. B XXXVI a 1
34) StAS Abt. B XIX g 12
35) ebda.
36) ebda.
37) ebda.
38) ebda.

1855 bestanden im Kreis Soest zehn Gesellen-Unterstützungskassen mit insgesamt 465 Mitgliedern [39]. Für 1865 nennt der Verwaltungsbericht der Stadt Soest neun Gesellen-Unterstützungskassen mit zwischen 18 und 70 schwankenden Mitgliederzahlen [40]. Das Krankenversicherungsgesetz vom 15.6.1883 [41] löste dieses buntscheckige Bild zahlreicher, oft aufgrund ihrer geringen Mitglieder-Zahl wenig leistungsfähiger Hilfskassen zugunsten einer reichseinheitlichen Versicherungsorganisation auf. Bemerkenswert für Soest erscheint jedoch, bevor diese staatliche Regelung Wirksamkeit erlangte, die frühe und umfassende Organisierung einer Unterhaltsfürsorge für Handwerkergesellen im Krankheitsfall, wie die folgende Aufstellung mit dem Stand vom August 1852 belegt.

---

[39] Jacobi, Gewerbewesen, S. 564
[40] StAS Abt. B XX a 22
[41] Tilmann, Gewerbegesetzgebung, S. 61 und StAS Abt. B XIX g 20

Tabelle 10:   Unterstützungskassen der Gesellen in der
              Stadt Soest 1852

Gewerbe	Gründung	Mitglieder	monatl. Beitrag in Sgr.	Vermögen in Thlr.
Zimmerer (Sterbekassenverein)	1844 - 1852	19	2 1/2	
Schneider	1845	38	2 1/2	49
Tischler	3.9.1846	54	2 1/2	80
Schlosser, Schmiede Büchsen- u. Windenmacher	20.8.1849	20	2 1/2	20
Anstreicher, Sattler Buchbinder, Klempner Zinngießer, Färber Kupferschmiede, Uhrmacher, Goldarbeiter	27.2.1850	24	3 1/3	20
Weber	27.2.1850	38	2 1/2	20
Schuhmacher	4.6.1850	42	3	55
Bäcker, Konditoren	27.2.1850	38	1 1/4	30
Steinhauer	1852	44	2 1/2	21
Maurer, Zimmerer Schieferdecker Schornsteinfeger Brunnenmacher	4.8.1852			42)

---

42) Tabelle zusammengestellt aus StAS Abt. B XXXVI a 1 und StAS Abt. B XX a 22

3. Hilfskassen der Fabrikarbeiter

Über die Gründung von Hilfskassen für Fabrikarbeiter in Soest liegen nur wenige Daten vor, auch die publizistischen Quellen enthalten keine Hinweise. Jacobi nennt für 1855 zwei Fabrikarbeiterkassen im Kreis Soest mit 138 Mitgliedern [43]. Laut Magistratsbericht von 1865 konstituierte sich am 9. September 1858 eine Kranken- und Sterbekasse der Zigarrenarbeiter, am 15. Dezember 1860 eine Hilfskasse der Arbeiter von Gabriel & Bergenthal. In beide Kassen zahlten die Arbeitgeber im Gegensatz zu den Gesellenhilfsvereinen die Hälfte des Beitrages [44]. Liebrecht registriert für 1868 vier Fabrikarbeiter-Kassen mit 331 Mitgliedern in der Stadt Soest [45].

Helga Grebing sah 1971 in den Selbsthilfeorganisationen der Arbeitnehmer "die Urform gewerkschaftlicher Betätigung" [46]. Die Richtigkeit ihrer These bestätigt sich am Verhalten der Zigarrenarbeiter in der Fabrik Ferdinand Schwollmann im Jahr 1864. Während sich in den fünfziger Jahren des 19. Jahrhunderts in Soest keine politischen Aktivitäten von Arbeitern nachweisen lassen, zeigten die Zigarrenarbeiter 1864 mit der Weigerung zur Zahlung ihrer Hilfskassen-Beiträge erstmals Solidarisierungsverhalten. Anlaß zu dieser Konfrontation mit ihrem Arbeitgeber bot dessen Versuch, seinen Arbeitern den gesamten Hilfskassenbeitrag, also einschließlich des Unternehmer-Anteils, abzuverlangen [47]. Ferdinand Schwollmann berichtete im Januar 1864 Bürgermeister Coester darüber, "daß unsere Arbeiter sich sämtlich weigern, von jetzt an den ganzen Beitrag zu zahlen. Sie wollen den Beitrag auf die Hälfte reduziert haben und wenn dies nicht geschieht, dann kündigen sie uns die Arbeit" [48]. Angesichts des solidarischen Verhaltens seiner

---

[43] Jacobi, Gewerbewesen, S. 564
[44] StAS Abt. B XX a 22
[45] Liebrecht: Topographisch-statistische Beschreibung nebst Ortschafts-Verzeichnis des Regierungs-Bezirks Arnsberg, Arnsberg 1868 (zitiert: Liebrecht, statistische Beschreibung) S. 115
[46] Grebing, Helga: Geschichte der deutschen Arbeiterbewegung, 2. Aufl. München 1971 (zitiert: Grebing, Arbeiterbewegung) S. 40
[47] StAS Abt. B XIX g 19
[48] ebda.

Beschäftigten sah sich Schwollmann zur Wiederherstellung des alten Zustandes gezwungen. Im Schreiben an Bürgermeister Coester heißt es dazu: "Wir sind genöthigt, unseren Arbeitern nachzugeben [...]" [49]. Für die Soester Presse stellte diese Auseinandersetzung kein Thema dar, was sich nicht allein aus behördlichen Reglementierungen erklären muß.

Im Jahr 1867 gab es noch einmal Schwierigkeiten mit der Zigarrenarbeiter-Hilfskasse. August Holthausen, der die Fabrik inzwischen von Ferdinand Schwollmann übernommen hatte, fühlte sich nicht an die Vereinbarungen des vorigen Eigners gebunden [50]. Daraufhin verlangte die Arnsberger Regierung ein neues Statut, das auch ihn zur Zahlung der Hälfte der Beiträge verpflichtete [51].

Inwieweit die Hilfskassen der Arbeiter gleichzeitig als Gremien zur politischen Bewußtseinsbildung dienten, läßt sich nicht nachweisen. Marga Koske sieht jedoch in den Zigarrenarbeitern den Stamm des sich 1873 gründenden SPD-Ortsvereins [52].

f. Gesellenverbindungen

Neben der Organisierung in Hilfskassen zur Unterhaltssicherung im Krankheitsfall fanden sich Soester Gesellen in der zweiten Hälfte des 19. Jahrhunderts zusammen, um ihre Freizeit sinnvoll zu gestalten und sich weiterzubilden. Über den Versuch, einen "Gesellenverein aller Gewerke" [53] zu gründen, gibt es einen Hinweis vom Mai 1850. Für den provisorischen Vorstand kündigte der Geselle Ritter, möglicherweise der am 30. April 1850 in den Gewerberat gewählte Uhrmacher-Gehilfe Friedrich Ritter, eine Versammlung aller städtischen Gesellen für den 8. Mai 1850 an,

---

49) ebda.
50) ebda.
51) ebda.
52) Koske, Marga: Ein Beitrag zur Geschichte der SPD in Soest. In: 100 Jahre SPD Soest, Soest 1974 o.S. (zitiert: Koske, SPD)
53) StAS Abt. B XIX g 9

bei der man das Statut beraten wolle. Ziel des Vereins sei die "Hebung dieses Standes" [54]. Weder die Akten noch die publizistischen Quellen enthalten weitere Angaben zu dieser Initiative. Möglicherweise floß sie in die Aktivitäten des Gewerbevereins ein, denn der schlug dem Magistrat im August 1850 eine Maßnahme zur besseren Versorgung wandernder Gesellen vor: Aus einer Wanderkasse sollten die in Soest Station machenden Gesellen statt der üblichen milden Gaben eine fixe Summe erhalten [55]. Dem Magistrat erschien dieser Vorschlag nützlich, er stellte Mittel aus der Generalarmenkasse in Aussicht [56]. Aber dann brechen auch diese Informationen ab.

Dagegen konnte der ehemalige Schustergeselle und seit 1846 als Kaplan in Elberfeld wirkende Adolf Kolping 1852 in Soest einen katholischen Gesellenverein ins Leben rufen. Der Soester Buchhändler und Verleger des "Kreisblattes", Albrecht Ziegler, hatte im September bei der Generalversammlung der Katholiken Deutschlands in Münster Adolf Kolpings Anregung, Gesellenvereine zu bilden, begeistert aufgenommen [57]. Bald kam Kolping dem Wunsch des Buchhändlers nach und gründete am 24. November 1852 in der Nikolaikapelle den "katholischen Gesellenverein zu Soest" [58]. Die Urkunde vom 6. Dezember 1852 nahm die Soester Gesellen in die Gesamtorganisation der katholischen Gesellenvereine auf [59]. 1851 gehörten diesem Dachverband schon 104 Vereine mit rund 12.000 Mitgliedern an [60]. Religiöse Unterweisung, Geselligkeit und berufliche Weiterbildung bestimmten die Aktivität der Gesellenvereine [61].

Die Soester Statuten vom 17. Juli 1853 unterschrieben neben Dechant und Präses Nübel und Vizepräses Ziegler auch

---

54) ebda.
55) ebda.
56) ebda.
57) Hesse, Georg: 100 Jahre Kolping in Soest, Soest 1952 (zitiert: Hesse, Kolping) S. 17
58) ebda.
59) ebda.
60) Grebing, Arbeiterbewegung, S. 46
61) ebda.

vier Lehrer [62]. Schon dieser Nachweis dokumentiert, daß der Weiterbildung im Soester Gesellenverein von seiner Gründung an große Bedeutung zukam. 1853 zählte der Zusammenschluß bereits 120 Mitglieder [63]. Mit dem Paderborner und Lippstädter Bruderverein pflegten die Soester enge Beziehungen. Die guten Kontakte zu Gesellen in der Nachbarstadt Werl führten dort am 15. September 1861 ebenfalls zur Gründung eines katholischen Gesellenvereins [64]. Entscheidende Bedeutung kam dem Soester Gesellenverein durch die Herstellung sozialer Beziehungen unter den ohne verwandtschaftliche Bindungen in der Stadt lebenden Gesellen und wegen seiner sinnvollen, das berufliche Fortkommen fördernden Freizeitgestaltung zu.

g. Kapitalbeschaffung für das Handwerk: Kreditverein

Eine Veröffentlichung im "Central-Blatt für Handel und Gewerbe" und das Beispiel Dortmunder Gewerbetreibender wiesen in Soest den Weg zu einer angemessenen Kapitalbeschaffung für das Handwerk. Über "Die neue Credit-Gesellschaft in Berlin" [65] berichtete das "Central-Blatt" im Oktober 1850, diese Organisation stelle erstmals in Deutschland den Versuch dar, speziell für kleinere Gewerbetreibende Kredite zu akzeptablen Konditionen bereitzustellen. Das geschehe in einer Handels-Gesellschaft, in der jedes handel- oder gewerbetreibende Mitglied gleichzeitig Aktionär und Geschäftskunde sei und bis zu Höhe seines Anteils Kredite erhalten könne [66].

Für Soest bestätigte Gewerberatsvorsitzender Gottschalk im November 1851 die Schwierigkeiten kleiner Handwerker, Kredite zum Ankauf von Rohmaterial zu erhalten [67]. Er

---

[62] Hesse, Kolping, S. 19
[63] ebda.
[64] Mehler, Werl, S. 415
[65] Central-Blatt Nr. 3 / 10.10.1850
[66] ebda.
[67] StAS Abt. B XIX g 9

schlug deshalb dem Gemeindevorstand vor, eine Handwerker-
Darlehnskasse einzurichten. Abweichend von dem auf Selbsthilfe ausgerichteten Berliner Modell forderte Gottschalk
jedoch eine finanzielle Hilfe der Stadt [68]. Ein Vorschuß
aus städtischem Vermögen gegen übliche Zinsen sollte als
Grundstock der Kasse dienen, verfügbare Gelder aus karita-
tiven Fonds, zinsbar angelegte Handwerker-Ersparnisse und
Überschüsse der Innungskassen sollten den Fond ergänzen.
Das Scheitern dieses Plans dürfte im Zusammenhang mit der
Forderung gestanden haben, die der Gewerberatsvorsitzende
anschloß. Eine Gewerbehalle sollte die gefertigten Waren
ankaufen und so den einzelnen Handwerker kurzerhand seiner
Absatzsorgen entledigen: "Wenn eine Gewerbehalle mit Errichtung einer Darlehnskasse in Verbindung treten könnte,
worin die Gewerbetreibenden die Meisterstücke oder sonst
fleißig selbst gearbeitete Sachen absetzen können, so
würde die Zweckmäßigkeit nur dann anzuerkennen sein, wenn
dergleichen durch eine sachverständige Commission abge-
schätzt und gegen baar angekauft würden" [69].

Allerdings erkannte der Magistrat die Gefährdung kleiner
Handwerker an, bei der Beschaffung von Betriebskapital
Wucherern in die Hände zu fallen. Der Gewerberat verwies
ihn deshalb im Juli 1853 auf die Erfahrungen der Dortmunder Gewerbetreibenden: "Durch eine Creditkasse, wie sie
z. B. in Dortmund existiert [...] würde diesem Übelstande
leicht abzuhelfen sein [...] " [70]. Im Dezember 1853
tauschten Magistrat und Gewerberat ihre Erkenntnisse aus
dem Gedankenaustausch mit den Verantwortlichen des Dortmunder Kreditvereins aus. Mit mindestens fünf Talern am
Einlagenkapital beteiligten Mitgliedern gewährte die Dortmunder Kasse Kredite zu fünf Prozent Zinsen, ein Prozent
davon verwandte sie für die Bestreitung von Verwaltungskosten und als Rücklage für mögliche Ausfälle. Aus der

---
68) ebda.
69) ebda.
70) StAS Abt. B XXXII c 10

Mitgliederschaft wählte der Verein in jedem Jahr zwei
Bürger aus, die für die geleisteten Vorschüsse die Bürgschaft übernahmen [71]. Zwar sprach sich der Magistrat gegen eine Organisierung dieses Vereins unter städtischer
Verantwortung aus, doch kündigte er tatkräftige Hilfe bei
der Gründung an [72].

Ende März 1854 wandte sich der Magistrat über die Soester
Presse an die Gewerbetreibenden, um für den Kreditverein
zu werben [73]. Er begründete die enge Anlehnung des Soester
Statutenentwurfs an die Geschäftsgrundlage des Dortmunder
Kreditvereins mit dessen positiven Erfahrungen. Um allerdings jedem kleinen Handwerker den Beitritt zu ermöglichen,
erlaubte der Verein auch die Zahlung von fünf Talern als
Einstiegskapital durch einen Dritten [74]. Als Zweck der
Organisation formulierte Paragraph 1 des Statuten-Entwurfs: "vorzugsweise Gewerbetreibenden, denen es, sei es
zum Betriebe ihres Gewerbes, sei es zur Anschaffung von
Bedürfniß-Gegenständen augenblicklich an Geldmitteln fehlt,
es möglich zu machen resp. zu erleichtern, Vorschüsse aus
der hiesigen Sparkasse zu erhalten" [75].

Der Vorschlag fand Zustimmung bei den Gewerbetreibenden.
Im Mai 1854 berichtete das "Kreisblatt" von 1.245 Talern
inzwischen gezeichneter Bürgschaftssummen [76], der Magistrat sah Anfang Juni in einer Bekanntmachung im "Soester
Anzeiger" [77] das vorgesehene Bürgschaftskapital von
3.000 Taler mit 2.955 gezeichneten Talern quasi als vorhanden an. Bei der Information über diese Hilfsmaßnahme
für die kleinen Gewerbetreibenden und der Werbung für die
finanzielle Beteiligung erwies sich die Soester Presse
als wichtiges Bindeglied zwischen den Initiatoren und
ihrer Zielgruppe. Von 103 Mitgliedern des Kreditvereins
im Juni 1854 zählten immerhin 47 zu den Handwerkern, waren

---

71) ebda.
72) ebda.
73) Anzeiger Nr. 25 / 28.3.1854
74) ebda.
75) Kreisblatt Nr. 25 / 28.3.1854
76) Kreisblatt Nr. 36 / 5.5.1854
77) Anzeiger Nr. 45 / 7.6.1854

24 Handeltreibende und 32 Angehöriger anderer Berufsgruppen [78].

Die Gründungsversammlung am 28. Juni billigte den Statuten-Entwurf mit der Änderung, daß der neunköpfige Ausschuß und nicht die Generalversammlung die jährliche Wahl der beiden Bürgen vornehmen solle [79]. Bürgermeister Schulenburg, Kupferschmied Gottschalk, Apotheker Vahle, Gerichtsrat Hennecke, Kaufmann Ernst Holtzwart, Kaufmann Heidland, Bäcker A. Huver, Schlosser H. Adams und Buchbinder Stumpff bildeten den ersten Ausschuß [80]. Schon dessen berufliche Aufschlüsselung läßt annehmen, daß zwar die kleinen Handwerker in erster Linie die Kreditnehmer darstellten, aber wohlhabendere Gewerbetreibende und Angehörige anderer Berufe vorwiegend als Kreditgeber fungierten. Nur so – und nicht aus Einzelbeiträgen zu fünf Talern – erklärt sich auch das rasche Zustandekommen der Bürgschaftssumme von fast 3.000 Talern.

Der Ausschuß setzte im Juli 1854 die Darlehnssummen auf ein Maximum von fünfzig und ein Minimum von fünf Talern fest und wählte Hauptmann Beyer und Kaufmann Moritz Schwollmann zu den ersten Bürgen des Kreditvereins [81]. Im März 1856 betrug die Summe der erteilten Darlehn schon insgesamt 592 Taler [82]. Über das "Kreisblatt" spendete der Vorstand des Kreditvereins 1859 den nicht zu den kleinen Handwerkern zählenden Mitgliedern öffentlich Anerkennung und würdigte den Nutzen der Organisation beim Einkauf von Rohmaterialien oder der Überwindung augenblicklicher Zahlungsschwierigkeiten: "[...] und sehen wir uns dieserhalb denjenigen Mitgliedern des gedachten Vereins, die nicht zu der Zahl der Gewerbetreibenden gehören und deshalb weniger Gebrauch von diesen Darlehen zu machen haben, aber dennoch durch ihre Betheiligung dem Institute förderlich sind zum besonderen Danke verpflichtet [...]" [83].

---

78) ebda.
79) StAS Abt. B XXXII c 10
80) ebda.
81) ebda.
82) ebda.
83) Kreisblatt Nr. 82 / 14.10.1859

Mit ihrer Kapitalanlage im Kreditverein förderten die wohlhabenden Bürger so die soziale Sicherung des kleinen Handwerks.

Bis 1868 mußte der Verein nur vierzig Taler Verluste hinnehmen, die aus den Zinsen des Bürgschaftskapitals getilgt werden konnten [84]. 1868 verlangte die städtische Sparkasse vom 1. Juli des Jahres an fünf statt der vorherigen vier Prozent für sich [85]. Ein Versuch des Kreditvereins, eine Ausnahme von dieser allgemeinen Regelung für sich zu erwirken, blieb erfolglos [86]. Mit dem Bemühen des Kreditvereins, eine Sonderregelung zu 4 1/2 % durchzusetzen, brechen die Aktenunterlagen ab.

Auch die regelmäßigen Veröffentlichungen in der Soester Presse über die Darlehnsvergabe im jeweiligen Geschäftsjahr hören mit der Übersicht 1868 auf. Erstaunlicherweise fallen diese Daten mit der Gründung der Sparkasse der ländlichen Gemeinden der Soester Börde zum 17. November 1868 zusammen. Ob der Kreditverein zu diesem Geldinstitut bei besseren Konditionen überwechselte oder angesichts der bevorstehenden Konkurrenz zweier Sparkassen in Soest die Beschaffung von Kleinkrediten als gesichert und damit die eigene Organisation als überflüssig ansah, bleibt nur eine Vermutung.

Aus den publizistischen Quellen und ergänzenden Angaben der Akten ließ sich jedoch die folgende Tabelle zusammenstellen, die die kontinuierliche Versorgung des kleinen Handwerks mit durchschnittlich 25 Taler umfassenden Krediten veranschaulicht. So erhielt mancher Geselle die Gelegenheit, sich mit der Finanzierung seines Meisterstücks die Eröffnung eines eigenen Betriebes zu ermöglichen, und Überbrückungskredite bewahrten die Handwerker vor Wucherzinsen bei vorübergehenden Zahlungsschwierigkeiten.

---

[84] StAS Abt. B XXXII c 13
[85] ebda.
[86] ebda.

Tabelle 11: Darlehnsvergabe im Soester Kreditverein
1854 - 1869

	vergebene Darlehn	Summe in Taler
bis 1857	35	817
bis 1860	96	2.611
bis 1861	114	3.046
bis 1862	128	3.481
bis 1863	145	3.459
bis 1864	161	4.304
bis 1865	199	5.283
bis 1866	223	6.014
bis 1869	304	8.401

[87]

---

[87] Tabelle zusammengestellt aus StAS Abt. B XXXII c 13 und Kreisblatt Nr. 82 / 14.10.1859; Nr. 83 / 16.10.1860 Nr. 95/ 26.11.1861; Nr. 92 / 18.11.1862; Nr. 91 / 13.11.1863; Nr. 92 / 18.11.1864; Nr. 94 / 24.11.1865; Nr. 103 / 28.12.1866 und Anzeiger Nr. 1 / 2.1.1869

II. Informationen für die Bürger: Zwei Zeitungen etablieren sich

a. Soester Kreisblatt

Die Presse-Situation des Soester Raumes in der zweiten Hälfte des 19. Jahrhunderts wird durch die Konkurrenz zweier Lokalzeitungen bestimmt. Während sich das "Wochenblatt" kontinuierlich zum "Kreisblatt" fortentwickelte, gelang es Eduard Rochol nach fehlgeschlagenen Versuchen mit dem in der Reaktion erstickten meinungsfreudigen "Bürger- und Bauernfreund" und dem farblosen "Stadt- und Landboten" Anfang der fünfziger Jahre des 19. Jahrhunderts mit dem "Soester Anzeiger" eine zweite Zeitung am Ort zu etablieren.

Seit dem 1. Januar 1841 diente das "Wochenblatt" mit dem neuen Titel "Soester Kreisblatt" als amtliches Bekanntmachungsorgan [1]. Behörden und Ämter des Kreises Soest galten als Zwangsabonnenten, dafür mußte das Blatt Bekanntmachungen kostenlos veröffentlichen. Insgesamt sicherte diese Bindung der Zeitung an die Behörde seine finanzielle Position. Aus dieser Abhängigkeit suchte sich erst Albrecht Ziegler, der den Verlag im April 1848 von seinem Schwager Ferdinand Schöning übernahm [2], mit dem Aufkommen der Pressefreiheit zu lösen. Am 31. März 1848 erklärte sich das "Kreisblatt" mit der Verkündung der Pressefreiheit zur "Förderung wahrer Volksinteressen" [3] und Berücksichtigung der Meinung Andersdenkender bereit, aber schon am Jahresende 1848 schwenkte Ziegler wieder auf Regierungskurs ein. Während ihm der "Westfälische Bürger- und Bauernfreund" mit 400 Abonnenten "constitutionell-demokratisch" erschien, bescheinigte der Landrat dem Kreisblatt mit seinen 1.800 Abonnenten schon am 3. Januar 1849 wieder die "Beförderung der konstitutionellen Monarchie" [4].

Gerhard Köhn bezeichnete 1973 das Verhalten der Verantwortlichen des "Kreisblattes" als "durchweg systemimmanent" [5]. Daß Ziegler auch zur wirtschaftlichen Absicherung sei-

---
1) Köhn, Presse, S. 75
2) ebda. S. 76
3) Kreisblatt Nr. 14 / 31.3.1848
4) StAM Kreis Soest Nr. 349
5) Köhn, Presse, S. 76

nes Blattes die enge Bindung an die Behörden fraglos akzeptierte, belegt sein Brief an den Gemeindevorstand vom 5. Juni 1851 [6]. Paragraph 25 des neuen Pressegesetzes - so schreibt er - sehe eine kostenlose Veröffentlichung amtlicher Bekanntmachungen nicht mehr vor. Aber "um des amtlichen Charakters des Kreisblattes willen" [7], erkläre er sich weiterhin zur kostenlosen Aufnahme solcher Mitteilungen bereit, allerdings mit einer Vergünstigung, mit der Ziegler den Konkurrenzzeitungen Eduard Rochols von vornherein jede Chance zu nehmen hoffte: "[...] daß dem Kreisblatte die amtlichen **Bekanntmachungen** auch ausschließlich für diesen Ort zur Insertion übergeben und nicht wie dies bisher geschehen, so bald ein anderes Blatt hier erschien, auch diesem zu demselben Zwecke und gleichzeitig mitgetheilt werden [...] " [8]. Angesichts der geringen anderweitigen Möglichkeiten zur Information über behördliche Anordnungen und Maßnahmen, hätte die - allerdings nicht erfolgte - Zustimmung der Bürgervertreter bedeutet, daß sich die Bewohner des Soester Raumes ein Blatt Eduard Rochols höchstens als Zweitzeitung leisten konnten.

Einen Vorteil jedoch bewahrte das "Kreisblatt" gegenüber jeder Mitbewerberin: Den Behörden galt das quasi amtliche Organ immer als weniger gefährlich. Noch 1882 urteilte die Arnsberger Regierung über das Blatt: "Es bringt außer dem amtlichen und Annoncentheile Nachrichten aus anderen Tageblättern und in der Hauptsache lokale und vermischte Nachrichten von nicht politischem Inhalte. Die Redaktion des Blattes ist den Interessen des Staates zugethan und ohne selbständige Parteirichtung" [9].

Über die Leserschaft ermöglicht ein Bericht des Landrats von 1863 Rückschlüsse: Danach las hauptsächlich die katholische Bevölkerung das "Kreisblatt" [10]. Redakteur Ziegler, Sohn eines Münsteraner Regierungsrates und ehemaliger

---

6) StAS Abt. B XXXIII a 7
7) ebda.
8) ebda.
9) Köhn, Presse, S. 76

Offizier, galt als ehrenwerte Persönlichkeit [11].

Am 20. Mai 1856 veröffentlichte das "Kreisblatt" erstmals als öffentliche Bekanntmachung die "Beschlüsse der Gemeinderaths-Sitzung" [12]. Diese Ausweitung des lokalen Stoffangebots ging jedoch weniger auf redaktionelle Initiative zurück, sondern vielmehr auf die "Städte-Ordnung für die Provinz Westphalen vom 19. März 1856" [13]. Im Paragraph 45 legte sie fest: "Die Sitzungen der Stadtverordneten sind öffentlich [...]" [14]. Aus dieser Bestimmung leitete sich eine Veröffentlichung der Ratsbeschlüsse her. Für diese Untersuchung bildet die Soester Presse mit der offiziellen Bekanntmachung der Stadtratsbeschlüsse eine wichtige Quelle. Als spezifisch publizistische Quelle allerdings erweisen sich die Veröffentlichungen über Ratssitzungen erst zu dem Zeitpunkt, als eigene redaktionelle Arbeiten über ihren Verlauf berichten.

Beim "Kreisblatt" bedurfte es dazu erst eines Wechsels in der Redaktion: Vom Juli 1874 redigierte C.W. Neuendorf das Blatt [15], bis P. Hülster im Januar 1877 diese Aufgabe übernahm [16]. Daraufhin erschien am 16. Februar 1875 der erste redaktionelle Ratsbericht im "Kreisblatt" über die Sitzung vom 13. Februar [17] - und zwar sieben Tage vor dem offiziellen Beschlußprotokoll [18]. Während sich gerade aus dem Vergleich beider Berichte besondere Aufschlüsse über die Haltung der Redaktion oder die städtische Informationspolitik erwarten ließen, unterscheiden sich beide Berichterstattungen bis in die achtziger Jahre des 19. Jahrhunderts hinein lediglich in der Aktualität des redaktionellen Beitrags gegenüber der offiziellen Berichterstattung und erweisen sich damit als Werbemittel des Blattes im Wettbewerb mit der Konkurrenzzeitung.

---

10) ebda.
11) ebda.
12) Kreisblatt Nr. 40 / 20.5.1856
13) Städte-Ordnung für die Provinz Westphalen vom 19. März 1856. In: Gesetz-Sammlung für die Königlich Preußischen Staaten, Berlin, 1856 (zitiert: Städte-Ordnung 1856)
14) ebda. S. 251
15) Kreisblatt Nr. 53 / 3.7.1874
16) Kreisblatt Nr. 1 / 2.1.1877
17) Kreisblatt Nr. 14 / 16.2.1875
18) Kreisblatt Nr. 16 / 23.2.1875

b. Soester Anzeiger

Im Gegensatz zu den Redakteuren des "Kreisblattes" zeigte sich Eduard Rochol stärker lokalpolitisch engagiert. Allerdings ließ ihm die Etablierung seiner Zeitung in den fünfziger Jahren des 19. Jahrhunderts kaum Gelegenheit zur Mitarbeit in der Kommunalpolitik. Am 1. Juli 1853 erschien die erste Nummer des "Soester Anzeiger für Stadt und Land", für den einige Soester Honoratioren wie Gerichtssekretär Kettschau, Rendant Gerke und Oekonom Steinbicher mit Eduard Rochol bei der Stadtsparkasse einen 1.500 Taler umfassenden Kredit aufnahmen, um die Kaution stellen zu können [19]. Soester Bürger ermöglichten damit dem zweiten Blatt am Ort, das sich in seiner ersten Ausgabe als "unpartheiliches Lokal-Organ" [20] vorstellte, mit ihrer finanziellen Hilfe die - wenn auch äußerst zurückhaltende - Aufnahme politischer und sozialer Angelegenheiten. Eine Rubrik "Lokales" gab es erst ab 1874, Nachrichten aus Soest und der Umgebung enthalten also bis dahin nur amtliche Bekanntmachungen und der Anzeigenteil. Im Gegensatz zum "Kreisblatt" galt der "Anzeiger" als evangelisch und gemäßigt liberal und fand deshalb entsprechend größere Verbreitung in den Ämtern Lohne, Schwefe und Borgeln [21].

Gegen Ende der fünfziger Jahre mußte Eduard Rochol - möglicherweise aufgrund finanzieller Schwierigkeiten - einen Teilhaber ins Geschäft nehmen. Mit Theodor Wehrle, dem Inhaber der Ritterschen Buchhandlung, gewann Rochol einen Geschäftspartner, der die liberale Haltung des "Anzeiger" stärkte. Die Rittersche Buchhandlung nämlich vertrat in Soest das fortschrittliche Bücherprogramm [22]. In der Zeit dieser Geschäftsverbindung zwischen 1860 und Juli 1862 fungierte Rochol nur als Drucker, Wehrle als verantwortlicher Redakteur und Verleger sowie Pastor Hermanni als

---

19) Köhn, Gerhard: Zur Geschichte des Soester Anzeigers. In: Jubiläumsausgabe zum 125jährigen Bestehen des "Soester Anzeiger" und des "Rocholdruck" vom 27.10. 1973 o.S. (zitiert: Köhn, Anzeiger)
20) Anzeiger Nr. 1 / 1.7.1853
21) Köhn, Anzeiger, o.S.
22) ebda.

Redakteur für den politischen Teil [23]. Nach dem Ausscheiden Wehrles am 18. Juli 1862 übernahm Rochol redaktionelle Verantwortlichkeit und Verlag wieder in eigene Regie, allerdings blieb Pastor Hermanni für die Zusammenstellung der politischen Nachrichten zuständig [24].

Zwischen 1861 und 1876 war Eduard Rochol Stadtverordneter. Seit das neue Pressegesetz vom Mai 1874 ihm größeren Spielraum zur Gestaltung des redaktionellen Teiles ließ, wirkte sich das im "Anzeiger" besonders in der Berichterstattung über kommunalpolitische Ereignisse aus [25]. Als Eduard Rochol am 9. November 1876 sechzigjährig starb, erwies sich der "Anzeiger" mit 1.250 Exemplaren [26] zwar um etwa ein Drittel kleiner als das "Kreisblatt", aber dennoch fest im Kommunikationsgefüge des Soester Raumes etabliert.

Gasdirektor und Ratsmitglied der National-Liberalen Partei im Stadtparlament, Adolf Heim, übernahm von ihm die Redaktion, bis ihn Hermann Voigt 1877 ablöste [27]. Die bis 1874 nur Nuancen ausmachenden Profilierungen von "Anzeiger" und "Kreisblatt" zwischen liberaler und konservativer Haltung äußerten sich eher im kommunalpolitischen Engagement der "Anzeiger"-Redakteure als in der Berichterstattung. Wie das "Kreisblatt" erhielt auch der "Anzeiger" vom Mai 1856 an [28] die offiziellen Beschlußprotokolle der Ratssitzungen. Prononcierte Stellungnahmen der Redaktion zur Kommunalpolitik lassen sich jedoch erst ab 1874 finden. Allerdings zeigten sich schon vorher in der Auswahl von Leserbriefen zu umstrittenen Themen Unterschiede zwischen beiden Zeitungen, die jeweils herauszuarbeiten sind.

---

23) Köhn, Presse, S. 84
24) Köhn, Anzeiger, o.S.
25) ebda.
26) ebda.
27) ebda.
28) Anzeiger Nr. 41 / 20.5.1856

III. Ausdehnung des Sparkassenwesens

a. Bedeutungszuwachs für die Soester Sparkasse

Mit der Förderung der Ersparnisbildung sozial schwächerer Schichten und der Kreditbeschaffung für die wirtschaftliche Entwicklung des Soester Raumes kam der Stadtsparkasse schon in der ersten Hälfte des 19. Jahrhunderts erhebliche Bedeutung zu. 1839 verfügte sie über höhere Einlagen als sämtliche anderen westfälischen Sparkassen zusammen [1], ein Ergebnis, das in der sozialen und wirtschaftlichen Struktur des Soester Raumes begründet lag: Bedienstete und mittlere Handwerker erwiesen sich als eifrige Sparer, Landwirtschaft und Handwerk ermöglichten eine relativ sichere Unterbringung der Kredite. Mit 369.704 Taler Einlagenkapital nahm die Soester Sparkasse 1849 unter den größten deutschen Sparkassen den achten Rang ein [2]. Von Soest gingen schon 1846 wegweisende Initiativen zur stärkeren Zusammenarbeit der Sparkassen bei Geldüberfluß oder -mangel aus [3].

Einblick in die soziale Struktur der Sparer im Kreis Soest gewährt eine Übersicht der Sparkassen Soest und Werl zusammengenommen für das Jahr 1856 [4]. Danach sparten 1.670 Dienstboten 111.131 Taler, 597 "andere Handarbeiter" brachten 61.546 Taler zu beiden Geldinstituten, 305 Handwerkermeister legten 40.110 Taler auf die hohe Kante, 227 Gesellen sparten 12.777 Taler, neun Berg- und Hüttenarbeiter sorgten mit 1.177 Talern vor und zwei Fabrikarbeiter mit 192 Talern [5]. Der außerordentlich hohe Anteil von Ersparnissen der Dienstboten, die während ihrer Anstellung die Mittel für den Aufbau einer eigenen Existenz ansammelten, blieb ein Charakteristikum der Spartätigkeit im Soester Raum während des 19. Jahrhunderts.

Ab 1850 wirkte sich die günstige Fortentwicklung der Sparkasse besonders nützlich für die Finanzierung kommunaler Vorhaben aus. Schon 1836, also vor Erlaß des Sparkassen-

---

1) Koske, Stadtsparkasse, S. 58
2) Trende, Sparkassen, S. 134
3) ebda. S. 427
4) Jacobi, Gewerbewesen, S. 588 f.
5) ebda.

Reglements von 1838, besaß die Soester Sparkasse einen
4.107 Taler umfassenden Reservefonds [6]. Von 1843 an erhöhte die Sparkasse aus den Zinsen des Reservefonds die
Lehrergehälter und stellte den Rest zum Bau eines direkten
Verbindungsweges von Soest nach Warstein zur Verfügung [7].
Anfang der sechziger Jahre des 19. Jahrhunderts ermöglichten die günstigen Geschäftsabschlüsse der Sparkasse den
Bau der städtischen Kaserne ohne eine Erhöhung der Kommunalsteuer [8]. Mit Hilfe von 53.500 Mark aus Zinsüberschüssen
konnte 1875 die Regulierung von Kanälen im Grandweg beginnen [9]. Die eigene Sparfreudigkeit bescherte so den
Soestern eine Reihe kommunaler Initiativen, ohne daß ihre
steuerliche Belastung erhöht wurde.

Während es für die Überschüsse der Sparkasse nie Verwendungsschwierigkeiten bei der Entwicklung Soests und seiner
Umgebung gab, mußte die Sparkasse allerdings mehrfach über
das Kreisgebiet hinausgehen, um ihre Gelder anzulegen. Nur
etwa sechzig Prozent der Spargelder fanden Aufnahme bei
der heimischen Bevölkerung [10]. Mit der Vergabe von Hypotheken ins Industriegebiet setzte sich die Sparkasse jedoch den Gefährdungen konjunktureller Schwankungen aus. Das
bekam sie sowohl in der Krise der "Gründerjahre" zwischen
1874 und 1878 [11] zu spüren wie 1905 bei einem erneuten
konjunkturellen Einbruch. Ende der siebziger Jahre des 19.
Jahrhunderts mußte die Soester Sparkasse 51 bebaute Grundstücke in Bochum, Höntrup, Laar, Meiderich, Barop, Hombruch,
Hörde, Wattenscheid, Essen, Oberhausen, Duisburg und Dort-

---

6) Koske, Stadtsparkasse, S. 53
7) ebda. S. 54
8) Magistratsbericht 1861, S. 8
9) Bericht des Magistrats zu Soest über die Verwaltung und den Stand der Gemeindeangelegenheiten der Stadt Soest für das Jahr 1875. Vorgetragen in öffentlicher Sitzung der Stadtverordneten-Versammlung am 17. Februar 1876, Soest 1876 (zitiert: Magistratsbericht 1875) S. 6
10) Schulte-Rentrop, Heinrich: Die Anlagepolitik der westfälischen Sparkassen, Münster Phil. Diss. 1937 (zitiert: Schulte-Rentrop, Anlagepolitik) S. 95
11) Mottek, Hans: Die Gründerkrise. In: Jahrbuch für Wirtschaftsgeschichte 1 (1966) S. 51 - 128 (zitiert: Mottek, Gründerkrise)

mund erwerben, um sich selbst vor Schaden zu schützen [12].
1878 machten diese Ankäufe allein eine Summe von 175.418
Mark aus [13]. 1905 zwang eine wirtschaftliche Flaute die
Soester Sparkasse erneut zum Kauf von 19 Häusern im Industriegebiet. Allerdings ließen sich alle bebauten Grundstücke ohne Verlust wieder absetzen [14].
Ungeachtet dieser kurzfristigen Anlageschwierigkeiten und
der Einengung ihres Geschäftsbereichs durch weitere Sparkassen-Gründungen im Soester Raum seit den sechziger Jahren
des 19. Jahrhunderts verzeichnete die Soester Sparkasse
zwischen 1850 und 1880 ein kontinuierliches Wachstum, das
sich im Gegensatz zur ersten Hälfte des 19. Jahrhunderts
nun aber - wie die folgende Tabelle belegt - in die allgemeine Sparkassenentwicklung einordnete.

Tabelle 12: Entwicklung des Einlagenbestandes und Reservefonds der Soester Sparkasse zwischen 1850 und 1880 (bis 1874 in Reichsthaler, ab 1875 in Goldmark)

Geschäfts-jahr	Einlagenbestand	Reservefond
1850	403.983	36.465
1852	478.721	42.368
1854	596.030	48.620
1856	711.208	55.035
1858	773.169	60.302
1860	830.891	64.586
1862	908.307	68.435
1864	966.320	74.230
1866	1.064.630	78.621
1868	1.240.650	83.323
1870	1.389.715	
1872	1.667.904	90.655
1874	2.093.305 Thlr.	98.228 Thlr.
1876	7.388.063 Mark	355.493 Mark
1878	7.783.722	415.666
1880	8.159.036	459.077 [15]

[12] Städtische Sparkasse zu Soest 1825-1925, In: Soest 1925 (zitiert: Sparkasse 1925) S. 20 und Schulte-Rentrop, Anlagepolitik, S. 98
[13] Magistratsbericht 1879, S. 10
[14] Sparkasse 1925, S. 20
[15] ebda. S. 12 f.

b. Einrichtung von Sparkassen für die Bördegemeinden und Ämter des Kreises Soest

Die rasche Aufwärtsentwicklung der Stadtsparkasse fand im Soester Raum unterschiedliche Beurteilung. Während die Soester Bürger ihre Einlagen mit 4 1/2 % verzinst erhielten und gleichzeitig von den für städtische Vorhaben verwandten Zinsüberschüssen profitierten, zahlte die Kasse auswärtigen Sparern - also den Bördebewohnern - nur 3 1/3 % Zinsen. Diese unterschiedliche Behandlung der Sparer in und um Soest empfanden weitblickende Bördebewohner schon Anfang der vierziger Jahre des 19. Jahrhunderts als ungerecht. Amtmann Pilger aus Weslarn bemängelte im Januar 1840 die unterschiedliche Verzinsung, "[...] wenn es gleich feststeht, daß vorzüglich durch Annahme von Darlehn seitens der ländlichen Eingesessenen die Soester Sparkasse zu solchem Flor gestiegen ist, daß sie Soestern größeren Vorteil zuwenden kann. Es dürfte demnach die vom Oberpräsidenten dringend empfohlene Errichtung von Sparkassen für die Landgemeinden in Überlegung zu nehmen sein" [16]. Pläne zur Gründung eines Geldinstituts für die Bördebewohner gab es also schon 25 Jahre früher, als Saint-George 1968 [17] annahm. Die außerordentlich günstige Entwicklung der Stadtsparkasse dürfte diesen Überlegungen den Mut zur Realisierung genommen haben.

Erst 1867 entschieden sich die Amtsvertretungen von Borgeln, Schwefe und Lohne für die Einrichtung einer gemeinsamen Sparkasse [18]. Auch Müllingsen, Ruploh und Deiringsen drei Gemeinden des Amtes Lohne, die sich zunächst ausschlossen, ließen sich umstimmen [19]. Der Statuten-Genehmigung durch den Oberpräsidenten am 26. August 1868 folgte am 9. Oktober die Wahl Gustav Schulenburgs aus Soest zum Rendanten [20]. Ende Oktober veröffentlichte die Soester

---

16) StAM Kreis Soest Nr. 12
17) Saint-George, K.H. von: Die Ländliche. Portrait einer Hundertjährigen. Sparkasse der ländlichen Gemeinden der Soester Börde zu Soest, Soest 1968 (zitiert: Saint-George, Ländliche)
18) ebda. S. 21 ff.
19) ebda. S. 26
20) ebda. S. 27

Presse die Statuten [21], und über den "Anzeiger" warb die "Ländliche Sparkassenverwaltung" Mitte November 1868 bei den Bewohnern der Ämter Borgeln, Lohne und Schwefe mit einer Verzinsung der Spareinlagen in beliebiger Höhe zu vier Prozent und kündigte die Eröffnung des Geldinstituts in Soest für den 17. November 1868 an [22].

Schon das erste Geschäftsjahr schloß mit 172.486 Talern auf 995 Sparbüchern ab [23]. 1883 lagen 5.804.953 Goldmark auf den Konten der Ländlichen Sparkasse [24]. Das hohe Sparaufkommen zwang auch die "Ländliche" Anfang der siebziger Jahre des 19. Jahrhunderts, Gelder ins Ruhrgebiet zu verleihen [25]. Auf dem Wege der Zwangsversteigerung erwarb die Kasse in der Gründerkrise 1874 bis 1878 Häuser in Duisburg, Ruhrort und Oberhausen, um ihre Hypotheken zu sichern, konnte aber später alle Gebäude mit Gewinn wieder verkaufen [26]. Ihre eigenständige Bedeutung allerdings erlangte die "Ländliche" in der zweiten Hälfte des 19. Jahrhunderts mit der Beschaffung von Krediten und Hypothekardarlehn für die Bauern der Börde [27].

Gleichzeitig half die Verwendung ihrer Zinsüberschüsse bei der Erschließung der Bördegemeinden. Aus den 1884 erzielten Zinsüberschüssen von 34.218 Mark gab die "Ländliche" 20.000 Mark für Wegebauten in den Ämtern Lohne, Schwefe und Borgeln frei [28], 1886 weitere 30.000 Mark für den gleichen Zweck [29]. Bis 1900 kamen den drei beteiligten Ämtern 518.642 Mark aus Zinsüberschüssen für ihre Entwicklung zugute [30]. Seit 1887 gewährte die "Ländliche" außerdem jährlich 4.000 Mark Zuschuß zur Unterhaltung der landwirtschaftlichen Winterschule [31].

---

21) Anzeiger Nr. 84 / 20.10.1868 ff. und Kreisblatt Nr. 85 / 23.10.1868
22) Anzeiger Nr. 90 / 10.11.1868
23) Saint-George, Ländliche, S. 40
24) ebda. S. 44
25) o.N.: 100 Jahre Ländliche Sparkasse Soest. In: HKS 41 (1968) S. 92 f.
26) Saint-George, Ländliche, S. 44
27) Schulte-Rentrop, Anlagepolitik, S. 97
28) Saint-George, Ländliche, S. 45
29) ebda.
30) ebda.
31) ebda. S. 46

Über die Soester Presse veröffentlichten die Geldinstitute
des Soester Raumes jeweils ihre Jahresergebnisse, verliehen
so ihrer Geschäftsführung Öffentlichkeit und stellten sich
dem vergleichenden Wettbewerb mit anderen Sparkassen-
Bilanzen. Aus diesen Veröffentlichungen entstand die folgende Tabelle, die einen Überblick über die Entwicklung
der Ländlichen Sparkasse erlaubt.

Tabelle 13: Entwicklung der Spareinlagen bei der Ländlichen Sparkasse zwischen 1868 und 1878
(bis 1874 in Reichsthaler, ab 1875 in Goldmark)

Geschäftsjahr	Spareinlagen
1868	19.469
1870	270.738
1872	519.051
1874	839.671
1876	3.655.709
1878	4.363.590 [32]

Schon vor der Geschäftsaufnahme der Ländlichen Sparkasse
erhielt das Amt Oestinghausen 1866 eine Sparkasse mit Sitz
in Hovestadt. Das "Kreisblatt" veröffentlichte im Oktober
1866 die Statuten [33]. Nach zweimonatigem Geschäftsbetrieb
wies die Sparkasse am Jahresende 1866 schon 8.110 Taler
Einlagenbestand auf [34]. Im Geschäftsjahr 1868 wuchsen die
Spareinlagen auf 66.373 Taler an [35], und 1873 schloß die
Sparkasse Hovestadt mit 161.879 Talern ab [36].

Am 1. Februar 1876 nahm in Körbecke ebenfalls eine Sparkasse für das Amt Körbecke ihre Geschäfte auf [37], Rendant
Heinrich Tigges nahm gleich im ersten Geschäftsjahr 74.710

---

[32] Tabelle zusammengestellt aus: Saint-George, Ländliche,
S. 38; Kreisblatt Nr. 21 / 14.3.1871; Nr. 11 / 7.2.1873
Anzeiger Nr. 31 / 16.4.1875; Nr. 19 / 6.3.1877; Nr. 22
18.3.1879
[33] Kreisblatt Nr. 79 / 2.10.1866
[34] Kreisblatt Nr. 17 / 26.2.1867
[35] Kreisblatt Nr. 4 / 12.1.1869
[36] Kreisblatt Nr. 14 / 17.2.1874
[37] Kreisblatt Nr. 3 / 11.1.1876

Mark Spareinlagen entgegen und erwirtschaftete einen Reingewinn von 260 Mark [38], der sich auf 1.041 Mark steigerte, als die Sparkasse 1877 insgesamt 166.445 Mark Spargelder verzeichnete [39]. Über das "Kreisblatt" hatten wiederum Bewohner des Amtsbezirkes die Geschäftsbedingungen erfahren [40]. 1886 schloß die Körbecker Sparkasse mit einer Bilanz von 316.296 Mark ab [41].

Eine Sparkasse des Amtes Werl eröffnete am 1. April 1894 und verzeichnete 1895 auf 286 Sparbüchern 277.000 Mark Einlagen [42]. Am 1. Oktober trat auch das Amt Bremen diesem Kassenverband bei [43]. Diese engmaschige Versorgung des Soester Raumes mit Geldinstituten erklärt, warum Raiffeisenkassen erst Ende der achtziger Jahre Einzug in den agrarisch strukturierten Kreis Soest hielten.

---

[38] Kreisblatt Nr. 7 / 23.1.1877
[39] Kreisblatt Nr. 23 / 19.3.1878
[40] Kreisblatt Nr. 2 / 7.1.1876
[41] Kreisblatt Nr. 24 / 23.3.1880
[42] Rüden, Sparkasse Werl, S. 43
[43] ebda.

IV. Initiativen in der Landwirtschaft

a. Landwirtschaftliche Informationen

Amtliche Bekanntmachungen der Orts-, Kreis- und Regierungsbehörden sowie allgemeine Nachrichten und Berichte aus überregionalen Zeitungen kennzeichnen das Textangebot der Soester Presse im Untersuchungszeitraum. Um die Aussagefähigkeit dieser Lokalzeitungen für die wirtschaftlich-soziale Themenstellung zu überprüfen, wurden die im Soester Raum verbreiteten Zeitungen anhand exemplarischer Themen ausgewertet. Während sich etwa unter dem Aspekt "Einrichtung von Sparkassen" oder "Gewerbliche Ausbildung, insbesondere in Fortbildungsschulen" nur eine Materialverarbeitung dieser Ergebnisse als Ergänzung der Akten anbot, ergab die Auswertung des Themas "Landwirtschaftliche Informationen" ein so breites Spektrum verschiedenster Gesichtspunkte, daß eine Einordnung dieser Untersuchungsergebnisse für die Charakterisierung der Soester Zeitungen und die Beleuchtung ihres Stellenwerts für die Entwicklung der Landwirtschaft im Soester Raum effektiv erschien.

Schon bei der Beschreibung der vielfältigen Aktivitäten des Landwirtschaftlichen Kreisvereins mußte sich diese Arbeit wegen fehlender Aktenunterlagen vorwiegend auf publizistische Quellen stützen und konnte es auch aufgrund der breiten Berichterstattung über den Kreisverein in den Soester Lokalzeitungen. Unter Berücksichtigung der im folgenden zur Auswertung kommenden Fakten zur Verbesserung der Anbaumethoden und Viehzucht sowie zum Einsatz von neuen Maschinen läßt sich schon jetzt als ein wichtiges Ergebnis der Untersuchung lokaler Zeitungen im Berichtzeitraum zusammenfassen:

1. Neben den allgemeinen die Lokalzeitungen des 19. Jahrhunderts bestimmenden Behördenveröffentlichungen und allgemeinem Fremdmaterial zeichnen sich die Soester Zeitungen zwischen 1820 und 1880 durch eine besonders intensive Berücksichtigung landwirtschaftlicher Themen aus, die sich aus der Struktur des Soester Raumes er-

klärt und im vorherrschenden Interesse der Leserschaft begründet liegt.
2. Während bis in die siebziger Jahre des 19. Jahrhunderts lokale Informationen fast ausschließlich - Leserbriefe und Anzeigen ausgenommen - in Behördenveröffentlichungen enthalten sind, erlangt der Themenkomplex "Landwirtschaft" seit den Anfängen der Soester Presse bis in die achtziger Jahre des 19. Jahrhunderts einen eigenständigen, diese Presseorgane charakterisierenden Anteil am Informationsangebot.

Entsprechend der Gesamtentwicklung des einzelnen Presseorgans wandelt sich allerdings auch die Behandlung agrarischer Themen. Während die Redaktion des "Wochenblattes" Informationen für und über die Landwirtschaft ihren, halbamtlichen Charakter beließ, indem sie die Veröffentlichungen des Landwirtschaftlichen Kreisvereins mit dessen Namenszug versah und seine Protokolle und Ankündigungen häufig mit auf der für amtliche Bekanntmachungen reservierten ersten Seite plazierte, treffen die Redakteure von "Anzeiger" und "Kreisblatt" in der zweiten Hälfte des 19. Jahrhunderts genauere Differenzierungen unter einzelnen Informationen. Zwischen 1850 und 1880 erscheinen Informationen zur Landwirtschaft als 'Füllmeldungen' zwischen redaktionellem und Anzeigenteil, als offizielle Veröffentlichungen des Landwirtschaftlichen Kreisvereins - später mit dem Hinweis "Eingesandt" als Meinung eines außerhalb der Redaktion Stehenden gekennzeichnet - , oder in Ausschnitten aus anerkannten Fachblättern als Bereicherung einer aktuellen landwirtschaftlichen Diskussion seitens der Lokalpresse.

Die 'Füllmeldungen' verdienen im Rahmen dieser Untersuchung weniger Beachtung, da sie weitgehend Zufallsergebnisse darstellen. Der "Soester Anzeiger" scheidet diese Kurzinformationen in der zweiten Hälfte des 19. Jahrhunderts mit einer eigenen Rubrizierung "Haus- und Landwirthschaft" im Gegensatz zu "Landwirthschaftliches" und durch kleinere Schriftgröße, als der Normalsatz aufweist, vom übrigen

Textteil. Solche Füllmeldungen enthalten etwa Hinweise auf die Kultur der Sellereie [1], Anekdotenhaftes über die landwirthschaftlichen Dienste der Vögel [2] oder das Knotigwerden der Kohlpflanzen [3]. Zwar kommt auch diesen kurzen Textbeiträgen ein Informationswert für die Leser zu, der entscheidende Unterschied zu den Beiträgen unter der Rubrik "Landwirthschaftliches" aber besteht in ihrem häufig fehlenden aktuellen Bezug.

Während die 'offiziellen' Verlautbarungen des Landwirtschaftlichen Kreisvereins oder des Landes-Ökonomiekollegiums innerhalb der allgemeinen Darstellung Auswertung finden, verdienen aber die Fachbeiträge unter "Landwirthschaftliches" hier Berücksichtigung, weil sie in der Meinungsbildung über agrarische Fragen in der zweiten Hälfte des 19. Jahrhunderts im Soester Raum eine bedeutsame Funktion einnahmen.

Eine Systematisierung des Themenangebots unter dieser Rubrik ergab die folgenden Teilaspekte:
1) Düngemittel, insbesondere mineralische Düngung;
2) Viehfutter;
3) Aufzucht und Behandlung des Viehs;
4) Tier- und Pflanzenkrankheiten;
5) neue Ackergeräte;
6) Ernteberichte;
7) Ungeziefer- und Unkrautvertilgung;
8) Zusammenlegung landwirtschaftlicher Grundstücke und
9) Weiterbildungsmöglichkeiten.

Nicht jedem Landwirt im Soester Raum standen ausreichende Vorbildung, Zeit und finanzielle Mittel zur Verfügung, um sich anhand von Fachzeitschriften ein Urteil über neue Entwicklungen zu bilden. Hier erfüllten "Soester Anzeiger" und "Soester Kreisblatt" zwischen 1850 und 1880 wichtige Funktionen, indem sie Beiträge aus anerkannten Fachzeit-

---

1) Anzeiger Nr. 1 / 1.1.1875
2) Anzeiger Nr. 7 / 24.1.1862
3) Anzeiger Nr. 34 / 28.4.1874

schriften Fragen zu solchen abdruckten, die auch im Soester Raum diskutiert wurden, oder erfahrene heimische Landwirte zu Wort kommen ließen. Das Themenspektrum erhält seine Vielfalt in erster Linie dadurch, daß beide Zeitungen häufig auf verschiedene Quellen zurückgriffen. Während etwa der "Anzeiger" aus der "Schweizerischen Zeitschrift für Landwirthschaft" [4], der "Zeitschrift des landwirthschaftlichen Vereins für Rheinpreußen" [5] oder der "Neuen landwirthschaftlichen Zeitung" [6] abdruckte, wählte das "Kreisblatt" Berichte aus der "Agronomischen Zeitung" [7], aus dem "Archiv der deutschen Landwirthschaft" [8], der "Landwirthschaftlichen Zeitung für den Regierungsbezirk Münster" [9] oder der "Landwirthschaftlichen Zeitung für Westfalen und Lippe" [10] aus. Die Soester Presse suchte so je nach Einstellung der Redaktion die öffentliche Diskussion zu beeinflussen, was durchgängig eine Unterstützung der fortschrittlichen Initiativen des Landwirtschaftlichen Kreisvereins beinhaltete.

Allerdings finden sich auch Anzeichen für wirtschaftliche Interessen der Zeitungsverleger. Das "Kreisblatt" beispielsweise veröffentlichte im Oktober 1865 einen Artikel "Über künstliche Düngung" [11], der den Hinweis enthielt, die Materialbeschaffung besorge der Soester (Anzeigenkunde -hjj-) F.W. Schneider. Auch im "Anzeiger" lassen sich Verquickungen von redaktionellen und Anzeigen-Interessen nachweisen. Im September 1877 kündigte die Redaktion eine Anzeige für Dreschmaschinen folgendermaßen an: "Wir möchten nicht versäumen, die Herren Oekonomen auf die im Inseratentheile dieses Blattes angekündigten Breitdreschmaschinen von Fehland u. Lohrmann in Schwerte a. d. Ruhr aufmerksam zu machen, dieselben sind nicht allein wegen ihrer

---

4) Anzeiger Nr. 34 / 28.4.1854
5) Anzeiger Nr. 45 / 7.6.1865
6) Anzeiger Nr. 9 / 29.1.1867
7) Kreisblatt Nr. 19 / 7.3.1851
8) Kreisblatt Nr. 66 / 19.8.1851
9) Kreisblatt Nr. 84 / 21.10.1851
10) Kreisblatt Nr. 55 / 10.7.1855
11) Kreisblatt Nr. 84 / 20.10.1865

Vorzüglichkeit in jüngster Zeit an der Holländischen
Maatchappy für Landbau mit dem ersten Preise, die goldene
Medaille, gekrönt sondern auch in unserer Nähe, z. B.
Sassendorf, mit bestem Erfolge in Anwendung gekommen und
können allen Interessenten empfohlen werden" [12].

Andererseits aber lassen sich auch vor allem im "Kreisblatt" überzeugende Beispiele dafür finden, daß sich die
Redakteure über die Auswahl qualifizierter Beiträge aus
Fachzeitschriften hinaus um eine eigenständige Aussage
ihrer Zeitung unter der Rubrik "Landwirthschaftliches" bemühten. Deshalb stellten sie mehrfach erfahrenen Landwirten
des Soester Raumes ihre Spalten zur Verfügung.

Im Februar 1852 etwa schrieb "B." über Wiesenbau [13] im
"Kreisblatt", "Schw." im März 1852 über den Kartoffelbau
[14]. Landwirt Schulze aus Beusingsen berichtete im September 1855 im "Kreisblatt" über die Anwendung des Guano und
resümierte, "daß der Roggen auf demselben ebensoviel eingebracht, als der auf der mit Stallmist gedüngten Brache"
[15]. Im Februar des folgenden Jahres erläuterte Landwirt
Schulze aus Beusingsen im "Kreisblatt": "Wie ich zu einer
verbesserten Düngstätte gekommen bin" [16]. Der Soester
Wiesenbaumeister Engelbert Erlemann schrieb im Januar 1865
im "Kreisblatt" eine zweiteilige Serie über das Thema: "Die
Landwirthschaftliche Berufsbildung, ein volkswirthschaftlicher Nothstand" [17]. Landwirt C. Schulte-Hemmis aus
Lühringsen referierte im April 1872 unter der "Kreisblatt"-
Rubrik "Landwirthschaftliches" über den Flachsbau [18]. Daß
sich diese Veröffentlichungen von Persönlichkeiten des
Soester Raumes auf das "Kreisblatt" konzentrierten, mag
sich einesteils aus dessen Wertschätzung und dem Engagement

---

12) Anzeiger Nr. 78 / 28.9.1877
13) Kreisblatt Nr. 15 / 20.2.1852
14) Kreisblatt Nr. 24 / 23.3.1852
15) Kreisblatt Nr. 78 / 28.9.1855
16) Kreisblatt Nr. 16 / 26.2.1856
17) Kreisblatt Nr. 8 / 27.1.1865
18) Kreisblatt Nr. 29 / 10.4.1872

der Redaktion herleiten, begründet sich aber wohl eher in der zahlenmäßigen Stärke gegenüber der Konkurrenzzeitung: Es mußte im Interesse der Autoren liegen, einen möglichst großen Leserkreis zu erreichen.

Der Abdruck von Referaten aus Versammlungen des Landwirtschaftlichen Kreisvereins, Vorträgen der Wanderlehrer, Veröffentlichungen des Landes-Ökonomiekollegiums oder von behördlichen Anordnungen zur sachgerechten Inbetriebnahme landwirtschaftlicher Maschinen rundet die Themenpalette der Rubrik "Landwirthschaftliches" ab, die - um mit einigen Beispielen zu veranschaulichen - von Mutmaßungen über den wahrscheinlichen Ausfall der Ernte [19], "Mittheilungen über den Anbau der sogenannten Sechswochen-Kartoffel und deren Ergiebigkeit" [20], Informationen über den neuen Untergrundpflug von J. Pintus in Berlin [21], die richtige Anwendung des Strottschen landwirtschaftlichen Insektenpulvers [22] zur Veröffentlichung von "Verhältnißzahlen zur Berechnung des Ertrages der einzelnen Viehgattungen" [23] reichte.

Wichtiger noch als diese einzelnen Themenaspekte erscheint im Rahmen dieser Untersuchung die Funktion der Rubrik "Landwirthschaftliches" in den Soester Lokalzeitungen.

1. Sie vervielfältigt die Hörerschaft für Vorträge in Versammlungen der Landwirte und Referate der Wanderlehrer in ihrer Leserschaft.
2. Diese Rubrik ergänzt und versachlicht Diskussionen über landwirtschaftliche Fragen anhand ausgewählter Beiträge aus anerkannten Fachzeitschriften.
3. Das "Kreisblatt" nutzt überdies die sachliche und persönliche Autorität erfahrener heimischer Landwirte zur Akzentuierung einer Diskussionsposition.
4. Insgesamt erfüllt die Rubrik "Landwirthschaftliches" in der Soester Presse damit vor allem in der zweiten Hälfte des 19. Jahrhunderts diese bedeutsame Funktion: Mit der redaktionellen Unterstützung und Argumentationshilfe weckt und stärkt die Soester Presse über die Aktivitäten

---

[19] Anzeiger Nr. 72 / 5.9.1856
[20] Kreisblatt Nr. 23 / 21.3.1851
[21] Anzeiger Nr. 6 / 20.1.1860
[22] Anzeiger Nr. 29 / 10.4.1863
[23] Kreisblatt Nr. 35 / 2.5.1851

des Landwirtschaftlichen Kreisvereins hinaus die Einsicht in die Notwendigkeit von Veränderungen in Bezug auf Bewirtschaftungsmethoden und Viehzucht in breiten Kreisen der Landwirtschaft des Soester Raumes. Ob die Soester Presse allerdings mit dieser starken Gewichtung landwirtschaftlicher gegenüber gewerblichen und insbesondere industriellen Themen eine frühe Industrialisierung des Soester Raumes mit verhinderte oder zumindest verzögerte, bleibt eine offene Frage.

b. Verbesserung der Bewirtschaftungsmethoden und Anbaustruktur

Der Landwirtschaftliche Kreisverein initiierte auch in der zweiten Hälfte des 19. Jahrhunderts Maßnahmen zur Steigerung der Erträge und zur Auswahl der besten geeigneten Getreidearten und Futterpflanzen. Neben der Entwässerung landwirtschaftlicher Nutzflächen bemühte sich diese Organisation insbesondere um den Einsatz neuentwickelter landwirtschaftlicher Geräte. Zwischen 1850 und 1880 fand überdies die mineralische Düngung stärkere Anwendung im Soester Raum. Die Quellenlage über die Maßnahmen des Landwirtschaftlichen Kreisvereins zwingt wiederum dazu, fast ausschließlich auf dessen 'offizielle' Verlautbarungen in der Soester Presse zurückzugreifen.

Seit der Engländer Parker 1843 die Drainröhrenpresse erfand, bestand zum ersten Mal die Möglichkeit, große landwirtschaftliche Nutzflächen unterirdisch von überflüssigem Wasser zu befreien [24]. Anfang der fünfziger Jahre des 19. Jahrhunderts unterstützte die Arnsberger Landeskulturgesellschaft die Bemühungen von Mitgliedern der landwirtschaftlichen Kreisvereine zur Ausweitung und Verbesserung ihrer Bewirtschaftungsflächen mit Hilfe der Drainage durch die Vermittlung von Drainröhrenpressen [25]. Als das Berliner Landes-Ökonomiekollegium Mitte März 1856 dem Soester Landrat Friedrich Fritsch die Denkschrift "Entwässerung

---

24) Haushofer, Landwirtschaft, S. 107 f.
25) Crone, Vereinswesen, S. 546

des Landes durch Drainierung" zuleitete [26], praktizierten
die Bauern des Soester Raumes bereits die Entwässerung mithilfe
der Drainröhren. Das Protokoll der Zusammenkunft des
Landwirtschaftlichen Kreisvereins vom 23. Juli 1856 - in
der Soester Presse veröffentlicht - resümierte, "daß das
Drainiren im hiesigen Kreise zwar eine erfreuliche Aufnahme
gefunden, jedoch wird als ein bedeutendes Hinderniß anerkannt,
daß viele Grundbesitzer die Kosten nicht beschaffen
können [...] " [27]. Deshalb schlug Landwirt Berglar die
Bildung eines "Actien-Vereins zur Anlegung von Drainröhren"
vor. Ein Komitee, dem neben Berglar auch Amtmann Pilger
und Oekonom Plange angehörten, sagte der Versammlung zu,
die Sachlage zu prüfen [28]. Allerdings finden sich keine
weitere Angaben über diese Initiative, was möglicherweise
damit zusammenhängt, daß der Landwirtschaftliche Kreisverein
zur gleichen Zeit seine ganzen finanziellen Mittel
zur Verbesserung der Viehrassen einsetzte.

Ebenfalls bemühte sich der Kreisverein Mitte der fünfziger
Jahre um die "Beförderung der Obst-Kultur" [29]. Ende Januar
1856 kündigte die Soester Presse die Bestellung von rund
500 Äpfel- und Birnenbäumchen aus Kronenberg oder der
Königlichen Landesbaumschule in Potsdam an [30]. Diese Initiative
fand offensichtlich zahlreiche Befürworter. Im
Februar 1858 vermutete der Landwirtschaftliche Kreisverein
im "Kreisblatt": Nach den vielseitigen Anfragen [...]
scheint ein großes Bedürfnis an guten und preiswürdigen
Obstbäumen im hiesigen Kreise vorhanden zu sein" [31]. Daß
der Kreisverein über die Beschaffung guter Bäume hinaus
auch für die effektive Verarbeitung des Obstes Sorge trug,
geht aus einer Mitteilung im "Anzeiger" vom September
1876 hervor: Die Organisation bot einen transportablen
Obsttrockenofen zu Versuchen an [32]. Mitte der siebziger

---

26) StAS Abt. B III a 2
27) Anzeiger Nr. 62 / 1.8.1856 und Kreisblatt Nr. 60 / 29.7.1856
28) ebda.
29) Anzeiger Nr. 7 / 22.1.1856
30) Anzeiger Nr. 7 / 22.1.1856 und Kreisblatt Nr. 6 / 22.1.1856
31) Kreisblatt Nr. 13 / 12.2.1858
32) Anzeiger Nr. 73 / 12.9.1876

Jahre des 19. Jahrhunderts ging diese Initiative des landwirtschaftlichen Vereins in den Aufgabenbereich des "Gartenbauvereins" über, der rund 100 Mitglieder zählte und in jährlichen Ausstellungen auf Zuchtergebnisse mit Gemüse, Obst und Blumen aufmerksam machte [33].

Angesichts des raschen Bevölkerungswachstums suchten Wissenschaftler schon seit der Mitte des 18. Jahrhunderts nach Möglichkeiten zur Steigerung der Agrarproduktion [34]. 1840 veranschaulichte Justus von Liebig in seiner Veröffentlichung "Die organische Chemie in ihrer Anwendung auf die Agricultur und Physiologie" die Bedeutung von Stickstoff, Phosphorsäure und Kali als Grundstoffe einer ausreichenden Pflanzen-Ernährung [35]. Carl Sprengel empfahl in seiner Stickstofftheorie die Verwendung von Guano, Knochenmehl und Salpetersalzen [36]. Mit der Umsetzung dieser chemischen Erkenntnisse in die landwirtschaftliche Praxis hielt anorganische Düngung auch Einzug in den Soester Raum. Initiative bei der Erprobung des Guano zur Düngung der Äcker im Kreis Soest ergriff Mitte der fünfziger Jahre des 19. Jahrhunderts ein einzelner: Landwirt Schulze aus Beusingsen. Im "Kreisblatt" berichtete er im September 1855 von sehr zufriedenstellenden Ergebnissen bei der Anwendung dieser stickstoffhaltigen Vogelkotablagerungen von den Küstenstrichen des Pazifischen Ozeans [37]. 1858 empfahl der Landwirtschaftliche Kreisverein seinen Mitgliedern verbilligten Peru-Guano [38], der "Anzeiger" stellte 1860 in seiner Rubrik "Landwirthschaftliches" norwegischen Fischguano vor [39], und seit 1862 finden sich auch Anzeigen Soester Händler mit Peru-Guano in der Soester Presse [40].

---

33) Kreisblatt Nr. 75 / 18.9.1874 und Anzeiger Nr. 6 / 19.1.1877
34) Finckenstein, Landwirtschaft, S. 158
35) ebda.
36) Schütt, Hans-Werner: Anfänge der Agrikulturchemie in der ersten Hälfte des 19. Jahrhunderts. In: Zeitschrift für Agrargeschichte und Agrarsoziologie 21 (1973) S. 83 - 92 (zitiert: Schütt, Agrikulturchemie) S. 87
37) Kreisblatt Nr. 78 / 28.9.1855
38) Anzeiger Nr. 64 / 10.8.1858
39) Anzeiger Nr. 16 / 24.2.1860
40) Anzeiger Nr. 23 / 21.3.1862

Noch entscheidender aber als die Düngung mußte sich auf dem schweren Boden des Soester Raumes eine gründliche Bearbeitung mit Ackergeräten für die Steigerung der Ernteerträge auswirken.

Schon in der ersten Hälfte des 19. Jahrhunderts erprobten die Mitglieder des Landwirtschaftlichen Kreisvereins neue Pflüge. Weitere Versuche gingen bis 1880 Hand in Hand mit der Züchtung schwererer Pferde. Zur Einführung neuer Maschinen, neben Pflügen vornehmlich arbeitssparende Sä-, Mäh- und Dreschmaschinen, nutzte der Kreisverein drei verschiedene Möglichkeiten: Er verband Ausstellungen neuer Ackergeräte mit dem jährlichen Schaufest, ließ Vereinsmaschinen innerhalb der Mitgliedschaft erproben oder versteigerte neue Geräte. Die folgende Aufstellung gibt eine Übersicht über die verschiedenen Maschinen und ihre Nutzung im Soester Raum.

Tabelle 14: Übersicht der zwischen 1853 und 1878 im Landwirtschaftlichen Kreisverein ausgestellten, benutzten und versteigerten landwirtschaftlichen Geräte

Jahr	Geräte	Verwendung
1853	Egge Albanische Sämaschine Drillmaschine Guano-Streu-Maschine Dreschmaschine Frucht-Reinigungsmaschine Hafer-Schrotmühlen Häckselmaschinen Rübenschneidemaschine Kartoffel-Quetschmaschine Pflüge Drainier-Werkzeug	Ausstellung beim landwirtschaftlichen Schaufest
1861	doppelte eiserne Ringelwalze	Gemeinsame Verwendung in der Mitgliedschaft
1863	Hamelscher Preis-Pflug dreischariger Streckepflug Karthäuser Doppelpflug Klevescher Doppelpflug Untergrundpflug Ringelwalze	Nach gemeinsamer Verwendung unter den Mitgliedern versteigert

Jahr	Geräte	Verwendung
1867	Mähmaschine zwanzig stählerne Heugabeln	Nach gemeinsamer Verwendung unter den Mitgliedern versteigert
1869	Runkel-Schneide-Maschine	Ausstellung
	Englische Korn- und Sämereien-Drill-Maschine	Gemeinsame Verwendung in der Mitgliedschaft
1872	Kraftmesser Colomann'scher Exstirpator Sack'scher Universal-Pflug	Gemeinsame Verwendung in der Mitgliedschaft
1875	Breit-Dreschmaschine mit Schüttel-Vorrichtung	Gemeinsame Verwendung in der Mitgliedschaft
1876	Fahrmann'scher Zugapparat transportabler Obsttrockenofen	Gemeinsame Verwendung in der Mitgliedschaft
1877	Molkerei-Geräte	Versteigerung unter den Mitgliedern
1878	Ingemannsche Jäte-Maschine	Gemeinsame Verwendung in der Mitgliedschaft

[41]

Wettbewerbe landwirtschaftlicher Organisationen schufen einen zusätzlichen Anreiz zur Fertigung und Verwendung neuentwickelter Geräte. 1856 plante der Landwirtschaftliche Kreisverein ein Wettpflügen als Bereicherung des jährlichen Schaufestes [42]. Der Landwirtschaftliche Provinzial-Verein forderte 1864 zu einem Pflug-Schmiede-Wettbewerb auf [43], und die Landeskulturgesellschaft veranstaltete im September 1876 einen Leistungsvergleich zwischen Göpel-Dreschmaschinen [44]. Seit den sechziger Jahren des 19. Jahrhunderts boten überdies Soester Händler, insbesondere das Maschinen-Geschäft F.W. Schneider, neuentwickelte landwirtschaftliche Geräte an [45]. Der Soester Raum zeigte sich damit - wie auch Tabelle 14 veranschaulicht -

---

[41] Tabelle zusammengestellt aus: Kreisblatt Nr. 62 / 5.8.1852; Nr. 55 / 9.7.1861; Nr. 53 / 3.7.1863; Nr. 73 10.9.1869; Nr. 37 / 7.5.1872; Nr. 20 / 19.3.1875; Nr. 53 / 3.7.1877; Nr. 47 / 12.6.1878; Anzeiger Nr. 74 / 15.9.1863; Nr. 65 / 13.8.1867; Nr. 103 / 24.12.1867; Nr. 24 / 24.3.1868; Nr. 20 / 9.3.1869; Nr. 73 / 12.9.1876; Nr. 49 / 19.6.1877
[42] Anzeiger Nr. 62 / 1.8.1856
[43] Anzeiger Nr. 7 / 26.1.1864
[44] Anzeiger Nr. 68 / 25.8.1876
[45] Kreisblatt Nr. 25 / 27.3.1868

schon früh aufnahmebereit für neue Maschinen.

Auch Handelsgewächse, insbesondere Flachs, fanden in der zweiten Hälfte des 19. Jahrhunderts Beachtung im Landwirtschaftlichen Kreisverein. Nachdem Werler Landwirte schon 1868 eingehend über die Möglichkeiten eines verstärkten Flachsanbaues im Soester Raum diskutiert hatten [46], ermöglichte die Initiative des Lühringser Landwirts Schulte-Hemmis dem Landwirtschaftlichen Kreisverein im April 1869 die Planung eines Großversuchs. Schulte-Hemmis beabsichtigte, auf seinem verkehrsgünstig an der Soest-Hovestädter Chaussee gelegenen Hof eine mit Dampfkraft betriebene Flachsbereitungsanstalt anzulegen, um dort Flachs verspinnbar herzurichten [47]. Zum rentablen Betrieb dieser Anlage erschien dem Kreisverein die jährliche Verarbeitung des Ertrages von 300 Morgen Acker im Soester Raum erforderlich. Deshalb bildete sich im Frühsommer 1869 eine Kommission, die sich am Niederrhein über Erfahrungen mit dem Flachsbau informierte [48]. Außer einem Artikel von Schulte-Hemmis im "Kreisblatt" vom 10. April 1872 [49] "Über Flachsbau" ließen sich jedoch keine weiteren Hinweise auf dieses Vorhaben auffinden.

Daß die Landwirtschaft im Soester Raum bis 1880 eine so kontinuierliche Aufwärtsentwicklung nahm, gründet sich neben den weitblickenden Anstößen und Maßnahmen des Landwirtschaftlichen Kreisvereins auch auf die ausgewogene Betriebsstruktur des Soester Raumes, die sich insbesondere mit ihrem hohen Anteil an 'Mittelbetrieben' als erheblich gleichmäßiger erwies als die des preußischen Staates. Die folgende Tabelle ermöglicht einen Vergleich der Betriebsgrößen im Kreis Soest, dem Regierungsbezirk Arnsberg und Preußen. Sie verdeutlicht, daß die Hälfte der landwirtschaftlichen Nutzfläche im Kreis Soest 1880 auf mittlere landwirtschaftliche Besitzungen entfällt, während deren Anteil im Regierungsbezirk geringer, in Preußen sogar er-

---

[46] Kreisblatt Nr. 27 / 2.4.1869
[47] ebda.
[48] ebda.
[49] Kreisblatt Nr. 29 / 10.4.1872

heblich niedriger liegt. Am krassesten zeigt sich die unterschiedliche Betriebsstruktur des Kreises Soest im Vergleich zum preußischen Gesamtstaat in der Verteilung der 600 Morgen und mehr umfassenden Güter. Diese Großbetriebe machen in Preußen fast die Hälfte der landwirtschaftlichen Betriebe aus, während sie im Kreis Soest bei einem Siebtel liegen. Für eine intensive Bewirtschaftung wirkte sich diese ausgewogene Verteilung der Betriebsgrößen im Kreis Soest günstig aus.

Tabelle 15: Landwirtschaftliche Betriebsstruktur im Kreis Soest 1880 im Vergleich zum Regierungsbezirk Arnsberg und dem preußischen Gesamtstaat (in Prozent)

Betriebsgröße in Morgen	Kreis Soest	Regierungsbezirk Arnsberg	Preußischer Staat
600 und mehr	13,77	20,62	42,82
300 - 600	10,48	7,72	6,55
30 - 300	54,67	51,09	39,10
5 - 30	14,32	16,10	9,09
unter 5	6,76	4,47	2,44

50)

c. Verstärkung der Viehzucht

Die Verbesserung der Pferde- und Rindviehrassen bildete zwischen 1850 und 1880 den Schwerpunkt der Aktivitäten des Landwirtschaftlichen Kreisvereins im Bereich der Viehzucht. Dabei richteten sich die Bemühungen auf eine Qualitätssteigerung, da das begrenzte Angebot an Grasland - 1858 machten Wiesen im Kreis Soest 4 %, Weiden 8 % der Gesamtfläche aus [51] - eine zahlenmäßige Ausweitung des Vieh-

---

50) Statistik des Kreises Soest. Zusammengestellt auf dem Bureau des Königlichen Landrathsamtes des Kreises Soest, Soest 1881 (zitiert: Kreis-Statistik 1881) S. 122
51) Wehdeking, Viehhaltung, S. 29

bestandes nur maßvoll ermöglichte.

Mit anderen Hellwegkreisen bildete der Soester Raum schon in der ersten Hälfte des 19. Jahrhunderts ein Pferdezuchtgebiet mit einer überdurchschnittlichen Pferdedichte [52]. Seit 1838 mühte sich der "Verein für Pferdezucht im Kreis Soest" um die Veredlung der Spanntiere. Parallel zu diesen Anstrengungen liefen die Maßnahmen und Finanzhilfen der Regierung, die in der zweiten Hälfte des 19. Jahrhunderts regelmäßig Hengst-Körungen vornahm und das Decken von Stuten durch nicht angekörte Hengste unter Strafe stellte [53].

Für den Staatszuschuß von hundert Talern kaufte der Landwirtschaftliche Kreisverein im Juli 1855 mit weiteren hundert Talern aus der eigenen Kasse gute Zuchtfohlen und verloste sie unter seinen Mitgliedern [54].

Da die Königlichen Beschälstationen im Kreis Soest in Wickede und Oestinghausen für zahlreiche Landwirte ungünstig lagen, entschloß sich der Kreisverein im September 1857 zur Anschaffung eigener Kör-Hengste [55]. Die Anschaffungskosten von tausend Talern brachten die Mitglieder durch Anleihezeichnungen von jeweils zehn Talern auf [56]. Im Dezember 1857 kauften Bürgermeister Smiths aus Meyerich, Oekonom Plange und Tierarzt Kersting in Dänemark für 1.070 Taler zwei braune Hengste [57], von denen "Hamlet" beim Landwirt Schulze-Stemmerk in Flerke und "Siegfried" auf der Schwanenbrügge in Heppen aufgestellt wurden [58]. Für Aktionäre betrug das Deckgeld einen Taler, über die Soester Presse erfuhren aber auch die anderen Pferdehalter im Soester Raum, daß sie ihre Stuten für zwei Taler von diesen dänischen Hengsten decken lassen konnten [59].

Schon 1860 zeigte sich die Generalversammlung des Landwirtschaftlichen Kreisvereins befriedigt über den Einsatz der Kör-Hengste: "Die von diesen gefallenen 1 1/2 jährigen und diesjährigen Fohlen zeichnen sich durch kräftigen Bau, gesunde Knochen und günstige äußere Form vorteilhaft aus.

---

52) ebda. S. 36
53) StAS Abt. B III a 1 und Anzeiger Nr. 77 / 23.9.1856
54) Anzeiger Nr. 54 / 6.7.1855
55) Anzeiger Nr. 81 / 9.10.1857
56) Kreisblatt Nr. 81 / 8.9.1857
57) Kreisblatt Nr. 4 / 12.1.1858
58) Kreisblatt Nr. 6 / 19.1.1858
59) ebda.

Diese Züchtung läßt mit Sicherheit einen Pferdeschlag erwarten, der für den hiesigen Ackerbau mit Vortheil gebraucht werden kann" [60]. Im Sommer 1862 kaufte der Verein deshalb in Hamburg einen großen französischen Percheron-Schimmel und einen dreijährigen dänischen Hengst hinzu und stationierte sie in Büecke und Niederbergstraße [61]. Ein turnusmäßiger Wechsel der Standorte dieser Deckhengste erleichterte den Stutenbesitzern die Nutzung der Zuchttiere Die Erfolge dieser intensiven Veredlungsbemühungen blieben nicht aus: Als die Arnsberger Landeskulturgesellschaft am 15. Juli 1876 auf dem Soester Schützenplatz eine Bezirks-Schau für Pferde und Rindvieh abhielt und neben Medaillen und Ehrenpreisen auch Staats-Prämien verlieh, konnte der Berichterstatter des "Anzeiger" voller Stolz vermelden: "Die zur Schau gestellten Thiere waren oftmals Musterstücke - schön zum Malen -. Die Prämien von oft hohem Betrage blieben zumeist in unserer Gegend" [62]. Auch die seit 1880 in Soest abgehaltenen Fohlenmärkte gaben Ausdruck von der hochstehenden Pferdezucht [63].

Mit der gleichen Intensität aber widmete sich der Landwirtschaftliche Kreisverein seit den fünfziger Jahren auch der Veredlung des Rindviehs. Bereits 1851 kaufte der Verein jeverländische Kühe, Bullen und Kälber [64], im folgenden Jahr bildete sich eigens aus der Mitgliederschaft des Kreisvereins ein "Sonderverein zum Ankauf jeverländischer Kühe" [65]. Seither gehörte die Verlosung von Zuchtkälbern zum festen Programm-Bestandteil der jährlichen Schaufeste [66]. Regelmäßig kaufte der Kreisverein Jeverländer Rindvieh hinzu, um Inzucht zu vermeiden [67], und versteigerte es unter seinen Mitgliedern. Ende der siebziger Jahre des 19. Jahrhunderts wandte sich die Landwirtschaftsorganisation verstärkt der marktgerechten Verarbeitung der Milchprodukte zu.

Dieses intensive Bemühen um die Pferde- und Rindviehzucht im Soester Raum erklärt, warum Gutsbesitzer Staby gegenüber dem preußischen Landwirtschaftsminister Friedenthal

---

60) Anzeiger Nr. 66 / 17.8.1860
61) Kreisblatt Nr. 105 / 31.12.1863
62) Anzeiger Nr. 57 / 18.7.1876
63) Wehdeking, Viehhaltung, S. 37
64) Kreisblatt Nr. 52 / 29.6.1852
65) Kreisblatt Nr. 66 / 17.8.1852

bei dessen Besuch in Soest am 10. April 1877 - laut Bericht des "Anzeiger"-Redakteurs - über die 'Kornkammer Soester Börde' urteilte, "daß in unserer Gegend der Körnerbau nicht so vortheilbringend wäre, als die mehr gepflegte Viehzucht" [68].

Ohne daß der Landwirtschaftliche Kreisverein besondere Maßnahmen ergriff, entwickelte sich auch die Schweinehaltung im Soester Raum zwischen 1850 und 1880 zu einer beachtlichen Erwerbsquelle für die Bauern. Die Ferkelzucht wurde mit großer Sorgfalt betrieben, weil Jungtiere sich im Frühjahr günstig ins Industriegebiet absetzen ließen [69]. Bis zur Jahrhundertwende war das alte Landschwein am meisten verbreitet. Gemästet konnten die Bauern es gewinnträchtig ins Industriegebiet verkaufen. Vom Werler Bahnhof aus lieferten 1880 beispielsweise die Bauern aus dem Westen des Soester Raumes wöchentlich ein bis zwei Waggons Schweine ins Ruhrgebiet [70].

Die Initiative des Deiringser Lehrers Teckhaus bewirkte, daß auch die Bienenzucht seit 1850 intensiv im Soester Raum betrieben wurde. In Deiringsen gründete Teckhaus zur Jahrhundertmitte einen Verein, der 1859 schon sechzig Mitglieder zählte und 481 überwinterte Stöcke mit 539 Schwärmen aufwies [71]. Diese brachten 1.121 Pfund Honig und 186 Pfund Wachs ein [72]. 1860 gründete sich auch in Werl ein Verein für Bienenzucht, dem 31 Imker angehörten [73]. Der Filialverein Deiringsen (Soest) allerdings zählte zu den größten und mit der fortschrittlichsten Betriebsweise vertrauten Lokalorganisationen des "Westphälisch-Rheinischen Vereins für Bienenzucht und Seidenbau", 1875 arbeiteten im Deiringser Verein 119 Imker mit [74]. Lehrer Teckhaus, zwischen 1850 und 1876 Vorsitzender, errang im September 1875 für seine Zuchterfolge bei der Wander-Ver-

---

66) Kreisblatt Nr. 60 / 27.7.1855
67) Kreisblatt Nr. 31 / 20.4.1870
68) Anzeiger Nr. 29 / 10.4.1877
69) Wehdeking, Viehhaltung, S. 40
70) ebda. S. 41
71) Hundertfünfundzwanzig Jahre Imkerverein Soest. In: Allgemeine Deutsche Imkerzeitung 3 (1975) Beilage o.S. (zitiert: Imkerverein)
72) ebda.
73) StaAM Kreis Soest Nr. 348
74) Imkerverein o.S.

sammlung österreichischer Bienenzüchter in Straßburg die Silbermedaille [75]. Nach Teckhausens Ausscheiden jedoch kam es zu Querelen in der Organisation und die Aktivitäten erlahmten. 1883 wies der Verein nur noch 19 Mitglieder auf [76].

Stattdessen setzte sich ein Soester Bürger, der Gastwirt E. Andernach, Ende der siebziger Jahre des 19. Jahrhunderts, für einen bislang völlig vernachlässigten Zweig der Landwirtschaft im Soester Raum ein: für die Geflügelzucht. Im April 1877 rief er über die Soester Presse zur Gründung eines Vereins für Geflügelzucht auf [77], der im Juni des gleichen Jahres schon 142 Mitglieder zählte [78]. Vom April 1878 an führte der Verein jährlich dem interessierten Publikum seine Zuchterfolge im Blauen Saal vor [79].

Einen allgemeinen Überblick über die zahlenmäßige Entwicklung des Viehbestandes im Kreis Soest im Berichtzeitraum ermöglicht die folgende Tabelle. Sie bestätigt den hohen Anteil von Pferden am gesamten Tierbestand, verdeutlicht bei Kühen und Pferden einen leichten Rückgang, der sich in der starken Zunahme der Schweinezucht im Hinblick auf die Absatzchancen im Ruhrgebiet ausgleicht.

Tabelle 16: Viehhaltung im Kreis Soest 1818 - 1883

Jahr	Pferde	Rindvieh	Schweine	Schafe	Ziegen
1818	5.433	12.011	5.505	9.275	1.120
1843	5.813	16.194	9.410	19.152	-
1867	5.072	17.359	14.695	20.954	6.166
1883	4.640	15.267	14.672	12.602	5.723

[80]

---

75) Anzeiger Nr. 79 / 1.10.1875
76) Imkerverein o.S.
77) Anzeiger Nr. 33 / 24.4.1877 und Kreisblatt Nr. 33 / 24.4.1877
78) Kreisblatt Nr. 44 / 1.6.1877
79) Anzeiger Nr. 10 / 1.2.1878
80) Wehdeking, Viehhaltung, S. 52

d. Anstrengungen zur Anlage einer Zuckerfabrik

Ende der dreißiger Jahre des 19. Jahrhunderts lebte die Diskussion um den Rübenanbau und die Anlage einer Zuckerfabrik dank der sachgerechten Informationen des Soester Georg Plange im "Wochenblatt" ein erstes Mal - allerdings ohne nachhaltigen Erfolg - auf. In der zweiten Hälfte des 19. Jahrhunderts gelang es dem Landwirtschaftlichen Kreisverein, wie sich aus den Veröffentlichungen der Soester Presse ablesen läßt, dieses Vorhaben zu verwirklichen.

Am 4. November 1850 entschied sich der Kreisverein laut Protokoll, "nachdem mehrere Vereinsmitglieder eine namenhafte Morgenzahl zum Anbau der Zuckerrunkelrübe verwenden zu wollen, bündig zugesagt hatten [...] zur Anlegung einer Runkelrüben-Zuckerfabrik in der Nähe der hiesigen Eisenbahn nunmehr zielgebende Schritte zu thun" [81]. In der gleichen Ausgabe veröffentlichte das "Kreisblatt" einen für die Zuckerfabrikation am Hellweg plädierenden Bericht Friedrich Harkorts [82]. Über das "Kreisblatt" kündigte der landwirtschaftliche Verein bereits im Juni 1851 das Eintreffen von Rübenpflanzen und Samen aus dem Magdeburger Raum an [83]. Allerdings zögerte das Komitee zur Anlegung einer Zuckerfabrik mit der Durchführung eines Großversuchs und empfahl stattdessen, Probepflanzungen vorzunehmen und anschließend die Rüben in einer Fabrik auf ihren Zuckergehalt prüfen zu lassen [84].

Das Ergebnis erwies sich als günstig. Der Inhaber der Zuckerfabrik in Wegleben urteilte im Juni 1852 über die von ihm untersuchten Proben: "Sie ergaben zusammen das Resultat von 10 1/2 Procent Zuckermasse, was dem unsrigen gleich kommt und dies Jahr bei dem vielen Regen ein gutes zu nennen ist. Ich glaube annehmen zu dürfen, daß der dortige Boden sich sehr gut zum Rübenbau eignet, und mit Erfolg eine Fabrik zu etablieren sein dürfte" [85]. Darauf-

---

81) Kreisblatt Nr. 90 / 8.11.1850
82) ebda. und Berger, Harkort, S. 478
83) Kreisblatt Nr. 51 / 27.6.1851
84) Kreisblatt Nr. 52 / 1.7.1851
85) Kreisblatt Nr. 52 / 29.6.1852

hin entschloß sich der Kreisverein zu einem Anbauversuch in größerem Maßstab und ließ wiederum den Zuckergehalt der Rüben prüfen [86].

Im Frühjahr 1853 warb Florenz von Bockum-Dolffs als Direktor des Landwirtschaftlichen Kreisvereins mit dem Erfahrungsbericht eines Magdeburger Zuckerfabrikanten im "Kreisblatt" erneut für die Abnahme von Rübensamen [87]. Aber die Interessenten pflanzten Rüben wohl eher zum privaten Verbrauch als für eine großangelegte Zuckerproduktion. Im Juli 1854, als die Protokolle des Landwirtschaftlichen Kreisvereins vorerst wieder zum letzten Mal über Anbauversuche mit Zuckerrüben berichten, erläuterte Landwirt Lohöfer aus Sassendorf seine guten Erfahrungen mit der Verarbeitung von Zuckerrüben zu Sirup und Gartenbau-Direktor Schwier ergänzte, "daß 100 Pfund Rüben 12 Pfund guten Syrup gäben, der beim Hausgebrauch die Stelle des Zuckers sehr füglich vertreten könne" [88].

Erst im Sommer 1880 griff der Kreisverein seinen Plan zur Anlage einer Zuckerfabrik erneut auf, diesmal allerdings mit Nachdruck. Als Initiator dieses neuen Anstoßes darf Florenz von Bockum-Dolffs, der Sohn des zwischen 1838 und 1852 als Landrat wirkenden Florenz Heinrich Gottfried von Bockum-Dolffs gelten, der 1879 von Bochum nach Soest kam, um hier - wie vorher sein Vater - die Leitung der Kreisverwaltung zu übernehmen. Seine Studienfreundschaft mit dem später berühmten Saatzüchter von Rimpan machte ihn während seiner Aufenthalte auf dessen Gut in Schlesien mit dem gewinnträchtigen Zuckerrübenanbau bekannt [89].

Am 28. Mai 1880 bildeten die Teilnehmer einer Landwirte-Versammlung, auf welcher der Wanderlehrer Wagner über den Zuckerrübenanbau sprach, ein provisorisches Komitee, dem

---

86) Kreisblatt Nr. 81 / 8.10.1852
87) Kreisblatt Nr. 26 / 1.4.1853
88) Kreisblatt Nr. 54 / 7.7.1854
89) Ansprache des Vorsitzers des engeren Vorstandes Herrn Schulze-Gabrechten anläßlich des 75jährigen Jubiläums der Zuckerfabrik G.m.b.H. am 21. Mai 1958 im Kurhaus Bad Hamm. In: Geschäftsbericht der Zuckerfabrik Soest, Soest 1958 (zitiert: Schulze-Gabrechten, Zuckerfabrik) o.S.

Landrat von Bockum-Dolffs, Mühlenbesitzer Plange und Gutsbesitzer Schulze-Henne angehörten [90]. Der Landwirtschaftliche Kreisverein schloß sich am 9. Juni 1880 dem Vorschlag des Komitees an, pro Morgen Rübenland 300 Mark zum Anlagekapital beizutragen [91].

Große Resonanz fand eine Versammlung am 12. Juni 1880, auf der wiederum der Wanderlehrer Wagner referierte. Der redaktionelle Bericht im "Kreisblatt" faßte als Argumente für einen Rübenanbau aus diesem Vortrag zusammen:

1. Die Pflanzung der Zuckerrübe führe dem Boden neue Substanzen zu und steigere seine Produktionsfähigkeit.
2. Von der tieferen Bodenbearbeitung profitierten auch die anderen Anbaupflanzen und die Unkrautvertilgung.
3. Die Zuckerfabrikation beschäftige landwirtschaftliche Arbeiter auch während der Wintermonate [92].

Die Versammelten hielten zur genaueren Abschätzung der Erfolgschancen die Bereisung einer Zuckerrübengegend für nützlich, die noch Ende Juni 1880 erfolgte. Mit der Berichterstattung über diesen Tagesausflug einiger Soester ins Hannoversche Zuckerrübenanbaugebiet liegt uns die wohl farbigste Reportage der Soester Presse im Berichtszeitraum vor. Offensichtlich einer der Teilnehmer - da beide Soester Zeitungen den gleichen Text veröffentlichten [93] - verfaßte diesen journalistisch hervorragenden feuilletonistischen Reisebericht. Ungemein einfühlsam ließ der Autor die Ausflügler zurücktreten, nannte ihre Namen gar nicht, um die 'beschriebene Wirklichkeit' allgemeingültiger hervortreten zu lassen. Es findet sich im Berichtszeitraum kaum ein zweites Beispiel dafür, daß sich die Initiatoren eines neuen Vorhabens so geschickt des Mediums Lokalpresse bedienten, um Vorbehalte beim Publikum abzubauen. Nicht ohne Kritik am Gesehenen nutzte der Autor seine Darstellung durch die beeindruckende 'Realität der Szene' zu einer überzeugenden Werbung für den Rübenanbau. Während Fach-

---

90) ebda.
91) Kreisblatt Nr. 47 / 11.6.1880
92) Kreisblatt Nr. 49 / 18.6.1880
93) Anzeiger Nr. 53 / 2.7.1880 und Kreisblatt Nr. 53 / 2.7.1880

referate in Versammlungen die vorsichtig rechnenden Landwirte überzeugen konnten, eine psychologisch so geschickte Werbung in der Lokalpresse wie diese vermochte Stimmungen zu beeinflussen und Vorurteile abzubauen. Als Musterbeispiel für die Wechselwirkung von Wirtschaftsentwicklung und lokaler Berichterstattung im Soester Raum, aber auch wegen seiner außerordentlichen Qualität im Vergleich zum übrigen Textangebot, erscheint der Abdruck des Reiseberichts am Ende dieses Abschnittes.

An der Versammlung vom 26. Juli 1880, auf der die Reiseteilnehmer ausführlich über ihre Beobachtungen in der Gegend von Northeim und Schöppenstädt berichteten [94], nahmen auch die Vorsitzenden der Landwirtschaftlichen Kreisvereine Hamm und Lippstadt sowie der Beckumer Oberamtmann Gropp teil [95]. Sie versicherten eine rege Beteiligung der Nachbarkreise Lippstadt, Hamm und Beckum an dem Projekt. Einem 47köpfigen Komitee übertrug die Versammlung die Ausarbeitung der Statuten [96]. Der erste Aufsichtsrat mit Landrat von Bockum-Dolffs an der Spitze konstituierte sich am 26. September 1880 [97]. Aber obwohl Landwirte bis dahin schon 1.100 Morgen Anbaufläche gezeichnet hatten, dauerte es noch zwei Jahre bis zum Baubeginn der Fabrik.

Eine lokale Meldung im "Anzeiger" forcierte möglicherweise Anfang November 1881 die Bemühungen. Die Zeitung teilte nämlich mit, nahe Dortmund solle eine Zuckerrübenfabrik entstehen, sobald 2.000 Morgen Anbaufläche gesichert seien [98]. Ende November 1881 bestätigte der "Anzeiger" diese Nachricht mit dem Hinweis, der Plan finde im Amt Brakel einstimmig Billigung bei den Grundbesitzern [99].

Im Winter 1882 griff der "Anzeiger" den Förderern des Projekts noch einmal - diesmal auf originelle Weise - publizistisch unter die Arme. Er veröffentlichte das Gedicht

---

94) Schulze-Gabrechten, Zuckerfabrik, o.S.
95) Kreisblatt Nr. 60 / 27.7.1880
96) ebda.
97) Schulze-Gabrechten, Zuckerfabrik, o.S.
98) Anzeiger Nr. 88 / 4.11.1881
99) Anzeiger Nr. 94 / 25.11.1881

"Der Zuckerrübenbau" eines Mitgliedes des landwirtschaftlichen Casinos Lohne-Sassendorf-Heppen, dessen Schluß Hinweis auf Meinungsverschiedenheiten bei der Abfassung der Statuten enthält:

> "Wohlan, Ihr Herren, werdet Actionäre!
> Geht muthig vor! Es heißt: wer wagt, gewinnt.
> Daß doch der Widerstand nicht länger währe,
> Nachdem die Satzungen verbessert sind" [100].

Aber erst am 27. August 1882 faßte die Generalversammlung der Aktionäre den Beschluß, unverzüglich mit dem Bau der Zuckerfabrik auf einem 68 Morgen großen Areal vor dem Brüdertor zu beginnen, damit der Betrieb noch im Jahr 1883 in Gang käme [101]. Die maschinelle Einrichtung der Fabrik übernahm die Gräflich Stolberg'sche Maschinenfabrik in Magdeburg, im gesamten Gebäude sollte elektrisches Licht auch einen geordneten Nachtbetrieb ermöglichen [102].

Schon im Februar 1883 meldete das "Kreisblatt" die Fertigstellung der Fabrikfundamente [103], Nachrichten über den jeweiligen Bauzustand lassen auf ein großes Öffentlichkeitsinteresse schließen. Gerade rechtzeitig zur Kampagne 1883 nahm die Fabrik am 16. Oktober 1883 ihren Betrieb auf. Über die Situation am Tag vorher berichtete der "Kreisblatt"-Redakteur: "Wer im Laufe des heutigen Tages Gelegenheit hatte, an der Zuckerfabrik vorbeizukommen und dabei die Unmasse der dort haltenden Fuhrwerke, die Zuckerrüben angefahren hatten, sah, wurde vor Staunen darüber unwillkürlich zum Stillstehen gezwungen" [104]. Das Interesse der Soester Presse - wohl dem der Öffentlichkeit entsprechend - hielt an. Ende November 1883 kündigte das "Kreisblatt" mit dem hohen Zuckergehalt von 12 bis 17 % eine "reichliche Dividende" an [105]. Täglich verarbeitete die Fabrik 4.000 Zentner Rüben und lieferte schon im ersten Monat 2.000 Zentner Rohzucker an eine Kölner Raffinerie [106]. Die Inangriffnahme des Ausbaues eines Kreisstraßennetzes beseitigte in den folgenden Jahren eines der größten Hin-

---

100) Anzeiger Nr. 15 / 21.2.1882
101) Anzeiger Nr. 69 / 29.8.1882
102) Anzeiger Nr. 79 / 3.10.1882
103) Kreisblatt Nr. 15 / 20.2.1883
104) Kreisblatt Nr. 83 / 16.10.1883
105) Kreisblatt Nr. 85 / 23.10.1883
106) Kreisblatt Nr. 87 / 30.10.1883

dernisse für den reibungslosen Betrieb der Zuckerfabrik: den Transport der Rüben nach Soest.

Das zähe Ringen weitblickender Persönlichkeiten hatte fast fünfzig Jahre nach der ersten Anregung einen neuen Zweig der Landwirtschaft im Soester Raum eingeführt. Auf rund 1.200 Morgen Acker zwischen Möhne und Lippe wuchsen Anfang der achtziger Jahre des 19. Jahrhunderts Zuckerrüben [107]. Damit auch einige der zögernden Landwirte zum Mitmachen interessiert wurden, spielte die Soester Presse in der Diskussion um die Anlage der Zuckerfabrik eine das Projekt jederzeit forcierende Rolle.

---

[107] Anzeiger Nr. 53 / 3.7.1882

Auf der Rübenschau.

*Wenn Einer eine Reise thut,
So kann er was erzählen — — —*

Fröhlichen Gemüthes zogen frühmorgens 8 behäbige Vertreter der edlen Landwirthschaft zum Bahnhofe Soest, um ostwärts zu dampfen. Hannover war ihr Ziel und Rübenschau ihr Zweck. Wie der Zug so durch die Felder sauste, fiel manch derbes Wort des Tadels und der Satyre, wenn der Rothklee voll Sauerampfer und Ranunkel, der Roggen dünn und die Gerste voll Hederich stand. Im Stillen stellte man auch Vergleiche an zwischen dem Stand der heimischen Früchte und dem, was die Reise bot Je näher der Grenze zu, um so gespannter aber die Erwartung, das erste Rübenfeld zu sehen, denn auch Soest, die alte, vielgetreue Stadt, will nicht länger säumen, den Ihrigen das Leben mehr, als bisher zu versüßen.

Nordheim! Aussteigen! Hier sollte ein Cicerone die Führung des Zuges übernehmen und die Rübenfelder zeigen, doch ach! Der gute Freund hatte den Zug verschlafen und so waren unsere Rübenschauer auf den Zufall angewiesen. Rasch entschlossen machten sie rechts um und schlugen sich auf Geradewohl in die Felder. Richtig, dort arbeiten ja Leute mit der Hacke, die werden wohl Rüben behacken. Sind das wirklich Rüben? Breit und schwer schwanken die fetten Blätter im Winde, schon haben sie ein Laubdach über den Acker gebildet, und vom Boden ist Nichts mehr zu sehen. In schnurgraden Reihen ziehen sie sich hin, üppig und kräftig, eine wahre Augenweide. Eben wird die letzte Hand angelegt, versichtig, um die kostbaren Blätter nicht zu verletzen, Erde angezogen und behäufelt. Wie rein von Unkraut ist das Feld, welch schöner Anblick, dieses hatte dunkles Grün, dieses Meer üppiger Blätter.

Unsere Soester Freunde sind still geworden; nachdenklich zieht Einer um den Andern die Stirne kraus in Falten. Er gedenkt der Rüben in der Heimath, wie sie noch so klein und unansehnlich sind, wie halb verhungerte Waisenkinder, wie sie in trostloser Verlassenheit kämpfen müssen den schweren Kampf ums Dasein mit dem unverschämten Unkraut, wie sie schon in der Jugend verkrüppeln und was dem Nachdenklichen noch schwerer auf's Herz fällt, das ist die Thatsache, daß der Hannover'sche Nachbar nicht etwa besseren Boden bewirthschaftet, sondern die bessere Bodenqualität in Soest zu finden ist.

Da treffen wir auf einen kleinen Besitzer, Herrn Nahmer, er ist eigentlich Gastwirth und bewirthschaftet nur so nebenbei 46 Morgen Land. Er hat 13 Morgen Rüben; ein Gruseln geht uns über den Rücken, wenn wir der vielen Arbeit gedenken, die 13 Morgen Rüben verursachen und zagend fragen wir, wie er denn die viele Arbeit bewältige. „O!" sprach der Mann, „das ist nicht so schlimm, ich halte mir 2 Rübenmädchen aus dem Eichsfeld, die rücken Jahr um Jahr am ersten Mai ein und bearbeiten mir die Rüben, ich selbst habe nicht, darum zu kümmern. Ich bezahle Ihnen je 1 Mark bei freier Kost und nach 7 Wochen haben sie meine Rüben vollständig in Ordnung gebracht, dann gehen sie in's Heu oder in irgend eine andere Arbeit, die ich Ihnen anweise." Herr Nahmer zeigte uns noch ein anderes Rübenfeld, das wir sofort aufsuchten. Herr Ebers, ein Landwirth, wie er sein soll, kommt uns artig entgegen; er trägt seine Hacke so stolz, als wäre sie ein Königsscepter; er bewirthschaftet 200 Morgen und baut 40 Morgen Rüben. Wir bewundern den Mann, wie er so hochgehobenen Beinen uns durch seine prachtvollen Rüben führt. Einer sagt zum Andern: „einen derartigen Rübenwuchs kennt man bei uns nicht," und der stille Wunsch zieht durch unser Gemüth, daß diese unvergleichliche Hochcultur bald auch im Hellweggebiete zu finden sein möchte. Da kommen wir an ein Weizenfeld. Stumm überblicken wir die wallenden Aehren, die schwer vom Winde sich neigen. Welches Stroh, das ist ja wie Rohr, das kann sich gar nicht lagern! Auf 6—7 Malter = 20 Ctr. pro Morgen wird der Ertrag geschätzt. Freund Schulte fängt an zu schwitzen, solchen Weizen sah er noch nie, er spricht kein Wort, denn er ist in schweren Gedanken versunken.

In einiger Entfernung steht Gerste, sie ist ebenso rein von Unkraut, wie der Weizen, sie steht ebenso dicht auf steifem Halm und ihr Ertrag pr. Morgen wird auf 28 Scheffel geschätzt. Wir erfahren nun auch, daß vor Ein-führung des Rübenbaues die Getreideerträge allerdings geringer gewesen seien und erst die durch die Rübe bewirkte hohe Cultur die Fruchtarten solch gewaltige Erträge bringen.

Hm, Hm! Was mag das Alles kosten, da bleibt wohl nicht viel übrig, wir in Westfalen haben im Rein-Ertrag vielleicht doch mehr. „Das kömmt auf die Rechnungen" meint Herr Ebers und rechnet uns vor, wie ihm der pr. Morgen 210 Mk. Rübengeld bringe, die Dividende aus der Fabrik aber pro Morg. 120 Mk. = 330 Mark Reinertrag. Der Arbeits-Aufwand werde gedeckt durch die Rübenpreßlinge, welche gratis von der Fabrik zurückgegeben werden. Da wird uns schwül, wir müssen verzichten darauf, unsern Hellweger Körnerbau zu rehabilitiren. Unser Führer versichert uns übrigens, daß vor 4 Jahren, als sie begonnen hätten, Rübenbau zu treiben, gleichfalls gewaltige Furcht vor der vermeintlichen, nicht zu bewältigenden Arbeit gehabt hätten, daß aber diese Furcht auch das Schlimmste und Meiste gewesen, denn, nachdem sie erst im Gange gewesen, sei die Sache spielend ausgeführt worden. Wir trauten unsern Ohren nicht, als uns der Mann versicherte, daß er nunmehr gegentheilig über mehr Arbeitskraft verfüge, als vorden, daß er jetzt sogar im Stande sei, seine sämmtlichen Halmfrüchte zu behacken, er säe jetzt sein Getreide in Reihen und lasse Alles behacken; er bezahle für einen Morgen Weizen zu behacken 6 Mark, bekomme aber mindestens für 20 Mark mehr Körner. So könne er mit Recht behaupten, daß der Rübenbau ihn und seine Nachbarn zur Hochculturgeführt und Reinerträge möglich gemacht habe, die wirklich erstaunlich seien.

Wie dieser Mann durch die Rübenreihen dahin schritt, sein Gesicht leuchtete vor Stolz und Freude, wenn er unsere bewundernden Rufe hörte. Das Bewußtsein, das Erbe seiner Väter aus eigener Kraft ohne fremde Hülfe weit über den früheren Culturzustand gehoben zu haben, gab ihm eine Freudigkeit, um die wir ihn beneideten. Da war kein Klagen über schlimme Zeiten und schlechte Ernten; der Mann hatte sich selbst geholfen und darum half ihm der Himmel. Mit warmem Danke und aufrichtiger Bewunderung verabschiedeten wir uns von dem wackern Rübenbauer und gingen nun auf anderem Wege dem Dorfe zu. Ueberall die gleiche, hohe Schönheit der Culturen, dieselbe Reinheit der Felder von Unkraut, ein einheitlicher Zug großartigen Fortschrittes ist die Signatur der ganzen Feldmark.

Wir fassen nun die Feldgänger an, wie wir sie treffen, ohne Ansehen der Person, finden aber überall die gleichen Auskünfte. Wir gehen auch in die Wohnungen und examiniren unverfroren weiter; Schau, da guckt ein reizender Lockenkopf zwischen dem Rosengebüsch eines Gartens hervor und plötzlich erinnern sich die jüngeren Mitglieder der Expedition, daß in dem fraglichen Hause der „Inspector" wohne, der die Rübenkultur in hiesiger Gegend eingeführt habe; da war jedenfalls die Urquelle der Rübenkultur zu finden und flugs mußte das Töchterchen für den abwesenden Inspector — Papa eintreten und einen Vortrag über Rübenbau halten. Unsere jungen Westfalen konnten sich nicht satt hören, sie fanden immer neue Fragen und die Zeit verstrich im Fluge. Zögernd trennten wir uns von unserer reizenden Rübenfreundin, die so bereit die hohe Schönheit des Rübenfeldes zu schildern wußte und jubelnd über die überwältigenden Eindrücke riefen unsere jugendlichen Reisegenossen laut: „Wir kommen wieder!" Wir Alten aber schauten bedächtig auf die Jugend und dachten in der Stille: „Wer weiß?"

Kreisblatt
Nr. 53 / 2.7.1880

e. Landwirtschaftliches Genossenschaftswesen

Aktiengesellschaften wie die zur Anlage der Zuckerfabrik und Genossenschaften bildeten im 19. Jahrhundert wichtige Organisationsformen für wirtschaftliche Vorhaben, zu deren Verwirklichung einzelne zu schwach waren, eine Gruppe jedoch ausreichte. Als wegweisend im ländlichen Genossenschaftswesen erwiesen sich die Initiativen des Bürgermeisters aus Weyerbusch im Westerwald: Friedrich Wilhelm Raiffeisen (30.3.1818 - 11.2.1888). In den Hungerjahren 1847/48 organisierte er in seiner Gemeinde einen Hilfsverein zur Beschaffung von Saatgut und Pflanzkartoffeln [1]. Da Raiffeisen jedoch bald erkannte, daß die Notlage der Landwirtschaft seiner Gegend maßgeblich in der Kreditlosigkeit kleiner Bauern begründet war, was sich kaum durch karitative Maßnahmen ändern ließ, richtete er 1864 den Heddersdorfer Darlehnskassen-Verein auf genossenschaftlicher Basis ein [2]. 1869 gab es in der Rheinprovinz bereits siebzig solcher Kreditgenossenschaften [3].

Diese Spar- und Darlehnskassen betreuten die Spargelder der Genossen und liehen sie unter möglichst geringen Verwaltungskosten wieder an entwicklungsfähige Betriebe zur Verbesserung und Ertragssteigerung aus [4]. Noch bevor die Raiffeisensche Idee Verbreitung fand, unterbreitete Amtmann Pilger aus Weslarn dem Landwirtschaftlichen Kreisverein im Juli 1850 laut Protokoll im "Kreisblatt" den Vorschlag, Kredit-Kassen einzurichten, "wodurch die Landwirthe in den Stand gesetzt werden, gegen Verpfändung ihrer Früchte Gelder zur Bestreitung der laufenden Ausgaben zu erhalten, um die angemessensten Kornpreise abzuwarten" [5], ebenso empfahl Pilger die Gründung von "Spar- und Prämien-Cassen für Dienstleute und Tagelöhner" [6]. Diese Anregungen fanden jedoch keine Zustimmung.

---

1) Haushofer, Landwirtschaft, S. 117
2) Quabeck, Anton: Das ländliche Genossenschaftswesen in Westfalen. In: Beiträge zur Geschichte des westfälischen Bauernstandes, Hrsg. Engelbert von Kerckerinck zur Borg, Berlin 1912, S. 448-531 (zitiert: Quabeck, Genossenschaftswesen) S. 453
3) ebda. S. 454
4) Dransfeld, Friedrich: Das ländliche Genossenschaftswesen und seine Ausbreitung im Kreise Soest. In: HKS 24 (1951) S. 90 - 94 (zitiert: Dransfeld, Genossenschaftswesen) S. 90
5) Kreisblatt Nr. 56 / 12.7.1850

Statt der Genossenschaftskassen zogen zunächst kommunale Sparkassen seit Ende der sechziger Jahre des 19. Jahrhunderts ein engmaschiges Netz über den Soester Raum. Erst 1885 gründeten Landwirte des Amtes Bremen die erste Spar- und Darlehnskasse im Kreis Soest, vier Jahre später eröffnete auch in Welver eine Genossenschaftskasse [7]. Erst 1900 kam in Wickede die nächste Spar- und Darlehnskasse hinzu, ein Jahr später in Körbecke, 1909 in Oestinghausen und 1916 in Westönnen. Soest erhielt erst 1924 eine Spar- und Darlehnskasse [8]. Während der Kreis Soest 1911 insgesamt sieben Genossenschaftskassen mit 835 Mitgliedern aufwies, gab es im Kreis Lippstadt zur gleichen Zeit 17 Spar- und Darlehnskassen mit insgesamt 1.905 Mitgliedern [9]. Dieser späte Einzug der Genossenschaftskassen im Kreis Soest läßt sowohl den Schluß zu, die Kreditwürdigkeit der Landwirtschaft sei angesichts zufriedenstellender Betriebsverhältnisse jeweils gegeben gewesen, sowie die Vermutung, die Sparkassen hätten auch den kleinen Landwirten Kredite zu akzeptablen Bedingungen gewährt.

Der Gründung von Molkereigenossenschaften im Kreis Soest ging eine breitangelegte Informationskampagne voraus. Schon im Frühjahr 1868 nahm der Wanderlehrer Feuser, der im Auftrag des landwirtschaftlichen Vereins im Soester Raum referierte, das Thema "Milchwirtschaft und Butter-Bereitung" in seine Vorträge mit auf [10], 1877 und 1880 gehörten die Themen "Milchwirtschaft" und "Molkerei-Wesen" nach dem Willen des Kreisvereins auch zum Programm der Vortragsreihe des Wanderlehrers Wagner [11].

Die erste Molkerei-Anlage des Soester Raumes dürfte auf dem Plange'schen Gut in Ellingsen in Betrieb gewesen sein, Wanderlehrer Wagner erteilte dort seinen Zuhörern jeweils praktischen Unterricht [12]. Daß diese Anlage dem Landwirt-

---

6) ebda.
7) Dransfeld, Genossenschaftswesen, S. 91
8) ebda.
9) Quabeck, Genossenschaftswesen, S. 466
10) Anzeiger Nr. 22 / 17.3.1868
11) Anzeiger Nr. 104 / 29.12.1876 und Kreisblatt Nr. 36 / 4.5.1880
12) Anzeiger Nr. 37 / 8.5.1877

schaftlichen Kreisverein gehörte, läßt sich annehmen,
weil dieser 1877 vermutlich entsprechend seiner häufig
praktizierten Übung mit neuen Maschinen - erst Erprobung
in der Mitgliedschaft, dann Versteigerung - beim Schaufest auch Molkerei-Geräte gegen Höchstgebot abgab [13].
Nach diesen Ansätzen zu einer maßvollen Technisierung der
Milchverarbeitung im bäuerlichen Betrieb ging die Zusammenfassung dieses Arbeitsvorganges erst Ende der achtziger
Jahre des 19. Jahrhunderts auf eigene Verarbeitungsbetriebe über. 1888 gründeten sich Molkereigenossenschaften in
Soest und Niederense, im folgenden Jahr entstanden auch
in Körbecke, Büderich, Oestinghausen und Westönnen Genossenschaften. 1890 erhielten Borgeln, Neuengeseke und Welver eine Molkerei, Lohne 1892 und Ostönnen 1894 [14].

Aber neben der Verarbeitung und Veredlung von Rohstoffen
sowie der Bereitstellung von Krediten mühten sich Genossenschaften im 19. Jahrhundert auch um den Absatz von
landwirtschaftlichen Produkten. Gutspächter von Köppen
junior aus Soest und Gutsbesitzer H. Lange-Windhof von den
Herringserhöfen veranlaßten mit Hilfe des Landwirtschaftlichen Kreisvereins am 7. Dezember 1897 die Gründung der
"Westfälischen Kornverkaufsgenossenschaft e.G.m.b.H.
Soest" [15]. Sie zählte 1911 insgesamt 325 Mitglieder und
erzielte in diesem Jahr in ihren Lagerhäusern in Soest
und Erwitte aus 371.581 Zentnern Getreide (Geldwert
2.338.131,20 Mark) einen Reingewinn von 20.393,34 Mark [16].

f. Verbesserte Berufsausbildung und Weiterbildung für
landwirtschaftliche Beschäftigte

Neue Erkenntnisse über Ertragssteigerungsmöglichkeiten,
verbesserte Viehaufzucht, neuentwickelte Arbeitsgeräte
oder Dungstoffe konnten die Betriebsweise eines Agrar-

---

[13] Anzeiger Nr. 49 / 19.6.1877
[14] Dransfeld, Genossenschaftswesen, S. 92
[15] ebda. S. 92 und
Diedrichs, H.: 50 Jahre Westfälische Kornverkaufsgenossenschaft e.G.m.b.H. Soest, Bielefeld 1949
(zitiert: Diedrichs, Kornverkaufsgenossenschaft) S.17
[16] Quabeck, Genossenschaftswesen, S. 487

raumes erst verändern, wenn die Mehrzahl der landwirtschaftlich Tätigen überzeugende Informationen über sie erhielt. Die lokale Presse ließ sich nur dann als Medium zur Vermittlung solcher berufsspezifischen Mitteilungen benützen, wenn sich die Redaktionen - wie etwa die der Soester Zeitungen - solchen Veröffentlichungen mit Blick auf die Leserstruktur aufgeschlossen zeigten. Im Kreis Soest kam über die lokale Presse Mitte der sechziger Jahre des 19. Jahrhunderts eine breitangelegte Informationskampagne in Gang.

Mit Hilfe des "Kreisblattes" wandte sich der Soester Wiesenbaumeister Engelbert Erlemann Ende Januar 1865 in einer zweiteiligen Serie an die Öffentlichkeit [17]. Unter dem Thema "Die landwirthschaftliche Berufsbildung, ein volkswirthschaftlicher Nothstand" empfahl er das landwirtschaftliche Casino, die Fortbildungsschule und den Wanderlehrer als drei zusammenhängende Einrichtungen zur verbesserten Ausbildung des landwirtschaftlichen Nachwuchses und zur Weiterbildung der praktizierenden Landwirte [18]. Alle drei von Erlemann geforderten Bildungseinrichtungen fanden in den folgenden Jahren ihre Verwirklichung im Kreis Soest.

Vierzig Landwirte aus dem Kreis Soest griffen Anfang Februar 1867 zur Selbsthilfe. Mit Unterstützung von vier Elementarlehrern gründeten sie die "Landwirtschaftliche Wanderversammlung im Kreise Soest" [19]. Landwirt Schulze aus Beusingsen übernahm den Vorsitz und Landwirt Kühle aus Lohne die Schriftführung, weiter referierten die Lehrer Finger aus Neuengeseke und Schneider aus Lohne in der Gründungssitzung über den Zweck der beabsichtigten Versammlungen:

1. Themen sollten alle landwirtschaftlichen Gegenstände bilden.
2. Als Versammlungsort würden im Winter Soest, den Sommer über reihum die Landgemeinden dienen.
3. Jede Versammlung sollte Ort, Zeit und Thema der nächsten Zusammenkunft klären [20].

---

17) Kreisblatt Nr. 8 / 27.1.1865 und Nr. 12 / 10.2.1865
18) ebda.
19) Anzeiger Nr. 12 / 8.2.1867
20) ebda.

Die folgende Tabelle gibt einen Überblick über die
Häufigkeit, Orts- und Themenwahl dieser Treffen der landwirtschaftlichen Wanderversammlung 1867 bis Januar 1868.
Breitenwirkung erlangten diese Zusammenkünfte durch den
teilweise vollständigen Abdruck der Referate in der Lokalpresse, zumindest im "Anzeiger" [21]. Sowohl die Übersicht
der Versammlungsorte wie die stärkere redaktionelle Berücksichtigung im "Anzeiger" läßt darauf schließen, daß
sich diese Initiative auf die nördliche Hälfte des Kreisgebietes konzentrierte. Die Themenauswahl dokumentiert
eine Priorität von Fragen zur Viehhaltung.

Tabelle 17: Aktivitäten der landwirtschaftlichen Wanderversammlung im Kreis Soest 1867/68

Versammlungstermin	Treffpunkt	Vortragsthema
13.2.1867	Soest	Fruchtwechsel Rindviehzucht
13.2.1867	Soest	Wiesenkultur Rinderpest
17.5.1867	Werl	erweiterter Futterbau Flurschäden durch Schafherden
20.7.1867	Welver	Beschaffung von Kunstdünger Behandlung von Stallmist
28.9.1867	Sassendorf	Unkrautvertilgung: Hederich Besichtigung eines Viehhauses mit überdeckten Düngstätten
8.1.1868	Soest	Fruchtfolge Winterfütterung des Rindviehs [22]

Elementarlehrer übernahmen vermutlich die Vorträge in der
landwirtschaftlichen Wanderversammlung. Diese Initiative
einer Gruppe von Bauern und Dorflehrern und ihre breite

---

21) Anzeiger Nr. 25 / 26.3.1867 ff.; Nr. 46 / 7.6.1867 ff.
Nr. 50 / 21.6.1867 ff.; Nr. 75 / 17.9.1867; Nr. 92 /
15.10.1867 ff.
22) Tabelle zusammengestellt aus: Anzeiger Nr. 12 / 8.2.
1867; Nr. 20 / 8.3.1867; Nr. 38 / 10.5.1867; Nr. 57 /
16.7.1867; Nr. 77 / 24.9.1867; Nr. 1 / 3.1.1868

Resonanz in der Lokalpresse mußte den landwirtschaftlichen Verein in seiner Vorreiterrolle für die Verbesserung der Landwirtschaft im Kreis Soest treffen. Am 3. Dezember 1867 entschied deshalb die Generalversammlung der Organisation laut Protokoll, ab sofort Wanderlehrer Feuser "in populären öffentlichen Vorträgen, an welche sich eingehende Besprechungen über die abgehandelten Gegenstände anknüpfen sollen, die für den practischen Landwirth wichtigeren Punkte" [23] vortragen zu lassen. Feuser, der im Jahr zuvor in den Kreisen Wittgenstein, Iserlohn und Hamm landwirtschaftliche Fachreferate gehalten hatte, sollte diese Arbeit im Winter 1868 im Kreis Soest fortsetzen [24]. Zwischen dem 7. Februar und 30. März 1868 hielt Feuser 14 Vorträge im Soester Raum, sieben davon in Soest und jeweils zwei in Welver, Sassendorf und Werl u.a. über die Themen Wirtschaftssysteme, Viehzucht, Milchwirtschaft und Butterbereitung [25]. Schon die Identität dieser Vortragsorte mit denen der Wanderversammlung belegt, daß diese Referatreihe unter der Regie des Landwirtschaftlichen Kreisvereins die Selbsthilfemaßnahmen der landwirtschaftlichen Wanderversammlung ersetzte.

Ebenfalls auf Initiative des Kreisvereins referierte Wanderlehrer Dr. Roos im März 1872 im Soester Raum hauptsächlich über den Anbau der Zuckerrübe [26]. Im Januar und Februar 1874 wirkte Dr. Roos mit 37 Vorträgen erneut im Kreis Soest. Diesmal erreichte die Aktion eine besonders breite Streuung der Vortragsorte: Viermal sprach Dr. Roos in Neuengeseke und Ostönnen, dreimal in Weslarn, Welver, Körbecke, Schwefe und der Borgeler Linde, zweimal in der Rottlinde, Werl und Sassendorf und je einmal in Soest, Lohne, Westönnen, Oestinghausen, Büderich, Bremen, Hovestadt und Oberense [27]. Im Mai 1877 und 1880 hielt Wanderlehrer Wagner, den die Arnsberger Landeskulturgesellschaft

---

23) Anzeiger Nr. 7 / 24.1.1868
24) ebda.
25) Anzeiger Nr. 10 / 4.2.1868; Nr. 11 / 7.2.1868; Nr. 12 11.2.1868; Nr. 15 / 21.2.1868; Nr. 18 / 3.3.1868; Nr. 20 / 10.3.1868; Nr. 21 / 13.3.1868; Nr. 22/ 17.3.1868 Nr. 24 / 24.3.1868
26) Kreisblatt Nr. 20 / 8.3.1872
27) Anzeiger Nr. 1 / 3.1.1874; Nr. 3 / 9.1.1874; Nr. 5 / 16.1.1874; Nr. 9 / 30.1.1874; Nr. 11 / 6.2.1874; Nr. 15 / 20.2.1874

1876 angestellt hatte [28], in verschiedenen Orten des Kreises Vortragsreihen vorwiegend über Futteranbau, Milchwirtschaft und Molkereiwesen [29]. Damit erweisen sich die Anstrengungen der Wanderlehrer neben den Maßnahmen des Kreisvereins als mitverantwortlich für die Fortschritte in der Viehzucht.

Seit die Wanderversammlung Mitte der sechziger Jahre des 19. Jahrhunderts auch die Landwirte der Ortschaften um Soest anregte, sich in ihren Gemeinden zu treffen, bildeten sich überall im Kreis Soest "Landwirthschaftliche Casinos", über die nur wenige Angaben vorliegen, in denen aber beispielsweise die Vorträge der Wanderlehrer stattfanden [30]. Als Diskussionsforum der Bauern einer Landgemeinde führten diese Treffpunkte ein eigenständiges Dasein, obwohl sie organisatorisch die Aufgabe von lokalen Gliederungen des Kreisvereins erfüllten. Im April 1869 beispielsweise erklärten sich die Vertreter der Casinos in der Generalversammlung des Landwirtschaftlichen Kreisvereins bereit, in ihren Gemeinden für die Initiative des Kreisvereins zum Flachsbau zu werben [31]. Möglich erschiene auch, daß sich die 1871 insgesamt 838 Mitglieder des "Westfälischen Bauernvereins" im Kreis Soest [32] in diesen Casinos trafen. Im Sommer 1878 allerdings dürfte das Nebeneinanderbestehen beider landwirtschaftlichen Diskussionsforen aufgehört haben: Der Landwirtschaftliche Kreisverein beschloß über den Anschluß der Casinos an seine Organisation [33].

Während sich die Wanderversammlung, die Casinos und die Wanderlehrer insbesondere um die Weiterbildung der im Beruf stehenden Landwirte bemüht zeigten, gab es parallel

---

28) Crone, Vereinswesen, S. 548
29) Anzeiger Nr. 46 / 8.6.1877 und Kreisblatt Nr. 36 / 4.5.1880
30) Kreisblatt Nr. 40 / 18.5.1877
31) Kreisblatt Nr. 27 / 2.4.1869
32) Kellermann, Wilhelm: Der bäuerliche Zusammenschluß. In: Beiträge zur Geschichte des westfälischen Bauernstandes, Hrsg. Engelbert von Kerckerinck zur Borg, Berlin 1912, S. 376 - 448 (zitiert: Kellermann, Zusammenschluß) S. 406
33) Anzeiger Nr. 47 / 12.6.1878

dazu Anstrengungen im Soester Raum zu einer besseren Ausbildung des landwirtschaftlichen Nachwuchses. Im Oktober 1866 veröffentlichte die "Neue landwirthschaftliche Zeitung" den offenen Brief einiger Landwirte des Kreises Soest, den der "Anzeiger" Ende Januar 1867 nachdruckte [34]. Vor aller Öffentlichkeit erinnerten die Schreiber die Nachlaßverwalter der Werler von Mellin'schen Stiftung an das Vermächtnis Franz Joseph von Mellins, neben der Erziehung von Waisenkindern in Werl, dem Amt Werl, Soest und der Börde auch eine Ackerbauschule einzurichten [35]. Nachdem nun die Versorgung der Waisenkinder gewährleistet sei, bleibe die Errichtung einer landwirtschaftlichen Ausbildungsstätte: "Gerade an einer solchen Anstalt fehlt es in unserem überaus fruchtbarem, jedoch noch sehr wenig nach den Fortschritten der landwirthschaftlichen Wissenschaften kultivierten Kreise [...]" [36]. Doch auf diese öffentliche Anfrage an die Verwalter des Gutes Füchten an der Ruhr erfolgte vorerst keine Antwort in der Soester Presse.

Stattdessen beauftragte der Landwirtschaftliche Kreisverein Ende 1867 Wanderlehrer Feuser laut Versammlungsprotokoll, "einen Lehr-Cursus für diejenigen Elementarlehrer abzuhalten, welche geneigt sind und sich die Befähigung erwerben wollen, künftig an den - namentlich in den Landgemeinden - zu errichtenden landwirthschaftlichen Fortbildungsschulen Unterricht zu ertheilen oder selbst solche Anstalten zu gründen" [37]. Bereits Ende März stellten eine Reihe von Kursteilnehmern ihre neuen Kenntnisse unter Beweis: Sie erweiterten den Schlußvortrag Wanderlehrers Feusers in Soest mit eigenen Beiträgen [38]. Ob dieser Unterweisung der Elementarlehrer auch Unterricht des landwirtschaftlichen Nachwuchses in den Gemeinden des Kreises Soest folgte, ließ sich nicht nachweisen.

Aber das Kuratorium der von Mellin'schen Stiftung in Werl kam 1875 dem Wunsch seines Gründers nach. In einer Anzeige

---

[34] Anzeiger Nr. 9 / 29.1.1867
[35] ebda.
[36] ebda.
[37] Anzeiger Nr. 7 / 24.1.1868
[38] Anzeiger Nr. 24 / 24.3.1868

des "Kreisblattes" kündigte es im November 1875 die Eröffnung der "niederen Ackerbauschule der von Mellin'schen Stiftung zu Füchten" für den 25. Dezember 1875 an [39]. Zwanzig Schüler in einem Mindestalter von 16 Jahren, fünf davon Waisenkinder aus den Erziehungsheimen der Stiftung in Ost- und Westuffeln, konnten nach bestandener Aufnahmeprüfung am Unterricht teilnehmen und mußten gleichzeitig unentgeltlich auf dem Gut mitarbeiten. Die Leitung der Ackerbauschule übernahm der bis dahin als Generalsekretär der Arnsberger Landeskulturgesellschaft tätige H. Sieglin aus Stuttgart [40].

Während diese Schulform allerdings dem Bauern seinen Sohn völlig aus der Mitarbeit auf dem Hof nahm, konnte eine Ausbildungsstätte, die den breiten Wünschen der Landwirtschaft im Soester Raum genügte, nur in Form eines Teilzeitunterrichts während der arbeitsärmeren Wintermonate Erfolg versprechen. Am 3. November 1885 wurde die erste westfälische "Landwirtschaftliche Winterschule" in Werl [41] unter der Leitung von Vikar Witmann eröffnet [42]. Sie umfaßte den Einzugsbereich der Ämter Werl, Bremen und Körbecke [43] und vermittelte neben der Ausweitung des Elementarwissens Kenntnisse in naturwissenschaftlichen und speziell landwirtschaftlichen Zusammenhängen [44].

Dagegen scheiterten in Soest zunächst die ebenfalls 1885 ausgereiften Pläne für eine landwirtschaftliche Ausbildungsstätte [45]. Erst am 2. März 1891 legte die Versammlung

---

39) Kreisblatt Nr. 89 / 5.11.1875
40) ebda.
41) Hartmann, Joseph: Geschichte der Provinz Westfalen, Berlin 1912 (zitiert: Hartmann, Westfalen) S. 299
42) Kerwat: Die Landwirtschaftsschulen im Kreise Soest. In: HKS 31 (1958) S. 61 - 65 (zitiert: Kerwat, Landwirtschaftsschulen) S. 62
43) ebda.
44) Mehler, Werl, S. 444
45) Kerwat, Landwirtschaftsschulen, S. 63

des Landwirtschaftlichen Kreisvereins die Eröffnung für den Monat Juni des gleichen Jahres fest, Landwirtschaftslehrer Kallweit aus Ostpreußen übernahm die Direktion [46]. Dem Gründungskuratorium gehörten neben Landrat von Bockum-Dolffs und dem Soester Bürgermeister Coester auch die Gutsbesitzer Schulze-Henne, Beuckmann und Potthast an [47]. Mit diesen beiden Winterschulen bestanden gegen Ende des 19. Jahrhunderts geeignete Voraussetzungen für eine breite berufsbegleitende Ausbildung des landwirtschaftlichen Nachwuchses im Kreis Soest.

g. Bedeutung der Landwirtschaft im Soester Raum für die Versorgung des angrenzenden Ruhrgebiets

Soest und Dortmund - Städte mit gemeinsamer Hansegeschichte: Zu Beginn des 19. Jahrhunderts teilten beide Hellwegsiedlungen wieder das gleiche Schicksal. Sie galten als unbedeutende Ackerbürgerstädte, Soest zählte 1819 insgesamt 6.303, Dortmund 4.243 Einwohner [48]. Gegen Ende des Berichtszeitraums dagegen erscheint die Situation völlig gewandelt: Während Dortmund 1875 schon 57.742 Einwohner aufwies, vergrößerte sich Soest nur auf 13.099 Einwohner [49]. 1881 galten erst 357 Soester als in Fabriken beschäftigte Personen [50], dagegen verfügte der Kreis Dortmund 1850 schon über 18 Steinkohlenzechen [51], und 1862 arbeiteten 2.007 Dortmunder in 71 Fabriken [52]. Einströmende Industriearbeiter ließen Dortmund in rasantem Tempo wachsen, zwischen 1871 und 1875 allein um fast dreißig Prozent [53].

Seit der sich industrialisierende Raum westlich des Kreises Soest seine Versorgung mit agrarischen Produkten nicht mehr selbst gewährleisten konnte, lieferten die Überschüsse erzielenden Kreise Soest, Lippstadt und Hamm Getreide ins Industriegebiet [54]. Bis in die sechziger Jahre des 19.

---

46) ebda. S. 63 f.
47) ebda. S. 63
48) Florschütz, politische Zustände, S. 62
49) StAS Abt. B XX b 27
50) Kreis-Statistik 1881, S. 172
51) Mertes, P.H.: Das Werden der Dortmunder Wirtschaft, Dortmund 1940 (zitiert: Mertes, Dortmunder Wirtschaft) S. 9
52) ebda. S. 118
53) ebda. S. 139

Jahrhunderts konnten die Kornzufuhren aus der Warburger und Soester Börde den Bedarf des westfälischen Teils des Ruhrgebiets decken [55]. Spätestens in den siebziger und achtziger Jahren, als die massenhafte Bevölkerungsbewegung aus den Ostprovinzen in die industrialisierten Provinzen einsetzte [56], mußten Getreideeinfuhren die Ernährung der rapide wachsenden Bevölkerung im Ruhrgebiet sichern. Duisburg diente als Hauptumschlagplatz für das über die niederländischen Häfen bezogene Getreide aus Nordamerika und Rußland, seit 1875 auch aus Argentinien [57].

Auch wenn die Lieferung agrarischer Produkte aus dem Soester Raum ins Ruhrgebiet dort im Anteil der Gesamtversorgung an Stellenwert einbüßte, entwickelte sich das Industriegebiet mit der verbesserten verkehrlichen Anbindung beider Räume für die landwirtschaftlich reichste Region Westfalens zu einem attraktiven Absatzgebiet.

Die Ausrichtung der agrarischen Produktion auf den Konsumbedarf des wachsenden Ruhrgebiets läßt sich seit 1850 am deutlichsten an der intensiven Berücksichtigung der Viehzucht im Soester Raum ablesen. Ein sprunghafter Anstieg der Schweinemast - im Kreis Soest von 1843: 9.410 Schweinen auf 1867: 14.695 [58] - und wachsende Bemühungen um die Verarbeitung der Milch zu Molkereiprodukten kennzeichnen diese Orientierung der landwirtschaftlichen Produktion an den Konsumgewohnheiten des Industriegebiets. Anfang der achtziger Jahre des 19. Jahrhunderts trat überdies der Hackfruchtbau zur Getreidewirtschaft. Die Landwirtschaft des Soester Raumes wandelte sich im Berichtszeitraum von

---

54) Liebrecht, statistische Beschreibung, S. 99
55) Croon, Helmuth: Die Versorgung der Großstädte des Ruhrgebietes im 19. und 20. Jahrhundert. In: JNSt 179 (1966) S. 356 - 371 (zitiert: Croon, Ruhrgebiet) S. 358
56) Borchardt, Knut: Regionale Wachstumsdifferenzierung in Deutschland im 19. Jahrhundert unter besonderer Berücksichtigung des West-Ost-Gefälles. In: Lütge, Friedrich (Hrsg.) : Wirtschaftliche und soziale Probleme der gewerblichen Entwicklung im 15.-16. und 19. Jahrhundert, Stuttgart 1968, S. 115 - 131 (zitiert: Borchardt, Wachstumsdifferenzierung) S. 130
57) Croon, Ruhrgebiet, S. 358
58) Wehdeking, Viehhaltung, S. 52

der vorherrschenden reinen Getreidewirtschaft zur Getreide-Hackfrucht-Viehwirtschaft.

Entscheidender Anteil an dieser Orientierung am Bedarf des westlichen Absatzgebietes kam der verkehrlichen Anbindung über die Schiene zu. Insbesondere der Tierversand lief über die Eisenbahn. Insgesamt 41.925 Stück Vieh wurden beispielsweise 1870 auf dem Soester Bahnhof zum Abtransport ins Ruhrgebiet verladen, 1879 waren es schon 60.634 Stück Vieh [59]. 1880 gingen vom Werler Bahnhof wöchentlich ein bis zwei Waggons Schweine in die Industrieregion [60]. Seit den sechziger Jahren des 19. Jahrhunderts bestanden in Dortmund und Essen private Viehmärkte nahe den Bahnhöfen, auf denen die großen Viehhändler den Metzgern Schlachtvieh anboten, bis sich Mitte der achtziger Jahre aus diesen Anfängen die beiden Hauptschlachtviehmärkte entwickelten [61].

Am Beispiel des Soester und Dortmunder Raumes erweisen sich Entwicklung der Landwirtschaft und Industrialisierung als sich wechselseitig beeinflussende Prozesse: Intensivierung der agrarischen Produktion ermöglichte die Freisetzung von Arbeitskräften und Mitversorgung industriell Tätiger. Die Industrie schaffte ihrerseits mit dem Angebot von Ackergeräten verbesserte und rationellere Möglichkeiten der Bodenbearbeitung und Weiterverarbeitung landwirtschaftlicher Produkte. Aber auch die dritte Forderung Walt. W. Rostows [62] an die Landwirtschaft zur Ingangsetzung des industriellen Wachstumsprozesses, die Kapitalbereitstellung seitens der Agrarwirtschaft für die Industrie, läßt sich im Soester Raum nachweisen. Ein Beispiel soll diesen Vorgang belegen: Als sich am 4. September 1855 in Dortmund die Bergbau-Aktiengesellschaft "Tremonia" konstituierte, gehörte auch ein Bürger aus dem Kreis Soest zu den ersten 72 Aktionären: Gutsbesitzer Franz von Klocke aus Borghausen mit 45 Aktien [63].

---

59) Koske, Eisenbahnbau, S. 53
60) Wehdeking, Viehhaltung, S. 41
61) Croon, Ruhrgebiet, S. 358
62) Linde, Agrarstruktur, S. 183
63) Schachtanlage Tremonia in Dortmund, Die: Hrsg. Knepper, Oberste-Brink, Haack, Essen 1931 (zitiert: Schachtanlage Tremonia) S. 8 f.

V. Entwicklung des Verkehrssektors

a. Das Straßennetz verdichtet sich

1. Bau der Niederbergheimer Straße

Chausseen als Straßen mit fester Unterschicht, einer glatten Oberschicht unter Vermeidung von Steigungen und des damit verbundenen notwendigen Vorspanns erleichterten schon in der ersten Hälfte des 19. Jahrhunderts den Transport von Getreide und Salz aus dem Soester Raum und die Beschaffung von Kohle aus dem Revier. Um die Mitte des 19. Jahrhunderts führten anhaltende Anstrengungen zum Bau einer Verbindung von Soest und dem Warsteiner Raum. Die Entstehungs- und Entwicklungsgeschichte dieser Soest-Niederbergheimer Straße verdient, durch reiche historische und ergänzende publizistische Quellen gestützt, aus mehreren Gründen beispielhafte Beachtung:

1. Mit dem Bau der Niederbergheimer Straße versuchten Kommunen und Wirtschaftsbeteiligte zum ersten und einzigen Mal im Soester Raum eine Straßenverbindung auf Aktienbasis zustande zu bringen.
2. Die Forcierung des Straßenbaus von seiten der Industriellen im Warsteiner Raum und die Pressekampagne der Soester Gastronomen und Kaufleute um die Einmündung der Chaussee in die Börde-Stadt verdeutlichen die engen Verflechtungen von Verkehrserschließung und Wirtschaftsentwicklung.
3. Das Absinken der Straße zur Bedeutungslosigkeit im Zuge der Verlagerung einzelner Industriebetriebe in die transportgünstigere Nähe der Bahnhöfe darf als Beispiel für die Vorteile des Schienenverkehrs gegenüber dem weniger kontinuierlichen, langsameren und teureren Straßentransport gelten.

Im Mai 1842 trafen sich Landrat von Bockum-Dolffs, Gutsbesitzer Werthern aus Ellingsen, Wegebaumeister Lüdke aus Arnsberg, die Bürgermeister Schulenburg aus Soest, Weimann aus Lohne und Gutjahr aus Warstein, der Gewerke Hammacher von der Suttroper Eisenhütte, Pächter Neuhaus aus Völlinghausen und Landrat von Lilien aus Arnsberg zum Lokaltermin [1]. Die Versammlung kam unter Berücksichtigung dieser Wegstrecke "für die fernere industrielle Entwicklung des Herzogthums Westfalen" [2] überein, "daß eine Verbindung zwischen Niederbergheim und Soest wegen der dadurch erleichterten Abfuhr der Holzbestände in den Möhnemarken nach Soest und Umgegend für die Holzbesitzer wie für die Holzconsumenten von außerordentlichen Interesse" [3] sei, zumal Hirschberg den Anschluß eines Verbindungsweges beabsichtige. Wegebaumeister Lüdke erhielt den Auftrag zur Vermessung eines 24 Fuß breiten Erddammes, die Gemeinden sollten jeweils die Kosten für das Straßenstück innerhalb ihrer Feldmark aufbringen [4]. Am Anfang der Überlegungen zum Bau der Soest-Niederbergheimer Straße standen also Bemühungen um Transporterleichterungen für Brenn- und Bauholz aus dem Arnsberger Wald in die Börde.

Angesichts der parallel laufenden Diskussionen in Soest über einen Anschluß an die projektierte Rhein-Weser-Bahn stieß das Straßenbauprojekt bei den Soester Stadtverordneten im Juni 1842 auf Zurückhaltung [5]. Erst Anfang 1844 – Soest stand inzwischen mit Hamm im Wettbewerb um die Schienenverbindung – bestimmten die Stadtverordneten die Verwendung der jährlichen Zinsüberschüsse des Reservefonds der Soester Sparkasse, abzüglich hundert Talern zur Vervollständigung der Gymnasiallehrer-Gehälter, zum Bau der Niederbergheimer Straße [6].

Inzwischen allerdings sollte die Straße neben der Holzbeförderung auch als Transportweg für das Frachtfuhrwerk der eisenverarbeitenden Betriebe im Warsteiner Raum dienen. Ein privates Schreiben des Gewerken Wilhelm Hammacher aus Dortmund, der auch im Warsteiner Raum industrielle Anlagen besaß, an Friedrich Harkort vom 2. Juli 1844 [7] erlaubt einen Einblick in den Entwicklungsstand der eisenverarbeitenden Industrie entlang des Wästerlaufes und kenn-

---

1) StAS Abt. B XV k 84,6
2) ebda.
3) ebda.
4) ebda.
5) ebda.
6) ebda.
7) StAS Abt. XVI d 2

zeichnet die elementare Bedeutung einer günstigen verkehrlichen Anbindung für die Entwicklung dieser Betriebe. Anhand der Erläuterungen Hammachers ergibt sich die folgende Übersicht industrieller Anlagen zwischen Belecke und Warstein.

Tabelle 18: Industrielle Betriebe entlang des Wästerlaufs zwischen Belecke und Warstein 1844

Gewerkschaft Overbeck Linhoff et Co.
    1 Draht-Walzwerk
    1 Drahtfabrik
    2 große Stabhämmer

Gewerkschaft Bergenthal und Gabriel
    1 Puddlings-Hammer
    1 Walzwerk
    1 Reck- und Raffinier-Hammer
    1 Schraubenfabrik

Gewerkschaft Hammacher Luyken et Co.
    1 Stabhammer
    1 Reck- und Raffinier-Hammer
    1 Hüttenwerk mit Hochofen und 2 Kupol-Öfen,
       Schleif-, Bohr- und Drehwerk

Gewerkschaft Ph. Möller
    1 Kupfer-Hammer
    1 Walzwerk   8)

Führe die projektierte Rhein-Weser-Bahn über Soest, erläuterte Hammacher, "so werden die gedachten Thäler Mühlheim, Belecke und Warstein vermittelst einer sofort anzulegenden Chaussee von Soest auf Mülheim ca. 2 1/2 Stunde entfernt mit der Rhein-Weser-Bahn in Verbindung gesetzt" 9). Steinkohlen, Koks und Roheisen erreichten dann auf der Schiene Soest und mit dem Land- oder Bauern-Fuhrwerk das Wästertal. Als Rückfracht böte sich der in den Belecker

---

8) ebda.
9) ebda.

Steinbrüchen abgebaute Hornstein an, "der fast bis Unna auf den Chausseen benutzt wird" [10]. Dieses Transportgeschäft erschien Hammacher als billige Abwicklung für die Industriellen und zusätzliche Einnahmequelle für die Bauern des Wästertales: "Er fährt in der Nacht aus, nimmt das Futter mit und ist am Abend in seinem Stalle. Für 1 Thr. bis 1 Thr. 10 Sgr. fährt ein Bauer mit 3 oder 4 Pferden den ganzen Tag. Durch das Anfahren von Erzen, Holzkohlen und Roheisen sind die Leute für solches Fuhrwerken eingerichtet" [11].

Entsprechend diesen Vorstellungen Hammachers betonten die Warsteiner Gewerke Gabriel und Bergenthal im Herbst 1844 die Notwendigkeit, die Straße von vornherein für das Befahren mit Frachtfuhrwerk - also in ausreichender Breite und ohne steile Steigungen - einzurichten [12]: "Wenn auch die Kosten etwas höhere dadurch werden, so werden die Fuhrleute dafür gern ein erhöhtes Wegegeld zahlen und kann man dann bei der projektirten Fortsetzung des Weges über Oestinghausen an die Lippe für das Sauerland umso eher mit gleichem Vortheile die Güter des Lippe-Transportes über dort beziehen, als dies bisher über Lippstadt geschehen" [13]. Gabriel und Bergenthal entwickelten damit ein Verkehrskonzept, das das Sauerland und die Warsteiner Industrieregion über die Straße direkt mit dem Bahnhof und der Lippe verband, - eine Süd-Nord-Achse durch den Soester Raum, die alle bekannten Transportmöglichkeiten (Straße, Schiene und Fluß) nutzte und die Bedeutung Soests als Handels- oder Warenumschlagplatz erhöht hätte.

Den Arnsberger Regierungsbürokraten erschienen solche strukturellen Überlegungen fremd. Sie mochten im Frühjahr 1845 keinen besonderen Nutzen für den Verkehr in diesem Straßenbauprojekt entdecken, gewährten für 1845 keinen Zuschuß und deuteten für die folgenden Jahre auch "nur un-

---

10) ebda.
11) ebda.
12) StAS Abt. B XV k 84,6
13) ebda.

bedeutende Summen" [14] an. Allerdings erklärte die Regierung vorab ihre Bereitschaft, nach der Fertigstellung "für den Fall einer vorschriftsmäßigen Ausführung eine Staats-Prämie von 3.000 Thlr. pro Meile zu befürworten" [15]. Auch der Vorschlag Landrat von Bockum-Dolffs im Februar 1847, die beteiligten Gemeinden zur anteiligen Mitfinanzierung des Projekts zu verpflichten, da freiwillig erst 9.600 der veranschlagten 37.800 Taler Baukosten zur Verfügung gestellt seien, fand in Arnsberg keine Gegenliebe [16]. Einerseits lasse sich für diese Summe nur eine "sehr schlechte, wandelbare und kostspielig zu unterhaltende Straße"bauen, andererseits würde eine Verpflichtung zur Mitfinanzierung in einigen Gemeinden der Ämter Körbecke und Lohne die Kommunalsteuer unzumutbar hoch ansteigen lassen [17], argumentierte die Regierung.

Bis zum Oktober 1847 erhöhte sich die von den Beteiligten bereitgestellte Summe von 9.600 Talern nur unwesentlich auf 11.443 Taler [18]. Umso intensiver nutzte der Abgeordnete Wilhelm Hammacher seine Verbindung zur Regierung in Berlin, um mit der Bewilligung einer großzügigen Staatsprämie von 6.000 Talern pro Meile bei den noch zögernden Gemeinden Bedenken zu zerstreuen. In einer Denkschrift, die Hammacher im März 1850 Minister von der Heydt persönlich überreichte, stellte er eine optimistische Prognose der Weiterentwicklung der Industrie im Warsteiner Raum an: "Behalten wir Ruhe und Ordnung im Lande und Frieden, so steht wohl sicher zu erwarten, daß bald zu Warstein 8-10 Millionen Pfund Roheisen und ebensoviel veredeltes Eisen zu Belecke und Warstein jährlich erzeugt werden, wozu etwa 120.000 Ztr. Koaks und 200.000 Scheffel Steinkohlen jährlich erforderlich sind, welche am Billigsten per Bahn von Soest über die gedachte Straße über Niederbergheim nach Belecke und Warstein bezogen werden können" [19].

---

14) ebda.
15) ebda.
16) ebda.
17) ebda.
18) ebda.
19) ebda.

Meinungsverschiedenheiten wegen der anteiligen Nutzung des knapper werdenden Wassers als Antriebskraft erschwerten seit Beginn der fünfziger Jahre des 19. Jahrhunderts ein geschlossenes Eintreten der Industriellen des Warsteiner Raumes für das Straßenprojekt [20]. Nach langwierigen Verhandlungen fanden sie sich im November 1851 unter der Bedingung zur Finanzbeteiligung bereit, daß der Straßenbau im April 1853 begänne: Hammacher bot 1.800 Taler an, Bergenthal 3.000, Linhoff 1.800 und Roger 1.400 Taler [21]. Im Januar 1852 beschloß der Soester Gemeinderat eine Beteiligung von 5.800 Taler bei gleichzeitigem Verzicht auf die Staatsprämie zugunsten der anderen Gemeinden [22].

Aber noch vor dem Baubeginn kündigte sich mit ersten Anzeichen einer strukturellen Veränderung bereits die Zerstörung der in den Straßenbau gesetzten Hoffnungen für die Entwicklung der Industrie im Warsteiner Raum an. Ferdinand Gabriel, mit seinem Schwager Wilhelm Bergenthal Inhaber industrieller Anlagen am Wästerlauf, eröffnete dem Soester Bürgermeister Schulenburg im Dezember 1852 seine Ansicht, "daß die entfernt von Eisenbahnen belegenen Fabriken früh oder spät von den großartigen Anlagen in der Nähe derselben und der Kohlenreviere verdrängt werden" [23].

Trotz dieser Meinungsverschiedenheiten und Bedenken konstituierte sich am 10. August 1853 die "Soest-Niederbergheimer Straßenbau-Gesellschaft" auf dem Gut des Land-Regierungsrats von Bockum-Dolffs in Völlinghausen [24]. Die folgende Übersicht weist die Mitglieder dieser Aktiengesellschaft und ihren Finanzierungsanteil aus.

---

20) ebda.
21) ebda.
22) ebda.
23) ebda.
24) Extra-Beiblatt zum Amtsblatt Nr. 45 / 5.11.1853

Tabelle 19: Gesellschafter der Soest-Niederbergheimer Straßenbau-Gesellschaft und ihre Finanzbeteiligung 1853 (Aktien à 25 Thlr. und freiwillige Beiträge in Reichsthaler)

Aktionäre

	Aktien	Summe
Stadt Soest	400	10.000
Gemeinde Allagen	183	4.575
Gewerkschaft Gabriel et Bergenthal Warstein	120	3.000
Graf von Kielmannsegge Kappenberg	80	2.000
Gewerkschaft St. Wilhelmshütte Suttrop	72	1.800
Gewerkschaft Overbeck et Linhoff Belecke	72	1.800
Gemeinde Ellingsen	53	1.325
Gewerkschaft Röper et Söhne Allagen	56	1.400
Gemeinde Echtrop	40	1.000
Regierungsrath von Bockum-Dolffs Soest	20	500
Gewerkschaft C. Röper et Söhne Allagen	16	400
	1.112	27.800

Freiwillige Beiträge

	Summe
Gemeinde Bergede	437
Gemeinde Müllingsen	1.369
Gemeinde Elfsen	600
Gemeinde Völlinghausen	300
Interessenten der Syringer Mark	98
	2.804
Gesamtsumme aus Aktien und freiwilligen Beiträgen	30.604 [25]

---

[25] Tabelle zusammengestellt aus Extra-Beiblatt zum Amtsblatt Nr. 45 / 5.11.1853

Am 29. Oktober 1853 bewilligte auch Berlin eine Prämie von 6.000 Talern zum Bau der Straße [26]. Die Baukosten veranschlagte die Gesellschaft inzwischen auf 36.819 Taler [27]. Noch im November 1853 begannen die Erdarbeiten [28]. Im Herbst 1854 bemühte sich der Soester Landtagsabgeordnete Wilhelm Gottschalk um die Aufnahme der Niederbergheimer Straße in die Liste der förderungswürdigen Bezirksstraßen der Provinz Westfalen [29] - ohne Erfolg.

Während sich die Verantwortlichen für das Straßenprojekt um eine gesicherte Finanzierung sorgten, entstand im Frühjahr 1854 ein öffentlicher Streit in Soest unter den Bürgern, die vom Verkehr auf der neuen Straße zu profitieren hofften. Diese Diskussion im "Soester Anzeiger" darf als erste breitangelegte Leserbrief-Kette in der Soester Presse des 19. Jahrhunderts gelten und verdient im Rahmen dieser Untersuchung besondere Beachtung, weil Soester Gewerbetreibende erstmals ihre Interessen mit einer Beeinflussung der öffentlichen Meinung über die Soester Presse durchzusetzen versuchten.

Ein mit *** unterzeichnender Leser urteilte am 17. Februar 1854 im "Anzeiger" über die Niederbergheimer Straße: "Der Bau obiger Straße verspricht eine erhebliche Nahrungsquelle und wie die Soest-Dortmunder Eisenbahn, ein neuer Weg steigenden Wohlstandes für die Stadt zu werden" [30]. Als Impuls für die gleichmäßige Entwicklung der Stadt schlug der Autor die Einmündung der Niederbergheimer Straße in die Thomästraße vor: "Überhaupt würden Neubauten an der nordöstlichen Seite derselben in kürzester Frist nicht fehlen, weil für Wirthschaft und Gewerbe diese Straße mehr Verkehr bringen würde, wie der Bahnhof" [31]. Vehement forderte stattdessen schon in der folgenden "Anzeiger"-Ausgabe ein mit +++ unterzeichnender Autor eine Einmündung der Niederbergheimer Straße in den Grandweg: "Im Grandwege wohnen eben so viel ja noch mehr Geschäftsleute, die

---

26) StAS Abt. B XV k 84,4
27) ebda.
28) ebda.
29) ebda.
30) Anzeiger Nr. 14 / 17.2.1854
31) ebda.

auch Steuern und Lasten tragen [...] " [32]. Auf diesen Leserbrief antwortete *** in der nächsten "Anzeiger"-Ausgabe mit bissiger Ironie: "Der absolute, und noch dazu irrige Nahrungsneid, welcher der Thomaser Straße die Köln-Berliner-Heerstraße beneidet hat, den Neuengeseker Kommunalweg ihr noch jetzt beneidet und die Warsteiner Straße nur gebaut zu glauben scheint, damit Hinz auf jener Straße seinen Schnakstock und Kunz auf dieser seinen Fusel an den Mann bringt [...] " [33], schien *** angesichts wirtschaftlicher Vorteile einer Einmündung in die Thomästraße lächerlich: Das Straßenpflaster im Grandweg mußte die Stadt, das der Thomästraße dagegen der Staat unterhalten [34].

"Ein alter Soester Bürger" hielt dem in der folgenden "Anzeiger"-Ausgabe entgegen, eine Einmündung in die Thomästraße erfordere den Abbruch der alten Bastion und dadurch Mehrausgaben von tausend Talern [35], was *** in der übernächsten "Anzeiger"-Ausgabe herunterzuspielen suchte, indem er eine Gegenrechnung aufstellte: nur 500 Taler Abbruchkosten, aber für 300 Taler neu gewonnenes Baumaterial [36]. Trotzdem aber blieb der publizistische Vorstoß für *** und die Gewerbetreibenden der Thomästraße ohne Erfolg: Die Niederbergheimer Straße mündete am Grandwegertor in die Stadt [37].

Im Rahmen der Fragestellung dieser Arbeit aber gab die Untersuchung der Soester Presse unter dem thematischen Gesichtspunkt "Straßenbau" einen plastischen Einblick in die Versuche Soester Gewerbetreibender, mit Hilfe der Soester Presse ihren privaten Wirtschaftsinteressen Breitenwirkung zu verschaffen. Es läßt auf eine möglicherweise durch verlegerische Wirtschaftsinteressen bedingte Zurückhaltung der Redaktion schließen, daß sie nicht mit eigenen Berichten Stellung in dieser Diskussion bezog, aber es spricht immerhin für die Bemühungen des "Anzeiger", ein Forum verschie-

---

32) Anzeiger Nr. 15 / 21.2.1854
33) Anzeiger Nr. 16 / 24.2.1854
34) ebda.
35) Anzeiger Nr. 17 / 28.2.1854
36) Anzeiger Nr. 19 / 8.3.1854
37) Anzeiger Nr. 29 / 8.4.1856

dener Meinungen darzustellen, daß die Redaktion eine öffentliche Abwägung der verschiedenen Positionen aufgrund von Leserbriefen ermöglichte.

Am 27. März 1857 stand die Soest-Niederbergheimer Straße nach langen Vorverhandlungen und andauernden Finanzierungsschwierigkeiten endlich dem Verkehr zur Verfügung [38]. Aber schon im Februar 1858 hielt der Soester Gemeinderat eine "sehr weitgehende und kostspielige Ausbesserung" [39] der kaum ein Jahr alten Straße für unvermeidlich. Diesmal fand er sich noch zur Bewilligung von 1.500 Talern bereit [40]. Im Mai 1860 gewährten die Stadtverordneten einen Zuschuß zur Wegebaukasse nur noch unter der Bedingung, daß zuvor die weitere Unterhaltung der Straße gesichert sei [41].

Die großen Hoffnungen in die Verbindungsstraße zwischen Soest, seinem Bahnanschluß, der Lippe und andererseits dem Warsteiner eisenverarbeitenden und holzproduzierenden Raum hatten sich nicht erfüllt. Die standortbenachteiligten, ständig unter Wassermangel leidenden Industriebetriebe entlang des Wästerlaufes steckten in der Existenzkrise, die Lippeschiffahrt verlor den Konkurrenzkampf mit der Eisenbahn und Holz büßte ganz im Gegensatz zu früheren Jahrzehnten des 19. Jahrhunderts zumindest als Brennstoff für den Soester Raum an Bedeutung ein, seit die Eisenbahn kostengünstig Kohle transportierte.

Angesichts nur geringer Wegegeldeinnahmen sah sich die Aktiengesellschaft Anfang der sechziger Jahre des 19. Jahrhunderts außer Stande, einem zunehmenden Verfall der Straße mit der Instandsetzung für einen Kostenaufwand von 20.000 Taler zu begegnen [42]. Während sie zunächst die Aufhebung des Wegegeldes als letzte Einnahmequelle verhindern konnte, verfügte das Finanz- und Handelsministerium am 2. März 1863 das Wegräumen der Barrieren [43]. Bis 1864 geriet die Straße daraufhin völlig in Verfall [44].

---

38) StAS Abt. B XV k 84,13 und Anzeiger Nr. 24 / 24.3.1857
39) StAS Abt. B XV 84,6
40) ebda.
41) Anzeiger Nr. 40 / 19.5.1860
42) Magistratsbericht 1861, S. 13
43) StAS Abt. B XV k 84,36
44) StAS Abt. B XX a 22

Auch als das Handelsministerium im September 1864 insgesamt 8.000 Taler Staatsprämie zur Wiederherstellung beizusteuern ankündigte [45], regte sich keine Initiative. Dagegen stieß die Übernahme der Straße durch die anliegenden Gemeinden dort auf heftigen Widerstand [46]. Die Möhnetal-Gemeinden ließen 1864 sogar ein juristisches Gutachten erstellen, das die Unterhaltung der Niederbergheimer Straße den Kreisen Soest und Arnsberg anlastete [47]. 1866 aber wiesen der Landrats-Bericht über jährlich ausgeführte Wegebauten [48] und der Soester Verwaltungsbericht [49] die Instandhaltung der Straße als im Zuständigkeitsbereich der Gemeinden aus. Notdürftige Reparaturen setzten die Straße im Soester Raum, mit der sich im 19. Jahrhundert wohl die meisten Hoffnungen auf eine Belebung und Verstärkung der Wirtschaftskraft verbanden, auf eine Stufe mit gewöhnlichen Kommunalwegen [50].

Für die Stadt Soest als Kreditgeber der Industriellen des Wästerlaufes blieb fern aller Erwartungen eines Handelsaufschwungs eine langwierige Prozeßkette um die Rückerstattung des verliehenen Geldes [51]. Gabriel und Bergenthal kamen ihr auf richterliche Anordnung im Oktober 1873 nach [52]. Linhoff zahlte ebenfalls 1873 aufgrund dieses Urteilsspruchs, die Firma Röper ging in Konkurs und ließ sichnicht mehr zur Begleichung ihrer Zahlungsverpflichtungen heranziehen [53]. Die Suttroper Wilhelmshütte bestand nicht mehr, erst 1880 verglichen sich die Erben Wilhelm Hammachers mit der Stadt Soest [54].

Seit die Dampfkraft das Wasser als Antriebsenergie für industrielle Anlagen ersetzte, erwiesen sich die für den Kohle- und Rohstoff-Transport ungünstig gelegenen Industriebetriebe entlang des Wästerlaufes extrem standortbe-

---

45) StAS Abt. B XV k 84,36
46) StaAM Regierung Arnsberg I 1699
47) StAS Abt. B XV k 84,36
48) StAS Abt. B XV k 8
49) StAS Abt. B XX a 22
50) ebda.
51) StAS Abt. B XV k 84,39
52) ebda.
53) ebda.
54) ebda.

nachteiligt gegenüber den Konkurrenten im Revier. Dieser Umstand nahm dem Bau der Niederbergheimer Straße trotz des beispielhaften Zusammenwirkens zwischen Kommunen und Industriellen noch vor seiner Verwirklichung jeden Innovationseffekt für die Wirtschaftsentwicklung des Soester Raumes. Seit sich Ende der fünfziger Jahre des 19. Jahrhunderts mit der tiefen Krise der Warsteiner Industrie das Ende der Niederbergheimer Straße als Rohstoff- und Energietransportweg abzeichnete, deutete sich damit eine Konsequenz für die Ansiedlung und Konkurrenzfähigkeit industrieller Anlagen im Soester Raum an: Transportbedingungen bestimmten den Standort. Dabei erwies sich die schnelle, kontinuierliche und massenhafte Frachtabwicklung über die Schiene im Soester Raum als die relativ günstigste Bedingung.

2. Anlage eines Kreisstraßennetzes

Mit dem Hellweg -oder der Köln-Berliner-Straße in seiner späteren Bezeichnung- durchzog eine bedeutende Ost-West-Achse, seit der Mitte der zwanziger Jahre des 19. Jahrhunderts chausseemäßig ausgebaut, den Soester Raum. Die Chaussee Arnsberg-Soest über Wippringsen schaffte eine Verbindung nach Süden. Bemühungen zu einer engmaschigeren verkehrlichen Erschließung des Kreises Soest führten neben der Anbindung des eisenverarbeitenden Warsteiner Raumes über die Niederbergheimer Straße an das Schienennetz in Soest auch zur Anlegung von Straßen in die nördliche Kreishälfte. Seit Mai 1851 stand die Soest-Oestinghauser Straße dem Verkehr zur Verfügung [55]. 1856 zählte neben dieser Verbindung auch die Verlängerung der Oestinghauser Straße bis Hovestadt und damit zur Lippe mit zu den Bezirksstraßen der Provinz Westfalen, die einheitlich eine Befestigungsdecke von 14 Fuß Breite aufwiesen [56].

Im Süden des Kreises konzentrierten sich Ende der vierziger Jahre des 19. Jahrhunderts die Bemühungen auf eine

---

55) StaAM Kreis Soest Nr. 17
56) StAS Abt. B XV k 4

Verlängerung der schon Ende der dreißiger Jahre angelegten Provinzialchaussee Belecke-Mülheim durch das Möhnetal bis Neheim. Dem Arnsberger Landrat Freiherr von Lilien gelang es im Frühjahr 1848, als Beschäftigung Arbeitsloser den Ausbau der Straße im Bereich Mülheim aus Mitteln der Provinzial-Hilfskasse bewilligt zu erhalten [57]. Für den Bau der Möhnestraße bis Neheim legte der Arnsberger Wegebaumeister Lücke 1848 einen Kostenvoranschlag über 123.300 Taler vor [58]. Alle anliegenden Gemeinden des Kreises Arnsberg und einige Gemeinden des Kreises Soest erklärten sich zur Übernahme des auf sie fallenden Kostenanteils bereit [59]. Wie für die Niederbergheimer Straße setzte sich Wilhelm Hammacher im März 1850 in seiner persönlich Minister von der Heydt übergebenen Denkschrift auch für den Bau der Möhnestraße ein [60]. Seine Forderung nach einer Bewilligung von 6.000 statt der angebotenen 5.000 Taler pro Meile für das 5 1/2 Meilen lange Straßenstück zwischen Mülheim und Neheim begründete Hammacher auch mit Überlegungen für eine bessere Zusammenarbeit der Industriebetriebe im Wästertal und denen im Sauerland: "Endlich gewährt sie den Eisenhütten zu Warstein und Bredelar den Vortheil, das Roheisen den Puddlingswerken [61] zu Wickede, Nachrodt, Hüsten, Limburg etc. sowie den übrigen Eisenwerken zu Belecke und Warstein ihren groben Eisendraht und Drahteisen den Drahtwalzen und Drahtzügen bei Menden, Hemmerde und Altena durch billigere Frachtsätze zuzuführen. Alles Gegenstände, die in großem Maße versendet werden" [62].

---

57) Kraft, B.: Offene Darlegung über den Bau der Möhnestraße. In: Heimatblätter. Lippstadt 40 (1959) Nr. 23/24 S. 185 f. und 41 (1960) Nr. 1 S. 7 f. (zitiert: Kraft, Möhnestraße) S. 7
58) ebda. S. 8
59) ebda.
60) StAS Abt. B XV k 84,6
61) Puddelverfahren: Verfahren zur Herstellung von Schweißstahl. Flammengase verbrennen im Flammenofen Silicium, Mangan und Phosphor, dann Kohlenstoff. Umrühren (puddeln) fördert die Entkohlung. - Detaillierte Erklärung: Burmeister, H.: Puddel-Prozeß. In: Lueger, Lexikon der Technik. Bd. 5: Lexikon der Hüttentechnik, Hrsg. von Hans Grothe, Stuttgart 1963, S. 478
62) StAS Abt. B XV k 84,6

Hoffnungen auf eine wirtschaftliche Belebung äußerte auch
der Körbecker Bürgermeister Schäferhoff im Zeitungsbericht
vom Mai 1852 im Zusammenhang mit dem Bau der Möhnestraße,
die im Bereich des Kirchspiels Bremen vor ihrer Vollendung
stand und anschließend auch im Kirchspiel Körbecke fortge-
führt werden sollte [63]: "Wahrscheinlich wird das Möhnetal innerhalb des hiesigen Bezirks binnen einigen Jahren
belebt werden, denn zur Anlage einer Strohpapierfabrik zu
Niederense hat die Königl. Regierung der Gewerkschaft Kuhlhoff & Comp. zu Neheim schon die Concession erteilt. Ferner
haben die Gewerke W. Kronenberg in der Haufe zur Anlage
eines Sensenhammers und der Kaufmann Cosack zu Arnsberg
zur Anlage einer Drahtzieherei den Consens nachgesucht" [64].
Im November 1854 konnte der Landrat im Zeitungsbericht
vermerken: "Die Möhnestraße ist nunmehr vollendet und dem
Verkehr eröffnet" [65].

Damit durchzogen drei Provinzialchausseen und zwei Bezirksstraßen den Soester Raum. Als Provinzialchausseen
galten der Hellweg als Ost-West-Achse, die Arnsberger
Straße als Verbindung nach Süden und die Werl berührende
Nord-Süd-Straße Münster-Arnsberg [66]. Die Soest-Oesting-
hausen-Hovestädter Straße und die Möhnestraße zählten im
Kreis Soest zur Kategorie der Bezirksstraßen [67]. Von Bedeutung dürften nach einer Aufstellung des Landratsamtes von
1868 noch die Chaussee von Soest über Neuengeseke nach Her-
ringsen und die Soest-Weslarner Straße gewesen sein [68].

Der Ausbau des Kommunalwegenetzes erhielt Ende der siebziger Jahre des 19. Jahrhunderts unter dem Einfluß Landrat Florenz von Bockum-Dolffs (19.5.1842 - 5.1.1939) entscheidende Impulse. Mit seiner Amtsübernahme setzte 1879

---

63) StaAM Kreis Soest Nr. 18
64) ebda.
65) ebda.
66) Sievert, Heinrich: Das Kreis-Straßennetz und seine
    Entwicklung. In: HKS 44 (1971) S. 61 - 70 (zitiert:
    Sievert, Kreis-Straßennetz) S. 61
67) ebda.
68) StAS Abt. B XV k 8

entscheidend die Wahrnehmung übergemeindlicher Aufgaben durch die Kreisverwaltung ein. Am 23. September 1879 entschied sich der Kreistag laut Berichterstattung im "Kreisblatt" für die Einführung eines Kreiswegebausystems [69], um jederzeit passierbare Verkehrswege und deren laufende Instandhaltung zu garantieren. Bereits im Oktober 1879 konstituierte sich eine vom Kreistag gewählte "Chaussee-Bau-Commission" und beschloß nach einer Meldung im "Kreisblatt", "ca. 30 Kilometer der zu Kreis-Chausseen projectirten Wegestrecken speciell zu vermessen und über den chausseemäßigen Ausbau derselben specielle Kostenanschläge anfertigen zu lassen [...] " [70]. Erstmals stellte der Haushaltsplan des Kreises Soest 1880 insgesamt 5.000 Mark zur Förderung des Wegebaues bereit, nachdem er im Vorjahr nur insgesamt 3.548 Mark für sämtliche Verwaltungsaufwendungen umfaßt hatte [71]. Die Gesamtfinanzierung dieses Kreisstraßensystems geschah jedoch fast zu drei Vierteln aus Überschüssen der Sparkassenzinsen [72].

Florenz von Bockum-Dolffs, der zwischen 1873 und 1878 als Landrat des Kreises Bochum dessen rasanten Wirtschaftsaufschwung miterlebt hatte [73], setzte nun mit seiner intensiven Verkehrsförderung, die auch zur Gründung der Ruhr-Lippe-Kleinbahn führte, diese Erfahrungen nun im Kreis Soest praktisch um. Insbesondere der Zuckerrübenanbau profitierte in den achtziger Jahren mit angemessenen Anfahrtsmöglichkeiten auch während ungünstiger Witterungsperioden vom Kreisstraßennetz [74]. 1887 übernahm die Kreisverwaltung auch die Zuständigkeit für die Niederbergheimer Straße und sicherte ihr damit endlich die nötige Instandhaltung [75].

---

69) Kreisblatt Nr. 78 / 30.9.1879
70) Kreisblatt Nr. 82 / 14.10.1879
71) Sievert, Kreisverwaltung, S. 53
72) Schmoeckel, Hermann: Zum Gedächtnis des Landrates Florenz von Bockum-Dolffs. In: HKS 21 (1942) S. 55 - 58 (zitiert: Schmoeckel, Bockum-Dolffs) S. 58
73) Sievert, Landräte, S. 23
74) o. N.: Landräte - Früher und heute. In: HKS 40 (1967) S. 54 - 58 (zitiert: Landräte - Früher) S. 57
75) Sievert, Kreis-Straßennetz, S. 62

b. Ein Kanalbauprojekt durch den Soester Raum

Während die Lippeschiffahrt in den fünfziger Jahren des 19. Jahrhunderts zunehmend an Bedeutung verlor, weil die Lippemündung versandete und zu hohe Frachttarife die Konkurrenz mit der Eisenbahn erschwerten, fand der Soester Raum bei Überlegungen zur Vergrößerung des Binnenschifffahrtsnetzes erneut Berücksichtigung. Zwischen 1835 und 1873 verdreifachte sich in Deutschland die Leistung der Binnenschiffahrt von rund 0,7 Mrd. Tonnenkilometer auf etwa 2,2 Mrd. Tonnenkilometer [76]. Insbesondere Massengüter ließen sich mit dem Schleppkahn kostengünstiger transportieren als mit dem Eisenbahnwaggon.

Mitte der fünfziger Jahre des 19. Jahrhunderts fand sich in der rasch wachsenden Revierstadt Dortmund eine Gruppe Industrieller zusammen, denen so etwas wie eine "Kanalisierung des Hellwegs" [77] vorschwebte. Am 24. April 1856 veröffentlichte diese Gruppe die "Denkschrift eine Canal-Anlage zwischen Rhein und Elbe etc. betreffend" [78]. Sie beinhaltete den Plan einer Wasserverbindung des Industriegebietes mit den großen natürlichen Flußläufen.

Als sich das Dortmunder Komitee 1856 wesentlich vergrößerte und Friedrich Harkort an seine Spitze trat, erfuhren auch die Soester aus einer Denkschrift vom 17. August 1859 von dem ihren Raum berührenden Plan eines Rhein-Weser-Kanals: "Die dem Bergbau und der Industrie am meisten entsprechende Linie ginge vom Rhein auf Mülheim, berührte die Städte Essen, Bochum, Dortmund, Unna, Werl, Soest, Sassendorf und Erwitte (hier könnte Lippstadt sich mit einem Seitenzweig anschließen), ferner Geseke, Salzkotten, Neuhaus, Rietberg und Gütersloh. Das Steinkohlenfeld würde seiner ganzen Länge nach in der Mitte durchschnitten und die großen Eisenwerke gelöst" [79].

---

76) Henning, Industrialisierung, S. 166
77) Mertes, P.H.: Zur Vorgeschichte des Dortmund-Ems-Kanals. In: Die Straße die alle Ströme vereint. Hundert Jahre Kanalgedanke, Dortmund 1958, S. 5 - 56 (zitiert: Mertes, Dortmund-Ems-Kanal) S. 10
78) ebda.
79) StAS Abt. B XV a 21

Mit der Absicht, in ihren Städten "Spezial-Komitees" zu gründen, kehrten der Soester Stadtrat August Vahle, Werls Bürgermeister Fickermann und Lippstadts Stadtrat Epping im Februar 1860 von einer ersten Besprechung der am Projekt beteiligten Städte aus Dortmund zurück [80]. Im August 1860 arbeitete August Vahle im vorbereitenden Ausschuß des Generalkomitees mit, der sich um staatliche Unterstützung für das Projekt bemühte [81].

Nach vorbereitenden Geländeuntersuchungen standen 1863 zwei von Wasserbauinspektor Michaelis ermittelte Linien zur Diskussion: eine nördliche über Münster nach Minden und eine südliche über Dortmund, Soest, Bielefeld nach Rehme [82]. Im Mai 1863 sprach sich das Dortmunder Kanal-Komitee – im Beisein vom Soester Landrat Friedrich Fritsch als Beobachter – für die südliche Route aus, da sie die industriereichste Region der Provinz durchziehe [83]. Diese Linie verlief südlich von Holtum und Büderich an der Werler Windmühle vorbei und südlich von Ostönnen und Ampen – zwischen Soest und Ruploh hindurch – die Soest-Sassendorf-Lohner Chaussee entlang [84]. Gespeist werden sollte dieser Kanal aus Möhne und Ruhr mit Hilfe eines Stollens durch den Haarstrang in Höhe von Werl, weiter aus Pader und Lippe in der Paderborner Gegend [85]. Das entscheidende Problem der südlichen Linie lag in der Überwindung des Teutoburger Waldes, was nach einem Plan mit Hilfe eines Schleusensystems über die Anhöhe, nach einem anderen Vorschlag mit Hilfe eines Tunnels durch das Gebirge erfolgen sollte [86]. Demgegenüber wies die nördliche Linie erheblich weniger Geländeschwierigkeiten auf, berührte aber nur die Städte Münster und Minden sowie Dortmund über einen Zweigkanal und verlief durch industriearme Regionen [87]. Doch diese von seiten des Staates bevorzugte Linie hätte ausgereicht, die westfälische Kohle an der unteren Weser mit der englischen Kohle konkurrieren zu lassen und aus

---

80) ebda.
81) ebda.
82) ebda.
83) ebda.
84) ebda.
85) ebda.
86) ebda.
87) ebda.

dem Münsterland Grubenhölzer und landwirtschaftliche Produkte ins Ruhrgebiet zu befördern [88].

Bis Mitte der sechziger Jahre des 19. Jahrhunderts zog sich der Streit um die Linienführung hin. Die Soester und Werler kämpften dabei für die ihren Raum durchschneidende südliche Linie. Eine Denkschrift über den Rhein-Weser-Elbe-Kanal vom 6. März 1865 führte den Soester Raum eigens als transportreiche Gegend auf: "Bis an die holzreichen Lippe'schen und Arnsberger Waldungen vorgeschoben, durchschneidet der Canal die, wenn auch nicht so günstig situierten Kohlengebiete zwischen Dortmund und Unna, die getreidereiche Börde, die zahlreichen Salinen bei Unna, Werl, Geseke, Salzkotten [...]" [89].

Doch da sich auf den Schienen der Einpfennigtarif [90] für den Kohletransport durchsetzte, minderte sich vorerst die Bereitschaft der Industriellen an der Mitwirkung beim Kanalbau. Im Soester Raum beispielsweise erklärten Gabriel & Bergenthal und die Sassendorfer Salzbeerbten angesichts der Unklarheit über die definitive Linienführung dem Magistrat im Sommer 1865, vorerst keine weiteren Zahlungen an das Dortmunder Komitee leisten zu wollen [91].

Als sich das Dortmunder Komitee am 29. März 1873 - nach achtjähriger Unterbrechung - wieder in Hamm zusammenfand, hielt es selbst die Realisierung der südlichen Linie für wenig wahrscheinlich [92]. Deshalb bemühte es sich zunächst um die Festlegung der Strecke von Dortmund bis zum Rhein und ließ die östliche Fortsetzung dieses Kanals in nördlicher oder südlicher Linie zur Weser vorerst offen [93]. Für die Interessenten im Soester Raum steckte diese neue Taktik des Kanal-Komitees voller Ungewißheiten, die ihnen eine finanzielle Beteiligung wenig ratsam erscheinen ließ. Am 10. September 1873 erklärte der Magistrat dem Komitee für den Emscherkanal: "Solange die Trace des Wasserzu-

---

88) Mertes, Dortmund-Ems-Kanal, S. 18
89) StAS Abt. B XV a 21
90) Einpfennigtarif: 1 Silberpfennig für 1 Zentner Kohle pro Meile.
91) StAS Abt. B XV a 21
92) ebda.
93) ebda.

führungs-Canals nach Lippstadt nicht festgesetzt ist und wir nicht wissen, ob letzterer überhaupt schiffbar hergestellt wird, vermögen wir im Allgemeinen unser spezielles Interesse an dem Unternehmen nicht abzumessen und können deshalb vorläufig an den ersten Ausgaben [von 50.000 Talern -hjj-] uns nicht betheiligen" [94].

Während seit Ende der siebziger Jahre des 19. Jahrhunderts der preußische Staat die Eisenbahnen in seine Regie übernahm, äußerte er gleichzeitig den Willen zu aktiver Wasserstraßenpolitik [95]. Die 1877 erschienene Denkschrift "betreffend die im preußischen Staat vorhandenen Wasserstraßen, deren Verbesserung und Vermehrung" sah auch einen Rhein-Weser-Elbe-Kanal vor [96]. Am 27. Mai 1886 fiel endlich die Entscheidung zum Bau des Kanals, vier Jahre später begannen die Arbeiten [97]. Im Sommer 1899 übergab Wilhelm II. den Dortmund-Ems-Kanal dem Verkehr und bekräftigte gleichzeitig seine Entschlossenheit zum Anschluß dieses Wasserweges an den Rhein [98]. Nach mehrjährigem parlamentarischen Streit über die Kanalvorlage von 1899 konnte 1904 der Bau des Mittellandkanals beginnen [99]. Das Ziel des Dortmunder Kanalkomitees von 1856, eine Wasserverbindung der Industrieregion mit Rhein, Weser und Elbe zu schaffen, stand vor seiner Verwirklichung.

Der Soester Raum blieb von dieser bedeutsamen Verkehrsverbesserung ausgeschlossen, weil sich einerseits im Verlauf der ihn durchschneidenden Linie der Teutoburger Höhenzug als unüberwindliches Hindernis in den Weg stellte. Andererseits dienten die Wasserstraßen in erster Linie dem Massentransport für die Grundstoffindustrien [100], und auf diesem Sektor hielt die Bördestadt keinem Vergleich mit den Revieransiedlungen stand.

---

94) ebda.
95) Mertes, Dortmund-Ems-Kanal, S. 23
96) ebda.
97) ebda. S. 30
98) ebda. S. 37 f.
99) ebda. S. 38
100) Utermann, Wilhelm: Wirtschaftliches Wachstum und Wasserstraßenbau. In: Die Straße die alle Ströme vereint. Hundert Jahre Kanalgedanke, Dortmund 1958, S. 56 - 81 (zitiert: Utermann, Wasserstraßenbau) S.58

c. Soest – ein Schienenverkehrs-Knotenpunkt

1. Einrichtung der Dortmund-Soester Eisenbahn

Mit der Inbetriebnahme der "Westfälischen Eisenbahn" im Oktober 1850 fand Soest zu einem Zeitpunkt Anschluß an das Schienennetz, als Eisenbahnen über die Nahverknüpfung einzelner Städte hinaus auch durchgehende Verbindungen zwischen entlegenen Landesteilen, etwa Köln und Berlin, schafften [1]. Der sich zwischen 1850 und 1870 weiter steigernde Eisenbahnbau bildete eine wichtige Voraussetzung für den gesamtwirtschaftlichen Aufschwung. Zwischen 1847 und 1875 vergrößerte sich die rheinisch-westfälische Schienenstrecke von 450 auf 3.655 Kilometer, das preußische Bahnnetz von 2.754 auf 16.169 Kilometer, [2]. Annähernd drei Viertel des gesamten preußischen Aktienkapitals war bis 1870 in Eisenbahngesellschaften angelegt [3]. Rainer Fremdling wies 1975 in seiner Untersuchung über "Eisenbahnen und deutsches Wirtschaftswachstum" [4] am Beispiel der Kohlebranche nach, welchen wesentlichen Anteil die Ausdehnung des deutschen Eisenbahnnetzes für das Wachstum dieses Wirtschaftssektors beanspruchen darf: "Die Erhöhung der Absatzfähigkeit deutscher Kohle und damit das Wachstum des Kohlenbergbaus hing [...] entscheidend von Innovationen im Transportsektor ab" [5]. Dabei mußte sich die Ausdehnung des Schienennetzes gegen die zunächst hindernde, dann zumindest zurückhaltende Rolle des Staates durchsetzen [6]. Weil Private jedoch vornehmlich eine rasche und hohe Rendite erhofften, bestimmten Rentabilitätserwartungen

---

1) Mottek, Hans: Wirtschaftsgeschichte Deutschlands. Bd. II: Von der Zeit der Französischen Revolution bis zur Zeit der Bismarckschen Reichsgründung, 2. Aufl. Berlin 1971 (zitiert: Mottek, Wirtschaftsgeschichte) S. 166
2) Zunkel, Friedrich: Die Entfesselung des neuen Wirtschaftsgeistes 1850 - 1875. In: Moderne deutsche Wirtschaftsgeschichte, Hrsg. Karl Erich Born, Köln / Berlin 1966, S. 42 - 55 (zitiert: Zunkel, Entfesselung) S. 42
3) ebda.
4) Fremdling, Rainer: Eisenbahnen und deutsches Wirtschaftswachstum 1840 - 1879. Ein Beitrag zur Entwicklungstheorie und zur Theorie der Infrastruktur, Dortmund 1975 (zitiert: Fremdling, Eisenbahnen)
5) ebda. S. 62
6) ebda. S. 165

statt struktureller Überlegungen die Entwicklung des Streckennetzes bis in die fünfziger Jahre des 19. Jahrhunderts hinein. Das führte beispielsweise im Ruhrgebiet zur Anlage mehrerer parallellaufender Bahnen in Ost-West-Richtung [7].

Der Soester Raum profitierte von dieser Entwicklung. Unmittelbar nach der Eröffnung der "Westfälischen Eisenbahn" im Oktober 1850 engagierten sich insbesondere die Bewohner des westlichen Kreisgebietes für eine Schienenverbindung Dortmund-Soest. Dem Soester Raum versprach sie mehrfache Vorteile:

1. Diese Schienenverbindung zwischen Dortmund und Soest ersparte dem Kohlentransport den verteuernden Umweg über Hamm.
2. Werl und einer Reihe Ortschaften des Kreises Soest entlang des Hellwegs brachte diese Strecke den Anschluß an das Schienennetz.
3. Soest und die weiter östlich gelegenen Bahnstationen der "Westfälischen Eisenbahn" durften auf eine möglicherweise transportverbilligende Konkurrenz zweier Eisenbahngesellschaften zwischen Dortmund und Soest hoffen, eine Erwartung, die sich jedoch mit der Ausführung der neuen Strecke durch die "Bergisch-Märkische Eisenbahn" nicht erfüllte.
4. Stattdessen aber brachte die Einrichtung der "Dortmund-Soester Bahn" dem Soester Bahnhof die bedeutsame Funktion als Trennungsstation zweier verschiedener Eisenbahngesellschaften mit einer entsprechenden Arbeitskräftenachfrage für den Verlade- und Verwaltungsdienst.

Wie 1833 bei den Diskussionen um die "Rhein-Weser-Bahn" stand eine schnelle und kontinuierliche Kohleanlieferung zu den Salinen als Großabnehmern im Vordergrund der Transportmassenerwartungen. Eine Denkschrift des Eisenbahn-Komitees über die "Anlage einer Verbindung der Bergisch-

---

[7] Ditt / Schöller, Eisenbahnnetz, S. 152

Märkischen Bahn mit der Westphälischen Eisenbahn" [8] knüpfte im Sommer 1851 an diese Überlegungen an: "Bereits 1833 fand das Project, die Salinen unmittelbar mit dem Steinkohlenreviere zu verbinden, die allgemeine Billigung der Städte Dortmund, Unna, Werl und Soest, sowie der durch die Linie berührten Gemeinden" [9]. Eine gleichfalls 1851 erschienene "Denkschrift den Bau einer Eisenbahn von Dortmund nach Soest betreffend" [10], enthielt erste Berechnungen: "Die Stadt Soest und mit ihr alle diejenigen, welche über die Westphälische Bahn Kohlen beziehen, z. B. müssen jetzt den Centner Kohlen um 6 Pf. theurer bezahlen, als wenn die hier projectirte Bahn bereits bestände" [11].

Da die Verwirklichung dieses Projekts entlang des Hellwegs breites Interesse fand, erschien in diesem Zusammenhang die Auswertung einer regional verbreiteten Tageszeitung zum Thema "Eisenbahnbau" interessant. Dazu diente die "Westfälische Zeitung", die bis 1855 in Paderborn und anschließend in Dortmund erschien [12]. Seit November 1851 berichteten Korrespondenten aus Soest über den Stand der Planungen und Bemühungen um die "Dortmund-Soester Eisenbahn" [13]. Bezogen sich diese Veröffentlichungen über Vermessungsarbeiten, Aktienzeichnungen und Vorbereitungen zum Grunderwerb auf Soest, verlagerte sich mit dem Beginn der Bauarbeiten 1853 die Berichterstattung auf Werl mit Veröffentlichungen über den Fortgang des Unternehmens [14]. Insgesamt erfüllten diese Publikationen in der "Westfälischen Zeitung" mit einer regional verbreiteten Leserschaft die Funktion der Herstellung einer öffentlichen Kommunikation zwischen den am Hellweg ansässigen Interessenten. Diese Veröffentlichungen mit durchweg positiver Tendenz eigneten sich zur Gewinnung neuer Aktionäre.

---

8) StAS Abt. B XVI d 7
9) ebda.
10) StAS Abt. B XVI d 9
11) ebda.
12) Genaue monographische Angaben:
Behrbalk, Erhard: Die "Westfälische Zeitung". Ein Beitrag zur Geschichte der westfälischen Tagespresse im 19. Jahrhundert (1848-1883), München Phil. Diss. 1942, Dortmund 1958
13) Westfälische Zeitung Nr. 266 / 11.11.1851; Nr. 69 / 6.7.1852; Nr. 131 / 29.8.1852; Nr. 20 / 25.1.1853; Nr. 151 / 29.6.1853
14) Westfälische Zeitung Nr. 20 / 25.1.1853; Nr. 151 / 29.6.1853 ; Nr. 222 / 20.9.1853

Der Wechsel des Herkunftsortes der Meldungen von Soest
nach Werl hin in dieser publizistischen Quelle läßt sich
nur aus historischen Quellen begründen: Es kam zu Auseinandersetzungen zwischen beiden Städten über das Projekt,
in deren Folge die Soester Bahninteressierten sich auf
Veröffentlichungen in der heimischen Presse beschränkten,
und die Werler Aktionäre sich über die "Westfälische Zeitung" informierten. Werls Bürgermeister Cloer hatte am 30.
August 1852 beim Minister für Handel, Gewerbe und öffentliche Arbeiten gefordert, die Bahn nicht von Werl unmittelbar auf Soest zu bauen, sondern stattdessen von Werl aus
über Illingen - Süddinker in den Bahnhof Welver der "Westfälischen Eisenbahn" münden zu lassen [15]: "Die Städte
Soest und Werl sind in directer Richtung mittelst einer
guten Chaussee verbunden [...] Wird hingegen nach Welver
gebaut, so wird das ganze Münsterland [über Hamm -hjj-]
mit den Bewohnern des Hellwegs dem Sauerlande und dem Bergischen in Verbindung gebracht" [16]. Mit dem Anschlußbahnhof Welver statt Soest verkürze sich ebenso die Anbindung an die "Westfälische Staatseisenbahn" [17]. In
einer 14-seitigen Stellungnahme begründete Soest seine
entgegengesetzte Haltung insbesondere im Hinblick auf die
Schaffung einer möglichst kurzen Strecke in Richtung Osten,
um die Kohlenzechen im Dortmunder Raum gegenüber denen
des Wittener und Bochumer Gebietes konkurrenzfähig zu erhalten [18] - eine Argumentation, die dem preußischen Handelsminister einleuchtete.

Der Werler Antrag blieb deshalb unberücksichtigt, als
Handelsminister von der Heydt am 5. Januar 1853 die Direktion der "Westfälischen Eisenbahn" in Paderborn mit der
Ermittlung der endgültigen Bahnlinie beauftragte [19]. Die
Ausführung des Projekts dagegen übernahm die Direktion der

---

15) StAS Abt. B XVI d 9; Vgl. auch Trockel, 120 Jahre
    Eisenbahnen, S. 81
16) StAS Abt. B XVI d 9
17) ebda.
18) Trockel, 120 Jahre Eisenbahnen, S. 81
19) ebda.

"Bergisch-Märkischen Eisenbahn" in Elberfeld in eigene
Regie [20]. Am 15. September 1853 begannen mit dem ersten
Spatenstich auch in Werl die Arbeiten zur Anlage eines
Bahnhofs in der zweiten Stadt des Kreises Soest [21]. Die
folgende Übersicht des Baukomitees vom November 1853 veranschaulicht
den bedeutenden Anteil des Soester Raumes
an den eingegangenen Aktienzeichnungen.

Tabelle 20: Aktienzeichnungen für die Dortmund-Soester
Bahn im November 1853 (in Reichsthaler)

Zeichnungen:	Summe:
Stadt Soest und Bürger	25.000
Sälzerkollegium Sassendorf	10.000
Stadt Werl	30.000
Werler Bürger	9.700
Landgemeinden Werl	6.000
Stadt Dortmund	10.000
Dortmunder Bürger	20.000
Stadt Unna	10.000
Unnaer Bürger u. Landgemeinden	35.000
Kreise Lippstadt u. Arnsberg	17.400
Zeche Friedrich Wilhelm	40.000
	213.100 [22]

Mit der Eröffnung der "Dortmund-Soester Bahn" am 7. Juli
1855 verbanden die Gemeinden am Hellweg das Bewußtsein
einer Wiederholung der alten West-Ost-Überlandverbindung
[23] mit neuen technischen Mitteln. Der Werler Bürgermeister
Cloer beispielsweise sprach die Erwartung aus, "daß nunmehr
die Dortmund-Soester Eisenbahn den Rang oder die Vorrechte
sich erstreiten und erhalten möge, die der Hellweg
Jahrhunderte hindurch gehabt habe" [24].

---
20) ebda.
21) Mehler, Werl, S. 387
22) StAS Abt. B XVI d 7
23) Kuske, Bruno: Grundlinien westfälischer Wirtschaftsgeschichte, Dortmund 1955, Heft 4 der Vortragsreihe der Gesellschaft für Westfälische Wirtschaftsgeschichte e.V. (zitiert: Kuske, Grundlinien) S. 5
24) Mehler, Werl, S. 387

Schon bald bestätigten sich mit einer hohen Zugbelegung die optimistischen Prognosen der Planer. Bereits 1866 erhielt die Strecke Dortmund-Soest als erste in den Soester Bahnhof mündende Verbindung ein zweites Gleis [25].

2. Bedeutung des Soester Bahnhofs

Dem Soester Bahnhof brachte die Eröffnung der "Dortmund-Soester Eisenbahn" im Juli 1855 einen entscheidenden Bedeutungszuwachs. Von jetzt an diente er als Trennungsbahnhof zweier Eisenbahnverwaltungen: In Soest liefen Züge der "Westfälischen Eisenbahn" aus Richtung Hamm und Paderborn ein, ebenso Züge der "Bergisch-Märkischen Eisenbahn" aus Richtung Dortmund. Entsprechend seiner Funktion als Trennungsbahnhof verfügte die Soester Station über zwei einander gegenüberliegende Güterschuppen in der Nähe des Walburger Tores [26]. Von den neun Hauptgleisen standen die südlichen drei dem Personenverkehr zur Verfügung, die drei mittleren dem Güterverkehr in östlicher Richtung, die nördlichen drei dienten dem nach Westen verlaufenden Gütertransport [27]. Ein Lokomotivschuppen mit Wagenwerkstatt am Westende und die Viehrampe am Ostende des Bahnhofsgebäudes vervollständigten die Anlage [28].

Bei der Errichtung eines polygonalen Lokomotivschuppens und eines Bahnhofspostgebäudes, die den teilweisen Abbruch des Brüder-Walburger-Walles erforderlich machten, fanden 1868 eine Reihe auch fremder Arbeiter Beschäftigung in Soest [29]. Nach Angaben des Magistratsberichts wirkte sich diese Arbeitskräftenachfrage positiv auf den Tagelohn der

---

25) Trockel, 120 Jahre Eisenbahnen, S. 82
26) Trockel, Wilhelm: Vom Werden des Bahnhofs Soest. In: HKS 9 (1930) S. 78 ff. (zitiert: Trockel, Bahnhof) S. 79
27) ebda.
28) ebda.
29) Bericht des Magistrats zu Soest über die Verwaltung und den Stand der Gemeindeangelegenheiten der Stadt Soest für das Jahr 1868. Vorgetragen in öffentlicher Sitzung der Stadtverordnetenversammlung am 25. Februar 1869, Soest 1869 (zitiert: Magistratsbericht 1868) S. 12 f.

Landarbeiter aus, weil die Bauern deren Abwanderung zum
Eisenbahnbau befürchteten [30].

Die entscheidende Bedeutung des Bahnhofs als Arbeitgeber
für Dauerbeschäftigungen verdeutlichen jedoch statistische
Angaben des Magistratsberichts für 1871. Danach verfügte
die Soester Bahnstation über 301 Beamte: 105 von der "Westfälischen Eisenbahn", 101 von der "Bergisch-Märkischen
Eisenbahn" und 95 Postbedienstete [31]. Sie fertigten täglich 77 Züge ab [32]. Damit bildete der Soester Bahnhof den
größten Arbeitgeber der Stadt. Das Walzwerk Gabriel & Bergenthal, seit den sechziger Jahren des 19. Jahrhunderts
größter Soester Industriebetrieb, verfügte demgegenüber
1880 erst über 177 Arbeiter über 16 Jahren [33]. Für den
Geldumlauf innerhalb Soests und sein Steueraufkommen bedeutete diese hohe Beschäftigtenzahl des Bahnhofs eine
spürbare Belebung: 1861 beispielsweise bezogen die im
Soester Bahnhof tätigen Beamten der "Westfälischen Eisenbahn" insgesamt 10.026 Taler Gehalt, und entrichteten 152
Taler Staatssteuer und 34 Taler Kommunalsteuer [34]. Die
Beamten der "Bergisch-Märkischen Eisenbahn" erhielten im
gleichen Jahr 8.027 Taler Gehalt, davon gingen 137 Taler
Staatssteuer und 30 Taler Kommunalsteuer ab [35]. Von den
4.670 Taler Gehalt der Bediensteten des Eisenbahnpostamtes
entfielen 90 Taler an Staatssteuern und 20 Taler an Kommunalsteuern [36].

Entsprechend wirkte sich der Einfluß der Bahnstation als
Dienstleistungsunternehmen auf die Entwicklung der Stadt
aus. Als etwa 1868 der Bahnhof Soest Gas von der Soester

---

30) ebda. S. 13
31) Bericht des Magistrats zu Soest über die Verwaltung und den Stand der Gemeindeangelegenheiten der Stadt Soest für das Jahr 1871. Vorgetragen in öffentlicher Sitzung der Stadtverordneten-Versammlung am 8. Februar 1872, Soest 1872 (zitiert: Magistratsbericht 1871) S. 24
32) ebda.
33) StAS Abt. B XXXV a 43
34) StAS Abt. B XVI d 14
35) ebda.
36) ebda.

Gasanstalt abnahm, vergrößerte diese Nachfrage das Gesamtvolumen des Gasverbrauchs so erheblich, daß eine rentablere Produktion den Gaspreis für alle Soester Abnehmer um ein Siebtel verbilligte [37]. 1878/79 beispielsweise verbrauchte die Bahnstation 72.000 Kubikmeter Gas, alle übrigen Soester Abnehmer zusammen 154.000 Kubikmeter [38]. Ebenso führten 1898 die Diskussionen in Soest über die Einrichtung eines Elektrizitätswerkes nur deshalb so rasch zur Verwirklichung, weil es zuverlässige Hinweise darüber gab, daß die Eisenbahnverwaltung zur Umstellung ihrer Gasbeleuchtung auf Strom die Errichtung eines eigenen Kraftwerkes plane, was die Rentabilität eines städtischen Elektrizitätswerks nach dem Abspringen des größten Abnehmers stark in Frage gestellt hätte [39].

Mit der Verstaatlichung der "Bergisch-Märkischen Eisenbahn" 1882 kam die Bahnhofsverwaltung Soest in eine Hand [40]. Damit boten sich geeignete Möglichkeiten zur Erweiterung des Bahngeländes unter einheitlichen Gesichtspunkten. Der Bau einer Überführung über die Oestinghauser Landstraße zwischen 1887 und 1889 erleichterte diese Ausdehnung erheblich [41]. Im November 1889 stand der neue Güterbahnhof zur Benutzung zur Verfügung [42], aber die starke Zunahme des Verkehrs zum Ruhrgebiet machte schon 1896 die Anlage eines neuen Verschiebebahnhofs auf einem 20 ha umfassenden Geländes zwischen Soest und Sassendorf erforderlich [43].

Für ihre Bediensteten richtete die Eisenbahnverwaltung 1901 fünf zweigeschossige Arbeiter-Wohngebäude mit 40 Wohnungen ein, zwei Jahre später drei dreigeschossige Ge-

---

37) Magistratsbericht 1868, S. 12
38) Magistratsbericht 1879, S. 12
39) Fünfzig Jahre Elektrizitätswerk Soest. Eine kleine Erinnerungsschrift 1899 - 1949, Soest 1949 (zitiert: Elektrizitätswerk Soest) S. 8
40) Dane: Der Bahnhof Soest und das Ruhrgebiet. In: Zeitschrift für Bauwesen 57 (1907) S. 211 - 228 (zitiert: Dane, Bahnhof Soest) S. 212
41) ebda.
42) Trockel, 120 Jahre Eisenbahnen, S. 84
43) Dane, Bahnhof Soest, S. 213

bäude mit 36 Wohnungen [44]. Ein Kinderheim, das 1905 mit angeschlossener Kinderverwahrschule und Badeanstalt entstand, zählte zu den Sozialeinrichtungen der Eisenbahnverwaltung [45].

Als größter Soester Arbeitgeber in der zweiten Hälfte des 19. Jahrhunderts bewirkte die Eisenbahnverwaltung eine Zunahme der Berufe des Dienstleistungssektors im Kreis Soest. Die weitgehend krisenfeste Anstellung der Bahnbediensteten trug zu einer ausgeglichenen Beschäftigungssituation in Soest bei. 1906 arbeiteten 1.200 Eisenbahner auf dem Soester Stationsgelände [46]. Andererseits bildete der Soester Bahnhof den Schlüssel zur Wirtschaftsentwicklung des Börderaumes im Austausch mit dem Ruhrgebiet: 1860 erhielt das Walzwerk Gabriel & Bergenthal den ersten Privatgleisanschluß [47]. Günstige Transportmöglichkeiten vom Bahnhof Soest hatten den Standortwechsel des Warsteiner Unternehmens ausgelöst. Eigene Gleisanschlüsse für die Zuckerfabrik, die Nietenfabrik A. Sternberg, das Kornhaus und die Soester Molkerei folgten [48]. Der Landwirtschaft der Börde erschloß der Bahnhof Soest den Absatz ins Ruhrgebiet: 1879 etwa verließen 60.634 Stück Vieh den Soester Bahnhof allein auf der "Bergisch-Märkischen Eisenbahn" in Richtung Ruhrgebiet [49].

3. Erweiterung des Schienennetzes

Der Bau der "Westfälischen Eisenbahn" ließ die Pläne einer Reihe von Industriellen aus den Kreisen Brilon, Meschede, Arnsberg, Soest, Iserlohn, Hamm und Dortmund zur Anlegung einer Eisenbahn entlang der Ruhr nach Kassel zunächst in den Hintergrund treten [50]. Im März 1861 jedoch beschlossen sauerländische Industrielle, unter ihnen der Puddel- und Walzwerksbesitzer August Liebrecht aus Wickede, die

---

44) ebda.
45) ebda.
46) Trockel, 120 Jahre Eisenbahnen, S. 86
47) ebda.
48) ebda.
49) Koske, Eisenbahnbau, S. 53
50) StAS Abt. B XVI d 14

Planung einer Schienenverbindung von Hagen über Schwerte nach Unna oder Soest und bildeten ein 22-köpfiges Komitee, dem auch der Soester Bürgermeister Coester und Apotheker August Vahle aus Soest angehörten [51]. Bereits im April 1864 bemühte sich der Magistrat beim Soester Gemeinderat um eine Aktienbeteiligung von 5.000 Talern an den veranschlagten Gesamtkosten der Strecke von vier Millionen Talern [52]. Zwar erschien den Bürgervertretern die Zeit für eine entsprechende Entscheidung noch nicht reif, aber die weitsichtige Einschätzung der Auswirkungen dieser weiteren Schieneneinmündung in Soest von seiten des Magistrats verdient Beachtung: "Es unterliegt nun keinem Zweifel, daß die Stadt an dem Zustandekommen dieser Bahn ein erhebliches Interesse hat und zwar ein um so größeres, als es dadurch zum Knotenpunkte dreier verschiedener Bahnen gemacht wird. Diese Eigenschaft als Knoten - resp. Endpunkt bringt es zunächst mit sich, daß der größte Theil des Beamtenpersonals resp. Betriebspersonals nur in den Endpunkten seinen Wohnsitz haben kann" [53].

Das sich am 9. April 1861 in Hückeswagen konstituierende "Bergische Eisenbahn Comitée" entschied sich für die Linie Soest - Hagen - Köln und beantragte vom Staat die Übernahme des Projekts in seine Garantie oder die Gewährung einer Zinsgarantie von vier Prozent für die ausführende Eisenbahngesellschaft [54]. Von Waltringen kommend sollte diese Strecke bei Bremen die Haar überschreiten oder nach einem anderen Plan mit Hilfe eines Tunnels durch den Haarstrang Soest erreichen [55]. Die Soester Stadtverordneten bewilligten Mitte Juni 1861 die vom Magistrat vorgeschlagenen 5.000 Taler zur Aktienzeichnung, gleichzeitig kauften Soester Bürger privat für 6.500 Taler Aktien [56].

Am 14. Oktober 1861 vereinigten sich im Soester Hotel Overweg die Komitees für die Linien Köln-Hückeswagen-Hagen

---

51) ebda.
52) ebda.
53) ebda.
54) ebda.
55) ebda.
56) ebda.

und Hagen-Soest, das gemeinsame Statut der neu entstandenen "Köln-Soester Eisenbahngesellschaft" lag im Mai 1862 gedruckt vor [57]. Für diese Strecke bewilligte der Soester Rat im August 1862 nun insgesamt 15.000 Taler für Aktienzeichnungen [58]. Aber trotz der Konzessionserteilung brachte die Gesellschaft das nötige Kapital nicht zusammen, insbesondere als englische Geldgeber die von den Behörden verlangte Kaution von 500.000 Talern nicht bis zum festgesetzten Termin am 15. März 1864 hinterlegen konnten und deshalb von einer Finanzbeteiligung ausschieden [59]. Am 10. August 1870 löste sich das "Ruhr-Eisenbahn-Comité" auf [60], denn bereits seit dem 1. Juli 1870 betrieb die "Bergisch-Märkische Eisenbahn-Gesellschaft" eine Ruhrtalbahn, die Wickede im Kreis Soest den Anschluß an das Schienennetz gebracht hatte [61]. Trotz seiner frühen, aktiven Mitwirkung und finanziellen Unterstützung dieses Projekts ging Soest leer aus.

Aber die Konzessionserteilung für die "Köln-Soester Eisenbahn" hatte 1863 Interessenten in Wiedenbrück und Gütersloh den Plan einer Verlängerung dieser Strecke über Wadersloh nach Gütersloh aufgreifen lassen [62]. Im Kreis Soest versprach dieses Projekt den Gemeinden Weslarn, Hovestadt und Herzfeld einen Gleisanschluß [63]. Die Soester Stadtverordneten empfahlen im Februar 1864 dem Magistrat die Mitgliedschaft im Gütersloher Eisenbahnkomitee und bewilligten 44 Taler für die Vermessungsarbeiten [64]. Doch der Handelsminister verweigerte am 29. Januar 1864 die Genehmigung für die Vorarbeiten: Auf Staatsrechnung lasse sich das Projekt nicht übernehmen und Privatunternehmer dürften sich angesichts der mageren Rentabilitätserwartungen kaum finden lassen [65].

Im Sommer 1871 dagegen spornten Eisenbahnpläne noch einmal die ganze Aktivität der Soester an, seit bekannt wurde, daß die "Rheinische Eisenbahn" eine Fortsetzung ihres

---

[57] ebda.
[58] ebda.
[59] ebda.
[60] ebda.
[61] Trockel, 120 Jahre Eisenbahnen, S. 82
[62] StAS Abt. B XVI d 15
[63] ebda.
[64] ebda.
[65] ebda.

Streckennetzes von Essen über Dortmund nach Lippstadt mit Anschluß an die "Westfälische Eisenbahn" plane [66]. Mit großem Geschick faßte der Soester Magistrat am 27. Juni 1871 ein Schreiben an das Handelsministerium ab, in dem er Gründe für einen Anschluß in Soest statt in Lippstadt darlegte [67]:

1. Der wachsende Güterverkehr von Soest in Richtung Osten lasse sich kaum noch über die "Westfälische Eisenbahn" abwickeln.
2. Mit der Fertigstellung der Ruhrtalbahn bis Warburg gehe der "Westfälischen Eisenbahn" ein Teil des Gütertransports in Richtung Osten verloren. Dieser Verlust lasse sich durch einen Anschluß der "Rheinischen Eisenbahn" in Soest statt in Lippstadt ausgleichen: "Geschähe der Anschluß in Lippstadt, so würde die drei Meilen lange Strecke der Westfäl. Bahn von Soest bis Lippstadt umgangen werden u. dadurch die Staatsbahn eine finanzielle Schmälerung erfahren, die ohne Beeinträchtigung der Interessen der Rheinischen Eisenbahn abzuwenden ist" [68].

Mit dem gleichzeitigen kostenlosen Angebot von 25 Morgen Grundbesitz für den Bahnkörper an die Eisenbahngesellschaft schlug der Soester Rat im Juni 1871 eine Doppelstrategie ein [69], um die Schienenstrecke in Soest einmünden zu lassen. Im Januar 1872 wandte sich der Magistrat erneut an das Handelsministerium, um den Anschluß der "Rheinischen Eisenbahn" als Entlastung der Kohletransporte auf der "Bergisch-Märkischen Eisenbahn" zu erreichen [70]. Insbesondere das Puddlings- und Walzwerk Gabriel & Bergenthal leide "unter fast unerschwinglichen Kohlenpreisen, welche hauptsächlich durch ungenügende Zufuhr herbeigeführt werden" [71]. Wie vor 22 Jahren seien deshalb im Dezember 1871 Fuhrwerksbesitzer mit Pferden und Frachtwagen ins Revier gefahren, um den nötigsten Energiebedarf zu decken [72],

---
66) StAS Abt. B XVI d 17
67) ebda.
68) ebda.
69) ebda.
70) ebda.
71) ebda.
72) ebda.

wahrscheinlich eine Auswirkung des Deutsch-Französischen Krieges 1870/71.

Aber Handelsminister von Itzenplitz verweigerte am 6. Februar 1872 die Entscheidung über eine Anbindung der Verlängerung der "Rheinischen Eisenbahn" an die "Westfälische Eisenbahn", weil geplant sei, "für Rechnung des Staates eine Bahn von einem geeigneten Punkte der Westphälischen Bahn nach Dortmund zu und an letzterem Orte die Verbindung mit der Rheinischen Eisenbahn herzustellen" [73]. Um trotzdem eine weitere Schienenverbindung in Soest zu erhalten, erklärte der Magistrat noch im Februar 1872 der Direktion der "Bergisch-Märkischen Eisenbahn" in Elberfeld das große Interesse Soests an einer Anbindung der "Ruhrtalbahn" an den Soester Bahnhof [74]. Aber die Gesellschaft lehnte noch im gleichen Monat ab, "da nach den bereits angestellten technischen Untersuchungen die Wasserscheide zwischen Ruhr und Möhne zu überschreiten sein würde, wodurch ganz abgesehen von der Kostspieligkeit der Ausführung unzulässige Steigungsverhältnisse herbeigeführt werden würden" [75].

Als die "Rheinische Eisenbahn" 1876 doch die Erlaubnis zur Verlängerung erhielt, mündete ihre Schienenstrecke zwar im Kreis Soest, nicht aber in Soest [76]. Der Bahnhof Welver der "Westfälischen Eisenbahn" diente als Anschlußpunkt und bekam damit die gleiche Funktion wie die Soester Station: Trennungsbahnhof zweier verschiedener Eisenbahnverwaltungen.

Die Eisenbahn veränderte so auch über die Städte Soest und Werl hinaus die Struktur der Dörfer des Kreises Soest entlang der Schienenstrecke. Das Verladegeschäft erforderte Arbeitskräfte, ebenso die Instandhaltung, Überwachung und Sicherung der Gleisstrecken. Zwischen 1867 und 1875 beispielsweise, während der Bauzeit der Strecke Dortmund-Süd - Welver, verdoppelte sich nahezu die Einwohnerzahl der

---

[73] ebda.
[74] ebda.
[75] ebda.
[76] Trockel, 120 Jahre Eisenbahnen, S. 82

Ortschaft Meyerich von 498 auf 748 Bürger, Welver wuchs von 186 auf 225 Bewohner an, während Scheidingen abseits der Bahnlinie – ebenso wie Meyerich und Welver bis dahin reine Landwirtschaftsgemeinden mit geringem Handwerk – seine Bevölkerungszahl zunächst nicht veränderte, nach 1875 aber sogar verringerte [77]. So rekrutierte sich auch das Personal des Soester Bahnhofs nicht ausschließlich aus den Bewohnern der Bördestadt. Ein großer Teil von Bahnbediensteten pendelte aus den umliegenden Bördedörfern ein [78].

4. Von der Pferdebahn zur Kleinbahn

Beim Wettbewerb profitorientierter Eisenbahngesellschaften ließen sich Auswüchse, etwa unnütze Konkurrenzlinien, nicht vermeiden. Insbesondere der wirtschaftliche Aufschwung Anfang der siebziger Jahre des 19. Jahrhunderts führte im "Gründungsfieber" zu wilden Spekulationen in Eisenbahnaktien, Tarifkämpfen und zur Vernachlässigung struktureller Gesichtspunkte bei der Verkehrserschließung [79]. Das Gesetz zur Verstaatlichung der Privatbahnen bot deshalb dem mit der Neuordnung des Eisenbahnsystems betrauten Handelsminister von Maybach ab 1879 die entsprechende Handhabe zum systematischen Aufkauf der Privatbahnen [80]. Allerdings blieb die Verstaatlichung auf die wichtigen Streckenverbindungen beschränkt. Insbesondere die Schmalspurbahnen mit Zubringerfunktion im Verästelungsverkehr abseits der Hauptstrecken fanden eine besondere rechtliche Neuregelung im Kleinbahngesetz von 1892 [81]. Seine Bestimmungen machten die Konzessionserteilung ungeachtet der Nachweisung eines Verkehrsbedürfnisses ausschließlich von bau- und gewerbepolizeilichen Erfordernissen abhängig [82] – eine entscheidende Voraussetzung gerade für die Erschließung

---

[77] Koske, Eisenbahnbau, S. 49 f.
[78] ebda. S. 50
[79] Ditt / Schöller, Eisenbahnnetz, S. 166
[80] Henning, Industrialisierung, S. 162
[81] Ditt / Schöller, Eisenbahnnetz, S. 169
[82] ebda.

weniger industrialisierter, landwirtschaftlicher Regionen. Im Soester Raum dagegen lassen sich erste Bemühungen um "Sekundärbahnen" im Zubringerdienst zu den großen Streckenverbindungen bereits in der Mitte der fünfziger Jahre des 19. Jahrhunderts nachweisen. Noch während der Bau der Niederbergheimer Straße im Früh-Sommer 1856 in vollem Gange war, regten mehrere Industrielle des Warsteiner Raumes die Anlage einer Pferdebahn auf dem befestigten Randstreifen der Minden-Koblenzer Straße, der Möhnestraße und der Niederbergheimer Straße von Warstein nach Soest an [83]. Bürgermeister Schulenburg in Soest griff gleich im Mai 1856 den Vorschlag interessiert auf, weil er so den bisher über Anröchte und Erwitte nach Lippstadt laufenden Frachtverkehr der Warsteiner Industriebetriebe nach Soest zu lenken hoffte [84]. Gleichzeitig hätte die Pferdebahn mit der Errichtung von Stationsgebäuden und Werkstätten die Bautätigkeit der Stadt belebt und nach ihrer Fertigstellung im Bahnbetrieb einigen Bürgern Beschäftigung geboten [85]. Ende Mai 1856 befürworteten vier Soester Bürger in einem Brief an den Magistrat nachdrücklich dieses Projekt, da es auch künftig anzulegenden industriellen Ansiedlungen im Stadtrandbereich eine geeignete Transportmöglichkeit zum Bahnhof biete [86].

Im August 1856 ermächtigte Handelsminister von Pommer-Esche einen Inspektor der "Bergisch-Märkischen Eisenbahn" in Elberfeld zur Prüfung des Projekts, machte aber gleichzeitig auf zwei wesentliche Schwierigkeiten aufmerksam: Die Chausseebaugesellschaft der Soest-Niederbergheimer Straße müsse ihr Einverständnis erklären, und zur Vermeidung einer Störung des Straßenverkehrs sei eine Verbreiterung der Fahrbahn unerläßlich [87].

Gegenüber dem Vorstand der Soest-Niederbergheimer-Straßenbaugesellschaft argumentierte Bürgermeister Schulenburg, der die Vorarbeiten leitete, am 18. Juli 1856, zwar ver-

---

[83] StAS Abt. B XVI d 13
[84] ebda.
[85] ebda.
[86] ebda.
[87] StAS Abt. B XVI d 12

ringere die Einrichtung einer Pferdebahn den Verkehr auf
der Straße und damit die Wegegeldeinnahmen, andererseits
aber würden sich die Unterhaltungskosten für die Chaussee
erheblich vermindern [88]. Den laut gewordenen Forderungen
der Gesellschaft nach Erstattung eines Teils des Straßen-
baukapitals als Gegenleistung für die Anlegung der Pferdebahn an die Chaussee versuchte Schulenburg mit der vorsichtigen Drohung zu begegnen, es biete sich auch ein Lini-
enverlauf unabhängig von der Chaussee-Fahrbahn an [89]. Im
November 1856 boten die Industriellen Linhoff, Gabriel und
Bergenthal, Hammacher und Röper der Straßenbaugesellschaft
eine Entschädigungssumme von 3.000 Taler nach Fertigstellung der Bahn und die Unterhaltung des Straßenrandstrei-
fens an den Stellen an, an denen der Bahnkörper ihn be-
rühre [90]. Aber die mangelnde Finanzkraft der Straßenbau-
gesellschaft zur Instandhaltung der Fahrbahn und die
wachsenden Schwierigkeiten der energieknappen, standortbenachteiligten Industrie des Wäster- und Möhnetals verhinderten die Verwirklichung des Projekts.

Im Frühjahr 1878 jedoch unternahm die Stadt Warstein einen
neuen Vorstoß zur Anlage einer Schienenverbindung des
Wästertales mit einem Bahnhof der "Westfälischen Eisenbahn" oder der "Bergisch-Märkischen Eisenbahn" [91], diesmal unterstützt von der Provinzial-Wegebau-Verwaltung, die
nach einer geeigneten Transportmöglichkeit für den stark
gefragten Belecker Basaltstein suchte. Sobald Soests Bürgermeister Coester von dem Plan einer "Warstein-Lippstädter
Secundär-Bahn" erfuhr, versuchte er den Vorsitzenden des
provisorischen Komitees, Kommerzienrat Wilhelm Bergenthal
in Warstein, für eine Anbindung in Soest statt in Lippstadt
zu gewinnen [92]. Zustimmung fand dieser Vorschlag auch
beim Neheimer Industriellen Th. Cosack, der eine Verbindung nach Soest insbesondere deswegen vorzog, weil sie der

---

88) ebda.
89) ebda.
90) ebda.
91) StAS Abt. B XVI d 13
92) ebda.

eine Verbindung durch das Möhnetal anstrebenden Stadt
Neheim gleichzeitig Anschluß an die "Westfälische Eisenbahn" und die "Bergisch-Märkische Eisenbahn" bot und zudem kürzer war als die Strecke Warstein-Lippstadt [93].

Ende November 1879 bahnte sich eine Wende in der Diskussion um den Streckenverlauf an. Kommerzienrat W. Bergenthal, E. Bergenthal, F. Uhlendorff, Amtmann Koffler und Stadtvorsteher Hegemann unterbreiteten dem Soester Magistrat in einem streng vertraulichen Schreiben: "Wenn uns eine finanzielle Betheiligung der Stadt Soest von wenigstens 150.000 Mark so sicher & bindend, wie das unter den vorliegenden Verhältnissen möglich ist, versprochen wird, so versprechen wir unsererseits, sogleich aus dem Lippstaedter Comitée auszutreten & uns dem Soester anzuschließen" [94].
Als die Soester Stadtverordneten diese Forderung im März 1880 akzeptierten, verfolgten die Warsteiner Interessenten nun eine Anbindung an Soest, weil diese Strecke 4,5 Kilometer kürzer und billiger zu unterhalten sei, dem Hauptabsatzgebiet, dem Bergischen, näher liege und Soest als "Eisenbahn-Knotenpunkt" zusätzliche Vorteile biete [95].

Aber die Provinzialverwaltung zeigte sich insbesondere an Hornsteintransporten aus dem Belecker Raum nach Rheda interessiert, die sich über Lippstadt günstiger abwickeln ließen. Am 17. November 1880 entschied sich deshalb der ständische Verwaltungs-Ausschuß des Provinziallandtages für die Linie Warstein-Lippstadt-Rheda [96]. Am 1. November 1883 fuhren die ersten Züge zwischen Warstein und Lippstadt auf Normalspuren, die hinderliches Umladen auf den Anschlußbahnhöfen ersparten [97]. Im Dezember 1899 stand auch die Bahnlinie Brilon-Möhnetal-Haar-Soest dem Verkehr zu Ver-

---

93) ebda.
94) ebda.
95) ebda.
96) ebda.
97) Trockel, 120 Jahre Eisenbahnen S. 85

fügung [98]. Über den Soester Raum hinaus trug die "Westfälische Landeseisenbahn", die nach dem Beitritt des Provinzialverbandes Westfalen aus der "Warstein-Lippstädter Eisenbahn-Gesellschaft" entstand, wesentlich zur Erschließung des verkehrsarmen Ost- und Westmünsterlandes bei [99].

Das Kleinbahngesetz von 1892 erschien dem Soester Kreistag 1893 als geeignete Voraussetzung für eine bessere Erschließung auch des Soester Raumes. Nach einem Gutachten der Kreisverwaltung fehlten "bessere Bahnverbindungen der einzelnen Teile des Kreises untereinander und mit der Kreishauptstadt und endlich ist eine bessere Verbindung des Kreises mit dem Sauerland sowie mit dem Münsterland sowie mit den benachbarten größeren Verkehrsmittelpunkten wünschenswert" [100]. Besonders der Ausbau des Kreisstraßennetzes und die Unterhaltung des Oberbaues der Eisenbahnlinien machten den Transport großer Mengen Baumaterials aus den Neheim-Hüstener Steinbrüchen ins Kreisgebiet nötig. Dazu erschien den Kreistagsabgeordneten eine Schmalspurbahn auf eigenem Bahnkörper neben der Chaussee geeignet [101]. Zwischen 1895 und 1898 entstand so ein nur ein Meter breites [102], 44 Kilometer langes Gleisnetz zwischen Neheim-Hüsten, Niederense, Ostönnen, Soest, Oestinghausen Hovestadt und Ostönnen-Werl [103].

---

98) Gedenkschrift zum 25jährigen Bestehen der Westfälischen Landeseisenbahn vormals Warstein-Lippstadter Eisenbahn 1883 - 1908, Lippstadt 1908 (zitiert: Westfälische Landes-Eisenbahn) S. 4;
Adams / Mertens: 50 Jahre Westfälische Landes-Eisenbahn. In: Sonderdruck aus der Zeitung des Vereins mitteleuropäischer Eisenbahnverwaltungen (1933) Nr. 43 (zitiert: Adams / Mertens, Westfälische Landes-Eisenbahn) S. 3
99) Ditt / Schöller, Eisenbahnnetz, S. 169
100) Körner, Kurt: 75 Jahre RLE. In: HKS 47 (1974) S. 56 - 60 (zitiert: Körner, RLE) S. 56
101) Fünfzig Jahre Ruhr-Lippe-Eisenbahnen, Soest 1948 (zitiert: Ruhr-Lippe-Eisenbahnen) S. 12
102) Normalspur: 1.435 mm
103) Trockel, 120 Jahre Eisenbahnen, S. 84

Gegen Ende des 19. Jahrhunderts wies der Soester Raum damit einen bedeutsamen Verschiebebahnhof in Soest, eine West-Ost-Durchgangsverbindung mit zusätzlichen Anbindungen in Soest oder vor Soest in Welver und ein engmaschiges Zubringer-Bahnnetz auf: ein Eisenbahnsystem, das die Wirtschaftsentwicklung dieses Raumes entscheidend förderte.

VI.   Erste Fabriken im Soester Raum

a.   Frühe industrielle Zentren

Sassendorf, Werl, Unna und Rheine (Ems) verfügten um 1600 in Westfalen über Salinen. Gegen Ende des 17. Jahrhunderts verlor Sassendorf mit der Ausnützung von nur drei Quellen und dem Betrieb von sieben Pfannen gegenüber der 1732 bis 1735 erbohrten äußerst ergiebigen Saline Königsborn an Bedeutung [1]. Weitere Schwierigkeiten entstanden dem Sassendorfer Erbsälzerkollegium zu Beginn des 19. Jahrhunderts durch eine 1811 von Napoleon angeordnete Zollabgabe [2], durch schwierige Materialbeschaffung für die Holzfeuerung und hohe Transportkosten bei der Kohleanlieferung als Folge schlechter Straßenverhältnisse vor dem Ausbau der Chausseen. Zwar lieferte die Sassendorfer Saline ein gutes, grobkörniges Salz, da ihr Solegehalt mit 13,5 Prozent über dem in Werl und Salzkotten lag, aber sie benötigte erhebliche Mengen Brennmaterial im Verhältnis zur Siedesole [3]. Deshalb ließen die Sassendorfer Erbsälzer als größte Brennstoffkonsumenten des Kreises Soest bis 1850 mehrfach, aber erfolglos, nach Torf oder Kohle graben: 1839 etwa in Delecke, 1840/41 bei Günne und um Sassendorf [4]. Die Bohrungen ergaben jedoch nur zwei Zoll dicke Flöze [5].

Staatliche Reglementierungen bestimmten die Salzproduktion: Während die drei Salinen der Werler Erbsälzer jährlich rund 2.400 Last zu je 120 Pfund Salz in einem Wert von rund 85.000 Talern produzieren konnten [6], mußte die Sassendorfer Saline jeweils rund 600 Last Magazinsalz liefern. Häufig allerdings produzierte sie mehr und bot das überschüssige Salz billiger an [7]. Sinkende Salzpreise und die

---

1) Hartmann, Westfalen, S. 260 f.
2) Geck, Soest 1825, S. 91
3) Trende, Werdezeit, S. 124
4) Weitkamp, Wilhelm: Torfgräberei und Kohlebohrungen im Kreise Soest. In: HKS 68 (1955) S. 57 - 61 (zitiert: Weitekamp, Torfgräberei) S. 60
5) ebda.
6) Rüden, Sparkasse Werl, S. 7
7) Trende, Werdezeit, S. 125

Herabsetzung der Produktionshöchstmengen von seiten des Staates veranlaßten die Salinen in Sassendorf und Werl Anfang der vierziger Jahre zu Maßnahmen zur Verbesserung ihrer Solegewinnung und Gradierung [8]. Zum Jahresbeginn 1843 stellte die Saline Sassendorf deshalb zur Förderung der Sole eine Dampfmaschine auf [9]. Gleichzeitig legte das Erbsälzerkollegium in Sassendorf eine chemische Fabrik zur Verarbeitung der Mutterlauge zu Soda, Salzsäure, Chlorkalk und Schwefelsäure an [10]. 1855 etwa – der Anschluß an die "Westfälische Eisenbahn" 1850 erleichterte inzwischen die Kohle- und Salztransporte – beschäftigte die Sassendorfer Saline siebzig Arbeiter [11], noch 1865 erwirtschaftete sie 21.176 Taler [12]. In Werl blieb das Erbsälzerkollegium bis in die achtziger Jahre des 19. Jahrhunderts hinein der größte Arbeitgeber [13]. Bereits 1844 fanden rund 60 Arbeiter und 30 Angestellte Beschäftigung an den Werler Salinen [14].

Bis Anfang der vierziger Jahre des 19. Jahrhunderts stellten die Salinen in Sassendorf und Werl die einzigen größeren Fabrikationsbetriebe im Soester Raum dar. Erst 1839 erschien den Gebrüdern Ebbinghaus aus Hemer, dem Arnsberger Christian Liebrecht und Ludwig Forster aus Hamm die Landgemeinde Wickede an der Ruhr als geeigneter Standort für die Anlage eines Puddel- und Walzwerkes: Die durch Wickede verlaufende Münster'sche Straße erlaubte einen funktionierenden Transport von Eisenerzen aus dem Siegerland, und das zehn Meter ausmachende Gefälle der Ruhr in der Wickeder Gemarkung ermöglichte den Aufstau zum Antrieb von Hämmern und Walzen[15]. Vom Soester Land- und Stadtdirektor von Viebahn erwarben die Gewerken deshalb die

---

8) StaAM Kreis Soest Nr. 13
9) ebda.
10) StaAM Kreis Soest Nr. 339
11) Jacobi, Gewerbewesen, S. 287 f.
12) König, Leo: Vom Salz – zum Bad. In: HKS 39 (1966) S. 34 ff. (zitiert: König, Salz) S. 34
13) Rüden, Sparkasse Werl, S. 23
14) ebda. S. 7
15) Lehn, Heinrich: Vom Dorf zur großen Industriegemeinde. In: HKS 42 (1969) S. 59 – 66 (zitiert: Lehn, Industriegemeinde) S. 61

Ruhrwiesen, stauten den Fluß und leiteten das Wasser dem Werk in einem zehn Meter breiten Obergraben zu [16].

Im September 1841 nahm das Puddlingswerk mit 46 Arbeitern seine Produktion auf [17]. Täglich verfrischten zwei Puddlingsöfen 4.000 bis 4.400 Pfd. Roheisen, ein Schweißofen lieferte täglich zwischen 9.000 und 10.000 Pfd. Material [18]. Mit 101 Arbeitern erwirtschaftete das Puddel- und Walzwerk Liebrecht & Comp. in Wickede 1856 einen Fabrikationswert von 236.900 Talern [19]. Fünf Puddel- und ein Schweißofen, ein Kupol- und ein Flammofen, ein Stirnhammer zur Luppenbearbeitung und sechs Paar Walzen in drei Walzenstraßen [20] stießen 1856 eine Produktion von 682 Tonnen Rohstahl, 909 Tonnen Gußwaren und 1.591 Tonnen Stabeisen und Bahnschienen aus [21].

Da die zeitweise Vereisung der Ruhr, Wassermangel oder Hochwasser einen kontinuierlichen Arbeitsablauf behinderten stellte das Puddel- und Walzwerk 1857 auf Dampfkraft als Antriebsenergie um [22] und setzte sich damit gleichzeitig den Schwierigkeiten des Kohletransports aus, da Wickede erst 1870 einen Bahnanschluß erhielt [23]. Aber noch bevor sich die Transportverbindungen verbesserten, ging die technische Entwicklung über das Wickeder Werk hinweg: 1855 erfand der englische Ingenieur Henry Bessemer ein Verfahren, nach dem Preßluft flüssiges Eisen in einem birnenförmigen Behälter entkohlt und in Stahl verwandelt. Doch den Wickeder Unternehmern fehlte das Kapital zur Umstellung ihres

---

16) ebda.
17) StaAM Kreis Soest Nr. 12
18) ebda.
19) Jacobi, Gewerbewesen, S. 202 f.
20) Neues statistiches Handbuch des Regierungs-Bezirks Arnsberg. Nebst einer Darstellung der topographischen und geographischen Verhältnisse dieses Bezirks von R. Emmerich, Königl. Steuer-Rath, Arnsberg 1856 (zitiert: Emmerich, statistisches Handbuch) S. 60
21) Wiebe, Industrie, S. 583
22) Lehn, Industriegemeinde, S. 61 f.
23) Trockel, 120 Jahre Eisenbahnen, S. 82

Fabrikationsverfahren [24]. 1884 kapitulierten sie vor
der zudem noch standortbegünstigten Konkurrenz im Ruhrgebiet und schlossen den Betrieb [25].

Ein zweites, in den vierziger Jahren des 19. Jahrhunderts
erstarkendes Industriegebiet, bildete der Raum Warstein
im Kreis Arnsberg, der - wie bereits dargestellt - insbesondere durch seine Verkehrsprobleme mehrfach in Beziehung zum Soester Raum trat. Seit der Mitte des 17.
Jahrhunderts wurde im Warsteiner Raum ein Kupferhammer betrieben [26]. 1834 gründete Wilhelm Bergenthal mit seinem
Schwager Ferdinand Gabriel die Firma Gabriel & Bergenthal,
die 1834 in Warstein das Werk Reckhammer baute und ihm
zwei Jahre später einen Puddelhammer folgen ließ [27]. Bergenthals Stahl-Raffinier-Hammer und sein Puddelwerk gehörten zu den ersten Anlagen ihrer Art in Deutschland [28].

Als Bergenthal 1848 den Kupferhammer in Warstein kaufte
und sein Hauptwerk nach dorthin verlegte [29], mehrten sich
die Streitigkeiten zwischen ihm, der St. Wilhelmshütte des
Gewerken Wilhelm Hammacher und einigen Sägewerksbesitzern
um die Wasserkraftnutzung [30]. 1855 betrieben Gabriel &
Bergenthal in zwei Werken sieben Puddelöfen, drei Schweiß-

---

24) Lehn, Industriegemeinde, S. 62
25) ebda.
26) Wiemeyer, Bernhard: Werk und Haus Kupferhammer. Anfänge des Warsteiner Industrialisierungsprozesses.
 In: HKS 49 (1976) S. 81 - 84 (zitiert: Wiemeyer,
 Kupferhammer)
27) ebda. S. 82
28) Serlo, Walter: Bergmannsfamilien in Rheinland und
 Westfalen. Rheinisch-Westfälische Wirtschaftsbiographien, Bd. 3, Münster 1936 (zitiert: Serlo, Bergmannsfamilien) S. 154
 Einen Überblick über die industriellen Betriebe im
 Warsteiner und Belecker Raum 1844 ermöglicht Tabelle
 18 auf Seite 256.
29) Poth: Aus der Geschichte der Warsteiner Industrie.
 In: Festschrift anläßlich der 650-Jahr-Feier der Stadt
 Warstein, Warstein 1926 (zitiert: Poth, Warsteiner
 Industrie) S. 3
30) Geschichte der Warsteiner Gruben- und Hüttenwerke
 Aktiengesellschaft Warstein, o.J. um 1937 (Masch.)
 (zitiert: Warsteiner Hüttenindustrie) S. 78

öfen und zwei Reckhämmer; 148 Arbeiter erwirtschafteten einen Fabrikationswert von 291.764 Talern [31]. In der St. Wilhelmshütte produzierten 110 Arbeiter mit zwei Puddelöfen und zwei Reckhämmern wie Bergenthal Achsen und Eisenbahnwaggonteile im Fabrikationswert von 65.890 Talern [32]. Eine große Trockenheit seit Mitte der fünfziger Jahre lähmte zeitweise die wasserbetriebene Fabrikation und zwang zum vermehrten Einsatz von Dampfmaschinen [33]. Damit allerdings schlugen die hohen Transportkosten für Steinkohle per Fuhrwerk auf die Preisgestaltung durch und ließen den Warsteiner Industriebetrieben langfristig keine Wettbewerbschance gegenüber den Konkurrenten nahe der Kohlenreviere und den Eisenbahnstationen. 1860 verlegte der Belecker Gewerke Theodor Linhoff sein Eisenwerk nach Lippstadt [34]. Auch Gabriel und Bergenthal suchten nach einem neuen Standort für ihr Werk.

Noch in den vierziger Jahren des 19. Jahrhunderts bestimmten die Flußläufe des Soester Raumes den Standort. Seit die Dampfkraft sich als Antriebsenergie durchsetzte, blieb den revierfernen Industriebetrieben nur noch die Möglichkeit, sich durch eine Ansiedlung nahe den entstehenden Eisenbahnstrecken konkurrenzfähig zu erhalten.

b. Gabriel & Bergenthal verlegt sein Werk zum Soester Bahnhof

Die steigende Nachfrage im Maschinen- und Eisenbahnbau sicherte dem Metallsektor im Industrialisierungsprozeß in Deutschland seit der Mitte der dreißiger Jahre des 19. Jahrhunderts eine tragende Rolle. Dabei erwies sich die Nachfrage der Eisenbahn am stärksten [35]. Dem wachsenden Energieverbrauch kam der Bergbau mit ständig steigenden Förderleistungen nach: Produzierten 1845 beispielsweise im Oberbergamtsbezirk Dortmund noch 215 Bergwerke mit einer

---

31) Jacobi, Gewerbewesen, S. 149 und S. 202 f.
32) Wiemeyer, Kupferhammer, S. 82
33) Warsteiner Hüttenindustrie, S. 112
34) Klockow, Stadt Lippe, S. 252
35) Henning, Industrialisierung, S. 149

Belegschaft von insgesamt 10.472 Beschäftigten etwa
7.100 Tonnen pro Werk, schafften 29.320 Bergleute in
282 Bergwerken 1860 schon eine Leistung von 15.500 Tonnen
je Werk, die sich 1880 in 202 Bergwerken des Oberbergamtsbezirks Dortmund mit 79.374 Beschäftigten auf eine Produktion von 111.400 Tonnen steigerte [36]. Eine günstige Verkehrslage zur Beschaffung von Kohle und Eisenerz erlangte
deshalb ausschlaggebende Bedeutung für die Konkurrenzfähigkeit der Eisenindustrie. Reviernähe erfüllte dabei
die besten Standortvoraussetzungen, gleichzeitig aber erweiterte die Eisenbahn mit ihren Transportmöglichkeiten
die Zahl möglicher neuer Standorte [37]. In besonderer Weise benachteiligt erwiesen sich so Anfang der fünfziger
Jahre des 19. Jahrhunderts die Werke im Warsteiner Raum,
deren Standortwahl noch durch die Antriebsenergie Wasserkraft bestimmt gewesen war. Deshalb hatten sich die Warsteiner Industriellen, insbesondere Bergenthal und Hammacher, schon 1844 bei den Bemühungen um die "Köln-Mindener Bahn" für eine Eisenbahnführung über Soest eingesetzt, um den Warsteiner Industrieraum über eine Straße
mit dem Soester Bahnhof verbinden zu können. Für das Puddlings- und Walzwerk Gabriel & Bergenthal mußten sich die
Transportschwierigkeiten besonders hinderlich auswirken,
da die Produktion von schmiedeeisernen Achsen und anderen
Eisenbahnteilen alle Voraussetzungen für eine lebhafte
Nachfrage beim Ausbau des Streckennetzes boten. So blieb
etwa im Nachlaß Wilhelm Bergenthals ein Schreiben vom
November 1850 erhalten, in dem der Fabrikbesitzer von
seinem Lippstädter Geschäftspartner F.W. Bührenheim entmutigende Auskünfte über die schleppende Kohleanlieferung
erhielt [38].

Bergenthal erwies sich weitsichtig genug, angesichts der
schleppenden Verwirklichung des Niederbergheimer Straßenprojekts und zusätzlicher Streitigkeiten um die Wasser-

---

36) Holtfrerich, Carl-Ludwig: Quantitative Wirtschaftsgeschichte des Ruhrkohlenbergbaus im 19. Jahrhundert, Dortmund 1973 (zitiert: Holtfrerich, Ruhrkohlenbergbau) S. 32 f. und S. 51 f.
37) Henning, Industrialisierung, S. 125
38) WWA Rep XVII B 1

nutzung im Wästertal Ausschau nach einem günstigeren Standort für sein Unternehmen zu halten. Am 28. Februar 1860 veröffentlichte die Soester Presse eine Bekanntmachung des "Märkischen Berg-Amtes Bochum" über die von Gabriel & Bergenthal geplante Teilverlegung ihres Warsteiner Puddlings- und Walzwerks zum Soester Bahnhof [39]. Im April 1860 unterrichtete das "Westfälische Oberbergamt Dortmund" die Arnsberger Regierung über die beabsichtigte Größe der Fabrik: "Die Anlage wird 4 Puddlingsöfen, 2 Schweißöfen, 1 Dampfhammer, eine Luppenwalze, eine Stabeisenwalze, eine Feineisenwalze nebst den erforderlichen kleinen Hülfsmaschinen, sowie zwei Dampfmaschinen von 35 resp. 45 Pferdekraft und sechs Dampfkessel umfaßen" [40]. Noch im Mai 1860 erteilte die Arnsberger Regierung die Konzession für die Fabrikanlage mit den üblichen Auflagen zur Absicherung der Dampfkessel und -maschinen [41]. Noch 1860, ein Jahr vor Aufnahme der Produktion, erhielt das Werk als erster Soester Industriebetrieb einen privaten Gleisanschluß [42].

Das Fehlen von Quellen über diesen größten Soester Industriebetrieb in der zweiten Hälfte des 19. Jahrhunderts – auch der Bergenthal-Nachlaß im Westfälischen Wirtschaftsarchiv Dortmund enthält keine Angaben über die Soester Fabrik – erschwert einen Überblick über die Entwicklung des Unternehmens. Anhand der Dampfkessel-Revisionen der Arnsberger Regierungs-Bauinspektoren im Soester Puddlings- und Walzwerk lassen sich zumindest Angaben über die Energieausstattung der Anlage machen: Mit zwei Dampfmaschinen und sechs Dampfkesselnnahm die Fabrik ihre Produktion auf. Die Zahl der Dampfkessel stieg bis 1870 kontinuierlich auf 15 und blieb dann bis 1880 in etwa konstant (1880: 16 Kessel) [43]. Diese Daten weisen auf einen raschen Aufschwung des Unternehmens bis 1870 und eine anschließende

---

39) Anzeiger Nr. 17 / 28.2.1860
40) StaAM Regierung Arnsberg I GA 33 Bd. 1
41) ebda.
42) Trockel, 120 Jahre Eisenbahnen, S. 86
43) StaAM Regierung Arnsberg I 19 - 33

Bestandserhaltung bis 1880 hin. Ob sich das Anfangsverhältnis von 1 Dampfmaschine zu 3 Dampfkesseln erhielt, 1880 also 5 Dampfmaschinen bei Gabriel & Bergenthal Antriebsenergie lieferten, läßt sich nur vermuten. Ebenso große Wahrscheinlichkeit darf die Annahme beanspruchen, die Leistung der einzelnen Dampfmaschine habe sich erhöht.

Der Aktenvorgang über den Versuch Wilhelm Bergenthals 1861 Dienstwohnungen für seine Arbeiter in Werksnähe zu bauen [44], enthält Hinweise darauf, daß das Unternehmen eine Reihe von Facharbeitern aus seinem Warsteiner Betrieb mit nach Soest nahm - aus sozialen Erwägungen, oder weil Soest noch über keine (qualifizierte) Industriearbeiterschaft verfügte. 1880 beschäftigte das Puddlings- und Walzwerk 177 Arbeiter über 16 Jahren [45]. Damit bildete Gabriel & Bergenthal den mit Abstand größten Industriebetrieb der Stadt.

Die Verlegung dieser Fabrik nach Soest verdankte die Bördestadt der unternehmerischen Weitsicht Wilhelm Bergenthals, der neben Beteiligungen an Eisenerzgruben im Sauerland, Hessen-Nassau und Lothringen, ein Hochofenwerk bei Lenhausen, die Fischbacher Hütte und die Germaniahütte bei Grevenbrück gründete und Anteile an der Zeche Westhausen im Kreis Dortmund besaß [46]. Als der König dem langjährigen Vorsitzenden der Handelskammer Arnsberg zur Goldenen Hochzeit am 21. Mai 1883 den Titel "Geheimer Kommerzienrat" verlieh [47], geschah das auch als Anerkennung des sozialen Engagements von Wilhelm Bergenthal: "Aus seinem Vermögen, welches auf mehrere Millionen geschätzt wird, hat er vielfach Beiträge zu wohltätigen und gemeinnützigen Zwecken geleistet" [48].

---

44) StAS Abt. B XV n 3
45) StAS Abt. B XXXV a 43
46) Serlo, Bergmannsfamilien, S. 154
47) WWA Rep. 120 A IV N: 12 Vol. IV
48) WWA Rep. 89 H XIII N: 56 Vol. III

c. Tabakfabriken und weitere industrielle Ansiedlungen

Den Übergang von der Handarbeit zur maschinenorientierten Tätigkeit vollzogen die Angehörigen des Textilgewerbes im Soester Raum seit den dreißiger Jahren des 19. Jahrhunderts nicht mit. Die Leinweber, 1825 noch mit 87 Angehörigen dieses Gewerbes in Soest, mit 18 im Amt Schwefe, mit 17 im Amt Borgeln und mit 2 im Amt Lohne vertreten, stärkste Berufsgruppe in der Stadt Soest und bedeutungsvoll unter den Gewerbetreibenden der Börde [49], verloren über die Mitte des 19. Jahrhunderts hinaus zahlenmäßig an Bedeutung: Dienten 1840 in der Stadt Soest noch 125 Webstühle im Haupterwerb zur Leinenherstellung, blieben 1849 davon nur noch 99 Webstühle [50]. Überdies lassen sich keine Angaben darüber finden, ob Maschinenwebstühle Einzug in den Soester Raum hielten. Vielmehr dürften die Krisen des Textilgewerbes insbesondere in den vierziger Jahren des 19. Jahrhunderts, ausgelöst durch den mechanischen Webstuhl und die Konkurrenz der Baumwolle [51], eine Reihe von Leinwebern im Soester Raum zur Aufgabe ihres Gewerbes gezwungen haben. Vieles spricht dafür, daß neben dem Eisenbahnbau auch die Tabakfabriken diesen beschäftigungslosen Webern als neue Arbeitsstätte dienten [52].

Nach Versuchen mit dem Anbau von Tabak 1824/25, die an der ungünstigen Witterung im Soester Raum und der Erfordernis einer intensiven Betreuung scheiterten, richtete Kaufmann Schwollmann - wie aus einem Bericht Bürgermeister Karl Opderbecks im "Wochenblatt" hervorgeht [53] - Ende 1827 in Soest die erste Tabakfabrik ein, in der ärmere Bürger und "noch unerzogene Kinder" Beschäftigung fanden [54]. Die Aufzeichnungen der Fabrikeninspektoren weisen die

---

49) Geck, Soest 1825, S. 355 und S. 362
50) StAS Abt. B XX b 21 und 22
51) Aubin, Hermann: Das westfälische Leinengewerbe im Rahmen der deutschen und europäischen Leinwanderzeugung bis zum Anbruch des Industriezeitalters, Dortmund 1964, Heft 11 der Vortragsreihe der Gesellschaft für Westfälische Wirtschaftsgeschichte e.V. (zitiert: Aubin, Leinengewerbe) S. 21
52) Kuske, Bruno: 100 Jahre Industrie- und Handelskammer für das südöstliche Westfalen zu Arnsberg, Arnsberg 1951 (zitiert: Kuske, Handelskammer) S. 62
53) Wochenblatt Nr. 5 / 2.2.1828
54) ebda.

Gründung der Schwollmannschen Zigarrenfabrik für 1851 aus, was auf eine zeitweise Unterbrechung des Fertigungsprozesses oder auf eine selbständige Neugründung schließen läßt [55]. 1852 beschäftigte dieser Betrieb - wohl noch in handwerklicher Organisation - einen Meister und drei Gesellen, Mitte der fünfziger Jahre des 19. Jahrhunderts jedoch schon 30 Arbeiter [56]. Ferdinand Schwollmanns Kompagnon August Holthausen übernahm die Fabrik 1866 [57]. Bei ihm standen 1875 insgesamt 16 Arbeiter [58], fünf Jahre später 45 Mitarbeiter in Lohn [59].

Einen Schwerpunkt der Tabakfabrikation bildete Lippstadt: 1856 beschäftigten 7 Fabriken im Kreis Lippstadt 199 Arbeiter, davon arbeiteten 149 in drei Tabakfabriken der Stadt Lippstadt [60]. Im Regierungsbezirk Arnsberg gab es 1856 insgesamt 47 Tabakfabriken mit 600 Arbeitern [61]. Die Stadt Soest erhielt erst 1869 eine zweite Tabakfabrik, in der A. Stork 1875 sechs Arbeitern Verdienst gab [62]. 1872 eröffnete Friedrich Groos einen Fabrikationsbetrieb für Zigarren in Soest, in dem 1875 schon 16, fünf Jahre später 20 Arbeiter Beschäftigung fanden [63]. 1880 beschäftigten zwei Soester Tabakfabriken - das Unternehmen A. Stork bestand nicht mehr - immerhin zusammen 65 Arbeiter, Gabriel & Bergenthal etwa im Vergleich dazu 177 Arbeiter [64]. Eine Reihe von Versuchen, Fabriken - also Produktionsbetriebe mit weitgehender Arbeitsteilung und mechanischen sowie maschinellen Hilfsmitteln [65] - in Soest einzurichten, zeigten nur kurzfristige oder bescheidene Erfolge: Das Adreßbuch für Rheinland-Westfalen etwa nannte 1834 Florenz Coester als "Inhaber einer bedeutenden Nagelfabrik" [66]

---

55) StAS Abt. B XXXV a 43
56) ebda.
57) StAS Abt. B XIX g 19
58) StAS Abt. B XXXV a 43
59) ebda.
60) Jacobi, Gewerbewesen, S. 49
61) ebda.
62) StAS Abt. B XXXV a 43
63) ebda.
64) ebda.
65) Timm, Technologie, S. 151

und Johann Pletzer als Besitzer einer Hutfabrik in Soest [67]. Die in den fünfziger Jahren von König und Rosini eingerichtete Metalltafelnfabrik mußte wegen mangelndem Absatz nach einigen Jahren ihre Produktion wieder einstellen [68]. 1862 richtete W. Wensel in Soest eine Lampenfabrik ein, die 1875 insgesamt neun Beschäftigte aufwies [69]. Über 20 Arbeiter verfügte 1875 die drei Jahre zuvor in Soest eingerichtete Nähnadelfabrik Witte & Co. aus Iserlohn [70].

Dagegen bestand die 1834 gegründete Korsettfabrik Enzian auch 1875 noch mit 10 Näherinnen [71]. 1873 kam die Filzhutfabrik der Gebrüder Bernhard und Viktor Stern hinzu, in der zwei Jahre nach der Gründung bereits 40 Arbeiter und 15 Arbeiterinnen Hüte fertigten, 1880 sogar 50 männliche und 35 weibliche Beschäftigte arbeiteten [72]. Die ebenfalls 1873 vor dem Ulrichertor erbaute Landmaschinenwerkstatt B. Ruthemeyer - später eine bedeutende Dampfmaschinenfabrik - verfügte 1875 über 20 Arbeitskräfte [73]. Ein redaktioneller Bericht im "Kreisblatt" versprach den Soestern im Herbst 1873 mit der Fertigstellung der 1871 gegründeten Schmierseifenfabrik von Venn & Schlett vor dem Walburgertor neue Arbeitsplätze [74]. 1875 wies diese Fabrik auch 15 Beschäftigte auf [75]; doch im Juli 1880 teilte wiederum eine "Kreisblatt"-Anzeige mit, daß die Fabrikanlage zum Verkauf stünde [76]. Außerdem beschäftigten 1875 in Soest 5 Ziegeleien 54 Arbeiter, 9 Brauereien 19 Arbeiter, 3 Branntweinbrennereien 10 Mitarbeiter; in 2 Buchdruckereien waren 11 Beschäftigte tätig, in 3 Buchbindereien 8 Mitarbeiter [77].

---

66) Brüning, Rüttger (Hrsg.): Offizielles Adress-Buch für Rheinland-Westphalen, 1834 (zitiert: Brüning, Adress-Buch) S. 637
67) ebda. S. 639
68) StAS Abt. B XXXV a 43
69) ebda.
70) ebda.
71) ebda.
72) ebda.
73) ebda.
74) Kreisblatt Nr. 80 / 7.10.1873
75) StAS Abt. B XXXV a 43
76) Kreisblatt Nr. 60 / 27.7.1880
77) StAS Abt. B XXXV a 43

Angesichts fehlender Quellen – auch die Soester Presse
hielt nur selten private Wirtschaftsunternehmen und deren
Entwicklung einer redaktionellen Beachtung für wert – läßt
sich die Ansiedlung von Industriebetrieben in Soest nur
anhand der Daten der Fabrikeninspektoren in groben Zügen
umreißen. Über Soest hinaus bestand etwa 1872 eine Stroh-
pappendeckel-Fabrik von Bierhaus & Rademacher in Werl,
eine 7 Arbeiter beschäftigende Nagelfabrik von Coester in
Paradiese – möglicherweise die schon 1834 erwähnte – und
eine 18 Personen beschäftigende Papierfabrik von Wilhelm
Kuhlhoff in Niederense [78].

Nach Angaben der Kreis-Statistik von 1881 fanden 1879
insgesamt 357 Personen Beschäftigung in den Fabriken der
Stadt Soest, insgesamt 521 Personen im gesamten Kreisgebiet [79]. Vier gewerbliche Anlagen im Kreis Soest umfaßten
zwischen 10 und 50 Arbeitern, eine Fabrik zählte bis zu
hundert Arbeitern, eine weitere Fabrik, das Puddlings- und
Walzwerk Gabriel & Bergenthal, rechnete mit 177 Beschäftigten zur Kategorie der gewerblichen Anlagen im Kreis Soest
mit über 100 Arbeitern [80].

Damit erweist sich der Kreis Soest auch in den achtziger
Jahren des 19. Jahrhunderts noch weitgehend agrarisch aus-
gerichtet, wie die folgende Tabelle dokumentiert. 1867
lebten 45,3 % der Kreisbevölkerung von der Land- und Forstwirtschaft, 1882 noch 43,6 %. Der Unterschied zur Gesamtsituation in Westfalen ergibt sich am deutlichsten aus dem
Vergleich der von Industrie und Handwerk lebenden Menschen
im Kreis Soest und Westfalen: Während diese Personengruppe
1882 in Westfalen 45,8 % ausmacht, entfallen im Kreis
Soest nur 31,8 % auf sie. 1882 arbeiteten 44,3 % der Erwerbstätigen des Kreises Soest in der Land- und Forstwirtschaft, etwa soviele wie in Westfalen in der Sparte Indu-

---

78) StaAM Regierung Arnsberg I GA 207
79) Kreis-Statistik 1881, S. 172
80) ebda.

strie und Handwerk (44,0 %). Auf dieses Beschäftigungsfeld entfallen 1882 im Kreis Soest 30,4 % der Erwerbstätigen, ungefähr soviele wie auf die Sparte Land- und Forstwirtschaft in Westfalen (35,0 %). Gerade diese Umkehrung der Wertigkeiten beider Wirtschaftsbereiche im Kreis Soest und Westfalen dokumentiert, daß der Kreis Soest die Landwirtschaft als dominierenden Erwerbszweig bis in die achtziger Jahre des 19. Jahrhunderts bewahrte, während sich die Gesamtsituation in Westfalen zu einer vorherrschenden Bedeutung von Industrie und Handwerk wandelte.

Tabelle 21: Bevölkerung und Erwerbspersonen im Kreis Soest 1867 und 1882 nach Wirtschaftsabteilungen

| | Bevölkerung ||||||| Erwerbspersonen ||||
| | 1867 ||| 1882 |||| 1882 |||
	Personen	Kreis Soest in v.H.	Vgl. Westf. in v.H.	Personen	Kreis Soest in v.H.	Vgl. Westf. in v.H.	Pers.	Kreis Soest in v.H.	Vgl. Westf. in v.H.
Land- und Forstwirtschaft	22.274	45,3	42,0	21.979	43,6	34,2	9.091	44,3	35,0
Industrie und Handwerk	12.491	25,4	32,9	16.003	31,8	45,8	6.248	30,4	44,0
Sonstige Wirtschaftsabtlg.	12.688	25,8	21,8	10.457	20,7	16,4	5.182	25,3	21,0
Selbständige Berufslose	1.754	3,5	3,3	1.981	3,9	3,6			
insgesamt	49.207			50.420			20.521	81)	

81) Tabelle: Reekers, Stephanie: Westfalens Bevölkerung 1818 – 1955, Münster 1956 (zitiert: Reekers, Bevölkerung) S. 321

d. Einrichtung einer Gasanstalt und eines
    Elektrizitätswerkes

Die öffentliche Diskussion in Soest um die Einrichtung einer Gasanstalt setzte im Dezember 1860 aufgrund eines Presseberichtes ein. In der "Anzeiger"-Ausgabe vom 7. Dezember 1860 lobte der Autor "-m." die guten Erfahrungen der Städte Witten, Dortmund, Hamm und Unna mit ihren Gasanstalten und sah auch in der Straßenstruktur Soests kein Hindernis für die Anlage eines neuen Beleuchtungsnetzes [78]. Seine Kostenschätzungen von 12.000 Talern für das Rohrnetz - Gartenstraßen ausgenommen - und 36.000 Taler für die Gasanlage erschienen dem Autor realisierbar, so daß er zur Gründung eines Komitees aufrief [79]. Am Anfang der Bemühungen um eine Gasanstalt stand in Soest also der Wunsch nach besserer Straßenbeleuchtung - ein Bedürfnis, das offensichtlich einer Reihe Soester Bürger dringlich erschien.

Bis zum März 1863 benötigten die an dem Projekt Interessierten für die Vorüberlegungen und die Ausarbeitung der Aktiengesellschafts-Statuten. Mit der Billigung dieser Satzung vorbehaltlich einiger Änderungen durch die Stadtverordneten-Versammlung am 7. März 1863 und der Wahl der Stadträte Loerbrocks und Plange für die Mitgliedschaft in der künftigen Direktion der Gasgesellschaft [80] begann die zielstrebige Verwirklichung des Projekts.

Am 8. Mai 1863 teilte der Landrat der Arnsberger Regierung mit, daß in Soest 54 Bürger 23.000 Taler Aktienkapital zusammengebracht hätten, zu dem noch eine städtische Beteiligung von 10.000 Talern hinzukomme [81]. Andererseits aber bestanden erhebliche Vorbehalte gegen das Vorhaben: Verärgerte Anlieger in der Nähe der Lavauengasse befürchteten erhöhte Feuergefahr, Geruchsbelästigung, Rauchschwaden oder Störungen durch Kohleanlieferungen [82]. Trotz

---

[78] Anzeiger Nr. 98 / 7.12.1860
[79] ebda.
[80] Anzeiger Nr. 18 / 3.3.1863 und Nr. 21 / 13.3.1863
[81] StaAM Regierung Arnsberg I GA 57
[82] StAS Abt. B IX o 1

dem erteilte die Arnsberger Regierung am 16. Juli 1863 der
"Aktiengesellschaft für Gasbeleuchtung" die Konzession zur
Errichtung eines Gaswerkes, allerdings mit scharfen Auflagen zur Sicherung der Gebäude und Sauberhaltung der Anlage [83]. Seit Juni 1863 bemühte sich die Aktiengesellschaft mit einem Eröffnungsangebot um die privaten Gas-
abnehmer: Wer sich bis zum 1. Juli 1863 zur Verwendung
von Gas in seinem Haushalt entschloß, erhielt die Zu-
leitung zu seinem Haus bis zu einer Länge von 20 Fuß kostenlos [84].

Am 29. November 1863, zwei Tage vor Aufnahme des kontinuierlichen Betriebs, erhellten zum ersten Mal Gaslaternen die
Straßen Soests [85]. Im "Soester Anzeiger" fand dieses Ereignis besondere Resonanz. Offensichtlich der für die Redaktion verantwortliche Verleger Eduard Rochol schrieb
einen der ersten redaktionell eigengestalteten Lokalbe-
richte im "Anzeiger" über den Beleuchtungsversuch und das
gemeinsame Abendessen der Aktionäre mit einer besonderen
Würdigung des Initiators, Geometer Adolf Heim [86]. Vieles
spricht für die Annahme, Rochol und Heim - beide Stadtverordnete - seien freundschaftlich verbunden gewesen. Als
Eduard Rochol 1876 starb, übernahm Gasdirektor Heim über-
gangsweise die redaktionelle Verantwortlichkeit für den
"Anzeiger" bis zur Jahreswende 1876/77 [87]. Wahrscheinlich
darf Geometer Adolf Heim auch als Autor der Veröffentlichung gelten, die am 7. Dezember 1860 im "Anzeiger" mit
den positiven Erfahrungen der Nachbarstädte die Diskussion
über ein Gaswerk in Soest eröffnete. Die Zeichnung des
Artikels mit dem Autorenkürzel "-m." läßt insbesondere
wegen des vor dem "m" stehenden Bindestrichs eine voran-
gehende Auslassung erwarten, könnte also ein Kürzel für
"Heim" darstellen.

Besondere Beachtung jedoch im Rahmen des publizistischen
Aspektes dieser Untersuchung verdient eine journalistische
Darstellungsform, die der "Anzeiger" in der gleichen Aus-

---

83) ebda.
84) StAS Abt. B IX o 2
85) Anzeiger Nr. 97 / 4.12.1863
86) ebda.
87) Anzeiger Nr. 91 / 14.11.1876 und Nr. 1 / 3.1.1877

gabe über die Beleuchtungsprobe mitveröffentlichte. Unter dem Pseudonym "Patronus Patroklus" schrieb ebenfalls vermutlich Eduard Rochol den ersten Lokalkommentar. Für die Autorenschaft Rochols sprechen in beiden Veröffentlichungen Anklänge an einen vernünftigen Fortschrittsoptimismus und Lob für den Initiator, Geometer Heim. Eine Autorenschaft Rochols statt eines Dritten läßt ebenfalls die exklusive Veröffentlichung im "Anzeiger" annehmen. Eine Stilanalyse beider Texte bietet sich nicht an, da der Autor einmal die nüchterne Berichtsform wählt, beim Kommentar jedoch bewußt die Rolle einer historischen Figur ausfüllt. Dieser Kommentar erscheint am Ende dieses Kapitels abgedruckt, weil er neben der Reportage über die "Rübenschau" zu den journalistisch brilliantesten und von der Fragestellung dieser Arbeit her interessantesten Veröffentlichungen der Soester Presse im Berichtszeitraum zählt.

Bemerkenswert im Hinblick auf die Frage, inwieweit die lokale Presse Einfluß auf wirtschaftliche Entwicklungen des Soester Raumes nahm, erscheint der Kommentar aus folgenden Gründen:

1. Der erste Lokal-Kommentar im "Soester Anzeiger" befaßt sich mit einem wirtschaftlichen Thema: der Installation einer Gasbeleuchtung in Soest.
2. Der Kommentar versucht bestehende Vorbehalte gegen eine Neuerung auszuräumen oder mögliche Einwände erst gar nicht aufkommen zu lassen. Damit gibt er dem Initiator einer wirtschaftlichen Veränderung öffentliche Rückendeckung.
3. Das uneingeschränkte Lob des Kommentators erscheint geeignet, künftigen Urhebern vergleichbarer Projekte Mut zur Durchsetzung ihrer Ideen zu geben, weil sie offensichtlich im "Anzeiger" öffentliche Förderung und Anerkennung ihrer Bemühungen erwarten dürfen.
4. Mit in dieses lokale Thema ein fließt eine politische Parteinahme: das öffentliche Bekenntnis des Autors zum liberalen Fortschritt - nicht ohne einen Beweis patrio-

tischer Gesinnung mit Blick auf die Meinungsverschiedenheiten Preußens mit Dänemark über Schleswig-Holstein - und die Anerkennung der parlamentarischen Arbeit eines Abgeordneten des Kreises Soest. Dieser Aspekt erscheint eher für die politische Grundhaltung des "Anzeiger" bedeutsam. Hier bekennt sich wahrscheinlich der auch im Stadtparlament wirkende Verleger und Redakteur einer Lokalzeitung zu seiner politischen Überzeugung.

Das anspruchsvolle journalistische Niveau dieses Lokal-Kommentars ergibt sich aus den folgenden Handgriffen des Autors:

1. Als Kommentator erscheint nicht ein Redakteur, sondern eine Figur, die mit ihrem Standort am Rathaus hervorragend plaziert und gleichzeitig als Schutzpatron der katholischen Kirchengemeinde im Stadtzentrum bekannt ist. Damit leiht sich der Autor quasi die allgemein akzeptierte Autorität einer allseits bekannten Figur aus, um mögliche Voreingenommenheiten der eigenen Person gegenüber von vornherein auszuschalten.

2. Die Verwendung von Situationsschilderungen und direkter Rede als Unterbrechung des referierenden Kommentarstils scheint besonders geeignet, den Leser mit in die beschriebene Situation hineinzunehmen, damit er auch die Beurteilung seines Führers übernehme.

Insgesamt erweist sich dieser Lokal-Kommentar als hervorragendes Beispiel dafür, wie die Soester Presse Einfluß auf wirtschaftliche Entwicklungen des Raumes nahm, wenn die Redakteure diese Bestrebungen selbst billigten und förderten - das zeigt sich an diesem Kommentar noch deutlicher als an der "Rübenschau"-Reportage. Grundsätzlich von Bedeutung erscheint die Tatsache, daß die Lokalpresse bei der Verwirklichung wirtschaftlicher Veränderungen Einfluß nahm und dann - wie in den beiden ausführlich beschriebenen Beispielen besonders deutlich - auf seiten der fortschrittlichen, auf Veränderungen und Verbesserungen bedachten Protagonisten.

Der Gesellschaftsvertrag der Aktiengesellschaft mit der
Stadt räumte dieser dann das Recht ein, nach Ablauf der
ersten fünfzehn Betriebsjahre jährlich Aktien in einer
Höhe von 2.000 Talern zu erwerben und so allmählich in
den Besitz der Gasanstalt zu gelangen [88]. Schon im Betriebsjahr 1866 erwirtschaftete die Anlage einen Reingewinn von 4.129 Talern, der sich bis 1870 auf 7.400 Taler
steigerte [89]. Als bedeutsam für den Gasverbrauch und eine
rentable wie kostengünstige Produktion des Unternehmens
erwies sich 1868 die Gewinnung der Bahnhofsverwaltung als
Gaskonsument [90]. 1878 etwa verbrauchten private Haushalte
und städtische Anlagen insgesamt 154.000 Kubikmeter Gas,
der Bahnhof allein 72.000 Kubikmeter [91].

Die zweite Gasanstalt im Kreis Soest richtete die Stadt
Werl 1865 an der Gänsevöhde ein [92].

Weil ihm die Gasbeleuchtung der Stadt unzureichend erschien, bat der Soester Bankier Wilhelm Tappen im Dezember
1897 den Magistrat um die Genehmigung zur Anlage eines
Elektrizitätswerkes [93]. Obwohl dieser zunächst ablehnte,
weil er die Notwendigkeit nicht zu erkennen vermochte,
diskutierten die Stadtverordneten schon im Januar 1898 eingehend über ein Elektrizitätswerk [94]. Es gab nämlich zuverlässige Hinweise, daß die Eisenbahnverwaltung zur Umstellung ihrer Beleuchtung auf Strom die Errichtung eines
eigenen Kraftwerks plane [95].

Um diesen bedeutendsten künftigen Kunden nicht vorab zu
verlieren, einigte sich die Stadt mit der Eisenbahndirektion Münster über die Abnahme städtischer Elektrizität
durch die Bahnverwaltung und übertrug der "Union-Elektrizitätslieferungs-Gesellschaft" aus Berlin die Errichtung
der Anlage [96]. Am 1. August 1899 lieferte das Soester
Elektrizitätswerk zum ersten Mal Strom [97].

---

88) StAS Abt. B XV m 5
89) StaAM Regierung Arnsberg I GA 57
90) Magistratsbericht 1868, S. 12
91) Magistratsbericht 1879, S. 12
92) Mehler, Werl, S. 405
93) Elektrizitätswerk, S. 8
94) ebda.
95) ebda.
96) ebda.
97) ebda. S. 9

Meinen lieben Soestern Gruß und Heil!

Ich sage hiermit meinen herzlichsten Dank für den schönen Flammenkranz, mit dem man mich am gestrigen Abende umgeben. Es ist wirklich ein unnennbar süßes Gefühl, nach Jahrhunderte langer dunkler Existenz endlich einmal gehörig illuminirt zu werden. Das von einem energischen, mir sehr werthen Manne muthig begonnene und durchgeführte Werk der Gasbeleuchtung nehme ich unter meinen speciellen väterlichen Schutz, und verspreche ich vor Allem, den Sinn der städtischen Behörde dahin zu lenken, daß letztere durch Beschaffung einer viel größeren Anzahl von Laternen der nicht mehr zeitgemäßen Finsterniß, die, wie ich zu meinem Bedauern vernommen, auf noch mehreren Straßen meiner lieben Stadt Soest nächtlicher Weile herrscht, baldigst ein Ende mache. — Wahrscheinlich mit Anspielung auf meine etwaigen mittelalterlich-fortschrittsfeindlichen Gesinnungen äußerte gestern Abend Jemand spöttelnd vor dem Rathhause: „Wie ungemüthlich muß sich doch wohl der an die Dunkelheit gewöhnte alte Patroklus bei diesem Lichte fühlen." Ich bemerke hierauf, daß ich, meiner politischen Ueberzeugung nach — von meinem religiösen Bekenntnisse ist hier weiter nicht die Rede — nichts weniger, als ein Dunkelmann bin. Zwar in der tiefsten Finsterniß des Mittelalters geboren und aufgewachsen, habe ich die durch Geburt und Erziehung mir aufgebürdeten Vorurtheile nach und nach völlig abgeschüttelt; besonders hat während der vielen Muße, welche mein hiesiger Wachtposten mir zum Nachdenken und zur unparteiischen Betrachtung des menschlichen Treibens unter meinen Füßen gelassen, immer mehr die Ueberzeugung in mir sich befestigt, daß das Heil der Menschheit nur in einem steten vernünftigen Fortschritt zu suchen ist. — Hielten mich meine geistliche Würde, Alter und Podagra nicht zurück auf meinem Platze, wahrlich, glaubet mir, Kinder, ich träte als ächter Fortschrittsmann mit Euch nächstens hin zur Wahlurne, der oft besuchten, und hälfe Euch wiederwählen liberale Männer, wie von Bockum-Dolffs und Beitzke; und meine Märtyrerkrone würde ich vertauschen mit einer Pickelhaube und meinen Schild mit einem Küraß, und, das Schwert hoch schwingend in den Lüften, an der Spitze hochherziger deutscher Jünglinge hinstürmen zum Kampfe für Schleswig-Holstein, das meerumschlungene, vielbesungene, doch stets getäuschte. O, wie warm schlägt mir das alte Herz noch bei diesen Gedanken — und hier, wo ich stehe, ist's gerade empfindlich kalt. Walte Gott, daß das jüngere Geschlecht bei seinen warmen Oefen und in seinen warmen Betten nicht weniger warm fühle, als Euer betagter

Soest, den 30. November 1863.   Patronus Patroklus.

Soester Anzeiger Nr. 97 / 4.12.1863

VII. Über die Wälle hinaus: Bevölkerungs- und Stadtwachstum

Dortmund und Soest als Städte mit gemeinsamer Hansegeschichte wiesen auch zu Beginn des 19. Jahrhunderts als agrarisch ausgerichtete Orte mit Lokal- und Nahhandel noch eine ähnliche Struktur auf, die sich ebenso in ihrer Bevölkerungszahl widerspiegelte: Dortmund zählte 1818 insgesamt 4.289, Soest sogar 5.126 Einwohner [1]. Bis Anfang der vierziger Jahre des 19. Jahrhunderts blieben beide Städte in Bezug auf die Bevölkerungszahl vergleichbar: 1843 wohnten in Dortmund 7.620, in Soest 8.547 Bürger [2]. Erst die einsetzende Industrialisierung seit den fünfziger Jahren mit steigender Binnenwanderung aus den agrarischen Nordostprovinzen in die entstehenden Industriestädte wandelte dieses Bild grundlegend: Schon 1871 zählte Dortmund 109.244 Einwohner [3], die Stadt Soest nur 12.404 Bürger [4].

Die folgende Tabelle ermöglicht einen Überblick über die Bevölkerungsentwicklung im Kreis Soest zwischen 1818 und 1875. Sie verdeutlicht eine kontinuierliche Zunahme der Bewohner der Stadt Soest. Dagegen erleben die Landgemeinden und die Stadt Werl zwischen 1867 und 1871 einen Rückgang ihrer Einwohnerzahlen, der sich immerhin auf eine Bevölkerungsverminderung im Gesamtkreis von 0,15 % addiert. Sie dürfte durch Auswanderungen ins Industriegebiet verursacht worden sein.

---

1) Schulte, Volk, S. 107
2) ebda. S. 110
3) Reekers, Bevölkerung, S. 6
4) Kreis-Statistik 1881, S. 64

Tabelle 22: Bevölkerungsentwicklung im Kreis Soest
1818 - 1875

	1818	1839	1849	1858	1864	1867	1871	1875
Stadt Soest	5216	7908	9195	10157	11429	11970	12404	13099
Stadt Werl	2444	3458	3985	4534	4631	4685	4680	4694
Landgemeinden	24477	28682	31329	32031	32523	32552	31830	31452
Kreis insgesamt	32137	40048	44509	46722	48583	49207	48914	49245

5)

Hans Uekötter sah 1941 [6] in den Gemeinheitsteilungen den Grund für das Anwachsen der Bevölkerungszahl in der Haar-Lippe-Landschaft zwischen 1818 und 1843 [7]. In dem fruchtbaren Gebiet seien auch die ehemaligen Gemeinheiten in Kultur genommen worden, vielfach durch Kötter und Heuerlinge [8]. Zumindest die Bevölkerungszunahme der Stadt Soest Ende der fünfziger Jahre des 19. Jahrhunderts erklärt sich nicht aus der zögernden Ansiedlung industrieller Betriebe und den Beschäftigungsmöglichkeiten bei der Eisenbahn: Nach dem Magistratsbericht von 1861 verursachte die Einquartierung einer Garnison 1858 einen Anstieg der Bevölkerung um etwa tausend Personen, also mehr als zehn Prozent [9].

Entsprechend diesem langsamen Bevölkerungswachstum entwickelte sich auch die Einwohnerdichte des Kreises Soest zwischen 1818 und 1905. Bis 1858 vermochte sie sich - bedingt durch die Größe der Stadt Soest - leicht über dem Durchschnitt des Regierungsbezirks Arnsberg zu halten, verlor aber - wie die folgende Tabelle veranschaulicht - in der zweiten Hälfte des 19. Jahrhunderts den Anschluß an die Entwicklung im Regierungsbezirk Arnsberg.

---

5) Tabelle: Kreis-Statistik 1881, S. 64
6) Uekötter, Hans: Die Bevölkerungsbewegung in Westfalen und Lippe 1818 - 1933, Münster 1941 (zitiert: Uekötter, Bevölkerungsbewegung)
7) ebda. S. 31
8) ebda.
9) Magistratsbericht 1861, S. 2

Tabelle 23: Bevölkerungsdichte im Kreis Soest
1818 - 1905 (Einwohner je qkm)

	1818	1858	1871	1905
Kreis Soest	60	88	92	109
Reg. Bez. Arnsberg	49	86	109	252

[10)]

Eine sachgerechte Einschätzung der Bevölkerungsentwicklung des Kreises Soest im Berichtszeitraum erscheint jedoch erst im Vergleich mit anderen Regionen möglich. Zwischen 1855 und 1880 vollzog sich in Preußen eine bedeutsame Gewichtsverlagerung: Bei einem Gleichstand Westpreußens büßten die agrarischen Nordostprovinzen 0,8 % ihres Einwohneranteils im preußischen Staat ein, die Mittelprovinzen verloren 2,2 % ihrer Bevölkerung, während Berlin um 1,9 % und die Westprovinzen um 1,1 % zunahmen [11]. Die entstehende Industrie bot den ländlichen Bevölkerungsüberschüssen einen, wenn auch oft nur sehr bescheidenen Lebensunterhalt [12]. Ziele dieser Binnenwanderung innerhalb Preußens boten neben Berlin und Brandenburg die Westprovinzen Rheinland und Westfalen [13]. Den Bewohnern der rapide wachsenden Industriestädte brachte diese Wanderungsbewegung Wohnungsnot, Mieterhöhungen, steigende Lebensmittelpreise und als Konsequenz konjunktureller Einbrüche Lohnkürzungen, Arbeitslosigkeit und Massenelend [14].

Der Kreis Soest, der auch in der zweiten Hälfte des 19. Jahrhunderts seine vorwiegend agrarische Ausrichtung behielt - 1882: 44,3 % der Erwerbstätigen in Land- und Forstwirtschaft - [15], machte das rasche Wachstum der westlichen westfälischen Nachbarkreise nicht mit. Um einen Vergleich zu ermöglichen, beschreibt die folgende Übersicht auch die Entwicklung des Dortmunder Raumes, ab 1875 in der Trennung

---

10) Tabelle zusammengestellt aus: Reekers-Bevölkerung, S. 11
11) Köllmann, Bevölkerung, S. 49
12) Köllmann, Wolfgang: Industrialisierung, Binnenwanderung und "Soziale Frage". In: VSWG 46 (1959) S. 45 - 70 (zitiert: Köllmann, Industrialisierung) S. 50
13) Köllmann, Bevölkerung, S. 51
14) Grebing, Arbeiterbewegung, S. 72

von kreisfreier Stadt und Landkreis; überdies erlaubt
die Einbeziehung des Kreises Hagen einen Vergleich mit
der Entwicklung eines frühen gewerblichen Zentrums. Deutlich macht die Tabelle, daß der Kreis Soest mit seinem
langsamen Bevölkerungswachstum zwischen 1818 und 1885
deutlich, zeitweise sogar erheblich hinter dem Wachstum
des preußischen Staates zurückblieb.

Tabelle 24: Bevölkerungsvermehrung im Kreis Soest
1818 - 1885 (in Prozent pro Jahr)

	1818 -1839	1849 -1858	1858 -1864	1864 -1867	1867 -1871	1871 -1878	1875 -1880	1880 -1885
Kreis Soest	1,17	0,55	0,66	0,43	0,15	1,17	0,73	0,18
Staat Preußen	1,71	0,96	1,42	-	0,70	1,12	1,19	0,76
Kreis Dortmund	1,91	5,79	2,81	5,45	5,55	5,49	1,41	3,21
Stadt Dortmund	-	-	-	-	-	-	3,05	3,57
Kreis Hagen	3,46	2,06	1,96	1,72	1,70	2,85	0,57	1,63

16)

Daß auch die Fernwanderung am Kreis Soest weitgehend vorbeiging, mögen diese Zahlen veranschaulichen: 1900 lebten
3.803 polnische Bürger in der Stadt Dortmund (2,7 % der
gesamten Einwohner), im Kreis Soest dagegen nur 105 (0,2%)
17). Noch am Ende des 19. Jahrhunderts überwogen die Klein-
und Mittelbetriebe im Kreis Soest: 1907 beispielsweise arbeiteten von 100 Arbeitern des Kreises Soest nur 4,4 in

---

15) Reekers, Bevölkerung, S. 321
16) Tabelle zusammengestellt aus: Schmöle, J.: Die neueste
    wirtschaftliche Entwicklung. In: Grafschaft Mark. Die:
    Hrsg. Alois Meister, Dortmund 1909, S. 691 - 730
    (zitiert: Schmöle, wirtschaftliche Entwicklung)
    S. 691 ff.
17) Schmöle, wirtschaftliche Entwicklung, S. 706

Großbetrieben, in der Stadt Dortmund dagegen 46,3 [18].
Entsprechend maßvoll wuchs die Stadt Soest in der zweiten
Hälfte des 19. Jahrhunderts. Die folgende Tabelle veranschaulicht
diesen Prozeß besonders kraß im Vergleich zu
Dortmund und Hagen.

Tabelle 25: Wachstum der Stadt Soest 1818 - 1905

Stadt	1818 - 1867		1867 - 1905	
	absolut	in Prozent	absolut	in Prozent
Soest	6.844	133,5	5.424	45,31
Dortmund	29.164	679,9	142.124	424,85
Hagen	8.791	349,7	66.262	586,13

[19]

1819 bildete Soest mit 6.800 Einwohnern noch die größte
Stadt des Regierungsbezirks Arnsberg [20]. 1858 nahm die
Bördestadt hinter Münster, Dortmund, Iserlohn, Minden,
Bielefeld und Paderborn nur noch den siebten Rang unter
den westfälischen Städten ein [21]. Die Ballung der Wohnbevölkerung
in wenigen Zentren, wie sie für die rapide
wachsenden Industrieregionen charakteristisch wurde, vollzog
sich im langsam wachsenden Kreis Soest nicht: 1858
wohnten 14.691 Personen oder 31,4 % der Kreisbevölkerung
in den beiden Städten Soest und Werl, mehr als zwei Drittel
der Kreiseinwohner aber, 32.025 Personen (68,6 %), in den
übrigen 106 Gemeinden des Kreises [22].

Im gesamten Berichtszeitraum wuchs jedoch die Stadt Soest
kontinuierlich, auch über die Wälle hinaus. Wie die folgende
Tabelle zeigt, standen 1838 insgesamt 30 Wohnhäuser
außerhalb der Umwallung. 1879 gab es innerhalb der Ringmauern
1.519 Wohngebäude [23], außerhalb der Umwallung bereits
111 Wohnhäuser.

---
18) ebda. S. 714
19) Tabelle zusammengestellt aus: Schmöle, wirtschaftliche Entwicklung, S. 695 f.
20) Koske, Stadtsparkasse, S. 11
21) Reekers, Bevölkerung, S. 320
22) ebda.
23) Kreis-Statistik 1881, S. 92

Tabelle 26: Wohnhäuser der Stadt Soest außerhalb der
Ringmauern 1838 - 1879

	1838	1879
Brüderfeldmark	4	21
Jakobifeldmark	11	27
Nöttenfeldmark	8	28
Osthofenfeldmark	2	4
Paulifeldmark	-	1
Thomäfeldmark	-	10
Walburgerfeldmark	5	20
insgesamt	30	111

[24]

---

[24] Tabelle zusammengestellt aus: StAS Abt. B XX a 17 und Kreis-Statistik 1881, S. 92

VIII.   Soziale Lage

a.   Beschäftigungssituation und Wohnverhältnisse

Beim vollen Einsetzen der Industrialisierung zur Mitte des 19. Jahrhunderts befanden sich insbesondere die ländliche Überschußbevölkerung, die kleine, schlecht ausgebildete Handwerkerschaft und die Hausgewerbetreibenden, die die Industrie verdrängte, in einer latenten Krisensituation [1]. Aus diesen Bereichen rekrutierte sich vorwiegend die Industriearbeiterschaft mit den entsprechenden sozialen Gefährdungen in wirtschaftlichen Krisenzeiten [2]. Zuvor dienten besonders Ende der vierziger Jahre des 19. Jahrhunderts im Kreis Soest der Chausseebau und später der Eisenbahnbau als Möglichkeit zur Beseitigung breiter Arbeitslosigkeit oder blieb noch die Auswanderung nach Übersee als Ausweg. In der zweiten Hälfte des 19. Jahrhunderts dürfte dagegen das Aufblühen der Industrieregionen anziehend auf arbeitswillige Erwerbslose gewirkt haben. Im März 1877 warnte beispielsweise ein redaktioneller Bericht im "Anzeiger" vor der Arbeitssuche in Belgien [3].

Daß die Möglichkeit, ohne Ausbildung in den vollen Arbeitsprozeß einzutreten, auch eine Reihe Absolventen der Elementarschulen im Soester Raum auf eine handwerkliche Ausbildung verzichten und in das Ruhrgebiet abwandern ließ, belegt eine Situationsanalyse des Soester Magistrats gegenüber Landrat Fritsch vom 1. November 1876 über die geplante Wiedereröffnung einer Handwerker-Fortbildungsschule in Soest: "Der Aufschwung der Industrie in unseren benachbarten Kreisen hatte die Folge, daß nur wenige Knaben bei einem Handwerker in die Lehre eintreten, vielmehr es vorzogen, in den industriellen Bezirken als Fabrikarbeiter sofort hohe Löhne zu verdienen [...] " [4].

---

1) Köllmann, Wolfgang: Politische und soziale Entwicklung der deutschen Arbeiterschaft 1850 - 1914. In: VSWG 50 (1963) S. 480-504 (zitiert: Köllmann, Arbeiterschaft) S. 483
2) ebda.
3) Anzeiger Nr. 26 / 30.3.1877
4) StaAM Kreis Soest Nr. 206

Für die Annahme, daß insbesondere junge Leute abwanderten, spricht deren größere Mobilität gegenüber älteren, verheirateten Arbeitern, was sich wiederum in der unterschiedlichen Bevölkerungsstruktur der industrialisierten Regionen gegenüber dem vorwiegend agrarisch ausgerichteten Kreis Soest niederschlug: 1905 etwa machte die Bevölkerungsgruppe der 14 bis 50jährigen in der Stadt Dortmund mehr als die Hälfte der Einwohner aus (56,93 %), im Kreis Soest nur fast ein Viertel der Bewohner (24,66 %) 5).

Angesichts der rasch steigenden Arbeitskräftenachfrage im benachbarten Industriegebiet konnten sich die Landwirte im Kreis Soest kaum eine wesentlich niedrigere Entlohnung ihrer Arbeiter leisten, ohne Gefahr zu laufen, die jungen, kräftigsten von ihnen durch Abwanderung zu verlieren. Schon beim Eisenbahnbau verbesserten Schwierigkeiten bei der Arbeitsbeschaffung die Entlohnung der Landarbeiter als Folge höherer Tagelöhne für die Eisenbahnarbeiter, wie der Magistratsbericht für 1868 konstatierte 6).

Für eine verhältnismäßig abgesicherte Ernährungssituation der Bevölkerung im Kreis Soest dürfte die Haltung von Vieh oder der Anbau von Gemüse, Kartoffeln und Getreide auf einem gepachteten oder eigenen Garten oder Ackerstück im Nebenerwerb bedeutsam gewesen sein. 1883 etwa besaßen 1.233 von 2.885 Soester Haushaltungen, also fast die Häfte, Vieh 7), die Stadt wies 1.014 Schweine und 1.076 Ziegen auf 8). Der Magistratsbericht erläuterte dazu: "[...] die erhebliche Zahl von Ziegen und Schweinen erklärt sich dadurch, daß die Mehrzahl der Tagelöhner, der Post- und Eisenbahnunterbeamten zugleich Ackerbauer sind, welche eine oder zwei Ruthen (Soester) gepachteten Landes in Freistunden mit Hülfe von Frau und Kindern be-

---

5) Schmöle, wirtschaftliche Entwicklung, S. 702
6) Magistratsbericht 1868, S. 13
7) Bericht des Magistrats über die Verwaltung und den Stand der Gemeindeangelegenheiten der Stadt Soest für das Jahr 1882/83, Soest 1884 (zitiert: Magistratsbericht 1882) S. 6
8) ebda.

stellen und dadurch Futter für eine Ziege und ein
Schwein in der Regel erzielen" [9].

Angaben über die Arbeitsbedingungen der Soester Erwerbstätigen lassen sich aufgrund der Aufzeichnungen von Fabrikeninspektoren nur für einige Soester Fabriken machen. Im Februar 1875 etwa urteilte Fabrikinspektor Nitschke über den häufig völlig verqualmten Fabrikationsraum der Nadelfabrik Witte: "Das Lokal bei Witte gewährt den 20 Arbeitern bei 2,19 Meter Höhe, 8,75 Meter Länge, 8,19 Meter Breite nur je 4,6 Kubikmeter Luftraum" [10]. Die Situation in der Zigarrenfabrik Holthausen erwies sich zur gleichen Zeit demgegenüber noch ungünstiger: "Das Lokal bei Holthausen ist bei einer Höhe von 2,56 Meter, einer Länge von 10,55 Meter und einer Breite von 6,44 Meter für 50 Arbeiter zu klein, da jeder derselben nur 3,37 Kubikmeter Luftraum hat" [11].

Die Arbeitszeit betrug 1872 in der Nadelfabrik Witte und der Korsettfabrik Enzian im Sommer 11 Stunden täglich, im Winter 10 Stunden [12]. Dafür erhielten die Näherinnen bei Enzian 1874 zwischen 5,40 und 7,50 Mark Wochenlohn [13]. Weniger lange für einen geringeren Durchschnitts-Wochenlohn von 6 Mark mußten dagegen die Beschäftigten in den Zigarrenfabriken arbeiten: 1874 etwa im Sommer 9,5 und im Winter 10,5 Stunden [14]. Insgesamt aber können diese Einzelangaben nur ein Schlaglicht auf die Situation der anteilsmäßig weniger bedeutenden Industriearbeiter innerhalb der Soester Erwerbstätigen werfen.

Auch zur Beschreibung der Wohnsituation bietet sich nur ein Beispiel an: Im Dezember 1861 plante Wilhelm Bergenthal den Bau von 4 bis 6 Doppelwohnungen für seine von Warstein nach Soest übergewechselten Arbeiter in Werks-

---

9) ebda. S. 6 f.
10) StaAM Regierung Arnsberg I GA 207
11) ebda.
12) StAS Abt. B XXXV a 43
13) ebda.
14) ebda.

nähe am Soestbach vor dem Brüdertor [15]. Als der Magistrat und anschließend Landrat Fritsch die Baugenehmigung im Februar 1862 wegen der "Schwierigkeit der polizeilichen Überwachung" [16] ablehnten, versuchte Bergenthal noch im gleichen Monat den Vorbehalten der Soester gegen die industriell beschäftigten Neubürger mit einer Beschwerde bei der Arnsberger Regierung zu begegnen: "Die versteckte Andeutung, daß Fabrikarbeiter sich keines guten Rufs erfreuen, weisen wir ebenso entschieden zurück, es liegt schon zu viel im Interesse der Fabrikanten, durchaus ehrliche Arbeiter zu besitzen [...]" [17]. Schließlich verfolge er die Absicht, für seine Arbeiter - "schlichte unverdorbene Gebirgsbewohner" - erschwingliche Mieten in freundlichen Wohnungen zu ermöglichen [18]. Aber die Arnsberger Regierung teilte die vorurteilsbehafteten Bedenken der Soester Verwaltung: Im Juni 1862 bestätigte sie die Ablehnung der Baugenehmigung, weil ihr das Projekt ebenfalls "polizeilich bedenklich" [19] erschien.

Initiative der Soester Bürger half Ende der siebziger Jahre des 19. Jahrhunderts bei der Schaffung zweier sozialer Einrichtungen: der Bildung eines "Vereins gegen gewerbsmäßige Bettelei" und der Einrichtung einer "Herberge zur Heimat". Um sich zunehmender 'professioneller' Bettelei zu erwehren, riefen Soester Bürger im September 1877 über die lokale Presse zur Gründung eines Vereins auf, der vom 1. April 1878 an arbeitslosen Personen Gelegenheit zur Beschäftigung gab [20]. Laut Statuten zahlte jedes Mitglied einen Jahresbeitrag von mindestens einer Mark und verpflichtete sich gleichzeitig, keinem Bettler Geld zu geben [21]. Aus der einkommenden Spendensumme erhielten bedürftige Personen Unterstützungen bis zu zwei Mark [22].

---

15) StAS Abt. B XV n 3
16) ebda.
17) ebda.
18) ebda.
19) ebda.
20) Anzeiger Nr. 76 / 21.9.1877; Nr. 25 / 26.3.1878
21) Anzeiger Nr. 80 / 5.10.1877
22) ebda.

Im Mai 1878 zählte der Verein bereits fast 300 Mitglieder und zahlte durchschnittlich monatlich 100 Mark aus [23].

Zum Bau der "Herberge zur Heimat", die seit ihrer Eröffnung am 30. Mai 1880 jeweils 15 Obdachlosen oder Durchreisenden Quartier bot, trugen ebenfalls freiwillige Bürgerspenden von 6.000 Mark erheblich zur Finanzierung des Kostenaufwandes von 14.000 Mark bei [24]. Am Ende der ersten sechs Wochen hatten bereits 647 Personen von dem Übernachtungsangebot Gebrauch gemacht [25].

b. Jugendliche Arbeiter in Fabriken und der Landwirtschaft

So große Bedeutung die jeweiligen Arbeitsbedingungen für die Gesundheit und menschliche Entfaltung der Fabrikarbeiter auch erlangten, für die noch im körperlichen und geistigen Entwicklungsprozeß begriffenen Jugendlichen mußte die tägliche Anspannung in Dauer sowie Härte der Tätigkeit und Qualität des Arbeitsplatzes ausschlaggebend sein für ihre Lebenserwartung. In Sorge um die Wehrfähigkeit seiner jungen Bürger und eine gesicherte Schulbildung der heranwachsenden Bevölkerung untersagte der preußische Staat im Gesetz vom 9. März 1839 die Arbeit für alle Kinder vor dem vollendeten neunten Lebensjahr, verlangte einen mindestens dreijährigen Schulbesuch für die älteren arbeitenden Kinder, begrenzte ihre Arbeitszeit auf zehn Stunden täglich und verbot Nacht-, Sonn- und Feiertagsarbeit [26].

Das Kinderschutzgesetz vom 16. Mai 1853 hob das Mindestalter für eine Einstellung auf 12 Jahre an, begrenzte die Arbeitszeit der 12 bis 14jährigen auf sieben Stunden täglich, verlangte die Führung von Arbeitsbüchern für Kinder

---

[23] Anzeiger Nr. 40 / 17.5.1878; Nr. 100 / 13.12.1878
[24] Kreisblatt Nr. 44 / 1.6.1880
[25] Kreisblatt Nr. 59 / 23.7.1880
[26] Köllmann, Anfänge Sozialpolitik, S. 39

und Jugendliche und setzte Fabrikinspektoren zur Überwachung dieser Bestimmungen ein [27]. Entsprechend trug die "Dienst-Anweisung für den Fabriken-Inspektor des Regierungsbezirks Arnsberg" vom 30. Dezember 1854 [28] den Beamten auf, besonders "[...] auf die gesunde und gefahrlose Einrichtung der Arbeitswerkstätten, sowohl in baulicher Beziehung, als auch in Beziehung auf die Verrichtung der Arbeiten [...]" [29] zu achten.

Während der Soester Magistrat dem Landrat zwischen 1841 und 1854 jeweils mitteilte, angesichts fehlender Fabriken in Soest gäbe es auch keine jugendlichen Fabrikarbeiter, änderte sich die Situation 1854 mit der Einrichtung der Metalltafelnfabrik des Schreiners König [30]. Hier ergab eine Polizeiinspektion im September 1854 die Beschäftigung von fünf 15jährigen Jungen an zwölf Stunden täglich [31]. Absatzmangel jedoch zwang König bereits 1856 zur Entlassung dieser Jugendlichen [32]. Auf eine Anfrage der Arnsberger Regierung aus dem gleichen Jahr über mögliche Beschäftigung Jugendlicher in Soester Ziegeleien, antworteten alle drei Besitzer ebenfalls verneinend [33].

Als Fabrikeninspektor Mannstaedt im August 1860 starb, ließ die Arnsberger Regierung die Stelle des Soest einschließenden Verwaltungsbezirks - wohl wegen fehlender Notwendigkeit - bis Anfang der siebziger Jahre des 19. Jahrhunderts unbesetzt [34]. Über die anschließende Zeitspanne zwischen 1872 und 1880 liegen verhältnismäßig kontinuierliche Daten vor, die in der folgenden Tabelle zusammengefaßt erscheinen. Als bemerkenswert darf zweifellos gelten, daß Soests größte Fabrik, das Puddlings- und Walzwerk Gabriel & Bergenthal, keine Jugendlichen unter 16 Jahren beschäftigte.

---

27) ebda. S. 46; vgl. auch: Ludwig, Karl-Heinz: Die Fabrikarbeit von Kindern im 19. Jahrhundert. In: VSWG 52 (1965) S. 63-85 (zitiert: Ludwig, Kinderarbeit)
28) StAS Abt. B XXXV a 43
29) ebda.
30) ebda.
31) ebda.
32) ebda.
33) ebda.
34) ebda.

Tabelle 27: Jugendliche Arbeiter zwischen 12 und 16
Jahren in Soester Fabriken 1872 - 1880

	1872	1873	1874	1879	1880
Zigarrenfabrik A. Holthausen	5	17	21	3	3
Zigarrenfabrik Friedr. Groos	-	20	8	2	2
Nähnadelfabrik Witte & Co.	-	10	11	-	-
Filzhutfabrik Gebr. Stern	-	-	2	1	1
Zigarrenfabrik A. Stork	-	-	-	1	-

35)

Die Arbeitszeit für Jugendliche unter 16 Jahren betrug 1854 in der Blechtafelnfabrik König 12 Stunden pro Tag, 1872 in der Zigarrenfabrik Holthausen 10,5 Stunden [36], 1879 ebenfalls bei Holthausen für 12 bis 14jährige 4 Stunden täglich, für 14 bis 16jährige 11 Arbeitsstunden [37]. Hinweise auf die Arbeitsbedingungen dieser Jugendlichen enthält nur ein Situationsbericht Bürgermeister Coesters an Landrat Fritsch vom 28. November 1874 [38]. Darin räumte Coester gesundheitliche Gefährdungen junger Arbeiter ein: "Bei den Knaben in der Zigarrenfabrik ist das frühzeitige Zigarrenrauchen als der Gesundheit nachtheilig von seiten des Arztes gerügt worden" [39].

Gemessen an der Situation im westlich benachbarten Industriegebiet erscheinen Ausmaß und Umstände der Beschäftigung Jugendlicher in Fabriken des Kreises Soest wenig bedeutend: 1876 etwa arbeiteten in Fabrikanlagen des Kreises Soest 11 Jugendliche unter 14 Jahren und 5 Jugend-

---

35) Tabelle zusammengestellt aus: StAS Abt. B XXXV a 43
36) StAS Abt. B XXXV a 43
37) StAS Abt. B XXXV a 82
38) StAS Abt. B XXXV a 43
39) ebda.

liche von 14 bis 16 Jahren [40]. 1889 beschäftigten 12 Fabriken im Kreis Soest drei 12 bis 14jährige und 44 Jugendliche zwischen 14 und 16 Jahren [41]. Trotzdem aber werfen diese Zahlen ein Schlaglicht auf die schwierige Unterhaltssicherung von einigen Angehörigen der Unterschicht auch im Kreis Soest.

Eine Form der Kinder- und Jugendlichenarbeit - oftmals nicht als solche (an)erkannt - verdient gerade im agrarisch geprägten Soester Raum Beachtung: die Beschäftigung in der Landwirtschaft. Mehrfach ermahnte die Verwaltung die Bauern über die lokale Presse, ihre Kinder zur Schule zu schicken, statt sie Vieh hüten zu lassen. Im August 1856 wies der Magistrat im "Anzeiger" darauf hin, daß die Regierungsverordnung vom 29. Juni 1855 Viehhüten durch schulpflichtige Kinder sogar außerhalb des Unterrichts verbiete [42]. Ausnahmen von dieser Regelung genehmigten nur die Schulinspektoren und der Landrat [43] - eine zweifellos illusorische Anordnung. Denn im Gegensatz zu den Verhältnissen in den Fabriken, fehlte eine Institution zur Kontrolle der Kinder- und Jugendlichenarbeit in den landwirtschaftlichen Betrieben.

c. Gründung des SPD-Ortsvereins Soest 1873

Als Vorbeugung gegen Arbeitskämpfe erließ Preußen 1845 mit der Novelle zur Gewerbeordnung das Koalitionsverbot, das gemeinsame Arbeitsniederlegungen von Handwerksgesellen oder Fabrikarbeitern untersagte [44]. Die preußische Gesindeordnung dehnte 1854 das Koalitionsverbot auf die Landarbeiter, das preußische Berggesetz von 1860 ebenso

---

40) Jahres-Berichte der Fabriken-Inspektoren für das Jahr 1876, Berlin 1877, S. 236 f.
41) Jahres-Berichte der Königlich Preußischen Gewerberäthe, Berlin 1890, S. 216
42) Anzeiger Nr. 67 / 19.8.1856
43) Anzeiger Nr. 32 / 20.4.1875
44) Born, Karl Erich: Sozialpolitische Probleme und Bestrebungen in Deutschland von 1848 bis zur Bismarckschen Sozialgesetzgebung. In: VSWG 46 (1959) S. 29-44 (zitiert: Born, Sozialpolitische Probleme) S. 32

auf die Bergarbeiter aus [45]. Erst 1869 versuchte Bismarck der Entfremdung der Arbeiterschaft vom Staat durch die Aufhebung des Koalitionsverbotes zu begegnen [46].

In den fünfziger Jahren des 19. Jahrhunderts gibt es im Soester Raum jedoch noch keinerlei Anzeichen für politische Aktivitäten der Arbeiterschaft. Erst 1864 weigerten sich die Zigarrenarbeiter Ferdinand Schwollmanns geschlossen, auch den Unternehmer-Anteil für ihre Hilfskasse mit aufzubringen, und zwangen damit den Fabrikanten zur Revidierung dieser Maßnahme [47]. Arno Herzig wies 1971 in seiner Untersuchung über die "Entwicklung der Sozialdemokratie in Westfalen" [48] nach, daß vornehmlich die Zigarrenarbeiter das politische Organisationen unterdrückende Vereinsgesetz vom 11. März 1850 mit Tarngruppierungen zu umgehen wußten [49]. Auch in Soest machten die Zigarrenarbeiter später nach Marga Koskes "Beitrag zur Geschichte der SPD in Soest" von 1974 [50] den "Stamm des neuen Ortsvereins" [51] aus.

Noch Ende Januar 1873 vermerkte Fabrikeninspektor Nitschke nach einer Kontrolle im Kreis Soest, es gebe dort keine Arbeiterkoalitionen [52]. Aber die Vorbereitungen für die Reichstagswahl am 10. Januar 1874 veränderten auch die Situation in Soest. Laut Berichterstattung im "Kreisblatt" sprach der sozialdemokratische Agitator Scheil aus Bielefeld auf der ersten Volksversammlung in Soest [53]. Die Zusammenkünfte dienten als Auftakt für die Gründung des sozialdemokratischen Ortsvereins Soest, der sich ab Mitte November 1873 wöchentlich versammelte [54]. In zwei weiteren Wahlversammlungen am 19. Oktober und 7. Dezember 1873 erläuterte Scheil die politischen Vorstellungen der

---

45) ebda.
46) ebda. S. 41 f.
47) StAS Abt. B XIX g 19
48) Herzig, Arno: Die Entwicklung der Sozialdemokratie in Westfalen bis 1894. In: Westfälische Zeitschriften 121 (1971) S. 97 -173 (zitiert: Herzig, Sozialdemokratie)
49) ebda. S. 124 ff.
50) Koske, SPD o. S.
51) ebda.
52) StaAM Regierung Arnsberg I GA 207
53) Kreisblatt Nr. 78 / 30.9.1873
54) Koske, SPD o. S.

Sozialdemokraten [55], allerdings löste die Polizei die zweite Veranstaltung im Blauen Saal des Rathauses vorzeitig auf [56].

Der Königsberger Maschinenbauer oder Graveur Scheil agitierte im Auftrag der 'Eisenacher'-Richtung in Westfalen [57]. Nach Erfolgen in Bielefeld gelang es ihm, als zweite westfälische Gruppe den Soester Ortsverein zu gründen [58]. Auf dem 6. Kongreß der Sozialdemokratischen Arbeiterpartei in Coburg vom 18. bis 21. Juli 1874 galt Scheil als Delegierter der westfälischen Ortsvereine Soest (15 Mitglieder) und Bielefeld (18 Mitglieder) [59].

Die Soester Presse begleitete das Entstehen einer sozialdemokratischen Gruppierung in der Bördestadt mit Argwohn, Ärger und bissiger Ironie. Von Verunglimpfungen der Veranstaltungsbesucher ("Jungbürgerthum", "bei gewissen Leuten" [60]) über Angriffe gegen den Redner ("Schmähworte des Aufruhrpredigers" [61]) reichten im "Kreisblatt" die kommentierenden Wendungen in der Berichterstattung über die Volksversammlungen zu verkürzten Wiedergaben der Redeinhalte ("Phrasen und Schlagwörter", "Seitenhiebe", "versteckten Anspielungen gehässiger Natur" [62]).

Verleger und Redakteur Eduard Rochol wandte sich im Neujahrsartikel 1876 des "Anzeiger" [63] eigens an seine Leser, um vor den Sozialdemokraten wie vor konservativen Gruppierungen zu warnen - was Rochols fortschrittlich liberale Haltung bestätigt. Während die Konservativen "finsterste Geistesnacht" wünschten, fordere die Sozialdemokratie die soziale Umwälzung: "Entferne Dich aus Deinem Hause, damit i c h darin wohne! Sie [die SPD -hjj-] will also die ganze moralische und sittliche, die ganze rechtliche Welt-

---

[55] Kreisblatt Nr. 98 / 9.12.1873
[56] ebda.
[57] Koske, SPD o.S.
[58] ebda.
[59] ebda.
[60] Kreisblatt Nr. 78 / 30.9.1873
[61] Kreisblatt Nr. 98 / 9.12.1873
[62] Kreisblatt Nr. 78 / 30.9.1873
[63] Anzeiger Nr. 1 / 4.1.1876

ordnung umstürzen. Und wiederum ergeht an uns hier die Mahnung: Sorgen wir, daß es Tag bleibe, und daß es helle werde in den Köpfen von irregeleiteten Leuten!" [64] Von den Soester Presseorganen durften sich die Sozialdemokraten also keinerlei Schützenhilfe erwarten. Noch 1890 zählten die Soester Zeitungen nicht zu Presseorganen "sozialdemokratischer, fortschrittlicher und ultramontaner - demokratischer Richtung" [65] im Regierungsbezirk Arnsberg.

Nach der Aufhebung des Sozialistengesetzes (1878 - 1890) erlebte Westfalen die Landagitation der Sozialdemokraten, insbesondere deren Bemühen um die exitenziell bedrohten Kleinbauern [66]. Einer der Agitatoren wohnte und warb 1891 in Soest: der 28 jährige Lohgerbergeselle Gotthelf von Wietersheim [67]. Diese ungehinderte Werbemöglichkeit der Sozialdemokraten für ihre politischen Vorstellungen weckte Befürchtungen. Angesichts der Aufhebung des Sozialistengesetzes erwartete etwa die 1890 in Soest tagende westfälische Provinzialsynode laut Bericht in der "Rheinisch-Westfälischen Zeitung" einen Kampf "auf Tod und Leben" [68] gegen die evangelische Kirche.

Doch unabhängig von diesen Ängsten und Verteufelungen entwickelte sich auch die SPD im Kreis Soest kontinuierlich weiter, wie die folgende Übersicht veranschaulicht.

Tabelle 28: Stimmen für die Sozialdemokraten bei Reichstagswahlen 1890 - 1907 im Wahlkreis Hamm-Soest

Wahljahr	Stimmen	
1890	377	
1893	1.961	
1898	2.068	
1903	5.794	[69]
1907	7.247	

---

[64] ebda.
[65] StaAM Oberpräsidium Nr. 2693 Bd. 2
[66] Herzig, Sozialdemokratie, S. 166
[67] StaAM Oberpräsidium Nr. 2693 Bd. 2
[68] Rheinisch-Westfälische Zeitung Nr. 271 / 30.9.1890
[69] Koske, SPD o. S.

d. Billiger einkaufen: Konsum-Verein

Preissteigerungen bei den Grundnahrungsmitteln mußten die
Angehörigen der Unterschichten besonders hart treffen. In
den siebziger Jahren des 19. Jahrhunderts versuchte in
Soest eine Genossenschaft, die "Consum-Gesellschaft",
diesen Schwierigkeiten durch Selbsthilfe zu begegnen.
Außer dem Antrag zur Baugenehmigung für eine Metzgerei [70]
liegen keine historischen Quellen über diese Initiative
vor. Die publizistischen Quellen dagegen erweisen sich
während der aktivsten Phase der Genossenschaft als ergiebig.
Einen frühen Hinweis auf die Existenz dieser Selbsthilfeorganisation enthält der "Anzeiger" vom 16. Februar 1872,
der im Anzeigenteil die Generalversammlung des "Consum-
Vereins" ankündigte [71]. Die gleichlautende Anzeige vom
21. Februar 1873 unterzeichnete der stellvertretende Vorsitzende Dr. Legerlotz [72] - ein Anzeichen dafür, daß sich
zumindest die Organisation dieser Aktion nicht auf die
Unterschicht beschränkte. Daß schon zu diesem Zeitpunkt
Lebensmittel beschafft und verkauft wurden, belegt die
2.872 Taler umfassende Bilanz des Konsumvereins vom Geschäftsjahr 1872: 164 Mitglieder erhielten 8 1/3 % Dividende [73]. Im ersten Halbjahr 1873 machte die Bilanz 4.511
Taler aus, 101 Genossenschafter verbuchten 5 % Dividende
[74].

Diese positive Entwicklung veranlaßte die Initiatoren der
Aktion dazu, auf ihrer Generalversammlung am 2. Mai 1874
die Errichtung einer Vereinsmetzgerei zu beschließen [75].
Der Berichterstatter des "Kreisblattes" begrüßte diese
Initiative überschwenglich und verwies auf massive Widerstände von seiten der Soester Gewerbetreibenden: "Mit
welchen Schwierigkeiten der provisorische Vorstand und
Verwaltungsrath zu kämpfen gehabt hat, auf welche Weise

---

[70] StAS Abt. B XXXV a 75
[71] Anzeiger Nr. 14 / 16.2.1872
[72] Anzeiger Nr. 15 / 21.2.1872
[73] Anzeiger Nr. 23 / 21.3.1873
[74] Anzeiger Nr. 73 / 12.9.1873
[75] Kreisblatt Nr. 36 / 5.5.1874

derselbe von verschiedenen Seiten angefeindet worden ist, das konnte jeder Unbefangene vernehmen, wo sich nur ein Mitglied des gedachten Vorstandes blicken ließ *)" [76]. Dieses massive Eintreten des Redakteurs für die Vereinsmetzgerei und seine Beschreibung offener Anfeindungen bewirkten ein Kuriosum im "Kreisblatt": Am Ende des Berichts merkte der Schriftsetzer kommentierend an: "*) Wird wohl so gefährlich nicht gewesen sein. Anm. des Setzers" [77].

Die "Kreisblatt"-Redaktion bewahrte dem Konsum-Verein ihre Sympathie. Im September 1874 sprach das Blatt die Hoffnung aus, der Soester Organisation möge es ebenso wie vergleichbaren Gruppierungen in Berlin, München oder Dortmund gelingen, "die exorbitanten Preise des Fleisches herabzudrücken" [78]. Soest zeichne sich inzwischen "durch Theuerung aller Lebensmittel" [79] aus. Statt wie in Berlin oder Münster 5 Sgr., koste hier ein Pfund Rindfleisch 6 Sgr. 6 Pf. [80]. Mit starker Einfärbung zum Kommentar hin gab der Berichterstatter den Initiatoren der Gesellschaft öffentliche Schützenhilfe: "Möge es dem Consum-Verein hier bald gelingen, das Geschäft zu eröffnen, damit das Publikum nicht ferner so ungerechtfertigt geschröpft wird" [81].

Noch im September 1874 bemühte sich die Konsum-Gesellschaft um die Baugenehmigung für eine Metzgerei am Kungelmarkt [82]. Während sich der "Anzeiger" bei der Berichterstattung über die Aktion weitgehend zurückhielt und nur den Beginn des Fleischverkaufs für den 26. September 1874 ankündigte [83], begleitete das "Kreisblatt" die Initiative mit lebhaftem Interesse. Teilweise nahmen die uneingeschränkt befürwortenden Berichte verschiedener Autoren dominierenden Anteil innerhalb der lokalen Berichter-

---

76) ebda.
77) ebda.
78) Kreisblatt Nr. 76 / 22.9.1874
79) ebda.
80) ebda.
81) ebda.
82) StAS Abt. B XXXV a 75
83) Anzeiger Nr. 78 / 29.9.1874

stattung ein [84]. Ende Mai 1875 eröffnete die Konsum-
Gesellschaft eine Bäckerei [85], zur gleichen Zeit stand
auch das neugebaute Schlachthaus am Kungelmarkt betriebs-
bereit [86]. Noch im Juli 1875 bezeichnete der "Kreisblatt"-
Korrespondent "das Entstehen und Gedeihen unserer Consum-
Gesellschaft als einen der größten Fortschritte unserer
Stadt in volkswirthschaftlicher Beziehung" [87].

Aber die Gesellschaft geriet schon zwei Jahre später in
Schwierigkeiten, ob infolge finanzieller Überanstrengung
bei der Errichtung und Ausstattung der Betriebsräume, eines
harten Preiskampfes mit den herausgeforderten Soester
Metzgern und Bäckern oder aufgrund von Vorbehalten der
Kundschaft, läßt sich nicht nachweisen. Eine Anzeige im
"Anzeiger" teilte den Beschluß der Generalversammlung vom
15. März 1877 mit, die Genossenschaft zum 1. Juli 1877 auf-
zulösen [88]. Die Selbsthilfeorganisation der Soester Bürger zum Einkauf erschwinglicher Grundnahrungsmittel bestand nicht mehr. Der gefährliche Stachel einer plötzlichen
massiven Konkurrenz bei überhöhten Forderungen dürfte aber
noch in den folgenden Jahren den Soester Bäckern und
Metzgern im Fleisch gesteckt haben.

e. Veterinärmedizinische und hygienische Verbesserungen

Solange Frischwasserversorgung und Schwemmkanalisation
noch nicht zur Grundausstattung der Städte gehörten, ließen
sich Seuchen nur schwer eindämmen [89]. 1864 grassierte
eine Pocken-Epidemie in Soest [90], in der Zeit vom 11.
August bis 14. November 1866 forderte die Cholera vor-

---

84) Kreisblatt Nr. 78 / 29.9.1874; Nr. 82 / 13.10.1874;
    Nr. 88 / 3.11.1874; Nr. 28 / 6.4.1875; Nr. 34 / 27.4.
    1875; Nr. 41 / 21.5.1875; Nr. 46 / 8.6.1875; Nr. 57 /
    16.7.1875; Nr. 85 / 22.10.1875
85) Kreisblatt Nr. 41 / 21.5.1875
86) StAS Abt. B XXXV a 75
87) Kreisblatt Nr. 57 / 16.7.1875
88) Anzeiger Nr. 31 / 17.4.1877
89) Hartog, Rudolf: Stadterweiterungen im 19. Jahrhundert,
    Stuttgart 1962 (zitiert: Hartog, Stadterweiterungen)
    S. 2
90) Rumpe, R.: Gesundheitsfürsorge in Soest und auf der
    Börde im 18. u. 19. Jahrhundert. In: SZ 54/55 (1938)
    S. 37-58 (zitiert: Rumpe, Gesundheitsfürsorge) S. 53

wiegend in den niedriger gelegenen Stadtteilen nahe des Soestbachs 84 Menschenleben [91], 1871 breitete sich die Ruhrkrankheit in der Stadt aus [92]. Diese Epidemien veranlaßten die Sanitätskommission der Stadt Soest in den siebziger Jahren des 19. Jahrhunderts zu zwei für die öffentliche Gesundheitsvorsorge bedeutsamen Forderungen: Errichtung eines Schlachthauses zur Befreiung der Straßen von organischen Abfällen und zum Ausschluß infizierten Fleisches vom Verkauf und - als zweite hygienische Maßnahme - Anlage einer Wasserleitung für den nördlichen Stadtteil zur Gewährleistung sauberen Trinkwassers [93].

Anfang Februar 1875 entschloß sich die Stadtverordneten-Versammlung, eine fünfköpfige Kommission über die Einrichtung eines öffentlichen Schlachthauses beraten zu lassen [94]. Im Juli 1877 standen die Vorüberlegungen soweit vor ihrem Abschluß, daß sich der Magistrat - laut Ergebnisprotokoll der Stadtverordneten-Versammlung im "Anzeiger" - entschloß, mit drei Ratsmitgliedern das Solinger Schlachthaus zu besichtigen [95]. Die Gegner dieses Projekts wandten sich am 14. September 1877 in einem "Kreisblatt"-Leserbrief an die Öffentlichkeit [96]. Das Gesetz über die Einrichtung allgemeiner Schlachthäuser vom 18. März 1868 - so ihre Argumentation - beziehe sich auf große, enggebaute Städte, nicht solche wie Soest [97]. Vielmehr sei zu befürchten, daß ein Schlachtzwang im künftigen Soester Schlachthof die einheimischen Metzger gegenüber "der freien Conkurrenz von den umliegenden Ortschaften" [98] wettbe-

---

91) Bericht des Magistrats zu Soest über die Verwaltung und den Stand der Gemeindeangelegenheiten der Stadt Soest für das Jahr 1866 und 1867. Vorgetragen in öffentlicher Sitzung der Stadtverordnetenversammlung am 19. Dezember 1867, Soest 1867 (zitiert: Magistratsbericht 1867) S. 3
92) Kreisblatt Nr. 73 / 12.9.1871
93) Kreis-Statistik 1881 , S. 217
94) Anzeiger Nr. 11 / 5.2.1875
95) Anzeiger Nr. 58 / 20.7.1877
96) Kreisblatt Nr. 74 / 14.9.1877
97) ebda.
98) ebda.

werbsmäßig benachteilige. Dem Konsumenten beschere das
Schlachthaus ohnehin verteuertes Fleisch. Die Entgegnung
in der übernächsten "Kreisblatt"-Ausgabe faßte die Nach-
teile der noch bestehenden Situation zusammen: Organische
Abfälle spülten durch die Gassen - eine ständige Infek-
tionsgefahr [99]. Dagegen stand der Vorteil eines öffentlichen Schlachthofes: ordnungsgemäße Beseitigung von Abfällen und Schmutzwasser, ebenso Untersuchung des lebenden
Viehs und des frischen Fleisches [100].

Die um eine bessere Gewährleistung öffentlicher Hygiene
besorgten Bürger fanden die Zustimmung der Stadtverordneten. Während das "Kreisblatt" 1877 redaktionelle Zurückhaltung bei dem Leserbriefwechsel übte, stützte es 1880
die Verwirklichung des Projekts. Der Magistrat erhielt
im Frühjahr 1880 Gelegenheit, Erfahrungsberichte der Städte Iserlohn und Augsburg mit ihren Schlachthöfen zu veröffentlichen [101], Auszüge aus dem Schlachthausgesetz von
1868 bekannt zu machen [102] und mit der Mitteilung der
erwarteten Schlachtkostenbelastung eines Pfunds Rindfleisch von 1/4 Pfennig Befürchtungen vor einer Fleisch-
verteuerung abzuschwächen [103].

Der für 50.000 Mark erstellte Soester Schlachthof konnte
noch 1881 seinen Betrieb aufnehmen. Die Erfahrungen des
ersten vollen Betriebsjahres 1882 bestätigten laut Magistratsbericht die Notwendigkeit dieser Einrichtung: 392
der 6.040 geschlachteten Tiere erwiesen sich als krank
[104]. Unkontrolliert zum Verzehr gelangt hätte ihr
Fleisch gefährliche Erkrankungen auslösen können.

Neben der Anlage eines öffentlichen Schlachthofes ließ
die Versorgung des nördlichen Stadtteils mit gesundem
Frischwasser bessere Resultate bei der öffentlichen Gesundheitsvorsorge erwarten. Eine chemische Untersuchung

---

99) Kreisblatt Nr. 76 / 21.9.1877
100) ebda.
101) Kreisblatt Nr. 14 / 17.2.1880
102) Kreisblatt Nr. 16 / 24.2.1880
103) Kreisblatt Nr. 17 / 27.2.1880
104) Magistratsbericht 1882, S. 25

von 124 Brunnen in der Nöttenhofe und einem Teil der Brüderhofe ergab 1885 nämlich ein außergewöhnlich schlechtes Resultat: Nur 15 Brunnen lieferten gutes Wasser, 17 ausreichende Qualität, aber 92 erwiesen sich als gesundheitsgefährdend [105]. Wie schon bei der Anlage der Gasanstalt und des Elektrizitätswerkes erschien auch in diesem Fall die Eisenbahnverwaltung als potenter Partner: Bei einem täglichen Wasserverbrauch von 350 Kubikmetern suchte sie nach einer gesicherten Möglichkeit zur Bedarfsdeckung [106]. Dreihundert Haushalte im nördlichen Stadtgebiet erklärten sich 1885 ebenfalls zur Nutzung der öffentlichen Wasserleitung bereit [107].

Aber als die Rentabilitätsberechnung des Wasserwerks mit einem Anlagekapital von rund 250.000 Mark vorlag, erklärte sich die Eisenbahnverwaltung nur zur Entnahme ihres Trinkwassers aus dem geplanten städtischen Netz bereit [108]. Dieser geschätzte jährliche Ausfall an Wassergeld für das Maschinenwasser auf dem Bahnhofsgelände betrug fast 10.000 Mark und zerschlug die Planungen [109]. Daraufhin entschloß sich die Stadtverordneten-Versammlung am 21. September 1886 zur Verwirklichung eines reduzierten Netzsystems mit einem Kostenaufwand von etwa 170.000 Mark [110].

Eine grundlegende Neuordnung der Wasserversorgung im gesamten Soester Stadtgebiet brachte jedoch erst 1913 der Ankauf eines 160 Morgen großen Wiesengeländes entlang der Ruhr bei Wickede durch die Stadt Soest [111]. In einer an das Elektrizitätswerk Fröndenberg angebauten Pumpstation übernahmen nun die Maschinisten aus dem Elektrizitätswerk die Überwachung der Soester Wasserbereitungsanlage,

---

105) Bericht des Magistrats zu Soest über den Stand der Gemeindeangelegenheiten für das Verwaltungsjahr vom 1. April 1886 bis 1. April 1887, Soest 1887 (zitiert: Magistratsbericht 1886) S. 29
106) ebda. S. 30
107) ebda.
108) ebda.
109) ebda.
110) ebda. S. 31
111) Lehn, Heinrich: Wasser aus Wickede. In: HKS 42 (1969) S. 71 - 74 (zitiert: Lehn, Wasser) S. 72

die ein in Kies- und Mergelschichten mehrfach geklärtes Oberflächenwasser von den Ruhrwiesen, das anschließend ins Grundwasser absickerte, als Frischwasser über die Haar nach Soest pumpte [112]. Die Stadt Werl nutzte bereits 1886 die Chance einer gesicherten Wasserversorung, indem sie sich an das ebenfalls aus dem Ruhrtal kommende Leitungsnetz der Stadt Hamm mit einem Abzweig anschloß [113].

Bevor die Soester Stadtverordneten sich jedoch um eine den gewachsenen Anforderungen genügende Wasserversorgung bemühten, trafen sie am 12. März 1895 eine ebenso wichtige Entscheidung [114]: Sie beschlossen die Anlegung einer Kanalisation für Soest.

---

[112] ebda.
[113] Mehler, Werl, S. 406
[114] Vogeler, E.: Soest und die Börde. In: Grafschaft Mark, Die: Hrsg. Alois Meister, Dortmund 1909, S. 77 - 106 (zitiert: Vogeler, Soest) S. 105

IX. Entwicklung des Handels

a. Märkte und Magazine

Der Handel mit agrarischen Produkten bestimmte seit vielen Jahrhunderten den Warenaustausch des Soester Raumes mit seinen Nachbarlandschaften. Die Entwicklung des angrenzenden Industriegebiets bewirkte nach 1850 eine Absatzverlagerung von Getreide zu Vieh und Molkereiprodukten. Über die Stadt hinaus gewannen in der zweiten Hälfte des 19. Jahrhunderts die Viehmärkte an Bedeutung. 1858 genehmigte das Oberpräsidium aufgrund wachsenden Auftriebs und steigender Nachfrage außer den schon im April, Mai, Juni, Juli, September und November stattfindenden Viehmärkten zwei weitere im Dezember und Februar [1]. Seit 1871 gab es in Soest 14 Viehmärkte im Jahr [2], von denen der Allerheiligenmarkt den bedeutendsten darstellte. Auf ihm standen beispielsweise 1867 insgesamt 500 Pferde, 1200 Stück Rindvieh, 1.765 Schweine und 2.377 Hammel zum Verkauf [3].

Einen Überblick über die Viehtransporte allein mit der "Bergisch-Märkischen Eisenbahn" ins Ruhrgebiet aus dem Soester Raum ermöglicht die folgende Tabelle.

Tabelle 29: Viehtransport der Bergisch-Märkischen Eisenbahn aus Soest und Werl 1870 - 1879

	1870	1877	1878	1879
Soest	41.925	22.363	23.111	60.634
Werl	3.000	5.603	7.307	7.299

[4]

Die hohe Verladequote für 1870 dürfte mit Verpflegungserfordernissen des Militärs im Deutsch-Französischen Krieg 1870/71 zusammenhängen. Diese Tabelle verdeutlicht bei-

---

1) Amtsblatt Nr. 52 / 25.12.1858
2) Magistratsbericht 1871, S. 22
3) Magistratsbericht 1867, S. 22
4) Tabelle zusammengestellt aus: Kreis-Statistik 1881, S. 177

spielhaft die Versorgungsfunktion des Soester Raumes für das angrenzende Ruhrgebiet. Auch die folgende Übersicht der 23 Jahrmärkte im Kreis Soest 1880 weist aus, daß diese Märkte nur noch in den ländlichen Gemeinden zur Versorgung der heimischen Bevölkerung mit Gebrauchsgegenständen ("Kram") dienten, in Soest und Werl aber vielmehr als Auftrieb für Schlacht- und Zuchtvieh weit über das Kreisgebiet Bedeutung beanspruchen durften.

Tabelle 30: Jahrmärkte im Kreis Soest 1880

Marktort	Art des Marktes	Dauer in Tg.	Datum des Beginns
Soest	Viehmarkt	1	31. Januar
Soest	Viehmarkt	1	28. Februar
Soest	Viehmarkt	1	21. März
Soest	Vieh- u. Hammelmarkt	1	25. April
Soest	Kram- u. Viehmarkt	3	2. Mai
Soest	Kram- u. Viehmarkt	8	23. Mai
Soest	Viehmarkt	1	13. Juni
Soest	Kram- und Viehmarkt	3	4. Juli
Soest	Vieh- u. Hammelmarkt	1	8. August
Soest	Kram- u. Viehmarkt	1	12. September
Soest	Viehmarkt	1	10. Oktober
Soest	Kram-, Vieh- u. Schafmarkt (Allerheiligenmarkt)	8	28. Oktober
Soest	Viehmarkt	1	21. November
Soest	Viehmarkt	1	12. Dezember
Werl	Viehmarkt	1	4. März
Werl	Kram- und Viehmarkt	2	22. April
Werl	Viehmarkt	1	10. Juni

Marktort	Art des Marktes	Dauer in Tagen	Datum des Beginns
Werl	Viehmarkt	1	31. August
Werl	Kram- u. Viehmarkt	1	18. Oktober
Dinker	Krammarkt	1	19. September
Kirchwelver	Krammarkt	1	20. Juni
Oestinghausen	Krammarkt	1	1. August
Scheidingen	Krammarkt	1	4. Oktober

[5)]

Eine bedeutsame Bereicherung der Handelstätigkeit des Soester Raumes stellte in der zweiten Hälfte des 19. Jahrhunderts zweifellos der Absatz industriell gefertigter Eisen- und Stahlerzeugnisse, als Schienen oder Waggonteile vorwiegend im Eisenbahnbau verwandt, aus den Puddlings- und Walzwerken in Soest und Wickede dar.

Der nicht auf landwirtschaftliche Produkte ausgerichtete Lokalhandel vermochte sich demgegenüber nur mühsam zu entwickeln. Mit Hilfe der Verordnung vom 9. Februar 1849 gelang es den um ihre Wettbewerbsfähigkeit besorgten Soester Handwerkern als einzigen im Regierungsbezirk Arnsberg, im Orts-Gewerbestatut der Stadt Soest vom 27. Mai 1851 [6)], die Genehmigung zur Anlegung von "Magazinen zum Detail-Verkauf" für Tischler-, Schneider- und Schuhmacher-Erzeugnisse durch Nicht-Handwerker von der Absprache des Magistrats mit Innungen und Gewerberat abhängig zu machen [7)]. In der Praxis bedeutete das: Insbesondere Händler von außerhalb ließen sich auf diese Weise vom Wettbewerb mit den in Soest gefertigten Möbeln, Kleidungsstücken und Schuhen ausschalten. Soester Kaufleute konnten dieses Hindernis nur umgehen, indem sie einen Handwerksmeister mit ins Geschäfts nahmen, d.h. ihn am Gewinn beteiligten.

---

5) Tabelle: Kreis-Statistik 1881, S. 173
6) Kreisblatt Nr. 73 / 12.9.1851
7) ebda.

Als Beispiel für diese Einschränkung freien Handels mit (auch auswärtigen) Handwerkswaren darf die Einrichtung des Möbelmagazins gelten. Der Versuch des Berliner Möbelfabrikanten Arnold, mit Hilfe Soester "Mitunternehmer" ein Möbel-Magazin in der Bördestadt einzurichten, veranlaßte den Magistrat am 28. März 1854 zu der öffentlichen Bekanntgabe im "Anzeiger" "auf den Wunsch und Antrag mehrerer hiesiger Tischler-Meister,[...] daß dieselben für sich die Etablirung eines derartigen Magazins beabsichtigen" [8]. Damit blieb der Berliner Möbelfabrikant aufgrund der ortsstatuarischen Bestimmungen in Soest vom Preis- und Qualitätswettbewerb mit den Soester Tischlerarbeiten ausgeschlossen.

Am 1. Oktober 1854 eröffnete das Möbel-Magazin nach einer Ankündigung des Vorstandes im "Anzeiger" in der leerstehenden Petrischule seinen Geschäftsbetrieb [9]. Zur Jahreswende 1854/55 übernahm Kaufmann Lesemann die Geschäftsführung des Möbel-Verkaufslagers, der pensionierte Gendarm Preuß überwachte den Publikumsverkehr [10]. Im Geschäftsjahr 1855 verkaufte das Magazin für 2.637 Taler Möbel [11]. Zu seinen Ausstellungsstücken gehörten auch Sofagestelle und Waschkomoden aus Berlin sowie Konsolen aus Mainz - nun aber 'zugunsten' Soester Tischler angeboten [12]. Ein Wettbewerb in der Fertigung außergewöhnlicher Möbelstücke wie Nähtische, Sekretäre und Damen-Schreibtische sollte im Dezember 1856 die Attraktivität der Verkaufsausstellung zusätzlich erhöhen [13].

Die im "Kreisblatt" veröffentlichte Geschäftsübersicht vom 1. Oktober 1854 bis 1. Oktober 1856 wies verkaufte Möbel zum Preis von insgesamt 6.343 Talern auf [14]. Dann brechen die Hinweise über das Möbel-Magazin ab. Den qualifizierten Tischlern brachte diese Einrichtung eine wesentliche Ver-

---

8) Anzeiger Nr. 25 / 28.3.1854
9) Anzeiger Nr. 55 / 11.7.1854
10) StAS Abt. XXXV a 66
11) ebda.
12) ebda.
13) ebda.
14) Kreisblatt Nr. 86 / 28.10.1856

besserung: Sie konnten unabhängig von Aufträgen Möbel
schreinern und zwar solche, bei denen sie über besondere
Fertigkeiten verfügten. Den Absatz besorgten von ihnen
beauftragte Kaufleute, die ihnen gleichzeitig die Abnahme neuer Möbelstücke garantierten. Weniger qualifizierte Handwerker dagegen mußte diese Einrichtung in zusätzliche Schwierigkeiten bringen: Anders als bei Auftragsarbeiten, bei denen der Kunde nur auf sachgerechte
und sorgsame Fertigung hoffen konnte, setzte das Möbel-
Magazin die Endprodukte verschiedener heimischer Tischler
dem Vergleich durch den Käufer aus.

b. Anschluß des Kreises Soest an eine
    Handelskammer

Während der Handel des Soester Raumes mit agrarischen Produkten sich kontinuierlich den wachsenden Bedürfnissen der
Absatzgebiete anpaßte, stellen die Schwierigkeiten um den
Anschluß des Soester Raumes an eine Handelskammer ein Kapitel zu spät genutzter Chancen dar. Zwar erkannten wenige
Fabrikanten und Kaufleute des Kreises Soest schon in den
sechziger Jahren des 19. Jahrhunderts die Bedeutung einer
solchen Vertretung der Kaufmannschaft zur Förderung der Interessen von Handel, Industrie und Verkehr, aber diese Einsicht vermochte sich im Soester Raum erst im 20. Jahrhundert
auf breiter Basis durchzusetzen. Auch für die Soester Presse
stellten die Diskussionen um den Anschluß an eine Handelskammer im Berichtszeitraum kein Thema dar, für das sie sich
engagierte. In der redaktionellen Bevorzugung landwirtschaftlicher Probleme ließ die Soester Lokalpresse damit
eine Möglichkeit zur Einflußnahme auf die Handelsentwicklung des Soester Raumes ungenutzt.
Nachdem das Handelskammer-Gesetz im Februar 1848 den ge-
samtstaatlichen Rahmen für die Selbstorganisationen der
Kaufleute und Unternehmer geschaffen hatte [15], setzte die

---

15) Koselleck, Preußen, S. 619

Arnsberger Regierung mit der Verfügung vom 29. August 1850 auch in Soest die Diskussion über eine Handelskammer für den Bezirk des ehemaligen Herzogtums Westfalen in Gang [16]. Hier befaßte sich die Handwerker(!)-Abteilung des Gewerberates mit dem Thema und befand am 18. Oktober 1850, "daß dieselben vorläufig den gewerblichen und Handels-Verkehr in hiesiger Stadt nicht für so erheblich erachten" [17], als daß der Anschluß an eine Handelskammer erforderlich sei. Ungeachtet dieser Ablehnung aus Soest beteiligten sich die Besitzer des Wickeder Puddlings- und Walzwerks Liebrecht & Co. an den Verhandlungen in Eslohe [18]. Am 11. Juni 1851 genehmigte ein königlicher Erlaß die Errichtung einer Handelskammer für die Kreise Arnsberg, Meschede, Brilon und Olpe - ohne den Kreis Soest [19]. In Bielefeld, Minden und Siegen gingen 1849 Kammergründungen voraus, der Iserlohner Raum erhielt 1850 eine Handelskammer, die Münstersche Region 1854 [20], dagegen blieben die Hellweg-Kreise Hamm, Soest und Lippstadt vorerst kammerfrei.

Erst 1867 entfachte das Soester Puddlings- und Walzwerk Gabriel & Bergenthal mit einer Eingabe an die Arnsberger Regierung die Diskussion um eine Handelskammer am Hellweg erneut [21]. Daraufhin befürworteten Lippstädter Handel- und Gewerbetreibende gegenüber der Arnsberger Regierung Ende April 1867 die Einrichtung einer Handelskammer für die Kreise Lippstadt und Soest [22]. Lippstadt erschien ihnen für den Kammersitz auch deshalb am geeignetsten, weil in Lippstadt " [...] ohne den Soestern zu nahe treten zu wollen, sich viele sehr intelligente und angesehene Handelstreibende finden, die sich zu Mitgliedern der Handelskammer

---

16) StAS Abt. B XIX a 20
17) ebda.
18) ebda. S. 266 ff.
19) Kuske, Handelskammer, S. 3
20) ebda. S. 4; vgl. auch Beutin, Ludwig: Die Gründung der Handelskammern. In: Moderne deutsche Wirtschaftsgeschichte, Hrsg. Karl Erich Born, Köln/Berlin 1966, S. 259 - 272 (zitiert: Beutin, Handelskammern)
21) StaAM Regierung Arnsberg I 607
22) ebda.

eignen" [23]. Demgegenüber vertraten die Soester und Werler Handeltreibenden am 12. Juli 1867 die Ansicht, Soest eigne sich aufgrund der geografischen Lage und seiner Verkehrsverhältnisse besser als Kammersitz [24]. Als Gewerbesteuer-Aufkommen nannte Soest 3.438 Taler, Werl 1.218 Taler und die Landgemeinden insgesamt 2.396 Taler [25].

Nach zähem Ringen einigten sich beide Kreise am 7. März 1868 auf einen Kompromiß: Soest erhielt zwar den Kammersitz, jedoch während der ersten drei Geschäftsjahre nur drei Mitglieder gegenüber vier Mitgliedern aus Lippstadt. Die Sitzungen sollten jahrgangsweise wechselnd in Soest oder Lippstadt stattfinden [26]. Gegen diese Regelung der Versammlungsorte sperrte sich jedoch der Handelsminister am 3. Juli 1868: "nach den bestehenden Grundsätzen bedingt vielmehr die Bestimmung des Sitzes der Handelskammer auch die Abhaltung der Sitzungen an eben diesem Orte" [27].

Die Betroffenen reagierten mit Desinteresse: Eine Versammlung der Gewerbetreibenden der Kreise Soest und Lippstadt platzte am 31. August 1868 laut "Anzeiger"-Bericht wegen mangelnder Teilnahme [28]. Als die Lippstädter Gewerbetreibenden sich im Oktober 1868 gegen eine gemeinschaftliche Kammer aussprachen und stattdessen Anschluß an die Arnsberger Handelskammer suchten [29], verstummte in Soest die Diskussion über eine Selbstorganisation der Industriellen und Kaufleute bis in die achtziger Jahre des 19. Jahrhunderts.

Erst 1881 ging die Initiative vom Kreis Hamm aus. Dort beschlossen Gewerbetreibende am 15. Juni 1881 die Einrichtung einer eigenen Handelskammer, "[...] indem man hofft, daß sich später die Kreise Soest und Lippstadt der letzteren anschließen" [30]. Aber erst im Februar 1888 konnte

---

23) ebda.
24) ebda.
25) ebda.
26) ebda.
27) ebda.
28) Anzeiger Nr. 70 / 31.8.1868
29) StaAM Regierung Arnsberg I 607
30) StaAM Regierung Arnsberg I G 516

Landrat von Bockum-Dolffs der Arnsberger Regierung mitteilen, daß die Unternehmer Gebr. Schwollmann, Bergenthal und Sternberg die Errichtung einer Handelskammer für die Kreise Soest, Lippstadt und Hamm befürworteten [31]. Allerdings erschienen zur anberaumten Versammlung der Interessenten am 30. April 1888 in Soest nur 3 Teilnehmer: Fabrikbesitzer Bergenthal, Buchhändler Neuendorf und Kaufmann Freytag, die angesichts der geringen Resonanz die Ansicht vertraten, "das Projekt vorläufig fallen zu lassen" [32].

Schließlich kam 1892 die Diskussion um eine gemeinsame Handelskammer der Kreise Soest, Lippstadt und Hamm erneut in Gang, doch laut Korrespondentenbericht der "Rheinisch-Westfälischen Zeitung" brachte eine Versammlung am 5. November 1892 wiederum keine Einigung über die Notwendigkeit einer Handelskammer zustande:"Von den 10 anwesenden Gewerbetreibenden aus dem Kreise Soest stimmten 5 für und 5 gegen die Einrichtung einer Handelskammer, dieselben verhielten sich aber sämtlich ablehnend gegen den Anschluß an die Kreise Paderborn usw. [...] " [33].

Als 1903 nachhaltige Versuche einsetzten, die Kreise Hamm und Soest bestehenden Kammerbezirken anzugliedern, fanden die Soester Unternehmer endlich zu einem einheitlichen Votum [34]. Am 16. Oktober 1903 beschlossen 58 Gewerbetreibende des Kreises Soest einstimmig, zusammen mit dem Stadt- und Landkreis Hamm eine Handelskammer zu bilden [35]. Doch die Chance einer eigenständigen Selbstorganisierung der Kaufmannschaft in der Hellwegregion schien vertan. Der Handelsminister ließ nur noch die Angliederung an bestehende Kammerbezirke zu. Der Landkreis Hamm schloß sich daraufhin 1913 an den Kammerbezirk Dortmund an [36].

Als sich der Vorsitzende der Bielefelder Handelskammer 1910 über Mühlenbesitzer Georg Plange um einen Anschluß

---

31) ebda.
32) ebda.
33) Rheinisch Westfälische Zeitung Nr. 312 / 9.11.1892
34) StaAM Regierung Arnsberg I G 516
35) ebda.
36) ebda.

des Soester Raumes an den Bielefelder Kammerbezirk bemühte, antwortete Plange am 5. September 1910: "Nach den hier eingezogenen Erkundigungen besteht im Allgemeinen bei den hiesigen Geschäftstreibenden keine besondere Neigung, irgend einer Handelskammer beizutreten" [37]. Auf eine erneute Anfrage aus Bielefeld teilte Dr. C. Plange am 22. Februar 1912 mit: "Die Verhandlungen, welche eine gemeinschaftliche Handelskammer Soest-Hamm-Lippstadt bezwecken, sind noch nicht abgeschlossen" [38]. Aber das hartnäckige Festhalten an einer eigenständigen Organisierung entlang des Hellwegs kam zu spät: 1916 wurde der Kreis Soest der Arnsberger "Handelskammer für das südöstliche Westfalen" angegliedert [39].

Bemühungen um eine bessere Verkehrserschließung ihres Raumes, insbesondere durch die Eisenbahn, die die Hagener und Iserlohner Gewerbetreibenden bereits 1844 (Hagen) und 1851 zur Handelskammer zusammengeführt hatten [40], stellten dank der weitsichtigen und geschickten Aktivität des Soester Rates und der Verwaltung mit Hilfe einzelner Unternehmer schon kein gravierendes Problem mehr dar, als sich seit den sechziger Jahren des 19. Jahrhunderts in der Bördestadt größere Unternehmen bildeten. Damit fehlte der Kaufmannschaft in der Hellwegregion ein wichtiger Antrieb zur Zusammenarbeit über die Kreisgrenzen hinaus. Mit ihrem falschverstandenen Hang zur Selbständigkeit verpaßten die Unternehmer des Kreises Soest im 19. Jahrhundert gleichzeitig jedoch die Chance, sich über die Möglichkeit kontinuierlicher Information hinaus zu gemeinsamen Aktionen mit dem Ziel einer Verbesserung der Wettbewerbssituation des Soester Raumes zusammenzufinden.

---

37) WWA K 3 Nr. 79
38) ebda.
39) Kuske, Handelskammer, S. 14
40) Beutin, Handelskammer, S. 270

G. Zusammenfassung:
Wirtschaftliche und soziale Entwicklung des
Soester Raumes und ihre Berücksichtigung in der
lokalen Presse

Der Soester Raum zwischen 1820 und 1880: Während sich die zunächst ebenfalls agrarisch ausgerichteten, westlich gelegenen Nachbarlandschaften am Hellweg seit der Mitte des 19. Jahrhunderts rasch industrialisieren, bewahrt der Kreis Soest seine dominierende landwirtschaftliche Grundlage, jedoch in marktgerechter Orientierung an den Versorgungserfordernissen der angrenzenden Industrieregion. Das bedeutet den vor allem durch die weitsichtigen Initiativen des Landwirtschaftlichen Kreisvereins bewirkten Wandel der Agrarwirtschaft im Soester Raum von der vorherrschenden Getreidewirtschaft mit freier Körnerfolge zur Getreide-Hackfrucht-Viehwirtschaft. Zuchtverbesserungen ermöglichen mit schwereren Gespanntieren den Einsatz neuentwickelter Pflüge, Sä- und Mähmaschinen; Fortschritte in der Rindviehzucht erlauben eine stärkere Beachtung der Herstellung von Molkereiprodukten für das westliche Absatzgebiet. Schweinemast und Ferkelaufzucht orientieren sich an den Konsumgewohnheiten der Bewohner im Ruhrgebiet. Mit dem Anbau der anspruchsvollen Zuckerrübe nutzen die Bördebauern erstmals die volle Qualität ihres fruchtbaren Bodens, nachdem Fortschritte in der Düngung und der Einsatz verbesserter Ackergeräte einen sachgerechten Hackfruchtbau gewährleisten. Die ausgewogene Betriebs-Struktur des Soester Raumes - fast die Hälfte der Bauern bewirtschaftet 'Mittelbetriebe' - sichert den vielseitigen Initiativen (Drainage, Flachsbau, Ostkultur) eine breite Resonanz. Intensive Bemühungen um die Weiterbildung der Landwirte (Wanderversammlung, -lehrer, Casinos) und Ausbildung des Nachwuchses (Ackerbauschule, Winterschule) gewährleisten die Aufnahmebereitschaft der agrarisch Tätigen für neue Wirtschaftsinitiativen.

Die Soester Lokalpresse findet in der kontinuierlichen Unterstützung der Anregungen des Landwirtschaftlichen Kreisvereins und anerkannter Landwirte eine sie charakterisierende Rolle. Besonders intensive Berücksichtigung agrarischer Themen – vor allem der Abdruck von Auszügen aus bekannten Fachblättern zu aktuellen Fragen – verleiht den Soester Presseorganen im Berichtszeitraum eine eigenständige Funktion in der Ergänzung von Diskussionsbeiträgen als 'Argumentationshilfe' für die Protagonisten neuer Anstrengungen, um so bei den Lesern die Einsicht in die Notwendigkeit und Nützlichkeit von Veränderungen zu fördern. Wie geschickt sich die Vorreiter neuer Unternehmungen ihrerseits der Lokalpresse zur Ingangsetzung von Gesprächen oder zur Beeinflussung von Stimmungen bedienen, belegt besonders die Reportage über die "Rübenschau".

Während im Soester Raum noch gegen Ende des Berichtszeitraums fast die Hälfte der Erwerbstätigen in der Land- und Forstwirtschaft ihr Auskommen findet, zählt das übersetzte, in Kleinbetrieben organisierte Handwerk zumindest in der ersten Hälfte des 19. Jahrhunderts zum wirtschaftlich schwächeren Teil der Bevölkerung. Ein Rückgang der stärksten Berufsgruppe der Leineweber und eine Zunahme der Bauhandwerker kennzeichnen die Entwicklung bis 1850. Im Gewerberat bemühen sich die im Vergleich zu den Handeltreibenden besonders aktiven Handwerker um eine Absicherung ihrer Interessen mit Unterstützung behördlicher Ausführungsbestimmungen auf Kosten einer ungehinderten Handelsentwicklung (Magazine).
Vor allem die zunehmend durch die Konkurrenz industrieller Fertigung bedrohten Schuhmacher, Schneider, Weber und Tischler flüchten sich – statt den Wettbewerb aufzunehmen – über neugegründete Innungen in den Schutz der Behörde. Mit der frühen Einrichtung von Hilfskassen zur Unterhaltsfürsorge im Krankheitsfall erweist sich dieser Hang der Soester Handwerker zu korporativen Zusammenschlüssen jedoch bedeutsam für die soziale Sicherung.
Fabriken halten nur zögernd Einzug in den Soester Raum. Die Puddlings- und Walzwerke an der Ruhr und Wäster geraten mit der Ablösung der Wasserkraft durch die Antriebsenergie Dampf gegenüber den Konkurrenten im Revier in Wettbewerbsschwierigkeiten, die sich angesichts erheblicher Transportprobleme langfristig nur durch einen Standort-

wechsel zum Schienennetz hin mildern lassen. In Tabakfabriken und anderen Spezialbetrieben (Nähnadel-, Filzhut-, Blechtafeln- und Korsettherstellung) finden vermutlich erwerbslose Tagelöhner und vom Wettbewerb verdrängte Leineweber Beschäftigung.

Daß die Handwerker bis zur Jahrhundertmitte zum wirtschaftlich schwächeren Teil der Bevölkerung zählen mit den entsprechenden Schwierigkeiten zur Selbstartikulierung, belegen auch die seltenen gezielten Anstöße von Handwerkern über die lokale Presse zur Veränderung ihrer Situation (Ausnahme: Zeichenschule). Dagegen setzt das reaktionäre Pressegesetz vom 5.6.1850 den Chancen eines Gedankenaustausches mit Gleichbetroffenen im "Central-Blatt für Handel und Gewerbe" ein jähes Ende. Doch gelingt es diesem Organ, die Anregung zur Gründung eines Kredit-Vereins zu geben, dem im folgenden durch die Bereitstellung von Geldern zur Herstellung von Meisterstücken oder zur Ausstattung eines Betriebes besondere Bedeutung bei der Konsolidierung des Handwerks zukommt.

Die Entwicklung des Verkehrs im Soester Raum während des 19. Jahrhunderts schließt alle zu dieser Zeit bekannten Transportwege ein: Straße, Fluß und Schiene. Der traditionellen Ost-West-Verbindung des Hellwegs gesellen sich die Arnsberger Straße als Brenn- und Bauholz-Transportweg sowie die Hovestädter Straße als Verbindungsweg zur Lippe hinzu. Mit der beispielhaften Aktion einer Straßenbau-Aktiengesellschaft bemühen sich Kommunen und Fabrikanten im Warsteiner Raum zur Jahrhundertmitte gemeinsam um eine Anbindung der dort aufstrebenden Industrieregion an das Schienennetz in Soest. Kreisstraßen - weitgehend aus Sparkassenüberschüssen finanziert - verstärken das Wegenetz und schaffen eine wesentliche Voraussetzung für den Rübentransport zur Zuckerfabrik.
Während der Lippe in der ersten Hälfte des 19. Jahrhunderts als Transportweg für Holz, Salz, Getreide und Vieh zum

Rhein hin und Kohlenmitnahme auf dem Rückweg Bedeutung
zukommt, unterliegt die Schiffahrt in den fünfziger Jahren
des 19. Jahrhunderts angesichts der versandenden Lippemündung und zu hohen Frachttarifen der Konkurrenz auf der
Schiene.
Die Hoffnung auf einen Ausweg aus der wirtschaftlichen
Notlage des Soester Raumes seit Mitte der dreißiger Jahre
mit Hilfe einer Eisenbahnverbindung, die Getreide und Salz
durch billigere Transporte konkurrenzfähiger machen und gewerblich benötigte Kohle kostengünstig beschaffen kann,
bleibt für Soest angesichts vorwiegend rentabilitätsgerichteter Überlegungen privater Eisenbahngesellschaften
bis Mitte des 19. Jahrhunderts unerfüllt. Im folgenden jedoch erweist sich die Schienenverbindung durch die Möglichkeit eines steigenden Vieh- und Getreideabsatzes im Ruhrgebiet und durch die Standortgunst für ansiedlungswillige
Industriebetriebe als entscheidend für die wirtschaftliche
Entwicklung des Soester Raumes. Schon die ersten Eisenbahnplanungen bewirken eine Ausweitung der Soester Interessensphäre über die Börde hinaus nach Warstein und Wickede. Mit
dem Anschluß an die Dortmund-Soester Bahn entwickelt sich
die Soester Bahnstation als Trennungsbahnhof zweier Eisenbahngesellschaften zum größten Arbeitgeber der Stadt, der
mit relativ sicheren und krisenfesten Anstellungen die Beschäftigungssituation entscheidend beeinflußt und innerhalb der von Arbeitsverhältnissen im primären Sektor bestimmten Berufsstruktur des Kreises Soest einen Zuwachs im
Dienstleistungsbereich bewirkt.

Die Soester Presse beweist beim Aufruf zur Aktienzeichnung
für die Rhein-Weser-Bahn, daß sie sich nicht unreflektiert
in den Dienst von Privatinteressen stellt, sondern frühzeitig lokale Konsequenzen mit bedenkt. Andererseits belegt das Beispiel der Leserbriefkampagne um die Einmündung
der Niederbergheimer Straße in Soest, wie Privatleute
ihren Interessen über die Lokalpresse Nachdruck zu verschaffen suchen.

Über das lokale Einzugs- und Absatzgebiet hinaus kommt
dem Getreidehandel über Zwischenhändler ins Bergisch-

Märkische Industriegebiet schon zu Beginn des Berichtszeitraums Bedeutung zu, während Spezialmärkte (Stabeisen, Wolle) ihre Ausstrahlung verlieren. Die zweite Jahrhunderthälfte bringt eine Gewichtsverlagerung vom Getreide zum Viehhandel und eine Verschiebung des Absatzgebiets zum Kohlenrevier hin. Zusätzlich verbreitert der Handel mit industriell gefertigten Eisen- und Stahlerzeugnissen (Eisenbahnbedarf) die Warenpalette des Soester Raumes. Die frühe Ausbildung eines bedarfsgerechten Verkehrsnetzes verzögert andererseits den überörtlichen Zusammenschluß der Kaufleute und Industriellen am mittleren Hellweg und verhindert im 19. Jahrhundert über die Chance ständigen Gedankenaustausches hinaus gemeinsame Initiativen zur Verbesserung der Industrie- und Handelssituation.

Auch die lokale Presse läßt die Chance ungenutzt, mit der Forcierung der Einrichtung einer Handelskammer Impulse für eine stärkere industrielle und handelsorientierte Ausrichtung des Soester Raumes zu geben.

Als Institution zur Förderung der Ersparnisbildung sozial schwächerer Schichten und Kreditgewährung für Landwirtschaft und Handwerk leistet die Soester Sparkasse als älteste Westfalens in der ersten Hälfte des 19. Jahrhunderts einen entscheidenden Beitrag zur sozialen Sicherung und wirtschaftlichen Erneuerung des Soester Raumes. Während der zweiten Jahrhunderthälfte erweisen sich die Zinsüberschüsse der Geldinstitute hilfreich bei der Finanzierung kommunaler Vorhaben.

Mit der Veröffentlichung von Statuten und Bilanzen der Sparkassen verleiht die lokale Presse deren Geschäftstätigkeit noch vor dem erst viel später üblichen Druck von Rechenschaftsberichten Öffentlichkeit, setzt die Geldinstitute damit dem vergleichenden Wettbewerb aus und stützt das Vertrauen der Sparer und Kreditnehmer in eine kontinuierliche Fortentwicklung ihrer Sparkasse.

Über die Erteilung von Spinnunterricht, die Einrichtung einer Arbeitsanstalt oder Versuchen im Tabakbau hinaus durchziehen Initiativen von kirchlichen wie kommunalen Organisationen zur Verbesserung der sozialen Lage der Unterschichten den Berichtszeitraum. Besonders der Chaussee- und Eisenbahnbau dienen zum Einsatz Beschäftigungsloser und damit gleichzeitig zur Entlastung der kommunalen Armenkasse. Während die Leihanstalt den gefährlichen Weg zum privaten Kreditgeber erspart, gewährleistet der Konsum-Verein erschwingliche Grundnahrungsmittel. Der Landwirtschaft im Nebenerwerb dürfte entscheidender Anteil an einer weitgehend gesicherten Ernährungssituation der Bevölkerung des Soester Raumes während der zweiten Hälfte des 19. Jahrhunderts zukommen. Die Gefahr der Abwanderung junger Kräfte ins Industriegebiet oder zur Beschäftigung im Eisenbahnbau gewährleistet auch der Landarbeiterschaft angemessenen Verdienst. Mit der Einrichtung des Schlachthofs, einer besseren Wasserversorgung und der Anlage einer Kanalisation in Soest verringern sich die Gefahren von Seuchen und hoher Kindersterblichkeit.

Schon zu Beginn des Berichtszeitraums stützt die lokale Presse soziale Maßnahmen mit der Veröffentlichung von Spendenergebnissen für Arme bei Familienfesten, deren Höhe damit vor den Augen der Öffentlichkeit auch zu einer Prestigefrage wird. Während der Hungerwinter spornen die Mitteilungen beispielhafter Aktionen zu eigenen Initiativen an. Dagegen stellen die politische Organisierung der Arbeiterschaft oder Schwierigkeiten am Arbeitsplatz kein – oder nur ein einseitig behandeltes – Thema für die Soester Presse dar.

Über die Erfordernisse ihres Amtes oder privates Gewinnstreben hinaus erweisen sich einige Vertreter der wohlhabenden, z.T. intellektuellen Oberschicht des Soester Raumes als profilierte Vorkämpfer neuer Anstrengungen im wirtschaftlichen Entwicklungsprozeß: Johann Friedrich von Viebahn (Stadtsparkasse, Eisenbahnbau), Florenz Heinrich

Gottfried von Bockum-Dolffs (Landwirtschaftlicher Kreisverein, Pferdezuchtverein, Niederbergheimer Straße), Wilhelm Gottschalk (Gewerbeverein, Gewerberat, Kreditverein), August Vahle (Eisenbahnbau, Gewerberat), G.L. Uflacker (Tabakanbau), Adolf Heim (Gasanstalt) und Florenz von Bockum-Dolffs (Zuckerfabrik, Kreisstraßenbau, Ruhr-Lippe Eisenbahn). Mehrfach spannen diese Protagonisten die lokale Presse bei den Anstrengungen zur Verwirklichung ihrer Initiativen mit ein.

Insgesamt setzt die lokale Presse so während des Berichtszeitraums mit einer in der Struktur des Raumes und damit in den Leserinteressen begründet liegenden starken Bevorzugung landwirtschaftlicher Themen vielfältige Aktionen in Gang, begleitet oder beschleunigt sie aufgrund einer durchgehend positiven Einstellung der Redaktion zur Veränderung – ganz in der Zielrichtung des Verlegers und Redakteurs Eduard Rochol im ersten Lokal-Kommentar der Nr. 97 des "Soester Anzeiger" vom 4. Dezember 1863: "daß das Heil der Menschheit nur in einem steten vernünftigen Fortschritt zu suchen ist."

H. Anhang

I. Quellenverzeichnis

a. Verzeichnis der ungedruckten Quellen

1. Staatsarchiv Münster

Kreis Soest Nr. 7   Zeitungsberichte   1828 - 1835
Kreis Soest Nr. 9   Zeitungsberichte   1832 - 1834
Kreis Soest Nr. 10 Zeitungsberichte   1835 - 1837
Kreis Soest Nr. 11 Zeitungsberichte   1838 - 1839
Kreis Soest Nr. 12 Zeitungsberichte   1838 - 1841
Kreis Soest Nr. 13 Zeitungsberichte   1842 - 1843
Kreis Soest Nr. 14 Zeitungsberichte   1844 - 1848
Kreis Soest Nr. 15 Zeitungsberichte   1848
Kreis Soest Nr. 16 Zeitungsberichte   1848 - 1850
Kreis Soest Nr. 17 Zeitungsberichte   1850 - 1851
Kreis Soest Nr. 18 Zeitungsberichte   1852 - 1854
Kreis Soest Nr. 19 Zeitungsberichte   1858 - 1860
Kreis Soest Nr. 88 Die Errichtung einer Handelskammer
                    1867 - 1929
Kreis Soest Nr. 89 Der Marktverkehr
                    1855 - 1929
Kreis Soest Nr. 202 Der Marktverkehr
                    1849 - 1926
Kreis Soest Nr. 206 Gewerbliche Fortbildungsschulen
                    1869 - 1894
Kreis Soest Nr. 327 Die Beförderung des Ackerbaues durch
                    Anbau von Runkelrüben
                    1836 - 1837
Kreis Soest Nr. 339 Die Anlage einer Dampfmaschine und
                    einer chemischen Fabrik auf der Saline
                    Sassendorf
                    1842 - 1875
Kreis Soest Nr. 348 Beförderung des Seidenbaues und der
                    Bienenzucht
                    1832 - 1871
Kreis Soest Nr. 349 Die im Kreise Soest erscheinenden Lokal-
                    blätter
                    1848 - 1874

Regierung Arnsberg I	19 - 33	Dampfkessel-Revisionen im Kreise Soest 1865 - 1884
Regierung Arnsberg I	21 - 74	Gewerbliche Fortbildungsschule zu Soest 1880 - 1900
Regierung Arnsberg I	607	Errichtung einer Handelskammer für den Kreis Soest 1867 - 1868
Regierung Arnsberg I	1699	Straße Soest - Niederbergheim Kreis Soest 1860 - 1879
Regierung Arnsberg I G	516	Errichtung einer Handelskammer für die Kreise Hamm, Stadt und Land, und Soest 1881 - 1915
Regierung Arnsberg I G	517	Verhandlungen über die Bildung einer Handelskammer für die Kreise Soest, Hamm, Lippstadt bzw. Anschluß an eine in Paderborn oder anderwärts zu errichtende Handelskammer 1892 - 1899
Regierung Arnsberg I GA	33	Nachgesuchte Konzessionen zu Fabrikanlagen im Kreise Soest 1837 - 1874
Regierung Arnsberg I GA	33	Nachgesuchte Konzessionen zu Fabrikanlagen im Kreise Soest 1875 - 1884
Regierung Arnsberg I GA	57	Gasbereitungsanstalt zu Soest 1863 - 1902
Regierung Arnsberg I GA	207	Akten des Fabrikinspektors bei der Regierung in Arnsberg betr. Revisionen im Kreise Soest 1872 - 1877
Regierung Arnsberg I V	30	Anlage der Köln-Minden-Thüringer Verbindungseisenbahn (Westfälische Eisenbahn) 1845 - 1850
Oberpräsidium	Nr. 2693	Die gemeingefährlichen Bestrebungen der Sozialdemokratie Bd. 2

2. Westfälisches Wirtschaftsarchiv Dortmund

K 3 Nr. 79   Handelskammer zu Bielefeld. Akten betreffend Anschluß des Kreises Soest an die Handels-

kammer Bielefeld
1910 - 1912

Rep. XVII A   2   Bergenthal-Akten. Gemeindeangelegenheiten
                        1837 - 1846

Rep. XVII A   8   Bergenthal-Akten. Persönliche Dokumente
                        von Wilhelm Bergenthal

Rep. XVII B   1   Bergenthal-Akten. Briefe

3.   Stadtarchiv Soest

Abt. B III   a 1   Wegen der Aufmunterung der Pferdezucht
                        im hiesigen Regierungsbezirk
                        1818 - 1867

Abt. B III   a 2   Verschiedene landwirtschaftliche Sachen
                        1819 - 1877

Abt. B IX   o 1   Die Konzessionierung der hiesigen Gasanstalt
                        1863

Abt. B IX   o 2   Der Gasverbrauch
                        1863

Abt. B IX   o 3   Der Gasverbrauch

Abt. B XI   a 22   Die Mitbenutzung der kath. Mädchenschule
                        für die Handwerkerfortbildungsschule
                        1857 - 1864

Abt. B XIII   a 30   Die Verhandlungen des hiesigen Wohlfahrts-
                        ausschusses
                        1839 - 1854

Abt. B XIII   a 31   Die Trennung der bürgerlichen und kirchlichen
                        Armenfonds
                        1841 - 1856

Abt. B XIII   a 32   Die Armen- und Krankenpflege
                        1842 - 1870

Abt. B XIII   a 34   Wegen der zur Milderung der durch die
                        Teuerung aller Lebensbedürfnisse herbei-
                        geführten Not getroffenen Massregeln
                        1846 - 1847

Abt. B XIII   c 10   Verschiedene Unterstützungen an Landarme
                        1850 - 1865

Abt. B XV   a 21   Bau eines Kanals zwischen Rhein und Weser
                        1859 - 1873

Abt. B XV   k 4   Chausseeangelegenheiten
                        1818 - 1879

Abt. B XV   k 8   Die Berichte an den Landrat über die all-
                        jährlich ausgeführten Wegebauten
                        1868 - 1873

Abt. B XV	k 84,4		Der Bau einer Chaussee von Soest nach Niederbergheim 1852
Abt. B XV	k 84,6		Bau einer Chaussee von Soest nach Warstein 1842 - 1863
Abt. B XV	k 84,13		Die Beschlüsse der Aktionäre und des Vorstandes in den Versammlungen sowie die Einladungen zu letzteren 1853
Abt. B XV	k 84,36		Die Aufhebung der Wegegeldberechtigung auf der Soest-Niederbergheimer-Chaussee und die fernere polizeimäßige Instandhaltung 1861 - 1867
Abt. B XV	k 84,39		Die Wiedererstattung des den Warsteiner Gewerken vorgeschossenen Kapitals zum Bau der Niederbergheimer Chaussee 1863 - 1881
Abt. B XV	m 5		Die Gasbeleuchtung der Stadt Soest 1861 - 1877
Abt. B XV	n 3		Bau der Wohnungen für die Arbeiter der Fabrik der Gewerken Gabriel et Bergenthal in Soest 1861 - 1862
Abt. B XVI	d 6		Die Anlage der Köln-Minden-Thüringer-Verbindungseisenbahn (Bahnhofsbau) 1851 - 1854
Abt. B XVI	d 7		Die Anlage einer Verbindung der Bergisch-Märkischen Bahn mit der Westfälischen Eisenbahn 1851 - 1853
Abt. B XVI	d 9		Der Bau einer Eisenbahn von Dortmund nach Soest 1851 - 1855
Abt. B XVI	d 12		Die Anlehnung einer Pferdeeisenbahn an die Soest-Niederbergheimer Straße 1856
Abt. B XVI	d 13		Die Anlehnung der von Soest nach Warstein projektierten Pferdebahn an die Soest-Niederbergheimer Straße 1856 - 1882
Abt. B XVI	d 14		Die Anlage einer Eisenbahn von Hagen nach Soest 1861 - 1870
Abt. B XVI	d 15		Das Projekt einer Eisenbahn nach Gütersloh 1863 - 1865
Abt. B XVI	d 17		Die Weiterführung der Rheinischen Eisenbahn 1871 - 1875

Abt. B XIX a 1			Die Wahl des Gewerberates 1850
Abt. B XIX a 2			Allgemeine Angelegenheiten des hiesigen Gewerberates 1850 - 1854
Abt. B XIX a 3			Die Kosten für die laufende Geschäftsführung und Besoldung 1850
Abt. B XIX a 4			Gewerbeangelegenheiten 1850 - 1854
Abt. B XIX a 5			Protokolle aus den Sitzungen des Gesamtgewerberates 1850 - 1854
Abt. B XIX a 6			Protokolle aus den Sitzungen der Handwerkerabteilung 1850 - 1851
Abt. B XIX a 7			Für die Gewerberatssitzungen 1851 - 1854
Abt. B XIX a 10			Das Geschäftslokal für den Gewerberat und dessen Einrichtung 1850 - 1851
Abt. B XIX a 20			Die Errichtung einer Handelskammer 1850 - 1851
Abt. B XIX b 1			Die Errichtung einer Sonntagsschule für Handwerker 1826 - 1839
Abt. B XIX b 2			Die Einrichtung einer Sonntagsschule für Handwerker 1830 - 1852
Abt. B XIX b 5			Die Errichtung einer Spinnschule 1838 - 1846
Abt. B XIX b 7			Die Errichtung der Fortbildungsschule 1844 - 1857
Abt. B XIX b 8			Belege zur Rechnung der Sonntagsschule 1844 - 1845
Abt. B XIX b 9			Wegen der Fortbildungsschule für Handwerker (Sonntagsschule) 1849 - 1867
Abt. B XIX b 11			Handwerker-Fortbildungsschule 1850 - 1853
Abt. B XIX b 14			Wegen nachlässigen Besuchs der Sonntagsschule für Gewerbe 1852 - 1880
Abt. B XIX d 2			Die Beförderung des Tabakbaues in hiesiger Gegend 1824 - 1867
Abt. B XIX d 3			Enquete für Tabaksfabrikation und Handel 1878

Abt. B XIX g 9	Die ortsstatuarischen Anordnungen aufgrund der Gewerbeordnung. Beschränkung des Magazinhaltens, Einrichtung von Handwerkervereinen, Unterstützungskassen, Innungen 1824 - 1880
Abt. B XIX g 10	Sterbekassenverein der Schneider und Kappenmachermeister 1843 - 1851
Abt. B XIX g 11	Errichtung einer Sterbekasse der Tischlermeisterinnung 1845 - 1873
Abt. B XIX g 12	Verein der Konditoren und Bäcker 1845 - 1868
Abt. B XIX g 13	Sterbekassenverein der Glaser und Anstreicher 1849
Abt. B XIX g 15	Die Kleidermacherinnung 1850 - 1873
Abt. B XIX g 16	Zuweisung verschiedener Handwerker zu den bestehenden Gesellenunterstützungsvereinen 1850 - 1852
Abt. B XIX g 19	Errichtung einer Kranken- und Sterbekasse für die Arbeiter auf der Zigarrenfabrik von Ferd. Schwollmann u. Cp. modo Holthausen 1858 - 1867
Abt. B XIX g 20	Die Bäckergesellenlade 1872 - 1885
Abt. B XX a 22	Die Übersichten über die statistischen und sonstigen Verhältnisse der Stadt Soest 1861 - 1879
Abt. B XX b 27	Die Volkszählung 1871 - 1880
Abt. B XXXI b 3	Wegen Einreichung einer Nachweisung über vorgekommene Auswanderungen 1845 - 1862
Abt. B XXXII c 5	Der Verein der Schreinergesellen 1845 - 1873
Abt. B XXXII c 6	Der Verein der Zimmer-, Maurer- und Steinmetzgesellen 1845
Abt. B XXXII c 8	Gewerbevereinssachen 1848 - 1849
Abt. B XXXII c 9	Gewerbevereinssachen 1849 - 1851
Abt. B XXXII c 10	Die Errichtung eines Kreditvereins 1853 - 1861

Abt. B XXXII c 13		Soester Kreditverein 1858 - 1869
Abt. B XXXII e 2		Wegen Revision der Leihanstalts- rechnung 1841
Abt. B XXXIII a 7		Wegen Einführung eines Wochenblattes 1818 - 1855
Abt. B XXXIII a 15		Die monatlichen Zeitungs-Berichte 1836 - 1850
Abt. B XXXIII a 19		Zeitungsberichte 1847 - 1851
Abt. B XXXIII a 20		Zeitungsberichte 1852
Abt. B XXXIII a 22		Zeitungsberichte 1858
Abt. B XXXIII a 23		Zeitungsberichte 1864 - 1880
Abt. B XXXV a 20		Über Gewerbe, Fabriken und Manufakturen 1818 - 1847
Abt. B XXXV a 36		Wegen der den Buch- und Kunsthändlern, Leihbibliotheken, Buchdruckern, Lito- graphen zu erteilenden polizeilichen Erlaubnis 1833 - 1874
Abt. B XXXV a 40		Die polizeilichen Anordnungen wegen der Brot- und Fleischtaxen 1838 - 1868
Abt. B XXXV a 42		Wegen Konstituierung landwirtschaftlicher und gewerblicher Vereine 1838 - 1847
Abt. B XXXV a 43		Wegen der in den Fabriken beschäftigten jugendlichen Arbeiter bei den Ziegeleien. Arbeitsbücher und Karten 1840 - 1879
Abt. B XXXV a 59		Den Hausierhandel betreffend bzw. Be- schränkung desselben 1851 - 1852
Abt. B XXXV a 61		Wegen unbefugten Handelns mit fertigen Kleidungsstücken seitens des Färbers Grawinkel 1851 - 1856
Abt. B XXXV a 63		Beschwerden der Kleidermacherinnung über den unbefugten Gewerbebetrieb einiger Näherinnen 1852 - 1858
Abt. B XXXV a 66		Das Möbelmagazin 1854 - 1859
Abt. B XXXV a 75		Die Anlage einer Metzgerei in der Scheune der Witwe Köppelmann durch die Konsumgesellschaft 1874 - 1875

Abt. B XXXV a 80   Beschäftigung jugendlicher Arbeiter
                      in der Filzhutfabrik von Victor Stern
                      1879

Abt. B XXXV a 82   Beschäftigung jugendlicher Arbeiter
                      in der Zigarrenfabrik von Friedrich Gross
                      1879

Abt. B XXXVI a 1   Krankenunterstützungskasse
                      1852 - 1853

Abt. B XXXVII a 38   Gewerbesteuer
                      1847 - 1848

b.   Verzeichnis der gedruckten Quellen

Addreßbuch der jetzt bestehenden Kaufleute und Fabrikanten in
   Europa, 1. Bd. 1. Abtlg., 2. erw. u. verb. Aufl., Nürnberg
   1817

Adreßbuch der Provinz Westfalen 1846, Hrsg. Regierungs-Sekretair
   Klier in Münster, Münster o. J.

Adreßbuch der Provinz Westfalen 1852, Hrsg. Regierungs-Sekretair
   Klier in Münster, Münster o. J.

Adreßbuch der Provinz Westfalen 1858, Hrsg. Ober-Präs.-Sekretair
   Klier in Münster, Münster o. J.

Bericht des Magistrats zu Soest über die Verwaltung um den Stand
   der Gemeindeangelegenheiten der Stadt Soest für das Jahr 1861.
   Vorgetragen in öffentlicher Sitzung der Stadtverordnetenversammlung am 13. Februar 1862, Soest 1862

Bericht des Magistrats zu Soest über die Verwaltung und den Stand
   der Gemeindeangelegenheiten der Stadt Soest für das Jahr 1866
   und 1867. Vorgetragen in öffentlicher Sitzung der Stadtverordnetenversammlung am 19. Dezember 1867, Soest 1867

Bericht des Magistrats zu Soest über die Verwaltung und den Stand
   der Gemeindeangelegenheiten der Stadt Soest für das Jahr 1868.
   Vorgetragen in öffentlicher Sitzung der Stadtverordnetenversammlung am 25. Februar 1869, Soest 1869

Bericht des Magistrats zu Soest über die Verwaltung und den Stand
   der Gemeindeangelegenheiten der Stadt Soest für das Jahr 1871.
   Vorgetragen in öffentlicher Sitzung der Stadtverordneten-Versammlung am 8. Februar 1872, Soest 1872

Bericht des Magistrats zu Soest über die Verwaltung und den Stand
   der Gemeindeangelegenheiten der Stadt Soest für das Jahr 1875.
   Vorgetragen in öffentlicher Sitzung der Stadtverordneten-Versammlung am 17. Februar 1876, Soest 1876

Bericht des Magistrats zu Soest über die Verwaltung und den Stand
   der Gemeindeangelegenheiten der Stadt Soest für das Jahr 1879.
   Vorgetragen in öffentlicher Sitzung der Stadtverordneten-Versammlung am 5. Februar 1880, Soest 1880

Bericht des Magistrats über die Verwaltung und den Stand
der Gemeindeangelegenheiten der Stadt Soest für das
Jahr 1882/83, Soest 1884

Bericht des Magistrats zu Soest über den Stand der Gemeindeangelegenheiten für das Verwaltungsjahr vom 1. April 1886
bis 1. April 1887, Soest 1887

Bericht des Magistrats zu Soest über den Stand der Gemeinde-
Angelegenheiten für das Verwaltungsjahr vom 1. April 1887
bis 1. April 1888. Vorgetragen in öffentlicher Sitzung der
Stadtverordneten-Versammlung am 22. November 1888, Soest 1888

Brüning, Rüttger (Hrsg.): Offizielles Adress-Buch für Rheinland-Westphalen, 1834

Deutscher-Zeitungs-Katalog, 3. umgearb. Ausg. Leipzig 1845

Deutscher Zeitungs-Katalog für 1850, Leipzig 1850

Deutscher Zeitungs-Katalog für das Jahr 1853, 5. vollst. umgearb. Aufl. Leipzig 1853

Doornkaat Koolmann, ten: Hrsg. Historisch-statistisch-cameralistische Nachrichten von Soest und der Soester Börde. Zusammengetragen im Jahre 1797. In: Soester Zeitschrift, 40.
Heft (1924/25), S. 3-33

Entwurf einer allgemeinen Handwerker- und Gewerbordnung für
Deutschland. Berathen und beschlossen von dem deutschen
Handwerker- und Gewerbe-Congreß zu Frankfurt am Main in
den Monaten Juli und August 1848, Hamburg 1848 (Xerok.)

Ferber, C. W.: Beiträge zur Kenntniß des gewerblichen und
commerciellen Zustandes der preußischen Monarchie. Aus
amtlichen Quellen, Berlin 1829

Geck, Arnold: Topographisch-historich-statistische Beschreib-
und der Stadt Soest und der Soester Börde, Soest 1825

Handbuch zu dem Atlas von Preußen in 27 Karten; oder geo-
graphisch-statistisch-topographische Beschreibung der
preußischen Monarchie und Verzeichniß sämtlicher Ortschaften derselben. I,2 Erfurt 1833

Innungs-Statut der Tischler-, Drechsler-, Böttcher-, Rade-
und Stellmacher- und Brunnenbau-Meister in Soest, Soest
1852

Jacobi, Ludwig Herrmann Wilhelm: Das Berg-, Hütten- und Gewerbe-Wesen des Regierungs-Bezirks Arnsberg in statistischer
Darstellung, Iserlohn 1857

Jahres-Berichte der Königlich Preußischen Gewerberäthe, Berlin
1890

Leipziger Zeitungs-Katalog für 1841, Leipzig 1841

Liebrecht,: Topographisch-statistische Beschreibung nebst
Ortschafts-Verzeichnis des Regierungs-Bezirks-Arnsberg,
Arnsberg 1868

Neues statistisches Handbuch des Regierungs-Bezirks Arnsberg.
Nebst einer Darstellung der topographischen und geographi-
schen Verhältnisse dieses Bezirks von R. Emmerich, Königl.
Steuer-Rath, Arnsberg 1856

Reinhold, D.: Der Rhein, die Lippe und Ems und deren künftige
    Verbindung, Hamm 1822
Roeder, F.: Denkschrift über die Schiffbarmachung der Lippe
    bis Lippstadt aufwärts, Hamm 1889
Schmitz, Ludwig Friedrich von (Hrsg.): Der arme Kanonikus und
    seine Freunde im Kampfe gegen die Soester Dunkelmänner,
    Leipzig/Halle 1841
Schwerz, Johann Nepomuk von: Beschreibung der Landwirtschaft
    in Westfalen und Rheinpreußen, Stuttgart 1836
Städte-Ordnung für die Provinz Westphalen vom 19. März 1856.
    In: Gesetz-Sammlung für die Königlich Preußischen Staaten,
    Berlin 1856
Statistik des Kreises Soest. Zusammengestellt auf dem Bureau
    des Königlichen Landrathsamtes des Kreises Soest, Soest 1881
Statut der Kranken- und Sterbe-Kasse für die Kleidermacher-In-
    nung zu Soest, Soest 1852
Statut der Sterbe-Kasse für die Tischler-Innung in Soest, Soest
    1852
Verordnung, betreffend die Errichtung von Gewerberäthen und ver-
    schiedene Abänderungen der allgemeinen Gewerbeordnung vom 9.
    Februar 1849. In: Gesetz-Sammlung für die Königlichen Preu-
    ßischen Staaten 1849, Berlin S. 93 - 110
Wigard, Franz (Hrsg.): Stenographischer Bericht über die Ver-
    handlungen der deutschen constituierenden Nationalversamm-
    lung zu Frankfurt am Main, Frankfurt a. M. 1848-49, 9 Bde.

c.   Verzeichnis der Zeitungen und Bekanntmachungsorgane

1.   Stadtarchiv Soest

Wochenblatt für die Stadt Soest und den Soester Kreis
    1819 - 1840
Soester Kreisblatt
    1840 - 1880
Der Westfälische Bürger- und Bauernfreund
    1848 - 1849
Central-Blatt für Handel und Gewerbe. Organ der Gewerberäthe
    in Rheinland - Westphalen
    1850
Soester Anzeiger
    1853 - 1880
Amtsblatt der Königlichen Regierung   zu Arnsberg
    1842 - 1875

2. Institut für Zeitungsforschung Dortmund

Neue Rheinische Zeitung. Organ der Demokratie
1848 - 1849

Westfälische Zeitung
1849 - 1854

II. Literaturverzeichnis

a. Bibliographien

Bibliographie des Handwerks.
  Hrsg. W. Wernet, Münster 1960 ff.
Bibliographie zur Geschichte der Stadt Soest, Hrsg. Wolf-
  Herbert Deus, Soest 1971
Bömer, Karl: Internationale Bibliographie des Zeitungswesens,
  Leipzig 1932
Dahlmann, Friedrich Christoph: Waitz, Georg: Quellenkunde der
  deutschen Geschichte, 10. Aufl., Bd. 1, Stuttgart 1969
Dahlmann, Friedrich Christoph; Waitz, Georg: Quellenkunde der
  deutschen Geschichte, 10. Aufl., Bd. 2, Stuttgart 1971
Die deutsche Geschichtswissenschaft im Zweiten Weltkrieg, Hrsg.
  Walther Holtzmann, Gerhard Ritter, Marburg 1951
Inventar zum Bestand K 3 IHK Bielefeld (1849-1933). Mit einem
  Anhang zum Archiv des Gnadenfonds (1829-1935). Bearbeitet
  von Ottfried Dascher und Hans Vollmerhaus, Dortmund 1973
Jahresberichte für deutsche Geschichte, Hrsg. Albert Brack-
  mann, Fritz Hartung, Berlin 1925 ff.
Jahresberichte für deutsche Geschichte. Neue Folge (NF), Hrsg.
  (Albert Brackmann, Fritz Hartung, Berlin 1949 ff.
Taubert, Rolf: Die Periodika der Revolutionsjahre in Westfalen
  und der Rheinprovinz (1848-1850). Bibliographie, unveröff.
  Masch.-Skript
Verzeichnis deutschsprachiger Hochschulschriften zur Publi-
  zistik 1885-1967, Hrsg. Volker Spiess, Berlin 1969
Westfälische Bibliographie zur Geschichte, Landeskunde und
  Volkskunde, Bearbeitet von Alois Bömer und Hermann Degering,
  Münster 1955

b. Darstellungen

Abel, Wilhelm: Agrarpolitik, 2. neubearb. Aufl., Göttingen
  1958

Abendroth, Wolfgang: Aufstieg und Krise der deutschen Sozialdemokratie, 2. Aufl. Frankfurt a. M. 1969

ders.: Sozialgeschichte der europäischen Arbeiterbewegung, 7. Aufl. Frankfurt a. M. 1970

Adams/Mertens: 50 Jahre Westfälische Landes-Eisenbahn. In: Sonderdruck aus der Zeitung des Vereins mitteleuropäischer Eisenbahnverwaltungen (1933) Nr. 43

o.N.: Älteste Sparkasse Westfalens. In: Heimatkalender des Kreises Soest 48 (1975) S. 92 - 96

Altrock, W.v.: Landwirtschaftliches Vereinswesen. In: Handwörterbuch der Staatswissenschaften, Hrsg. L. Elster, A. Weber, F. Wieser, 4. umgearb. Aufl. Jena 1925, 6. Bd., S. 212 - 218

Ansprache des Vorsitzers des engeren Vorstandes Herrn Schulze-Gabrechten anläßlich des 75jährigen Jubiläums der Zuckerfabrik G.m.b.H. am 21. Mai 1958 im Kurhaus Bad Hamm. In: Geschäftsbericht der Zuckerfabrik Soest, Soest 1958

Auer, Rudolf: Die moderne Presse als Geschichtsquelle. Ein Versuch, Wien 1943

Behrbalk, Erhard: Die "Westfälische Zeitung". Ein Beitrag zur Geschichte der westfälischen Tagespresse im 19. Jahrhundert (1848 - 1883), München Phil.Diss. 1942, Dortmund 1958

Behlmer, Gerd Hinrich: Geschichte der Apotheker im alten Soest. In: Soester Zeitschrift 46, Soest 1932

Berg, Volker vom/ Hofmann, Detlef/ Heisterkamp, Jürgen: Der Zuckerrübenanbau unter dem Einfluß der Frühindustrialisierung. In: Zeitschrift für Agrargeschichte und Agrarsoziologie 20 (1972) S. 198 - 214

Berger, Louis: Der alte Harkort. Ein Westfälisches Lebens- und Zeitbild, Leipzig 1890

Berken: Der Arnsberger Wald und seine Geschichte. In: Heimatkalender des Kreises Soest, 3 (1924) S. 28 - 38

ders.: Die Revolution von 1848 im Amte Körbecke. In: Heimatkalender des Kreises Soest, 5 (1926) S. 78 - 84

Beutin, Ludwig: Die Gründung der Handelskammern. In: Moderne deutsche Wirtschaftsgeschichte, Hrsg. Karl Erich Born, Köln/ Berlin 1966, S. 259 - 272

Blankertz, Herwig: Bildung im Zeitalter der großen Industrie. Pädagogik, Schule und Berufsbildung im 19. Jahrhundert, Berlin/ Darmstadt/ Dortmund 1969

Bockum-Dolffs, Florens von: In: Westfälische Köpfe. Biograph. Handweiser v. Wilhelm Schulte, Münster 1963, S. 32 f.

Bogs, Walter: Soziale Krankenversicherung. In: Handwörterbuch der Sozialwissenschaften, Stuttgart/ Tübingen/ Göttingen 1959, Bd. 6, S. 283 - 296

Borchardt, Knut: Die Industrielle Revolution in Deutschland, München 1972

ders.: Regionale Wachstumsdifferenzierung in Deutschland im 19. Jahrhundert unter besonderer Berücksichtigung des West-

Ost-Gefälles. In: Lütge, Friedrich (Hrsg.): Wirtschaftliche und soziale Probleme der gewerblichen Entwicklung im 15.-16. und 19. Jahrhundert, Stuttgart 1968, S. 115-131

ders.: Zur Frage des Kapitalmangels in der ersten Hälfte des 19. Jahrhunderts in Deutschland. In: Jahrbücher für Nationalökonomie und Statistik, 173 (1961) S. 401 - 422

Born, Karl Erich: Sozialpolitische Probleme und Bestrebungen in Deutschland von 1848 bis zur Bismarckschen Sozialgesetzgebung. In: Vierteljahrschrift für Sozial- und Wirtschaftsgeschichte 46 (1959) S. 29 - 44

ders.: Von der Reichsgründung bis zum I. Weltkrieg. In: Gebhardt: Handbuch der Deutschen Geschichte, Hrsg. Herbert Grundmann, Bd. 3, 9. neubearb. Aufl. Stuttgart 1970, S. 224 - 377

Briefs, Goetz: Revierbildung und provinzielle Streuung der Industrie. In: Archiv für Sozialwissenschaft und Sozialpolitik 67 (1932) S. 29 - 53

Burmeister, H.: Puddel-Prozeß. In: Lueger: Lexikon der Technik. Bd. 5: Lexikon der Hüttentechnik, Hrsg. Hans Grothe, Stuttgart 1963, S. 478

Busch, Wilhelm: Das Gefüge der westfälischen Landwirtschaft, Münster 1939

Bussmann, Heinz: Die wirtschaftliche und soziale Lage der Stadt Soest im 18. Jahrhundert, Examensarbeit 1959 (Masch.)

Crone, August: Landwirtschaftliches Vereinswesen und Landwirtschaftskammern. In: Beiträge zur Geschichte des westfälischen Bauernstandes, Hrsg. Engelbert von Kerckerinck zu Borg, Berlin 1912, S. 531 - 564

Croon, Helmuth: Die Versorgung der Großstädte des Ruhrgebietes im 19. und 20. Jahrhundert. In: Jahrbücher für Nationalökonomie und Statistik, 179 (1966) S. 356 - 371

Crull, Otto: Geschichte des Gewerbe-Vereins zu Gleiwitz, Gleiwitz 1895

Dalhoff, Albert: Tausend gingen nach Amerika. In: Heimatkalender des Kreises Soest 35 (1962) S. 22 - 26

Deus, Wolf-Herbert: Ein "fatales Nest". In: Soester Zeitschrift, 86 (1974) S. 99 f.

Deutsches Städtebuch, Westfälisches Städtebuch, Hrsg. Erich Keyser, Bd. III,II Westfalen, Stuttgart 1954

Diedrichs, H.: 50 Jahre Westfälische Kornverkaufsgenossenschaft e.G.m.b.H. Soest, Bielefeld 1949

Ditt, Hildegard/Schöller, Peter: Die Entwicklung des Eisenbahnnetzes in Nordwestdeutschland. In: Westfälische Forschungen 8 (1955) S. 150 - 180

Ditt, Hildegard: Struktur und Wandel westfälischer Agrarlandschaften, Münster 1965

Doornkaat Koolmann, ten: Chronik der Stadt Soest, Soest 1933 ders.: Die altsoester Getreidemaße in Gewicht umgerechnet. In: Soester Zeitschrift 39 (1923) S. 11 f.

ders.: Die Magistratsbank in der Petrikirche. In: Soester Zeitschrift 33 (1915/16) S. 24 - 29

Dovifat, Emil: Zeitungslehre, 2 Bde., 5. neubearb. Aufl. Berlin 1967

Dransfeld, Friedrich: Das ländliche Genossenschaftswesen und seine Ausbreitung im Kreise Soest. In: Heimatkalender des Kreises Soest 24 (1951) S. 90 - 94

Egels, W.: 100 Jahre Landwirtschaftliche Untersuchungs- und Forschungsanstalt Joseph-König-Institut Münster, Münster 1971

Egner, Erich: Die Industrialisierung ländlicher Gebiete. In: Jahrbücher für Nationalökonomie und Statistik 169 (1958) S. 43 - 67

Engelsing, Rolf: Zur Sozialgeschichte deutscher Mittel- und Unterschichten, Göttingen 1973

d'Ester, Karl: Die Presse Westfalens bis 1848. In: Die Heimat. Monatsschrift für Land, Volk und Kunst in Westfalen und am Niederrhein 8 (1926) S. 319 - 322

ders.: Zur Geschichte des Journalismus in Westfalen, Münster 1907

Finck von Finckenstein, Hans Wolfram Graf: Die Entwicklung der Landwirtschaft in Preußen und Deutschland 1800-1930, Würzburg 1960

Fischer, Heinz-Dietrich: Deutsche Zeitungen des 17. bis 20. Jahrhunderts, München 1972

ders.: Tendenzpublizistik im Kommunikationsfeld. Untersuchungen zum Problem politischer Presse im System interner und externer Einflüsse, Phil. Habil.-Schrift, Bochum 1972

Fischer, Wolfram: Das deutsche Handwerk in den Frühphasen der Industrialisierung. In: Zeitschrift für die gesamte Staatswissenschaft 120 (1964) S. 688 - 713

ders.: Das Verhältnis von Staat und Wirtschaft in Deutschland am Beginn der Industrialisierung. In: Industrielle Revolution. Wirtschaftliche Aspekte, Hrsg. R. Braun, W. Fischer, H. Großkreutz, H. Volkmann, Köln/Berlin 1972, S. 287-309

ders.: Die Rolle des Kleingewerbes im wirtschaftlichen Wachstumsprozeß in Deutschland 1850 - 1914. In: Lütge, Friedrich (Hrsg.): Wirtschaftliche und soziale Probleme der gewerblichen Entwicklung im 15. - 16. und 19. Jahrhundert, Stuttgart 1968, S. 131 - 143

ders.: Ökonomische und soziologische Aspekte der frühen Industrialisierung. In: Wirtschafts- und sozialgeschichtliche Probleme der frühen Industrialisierung, Hrsg. W. Fischer, Berlin 1968, S. 1 - 21

ders.: Soziale Unterschichten im Zeitalter der Frühindustrialisierung. In: International Review of Social History 8 (1963) S. 415 - 436

ders.: Theorie und Praxis der Gewerbeförderung. In: Moderne deutsche Wirtschaftsgeschichte, Hrsg. Karl Erich Born, Köln/Berlin 1966, S. 86 - 114

Fleck: Die ersten Eisenbahnen von Berlin nach dem Westen der Monarchie. In: Archiv für Eisenbahnwesen 18 (1895) S. 1 - 40 / S. 261 - 191 / S. 454 - 498 / S. 693 - 731

Florschütz, Albert: Die politischen und socialen Zustände der Provinz Westphalen während der Jahre 1848 - 1858, Elberfeld 1861

Franz Günther: Die agrarische Bewegung im Jahre 1848. In: Zeitschrift für Agrargeschichte und Agrarsoziologie 7 (1959) S. 176 - 193

ders.: Florens Heinrich von Bockum-Dolffs. In: Biographisches Wörterbuch zur deutschen Geschichte, 2. völlig neubearb. u. stark erw. Aufl. bearb. v. Karl Bosl, Günther Franz, Hanns Hubert Hofmann, München 1973, Bd. 1, Sp. 304

Fremdling, Rainer: Eisenbahnen und deutsches Wirtschaftswachstum 1840 - 1879. Ein Beitrag zur Entwicklungstheorie und zur Theorie der Infrastruktur, Dortmund 1975

Fricke, Rolf: Die geistigen Voraussetzungen der Industrialisierung im 19. und 20. Jahrhundert. In: Schmollers Jahrbuch 85 (1965) 1. Halbbd., S. 257 - 273

Friedländer, Konrad: Gottfried Friedrich Johannes Julius Ostendorf. In: Allgemeine Deutsche Biographie, Bd. 24, Leipzig 1887, S. 503 - 507

Fünfzig Jahre Elektrizitätswerk Soest. Eine kleine Erinnerungsschrift 1899 - 1949, Soest 1949

Fünfzig Jahre Ruhr-Lippe-Eisenbahnen, Soest 1948

Gedenkschrift zum 25jährigen Bestehen der Westfälischen Landes-Eisenbahn vormals Warstein-Lippstadter Eisenbahn 1883 - 1908. Lippstadt 1908

Gerschenkron, Alexander: Die Vorbedingungen der europäischen Industrialisierungen im 19. Jahrhundert. In: Wirtschafts- und sozialgeschichtliche Probleme der frühen Industrialisierung, Hrsg. W. Fischer, Berlin 1968, S. 21 - 29

Geschichte der Warsteiner Gruben- und Hüttenwerke Aktiengesellschaft Warstein, o. J. um 1937 (Masch.)

Grafschaft Mark, Die: Hrsg. Alois Meister, Dortmund 1909
Darin:
Vogeler, E.: Soest und die Börde, S. 77 - 106
Klöpfer, E.: Geschichte der Landwirtschaft der Mark im 19. Jahrhundert, S. 351 - 398
Meister, A.: Handel, Gewerbe, Industrie und Bergwesen bis zu Beginn des 19. Jhs., S. 399 - 462
Wiebe, G.: Industrie und Handel in der nördlichen Mark während des 19. Jhs., S. 535 - 645
Martens, O.: Verkehrswege und Verkehrsentwicklung, S. 653 - 666
Schmöle, J.: Die neueste wirtschaftliche Entwicklung, S. 691 - 730

Grebing, Helga: Geschichte der deutschen Arbeiterbewegung, 2. Aufl. München 1971

Griewank, Karl: Ursachen und Folgen des Scheiterns der deutschen Revolution von 1848. In: Historische Zeitschrift 170 (1950) S. 495 - 524

Gröblinghoff, Ursula: Bodenverhältnisse und Agrarstruktur des Landkreises Soest, Examensarbeit 1960 (Masch.)

Grütters, Lambert: Die Entwicklung des gewerblichen Fortbildungsschulwesens in der Provinz Westfalen bis 1874, Münster Phil. Diss. 1933

Goldbeck, Gustav: Technik als geschichtliche Macht im 19. Jahrhundert. In: Technikgeschichte 32 (1965) S. 162-174

Hampke, Thilo: Gewerbekammern. In: Handwörterbuch der Staatswissenschaften, Hrsg. L. Elster, A. Weber, F. Wieser, 4. umgearb. Aufl. Jena 1927, S. 1054 - 1068

Hartmann, Joseph: Geschichte der Provinz Westfalen, Berlin 1912

Hartog, Rudolf: Stadterweiterungen im 19. Jahrhundert, Stuttgart 1962

Haushofer, Heinz: Die deutsche Landwirtschaft im technischen Zeitalter, Stuttgart 1963

ders.: Landwirtschaftsverwaltung und landwirtschaftliches Organisationswesen. In: Handwörterbuch der Sozialwissenschaften, Stuttgart / Tübingen / Göttingen 1959, Bd. 6, S. 521 - 524

Heim, Harro: Ferdinand Freiligrath in seiner Zeit. In: Mitteilungen. Stadt- und Landesbibliothek Dortmund, Heft 1, 1960

Helling, Gertrud: Zur Entwicklung der Produktivität in der deutschen Landwirtschaft im 19. Jahrhundert. In: Jahrbuch für Wirtschaftsgeschichte, Teil I (1966) S. 129 - 142

Henderson, W.O.: Die Entstehung der preußischen Eisenbahnen 1815 - 1848. In: Moderne deutsche Wirtschaftsgeschichte, Hrsg. Karl Erich Born, Köln / Berlin 1966, S. 137-151

Hengesbach, Joseph: Julius Ostendorf. In: Westfälische Lebensbilder, Hrsg. A. Bömer, O. Leunenschloß, J. Bauermann, Bd. III, Münster 1934, S. 434 - 448

Henning, Friedrich-Wilhelm: Die Industrialisierung in Deutschland 1800 bis 1914, Paderborn 1973

Hentschel, Rüdiger: Der Redakteur als Schlüsselfigur im Kommunikationsprozeß der Zeitung, Köln Phil. Diss. 1964

Hermanni, Conrad: Vorschläge zur Organisierung Deutschlands, Soest, 1848. In: Wentzcke, Paul: Kritische Bibliographie der Flugschriften zur deutschen Verfassungsfrage 1848-51, Halle 1911

Herzig, Arno: Die Entwicklung der Sozialdemokratie in Westfalen bis 1894. In: Westfälische Zeitschrift 121 (1971) S. 97 - 173

Hesse, Georg: 100 Jahre Kolping in Soest, Soest 1952

Hillenbrand, Rudolf: Deutsche Zeitungstitel im Wandel der

Zeiten. Ein Beitrag zur Geschichte der deutschen Zeitung. Nürnberg Phil. Diss. 1963

Hilse, Klaus: Keine Sympathie für die Demokratie. In: Heimatkalender des Kreises Soest 47 (1974) S. 52 - 56

ders.: So begann das Soester Pressewesen. In: Heimatkalender des Kreises Soest 40 (1967) S. 90 f.

ders.: Werden und wachsen. In: Heimatkalender des Kreises Soest 40 (1967) S. 34 - 54

Hilsmann, Franz Josef: Die Ruhr-Lippe-Kleinbahn, Arnsberg 1898

Hömberg, Albert K. Leesch, Wolfgang: Zum geschichtlichen Werden des Landesteils Westfalen und des Landes Nordrhein-Westfalen. Sonderdruck aus Handbuch der Historischen Stätten Deutschlands, Bd. III Nordrhein-Westfalen, 2. Aufl. Stuttgart 1970

Holtfrerich, Carl-Ludwig: Quantitative Wirtschaftsgeschichte des Ruhrkohlenbergbaus im 19. Jahrhundert, Dortmund 1973

Hüttermann, Wilhelm: Parteipolitisches Leben in Westfalen vom Beginn der Märzbewegung im Jahre 1848 bis zum Einsetzen der Reaktion 1849. In: Zeitschrift für vaterländische Geschichte und Altertumskunde 68 (1910) S. 97 - 230

Hundertfünfundzwanzig Jahre Imkerverein Soest. In: Allgemeine Deutsche Imkerzeitung 3 (1975) Beilage o. S.

Hundt, Herbert Otto: Das Pressewesen im märkischen Sauerland, Leipzig Phil. Diss. 1935

Ippen, Rolf: Die Tagespresse in Westfalen seit 1848. In: Die Heimat. Monatsschrift für Land, Volk und Kunst in Westfalen und am Niederrhein 8 (1926) S. 324 - 332

Junker, Friedel H.: Die Entwicklung der Industrie im Amte Bremen. In: Heimatkalender des Kreises Soest 38 (1965) S. 27 f.

Kellermann, Wilhelm: Der bäuerliche Zusammenschluß. In: Beiträge zur Geschichte des westfälischen Bauernstandes, Hrsg. Engelbert von Kerckerinck zur Borg, Berlin 1912, S. 376 - 448

Kersten, Kurt: Die deutsche Revolution 1848 - 1849, Frankfurt a. M. 1955

Kerwat: Die Landwirtschaftsschulen im Kreise Soest. In: Heimatkalender des Kreises Soest 31 (1958) S. 61 - 65

Kiepke, Rudolf: Die Geschichte der Paderborner Presse von ihren ersten Anfängen bis zum Ausgang des Kulturkampfes 1599 - 1880, Münster Phil. Diss. 1932

Klatt, Sigurd: Zur Theorie der Industrialisierung, Köln 1959

Klocke, Friedrich von: Florens Heinrich Gottfried von Bockum-Dolffs. In: Neue deutsche Biographie, Bd. 2, Berlin 1955, S. 346 f.

Klockow, Helmut: Stadt Lippe - Lippstadt. Aus der Geschichte einer Bürgerschaft, Lippstadt 1964

Knoll, Joachim H.: Das Verhältnis Österreich / Preußen zwischen 1848 und 1866 im Spiegel liberaler Zeitungen. Ein Beitrag zur Kooperation von Publizistikwissenschaft und Geschichtswissenschaft. In: Publizistik 11 (1966) S. 264 - 276

Köhn, Gerhard: Die Anfänge der Soester Presse im 19. Jahrhundert. Sonderdruck anläßlich des 125jährigen Bestehens des Soester Anzeigers und des Rocholdrucks, Soest 1973. Ebenso in: Soester Zeitschrift 85 (1973) S. 73 - 104

ders.: Zur Geschichte des Soester Anzeigers. In: Jubiläumsausgabe zum 125jährigen Bestehen des "Soester Anzeiger" und des "Rocholdruck" vom 27. 10. 1973

Köllmann, Wolfgang: Bevölkerung in der industriellen Revolution. Studien zur Bevölkerungsgeschichte Deutschlands, Göttingen 1974

ders.: Die Anfänge der staatlichen Sozialpolitik in Preußen bis 1869. In: Vierteljahrschrift für Sozial- und Wirtschaftsgeschichte 53 (1966) S. 28 - 52

ders.: Gesellschaftsanschauungen und sozialpolitisches Wollen Friedrich Harkorts. In: Rheinische Vierteljahresblätter 25 (1960) S. 81 - 99

ders.: Industrialisierung, Binnenwanderung und "Soziale Frage". In: Vierteljahrschrift für Sozial- und Wirtschaftsgeschichte 46 (1959) S. 45 - 70

ders.: Politische und soziale Entwicklung der deutschen Arbeiterschaft 1850 - 1914. In: Vierteljahrschrift für Sozial- und Wirtschaftsgeschichte 50 (1963) S. 480 - 504

König, Leo: Vom Salz - zum Bad. In: Heimatkalender des Kreises Soest 39 (1966) S. 34 ff.

König, Wilhelm: Die Mühlen in und um Werl. In: Heimatkalender des Kreises Soest 12 (1933) S. 39 ff.

Köster, Julius: Die Iserlohner Revolution, Berlin 1899

Koselleck, Reinhart: Preußen zwischen Reform und Revolution, Stuttgart 1967

ders.: Staat und Gesellschaft in Preußen 1815 - 1848. In: Moderne deutsche Sozialgeschichte, Hrsg. H.-U. Wehler, 4. Aufl. Köln 1973, S. 55 - 85

Körner, Kurt: 75 Jahre RLE. In: Heimatkalender des Kreises Soest 47 (1974) S. 56 - 60

Koske, Marga: Aus der Geschichte der Stadtsparkasse Soest. Soester Wissenschaftliche Beiträge, Bd. 18, Soest 1959

ders.: Die Bedeutung des Eisenbahnbaus für die wirtschaftliche Entwicklung des Kreises Soest. In: Hundert Jahre Westfälische Eisenbahn, Paderborn 1950, S. 47 - 55

ders.: Ein Beitrag zur Geschichte der SPD in Soest. In: 100 Jahre SPD Soest, Soest 1974 o. S.

Koske, Marga: Der Kampf Soests um die Eisenbahn (1833-1850), Soest 1976 (unveröff. Manuskript)

Koszyk, Kurt: Deutsche Presse im 19. Jahrhundert. Geschichte der deutschen Presse, Teil II, Berlin 1966

ders./ Pruys, Karl H.: Wörterbuch zur Publizistik, 2. verb. Aufl. München 1970

Kraus, Otto: Staat und Wirtschaft. Grundprobleme der Wirtschaftspolitik in historischer Beleuchtung, Hamburg 1959

Kraft, B.: Offene Darlegung über den Bau der Möhnestraße. In: Heimatblätter. Lippstadt 40 (1959) Nr. 23/24 S. 185 f. und 41 (1960) Nr. 1 S. 7 f.

ders.: Von der Barriere in Niederbergheim. In: Heimatblätter. Lippstadt 39 (1958) Nr. 4 S. 30 ff.

Kries, C.G.: Die preußische Einkommensteuer und die Mahl- und Schlachtsteuer. In: Zeitschrift für die gesammte Staatswissenschaft 12 (1856) S. 58 - 85

Kuehnemann, Ruth: Die große Presse und das erste Parlament. Die journalistische und zeitungstechnische Behandlung der deutschen Nationalversammlung zu Frankfurt a.M. durch die zeitgenössische Tagespresse, Leipzig Phil. Diss. 1934

Kuemhof, Hermann: Karl Marx und die "Neue Rheinische Zeitung" in ihrem Verhältnis zur demokratischen Bewegung der Revolutionsjahre 1848/49, Berlin Phil. Diss. 1961

Kuske, Bruno: 100 Jahre Industrie- und Handelskammer für das südöstliche Westfalen zu Arnsberg, Arnsberg 1951

ders.: Wirtschaftsgeschichte Westfalens in Leistung und Verflechtung mit den Nachbarländern bis zum 18. Jahrhundert, 2. Aufl. Münster 1949

Kuznets, Simon: Die wirtschaftlichen Vorbedingungen der Industrialisierung. In: Industrielle Revolution. Wirtschaftliche Aspekte, Hrsg. R. Braun, W. Fischer, H. Großkreutz, H. Volkmann, Köln / Berlin 1972, S. 17 - 35

Laer, Wilhelm von: Die Entwicklung des bäuerlichen Wirtschaftswesens von 1815 bis heute. Die wirtschaftlichen Verhältnisse. In: Beiträge zur Geschichte des westfälischen Bauernstandes, Hrsg. Engelbert von Kerckerinck zur Borg, Berlin 1912, S. 164 - 221

Langenbach, Alma: Die Papiermühle zu Lohne. In: Heimatkalender des Kreises Soest 14 (1935) S. 55 - 59

Lehn, Heinrich: Vom Dorf zur großen Industriegemeinde. In: Heimatkalender des Kreises Soest 42 (1969) S. 59 - 66

ders.: Wasser aus Wickede. In: Heimatkalender des Kreises Soest 42 (1969) S. 71 - 74

Linde, Hans: Die Bedeutung der deutschen Agrarstruktur für die Anfänge der industriellen Entwicklung. In: Jahrbuch für Sozialwissenschaft 13 (1962) S. 179 - 195

Loest, Johannes: Kreditgenossenschaften. In: Handwörterbuch der Sozialwissenschaften, Stuttgart / Tübingen / Göttingen 1959, Bd. 6, S. 317 - 324

Lotz, Walter: Verkehrsentwicklung in Deutschland 1800 - 1900, 3. verb. Aufl. Leipzig 1910

Lütge, Friedrich: Über die Auswirkungen der Bauernbefreiung in Deutschland. In: Jahrbücher für Nationalökonomie und Statistik 157 (1943) S. 353 - 405

Lucas, Otto: Planungsgrundlagen für den Kreis Soest, Münster 1974

Ludwig, Karl-Heinz: Die Fabrikarbeit von Kindern im 19. Jahrhundert. In: Vierteljahrschrift für Sozial- und Wirtschaftsgeschichte 52 (1965) S. 63 - 85

Mehler, F. J.: Geschichte der Stadt Werl, Werl 1891

Mertes. P.H.: Das Werden der Dortmunder Wirtschaft, Dortmund 1940

ders.: Zur Vorgeschichte des Dortmund-Ems-Kanals. In: Die Straße die alle Ströme vereint. Hundert Jahre Kanalgedanke, Dortmund 1958, S. 5 - 56

Meusch, Hans: Zielsetzung und Bewährung der Handwerkerbewegung seit 1848. In: Die Deutsche Berufs- und Fachschule 45 (1949) S. 313 - 330

Meyer, Anton Hans: Es begann 1842. Lippstadt und seine Sparkasse, Lippstadt 1967

Meyer, Hans-Friedrich: Zeitungspreise im 19. Jahrhundert und ihre gesellschaftliche Bedeutung, München Phil. Diss. 1967

Mommsen, Wilhelm: Die Zeitung als historische Quelle. In: Archiv für Politik und Geschichte, 6. Bd. 4 (1926) S. 244 - 251

ders.: Größe und Versagen des deutschen Bürgertums, Stuttgart 1949

Mottek, Hans: Die Gründerkrise. In: Jahrbuch für Wirtschaftsgeschichte 1 (1966) S. 51 - 128

ders.: Wirtschaftsgeschichte Deutschlands. Bd. II: Von der Zeit der Französichen Revolution bis zur Zeit der Bismarckschen Reichsgründung, 2. Aufl. Berlin 1971

Müller-Wille, Wilhelm: Der Feldbau in Westfalen im 19. Jahrhundert. In: Westfälische Forschungen 1 (1938) S. 302 - 326

ders.: Die Schweinehaltung in Westfalen 1818 und 1937. In: Spieker. Landeskundliche Beiträge und Berichte. Heft 4: Die Viehhaltung in Westfalen von 1818 bis 1948, Münster 1953, S. 53

ders.: Karten zur Entwicklung von Verteilung des Viehstapels in Westfalen. In: Spieker. Landeskundliche Beiträge und Berichte. Heft 2: Die Viehhaltung in Westfalen von 1818 bis 1948, Münster 1950, S. 55

Niebour, Hermann: Die westfälischen Abgeordneten der Frankfurter Nationalversammlung. In: Westfalen 3 (1911) S. 33-45

Noelle-Neumann, Elisabeth / Schulz, Winfried (Hrsg.): Publizistik. Das Fischer Lexikon, Frankfurt a. M. 1971

Ohm, Hans: Konsumgenossenschaften. In: Handwörterbuch der Sozialwissenschaften, Stuttgart / Tübingen / Göttingen 1959, Bd. 6, S. 154 - 161

Otto, Ulla: Die Problematik des Begriffs der öffentlichen Meinung. In: Publizistik 11 (1966) S. 99 - 130

Pieper-Lippe, Margarete: Zur Geschichte des westfälischen Handwerks. In: Westfalen 40 (1962) S. 76 - 96

Prümer, Carl: Zur Geschichte des Gewerbe-Vereins 1840 - 1890. Festschrift zum 50jährigen Jubiläum des Gewerbevereins zu Dortmund, Dortmund 1890

Quabeck, Anton: Das ländliche Genossenschaftswesen in Westfalen. In: Beiträge zur Geschichte des westfälischen Bauernstandes, Hrsg. Engelbert von Kerckerinck zur Borg, Berlin 1912, S. 448 - 531

Rabe, Horst: Quellen Neuzeit: In: Geschichte. Das Fischer Lexikon. Hrsg. Waldemar Besson, Frankfurt a. M. 1970, S. 289 - 297

Reekers, Stephanie: Beiträge zur statistischen Darstellung der gewerblichen Wirtschaft Westfalens um 1800. Teil 1: Paderborn und Münster. In: Westfälische Forschungen 17 (1964) S. 83 - 176
Teil 4: Herzogtum Westfalen. In: Westfälische Forschungen, 20 (1967) S. 58 - 108
Teil 5: Grafschaft Mark. In: Westfälische Forschungen 21 (1968) S. 98 - 161

ders.: Westfalens Bevölkerung 1818 - 1955, Münster 1956

ders./ Schulz, Johanna: Die Bevölkerung in den Gemeinden Westfalens 1818 - 1950, Dortmund 1952

Reinhold, Ludwig: Die Provinzpresse und ihre wirtschaftlichen Grundlagen unter bes. Berücks. Westfalens, Greifswald Phil. Diss. 1927

Richter, Gerhard: Professor Dr. Alexander Kapp. Erster Oberlehrer und Prorektor des Archigymnasiums 1832 bis 1854. In: Soester Zeitschrift 73 (1960) S. 96 - 108

Richtering, Helmut: Firmen- und wirtschaftsgeschichtliche Quellen in Staatsarchiven. In: Vortragsreihe der Gesellschaft für Westfälische Wirtschaftsgeschichte, Heft 6, Dortmund 1957

Roeckeisen, Antoinette: Die Presse als Geschichtsquelle, München Phil. Diss. 1952

Rosenberg, Hans: Zur sozialen Funktion der Agrarpolitik im Zweiten Reich. In: ders.: Probleme der deutschen Sozialgeschichte, Frankfurt a. M. 1969, S. 51 - 81

Roth, Hannelore: Tageszeitungen als Quelle der volkskundlichen Forschung. Eine method. Untersuchung, Tübingen Phil. Diss. 1957

Rüden, Wilfried von: 125 Jahre Sparkasse Werl, Werl 1969

Rumpe, R.: Gesundheitsfürsorge in Soest und auf der Börde im 18. und 19. Jahrhundert. In: Soester Zeitschrift 54/55 (1938) S. 37 - 58

Sälter, Fritz: Entwicklung und Bedeutung des Chaussee- und Wegebaus in der Provinz Westfalen unter ihrem ersten Oberpräsidenten Ludwig Freiherrn von Vincke 1815 - 1844, Marburg Phil. Diss. 1917

Saint-George, K.H. von: Die Ländliche. Portrait einer Hundertjährigen. Sparkasse der ländlichen Gemeinden der Soester Börde zu Soest, Soest 1968

Schachtanlage Tremonia in Dortmund, Die: Hrsg. Knepper, Oberste-Brink, Haack, Essen 1931

Schachtanlage Westhausen in Dortmund-Bodelschwingh, Die: Hrsg. Knepper, Oberste-Brink, Haack, Essen 1932

Schieder, Theodor: Vom Deutschen Bund zum Deutschen Reich. In: Gebhardt: Handbuch der Deutschen Geschichte, Hrsg. Herbert Grundmann, Bd. 3, 9. neubearb. Aufl. Stuttgart 1970, S. 99 - 224

Schmitz, Edith: Leinengewerbe und Leinenhandel in Nordwestdeutschland (1650 - 1850). Schriften zur rheinisch-westfälischen Wirtschaftsgeschichte, Bd. 15, Köln 1967

Schmoeckel, Hermann: Die Mühlen im Kreise Soest. In: Heimatkalender des Kreises Soest 11 (1932) S. 17 - 24

ders.: Zum Gedächtnis des Landrates Florens von Bockum-Dolffs. In: Heimatkalender des Kreises Soest 21 (1942) S. 55 - 58

Schmoller, Gustav: Zur Geschichte der deutschen Kleingewerbe im 19. Jahrhundert, Halle 1870

Schöller, Peter: Die Wirtschaftsräume Westfalens vor Beginn des Industriezeitalters. In: Westfälische Forschungen 16 (1963) S. 84 - 101

Schraepler, Ernst: Handwerksbünde und Arbeitsvereine 1830 - 1853, Berlin 1972

Schuchardt, Jürgen: Die Wirtschaftskrise vom Jahre 1866 in Deutschland. In: Jahrbuch für Wirtschaftsgeschichte, Teil II (1962) S. 91 - 141

Schütt, Hans-Werner: Anfänge der Agrikulturchemie in der ersten Hälfte des 19. Jahrhunderts. In: Zeitschrift für Agrargeschichte und Agrarsoziologie 21 (1973) S. 83-92

Schulte, Wilhelm: Volk und Staat. Westfalen im Vormärz und in der Revolution 1848/49, Münster 1954

Schulte-Rentrop, Heinrich: Die Anlagepolitik der westfälischen Sparkassen, Münster Phil. Diss. 1937

Schunder, Friedrich: Die wirtschaftliche Entwicklung des Ruhrbergbaus seit der Mitte des 19. Jahrhunderts. In:

Moderne deutsche Wirtschaftsgeschichte, Hrsg. Karl
Erich Born, Köln / Berlin 1966, S. 226 - 248

Schwartz, Hubertus: Kurze Geschichte der ehemals freien
Hansestadt Soest, Münster 1949

Schwering, Julius: Ferdinand Freiligrath. In: Westfälische
Lebensbilder, Hrsg. O. Leunenschloß, Münster 1933, Bd. IV,
S. 289 - 313

Serlo, Walter: Bermannsfamilien in Rheinland und Westfalen.
Rheinisch-Westfälische Wirtschaftsbiographien, Bd. 3,
Münster 1936

Sievert, Heinrich: Das Kreis-Straßennetz und seine Entwicklung.
In: Heimatkalender des Kreises Soest 44 (1971) S. 61-70

ders.: Die früheren preußischen Landräte des Kreises Soest,
Soest 1960

ders.: Die Kreisverwaltung Soest in der guten alten Zeit.
In: Heimatkalender des Kreises Soest 32 (1959) S. 51-59

Stadelmann, Rudolf: Soziale und politische Geschichte der
Revolution von 1848, München 1948

ders.: Soziale Ursachen der Revolution von 1848. In: Moderne
deutsche Sozialgeschichte, Hrsg. Hans-Ulrich Wehler, 4.
Aufl. Köln 1973, S. 137 - 159

Städtische Sparkasse zu Soest 1825 - 1925, Die: Soest 1925

Stein, Elisabeth: "Der Freimüthige an der Haar" als Organ
des politischen Katholizismus 1849 - 50. Dortmunder
Beiträge zur Zeitungsforschung, Bd. 9, Dortmund 1965

Steinkohlenaufschlüsse im Kreise Soest. In: Zeitschrift für
praktische Geologie 6 (1898) S. 339

Strotkötter, G.: Die Lippeschiffahrt im 19. Jahrhundert,
Münster 1896

Teuteberg, Hans Jürgen: Zum Problem von Staat und Wirtschaft
in Preußen am Beginn der Industrialisierung. In: Jahrbücher für Nationalökonomie und Statistik 181 (1967)
S. 51 - 60

Thyssen, Simon: Die Berufsschule in Idee und Gestaltung,
Essen 1954

Tilmann, Margret: Der Einfluß des Revolutionsjahres 1848
auf die preußische Gewerbe- und Sozialgesetzgebung,
Berlin Phil. Diss. 1935

Timm, Albrecht: Kleine Geschichte der Technologie, Stuttgart 1964

Timm, Willy: Die Anfänge der Unnaer Presse. In: Unna.
Offizieller Veranstaltungskalender für Unna und Umgebung 2/1970

Timmermann, Otto Friedrich: Landschaftswandel einer Gemarkung der Soester Börde seit Beginn des 19. Jahrhunderts. In: Westfälische Forschungen 2 (1939) S. 153-188

Trende, Adolf: Aus der Werdezeit der Provinz Westfalen, Münster 1933

ders.: Geschichte der deutschen Sparkassen bis zum Anfang des 20. Jahrhunderts, Stuttgart 1957

Treue, Wilhelm: Gesellschaft, Wirtschaft und Technik Deutschlands im 19. Jahrhundert. In: Gebhardt: Handbuch der Deutschen Geschichte, Hrsg. Herbert Grundmann, Bd. 3, 9. neubearb. Aufl. Stuttgart 1970, S. 377 - 541

ders.: Gewerbeförderung und technische Entwicklung zur Zeit der Frühindustrialisierung in Preußen. In: Technikgeschichte 36 (1969) S. 68 - 75

Trockel, Wilhelm: Aus der Vorgeschichte der "Westf. Staats-Eisenbahn". In: Hundert Jahre Westfälische Eisenbahn, Paderborn 1950, S. 38 - 43

ders.: Ein altes Eisenbahn-Projekt quer durch Soest. In: Soester Zeitschrift 72 (1959) S. 68 - 79

ders.: Geschichte der Eisenbahnen im Soester Raume. In: Heimatkalender des Kreises Soest 23 (1950) S. 38-46

ders.: 120 Jahre Eisenbahnen. In: Heimatkalender des Kreises Soest 40 (1967) S. 78 - 87

ders.: Vom Werden des Bahnhofs Soest: In: Heimatkalender des Kreises Soest 9 (1930) S. 78 ff.

Tuchtfeldt, Egon: Gewerbefreiheit als wirtschaftliches Problem, Berlin 1955

Uekötter, Hans: Die Bevölkerungsbewegung in Westfalen und Lippe 1818 - 1933, Münster 1941

Uhlenhuth: Heinrich Achenbach. In: Zur 400 Jahrfeier des Archigymnasiums in Soest, Soest 1934, S. 105 ff.

Utermann, Wilhelm: Wirtschaftliches Wachstum und Wasserstraßenbau. In: Die Straße die alle Ströme vereint. Hundert Jahre Kanalgedanke, Dortmund 1958, S. 56 - 81

Valentin, Veit: Geschichte der deutschen Revolution von 1848 - 49. Repr. d. Ausg. von 1930-31, Bd. 1, Aalen 1968

Valentin, Veit: Geschichte der deutschen Revolution von 1848 - 49. Bd. 2, Berlin 1931

Vogeler: Beiträge zur Geschichte Soests im 18. Jahrhundert. In: Soester Zeitschrift 28 (1910/11) S. 75 - 77

ders.: Zur Geschichte der Soester Mühlen. In: Soester Zeitschrift 17 (1899/1900) S. 135 - 148

ders.: Zwei Eingaben der Soester Bürgerschaft an König Friedrich Wilhelm II. betreffend den traurigen Zustand der Stadt nach dem siebenjährigen Kriege. In: Soester Zeitschrift 27 (1909/10) S. 123 - 129

Vogelsänger, Siegfried: Musik im Lehrerseminar zu Soest (1806-1926), Soest 1973

Wachenheim, Hedwig: Die deutsche Arbeiterbewegung 1844 - 1914, Frankfurt a. M. / Wien / Zürich 1971

Wehdeking, Ruth: Die Viehhaltung in den Hellwegbörden. In: Spieker. Landeskundliche Beiträge und Berichte, Heft 4: Die Viehhaltung in Westfalen von 1818 bis 1948, Münster 1953, S. 27 - 53

Weimann, Heinrich: Vom Gesindewesen in der Soester Börde um die Mitte des vorigen Jahrhunderts. In: Niedersachsen 12 (1907) Nr. 15, S. 293 ff.

Weitekamp, Wilhelm: 800 Jahre Sassendorf. In: 800 Jahre 1175-1975 sassendorp - Bad Sassendorf. Festschrift, Soest 1975

ders.: Weitekamp, Wilhelm: Torfgräberei und Kohlebohrungen im Kreise Soest 68 (1955) S. 57 - 61

Wernet, Wilhelm: Handwerks- und Industriegeschichte, Stuttgart 1963

Wirminghaus, A.: Handelskammern. In: Handwörterbuch der Staatswissenschaften, Hrsg. L. Elster, A. Weber, F. Wieser, 4. umgearb. Aufl. Jena 1923, 5. Bd., S. 69 - 82

Zunkel, Friedrich: Die Entfesselung des neuen Wirtschaftsgeistes 1850 - 1875. In: Moderne deutsche Wirtschaftsgeschichte, Hrsg. Karl Erich Born, Köln / Berlin 1966, S. 42 - 55

III. Namenregister

Achenbach, Heinrich von 154
Adams, H. 203
Andernach, E. 234
Arnold 339

Bäcker 83,84
Becker 143,144
Bergenthal, Wilhelm 197,256,257,259,264,271,288,289,
                      295 - 297,320,343
Berglar 225
Bertram 61
Bessemer, Henry 294
Beuckmann 251
Beyer 94,141
Bismarck, Otto von 326
Bockum-Dolffs, Florenz Heinrich Gottfried von (1802 - 1899)
        34,79 - 82,93,128,137,142,149 - 153,167,
        236 - 238,251,258,259
Bockum-Dolffs, Florenz von (1842 - 1939) 267,268,343
Bornefeld, Adolf 83,106
Brune 103
Buchholz 120,163,177
Bührenheim, F.W. 297
Buse, Anton 168

Cloer 276,277
Coester 188,197,244,282,288,324
Coester, Florenz 44,301,303
Coester, Ludolf 137
Cosack, Josef 131,267
Cosack, Th. 288
Courbière, von 97

Deneke 82,83
Dörrenberg 124,137

Egen, Dr. 134
Ehrlich 120
Engels 86
Erb, Conrad 168
Erlemann, Engelbert 222,245
Essellen, Friedrich von 18,20,79,95,103

Feuser 243,247,249
Finger 245
Fix 177,178
Flume 92
Freiligrath, Ferdinand 39,159
Freytag 343
Frigge, Norbert 64,65
Fritsch, Friedrich 224,270,318,321,324
Forster, Ludwig 293

Gabriel, Ferdinand 259,288,295,296
Geck, Arnold 13 - 19,41 - 44,47 - 49,51,75,76,87,98,100,
        109,111,141
Gerke 209

Gordes 64
Gottschalk, Wilhelm 122,162,164,165,168,169,200,201,203,
                     261
Grawinkel 186
Gropp 238
Gutjahr 254

Hammacher, Wilhelm 137,254,256 - 259,264,266,288,295,297
Hansemann, David 136,137
Harkort, Friedrich 68,132 - 134,137,163,235,255,269
Hassenstein 102
Hawerkamp, C. 174,175
Heim, Adolf 210,307,308
Henze 133
Hermanni 209,210
Heydt, August von der 131,139,176,259,266,276
Holthausen, August 198,301
Holzwart, E.W. 168,203
Hülster, P. 208
Hutterus 91 - 93
Huver, Arnold 168,203

Jacobi, Ludwig Hermann Wilhelm 2,167,171,197

Kampmann, Heinrich 168
Kersting 231
Kettschau 209
Kiehl, H. 33,158
Klewitz 107
Klocke, Franz von 83,84,253
König, Adolph 118,137,302,323
Kolping, Adolf 199
Köppen, von 244
Kuhlhoff, Wilhelm 303

Lange-Windhof, L. 244
Legerlotz, Dr. 329
Lesemann 339
Ley 64
Liebig, Justus von 226
Liebrecht, August 281
Liebrecht, Christian 293
Lilien, Clemens von 71
Lilien-Borg, Christoph von 78,82,99,107,134,255,266
Linhoff, Theodor 256,259,264,288,296
Loerbrocks 306
Lohöfer 236
Lohmeyer, Heinrich 62,63
Lüdke 254

Mannstaedt 323
Marpe 151
Megede, zur 18,20,52,76,77,90 - 92,113,118
Mellin, Franz Joseph von 249
Möller, Ph. 256
Mönninghoff, Anton 65
Motz, von 132
Müller, Friedrich Christoph 12,13
Münnich 129

Nageler 137
Nasse, Friedrich Wilhelm 18 - 20,54
Nasse, Wwe. 21
Neuendorf, C.W. 208,343
Neuhaus 255
Nitschke 320

Opderbeck, Karl 45,94,120,135,300
Ostendorf, Julius 34
Overhoff 109

Papen, Theodor von 71,86
Parker 224
Paschal 90
Pieler, Joseph 118
Pilger, Arnold W. 71,75,83,99,103 - 105,150,151,185,214,
             225,242
Pintus, J. 223
Plange, Dr. C. 344
Plange, Georg 52,53,101 - 103,225,231,235,237,306,343
Plange, Peter 41
Plettenberg, Graf von 153
Pletzer, Johann 302
Potthast 251
Preuß 339

Raiffeisen, Friedrich Wilhelm 242
Reinhold, D. 130
Rimpan, von 236
Ritter, Friedrich 163,165,168,198
Rochol, Eduard 82,157,158,160,161,174,175,206,207,209,210,
             307,308,327
Rocholl, Adolph 168
Rocholl, Johann 168
Rocholl, Mathias 52,53,60,61,63,137
Rocholl, Theodor 18
Roeder, F. 132
Röper 264,288
Roger 259
Roos, Dr. 247
Rosini 302

Schäferhoff 267
Scheil 326,327
Schmitz, Ludwig Friedrich von 151,157,159,160
Schneider, F. W. 221,228,245
Schöning, Ferdinand 21,206
Schröder 93
Schulenburg, Gustav 214
Schulenburg, Heinrich 81,82,115,137,163,177,184,203,254,
             259,287,288
Schulte-Hemmis, C. 222,229
Schulze 222,226,245
Schulze-Henne 237,251
Schwerz, Johann Nepomuk von 71 - 73,87,94,98
Schwier 86,236
Schwollmann, Ferdinand 94,137,197,198,300,301,326
Schwollmann, Moritz 203,343
Schwolmann 41

Sieglin, H.   250
Smiths   103,155,231
Sprengel, Carl   226
Staby   232
Stein, Anton   158
Steinbicher   209
Stern, Phillip   168
Stern, Victor   302
Stork, A.   301
Sybel   76

Tappen, Wilhelm   310
Teckhaus   233,234
Tigges, Heinrich   216

Uekötter, Hans   313
Uflacker, G. L.   88 - 90
Uhlendorff, F.   289
Ulrich, von   159

Vahle, August   122,168,169,187,203,270,282
Venn, Gustav   148
Viebahn, Johann Friedrich von   52,53,61,82,84,137,293
Vincke, Ludwig von   58,59,61 - 63,84,85,119 - 121,129,
                     137,176
Voigt, Hermann   210

Wagner   236,237,243,247
Waldeck, Johann Heinrich   119 - 121,176
Wehrle, Theodor   209,210
Weimann   254
Wenning, H.   188
Wensel, W.   302
Werthern, von   99
Westhaus   123
Wietersheim, Gotthelf von   328
Witmann   250
Wiskott, C. W.   41

Ziegler, Albrecht   199,206,207

IV. Sachregister

Ackerbauschule 249,250
Ackergeräte 86,88,104,220,224,227,228,253
Allerheiligenmarkt 48,336,337
Altena 49,60,78,266
Amsterdam 91
Anorganischer Dünger 69,70,224,226
Aplerbeck 50
Arbeitsanstalt 144
Armen-Anstalt 141
Armenkasse 113,135,141,145,193
Arnsberger Straße 127,128,265
Auswanderung 146 - 148,318

Bauernbefreiung 67
Bauernverein 248
Beckum 43,154,238
Bergbau 253,269,273,276,296,297
Bergisch-Märkische Eisenbahn 274,277 - 281,283,284,287,
                               289,336
Berlin 51 - 53,79,86,92,162,164,176,200,201,258,261,273,
        330,339
Bettelei 113,141,152,153,321
Bienenzucht 16,77,233
Bochum 56,59,97,104,212,236,268,269
Brauereien 16,105,107,108,302
Brennereien 16,105,107,108,302
Bürgerschützenverein 151,157,169

Chausseebau 87,126 - 129,148,149,254,257,267,268,292,318

Dampfmaschine 293,294,296,298,299,302
Dortmund 13,48,56,60,78,97,163,201,202,212,238,251,253,
          255,269,284,285,306,312,315,316,319,330,343
Dortmund-Soester Eisenbahn 273 - 277,279
Drainage 224,225

Elberfeld 42,48,50,52,54,132 - 134,285
Elektrizitätswerk 239,280,310,334

Filzhutfabrik 302,324
Flachsanbau 16,75,86,90,144,229,248
Fortbildungsschule 121,123 - 125,176 - 183,318

Gartenbauverein 226
Gasanstalt 280,306,307,310,334
Geflügelzucht 234
Gesellenverein 199,200
Gewerbefreiheit 112,113,118,140,164,170,184,187
Gewerbeordnung 112,114,164,166,180,184,187,189
Gewerberat 122,165 - 171,174 - 179,182,186,187,193,194,
             198,200,338,341
Gewerbeverein 162 - 165,167,184,199
Guano 226

Hagen 49,59,60,163,282,315,316,344
Hamm 49,59,60,64,78,97,104,121,136,138,139,165,238,251,
      276,306,341 - 344

Handelskammer 340 - 344
Handwerker- und Gewerbekongreß 164,173,184
Hausierhandel 144,145
Herberge zur Heimat 321,322
Herdecke 42,43,50
Herford 48
Hilfskassen 115,169,170,184,185,189 - 198
Hörde 50,106,212
Holzkohlen 43
Hovestädter Straße 84,128,229,265

Industrieschule 119
Innungen 114,115,164,166,168,170,178,182,184 - 191,201,338
Iserlohn 49,50,59,60,64,78,333,341,344

Jahrmärkte 47 - 49,336,337

Kaffeewicken 76,77
Kanalisation 331,335
Kartoffelanbau 68,72,73,107
Kartoffelkrankheiten 73,87,149,150
Kassel 46,47,98,281
Kasseler Eisenbahn 138
Kautionszwang 158,160,175
Kinderarbeit 114,322 - 325
Kleinbahngesetz 286,290
Kleinkinder-Bewahranstalt 144
Koalitionsverbot 325,326
Köln 47,101,111,133,173,239,273
Köln-Mindener Eisenbahn 131,136 - 138,297
Köln-Soester Eisenbahn 283
Konsum-Verein 329 - 331
Kornhandel 11,41 - 43,75,134
Kornmarkt 13,43,49,76,152
Kornverkaufsgenossenschaft 244,281
Korsettfabrik 302,320
Krammarkt 48,337
Krankenversicherungsgesetz 195
Kreditverein 83,176,200 - 206

Ländliche Sparkasse 204,214 - 216
Lampenfabrik 302
Landeskulturgesellschaft 77,78,84 - 86,99,103,104,224,
                         232,247,250
Landes-Oekonomie-Kollegium 85,220,223,224
Landwirtschaftlicher Kreisverein 14,16,67 - 86,105,128,
                         142 - 144,149,150,218,219,223 - 229,
                         231,233,235 - 238,242,243,247 - 249,
                         251
Leihanstalt 145
Leinweberei 16,11,300
Lippe 16,42,44,257,263,270
Lippeschiffahrt 43,84,128 - 132,263,269
Lippstadt 60,61,78,104,200,238,251,257,269,284,287,296,
           301,341 - 344

Magazine 170,186,187,338,339
Mahl- und Schlachtsteuer 106,107
Manufakturen 51,87
Metalltafelnfabrik 302,323,324
Minden 48,50,101,119,133,270,341

Möhnestraße 266,267,287
Molkereien 243,244,252,281,336
Mühlen 105,106
Münster 47,59,79,111,119,270,330,341

Nähnadelfabrik 302,320
Nagelschmiede 109
Niederbergheimer Straße 128,212,254 - 265,268,287,297

Obstbau 16,79,82,225
Oestinghauser Straße 128,257,265,280
Orts-Gewerbe-Statut 166,169,170,186,190,193,338,339

Paderborn 44,46,98,138,139,173,200,270,343
Pferdeeisenbahn 132,287
Pferdezucht 69,78,85,95 - 98,227,231,232
Puddlings- und Walzwerke 256,266,281,284,293,294, 297 -
299,303,323,338,341

Remontekauf 97
Rheinische Eisenbahn 136,283 - 285
Rhein-Weser-Bahn 42,50,103,133 - 136,255,256,274
Rhein-Weser-Kanal 269 - 272
Rindviehzucht 16,72,76,82,95,98,99,130,230 - 232
Rotterdam 83
Rübenanbau 68,72,77,82,101 - 105,235 - 241
Ruhr-Lippe-Eisenbahn 268,290

Salinen 42,134,135,142,274,292,293
Schafzucht 16,44,72,100
Schlachthof 331 - 333
Schmierseifenfabrik 302
Schweinezucht 16,72,82,100,233,252
Schwelm 49
Seidenraupenzucht 82,86
Siebenjähriger Krieg 11,12,95
Soester Fehde 40
Sonntagsschule 118 - 122,176
Sozialdemokraten 325 - 329
Sozialistengesetz 328
Spar- und Darlehnskassen 242
Spinnschule 82,83,142 - 144
Stabeisenmarkt 40,41
Stadtsparkasse 51 - 61,63,64,204,209,211 - 215,255
Städte-Ordnung 208
Stallfütterung 16,69,94,95,98 - 100,150

Tabakanbau 16,75 - 77,86 - 94
Tabakfabriken 90,94,300,320,324,326

Unna 49,59,60,134,136,269,271,275,282,292,306

Vöhde 73

Waisenhaus 141,142,144
Waldeck 44
Wanderlehrer 236,237,243,245,247 - 249
Wanderversammlung 245 - 247
Wasserwerk 331 - 335
Weslarner Straße 267

Westfälische Eisenbahn   139,273,274,276,284,285,289,293
Westfälische Landes-Eisenbahn   288 - 290
Winterschule   215,249
Wochenmarkt   49
Wohlfahrts-Verein   142
Wollmarkt   44 - 46

Zeichenschulen   118,178,179,181
Zeitungsstempel   21
Zensur   20,21,157
Ziegeleien   109,302,323
Ziegenzucht   16
Zuckerfabrik   77,101 - 105,235 - 240,281
Zünfte   112,141